Carl Düsing

Die Regulierung des Geschlechtsverhaltnisses

Bei der Vermehrung der Menschen, Tiere und Pflanzen

Carl Düsing

Die Regulierung des Geschlechtsverhaltnisses
Bei der Vermehrung der Menschen, Tiere und Pflanzen

ISBN/EAN: 9783743300910

Hergestellt in Europa, USA, Kanada, Australien, Japan

Cover: Foto ©berggeist007 / pixelio.de

Manufactured and distributed by brebook publishing software
(www.brebook.com)

Carl Düsing

Die Regulierung des Geschlechtsverhaltnisses

Die Regulierung

des

Geschlechtsverhältnisses.

Von

Carl Düsing,
Dr. phil.

Die

Regulierung

des

Geschlechtsverhältnisses

bei der

Vermehrung der Menschen, Tiere und Pflanzen.

Von

Carl Düsing,
Dr. phil.

Mit einer Vorrede

von

Dr. W. Preyer,

o. ö. Professor der Physiologie und Director des physiologischen Institutes der Universität Jena

(Separatabdruck aus der Jen. Zeitschrift für Naturwissenschaft.
Bd. XVII. N. F. X. Bd.)

Jena,

Verlag von Gustav Fischer

1884.

Vorrede.

Der Aufforderung zu diesem Buche eine Vorrede zu schreiben, entsprechc ich um so lieber, als mir dadurch erwünschte Gelegenheit geboten wird, öffentlich meine Zustimmung zu den Grundlinien der darin vorgetragenen neuen Theorie auszusprechen und zugleich auf die allgemeine Bedeutung derselben aufmerksam zu machen.

Die Hauptsache ist, dass hier zum ersten Male eine in sich widerspruchfreie und mit vielen bekannten Thatsachen übereinstimmende Antwort auf die alte Frage nach der Ursache des numerischen Geschlechtsverhältnisses bei Pflanzen, Thieren und Menschen gegeben wird.

Die Wahrnehmung, dass die Anzahl der männlichen Individuen zu der der weiblichen in einem bestimmten Verhältnisse steht, liess schon längst die Vermuthung einer Regulierung durch Zusammenwirken derjenigen Factoren, welche das Geschlecht bestimmen, entstehen. Hr. Düsing forschte diesen Factoren nach und erkannte bald im Gegensatze zu seinen Vorgängern, welche nur nach e i n e r Ursache der Geschlechtsentscheidung suchten, dass mehrere von einander unabhängige Umstände das Geschlecht bestimmen. Er stellte dann die Annahme auf, dass die sich sexuell fortpflanzenden Wesen vermöge der Wirkung jener Umstände, besonders der Ernährung, auf ihre Genitalapparate bei Mangel an Individuen des einen Geschlechtes von diesem mehr und von dem entgegengesetzten weniger erzeugen müssen, und dass diese phy-

siologisch noch zu erklärende Eigenschaft, weil vortheilhaft für die
Fortpflanzung, durch Naturzüchtung entstanden sei und erhalten
werde; dabei habe aber gegenwärtig nicht allein factischer Mangel
an Individuen des einen Geschlechtes die Mehrproduction zur
Folge, sondern auch das, was ich den „virtuellen" Mangel nennen
möchte, nämlich die Gesammtheit der Umstände, welche einem
factischen Mangel an Individuen des einen Geschlechtes äquiva-
lent sind; z. B. entspricht starke sexuelle Beanspruchung des
Mannes auch bei grosser Anzahl der Männer für ihn dem Zustande des Mangels an Männern, desgleichen späte und seltene
Copulation der weiblichen Individuen für diese einem Mangel
an männlichen Wesen, frühe und häufige einem Überfluss an solchen, wenn auch nur eines da ist.

Mit dieser völlig neuen Auffassung kam Hr. Düsing nach
Jena und fragte mich im Herbst 1882 nach meinem Urtheil über
ihren Werth.

Ich erklärte die Grundhypothese für höchst beachtenswerth,
die Gleichsetzung des actuellen und virtuellen Mangels und Überflusses für einen sehr glücklichen Gedanken, vor Allem aber ein-
gehender Prüfung an der Erfahrung bedürftig. Denn die bis dahin vom Verfasser gesammelten Thatsachen reichten zum Beweise
seiner aus relativ wenigen Daten scharfsinnig abgeleiteten Lehrsätze nicht aus. Die Hauptarbeit war also noch zu leisten. Diese
hat aber im Jahre 1883 der Urheber der neuen Theorie — so
kann sie sich jetzt nennen — mit grossem Fleisse zu Ende geführt, soweit es sich um Sammlung, Sichtung, kritische Verwer-
thung und statistische Berechnung von früheren Angaben handelt.

Der experimentellen Verification steht freilich noch die Schwierigkeit entgegen, dass tausende von Einzelfällen beobachtet werden müssen. Ich schlug vor, ein paar Hundert weibliche Thiere,
die sich in der Gefangenschaft schnell vermehren, mit einem einzigen zeugungskräftigen Männchen zusammen gegen alle anderen
Männchen und Weibchen abzusperren und das Geschlecht der von
ihnen erzeugten und sogleich entfernten Neugeborenen zu ermitteln. Ist die Grundhypothese richtig, dann müssen innerhalb eines

langen Zeitraums in einem solchen Falle viel mehr männliche als weibliche Individuen zur Welt kommen.

Die in meinem Institute seit zehn Monaten von Dr. Düsing selbst, dann von Dr. Walter nach dieser Richtung ausgeführten Versuche an Meerschweinchen und weissen Mäusen haben bis jetzt zu einer Entscheidung wegen zu kurzer Dauer nicht geführt; sie werden fortgesetzt und es soll später über den Erfolg berichtet werden. Weil aber der Abschluss leicht noch ein Jahr oder länger auf sich warten lassen kann und das unterdessen aus der Literatur gesammelte thatsächliche Material die Wahrscheinlichkeit der Düsing'schen Theorie erheblich gesteigert hat, so wäre es nicht gerechtfertigt, mit der Veröffentlichung dieses Materials zu zögern.

Um so mehr ist die systematische Zusammenstellung und Drucklegung desselben geboten, als die vorläufige Mittheilung des Verfassers (in seiner Inauguraldissertation „Die Factoren, welche die Sexualität entscheiden". Jena 1883 und in der Jenaischen Zeitschrift für Naturwissenschaft, 16. B. N. F. 9. B., 1883, S. 428) der Begründung bedarf und ausserdem Dr. Düsing aus unbenutzten Quellen (Geburtsregistern der Gebäranstalten, Abfohlungstabellen der Gestüte u. s. w.) neue Thatsachen deducirt hat, welche unabhängig von jeder Theorie bleibenden Werth haben, z. B. das mit Zugrundelegung von 700,000 Fohlengeburten ermittelte Überwiegen männlicher Pferde nach starker geschlechtlicher Beanspruchung des Hengstes.

Diese Bemerkung erläutert zugleich die vom Verfasser überall angewendete Methode. Es handelt sich gar nicht etwa um ein geistreiches Aperçu, um eine Speculation auf Darwinistischer Grundlage, die durch viele geschickt ausgesuchte Thatsachen plausibel gemacht würde, sondern es liegt hier ein, abgesehen von einzelnen formalen Härten, sachlich den strengsten Anforderungen gerecht werdendes, für die Zeugungslehre hochwichtiges Werk vor, in welchem aus meistens bekannten aber unvermittelten singulären Thatsachen neue allgemeine Thatsachen und Lehrsätze abgeleitet und gegen Einwände durch die Berufung auf die Erfahrung und durch einfache Überlegungen auf fester empirischer Grundlage geschützt werden.

Selbst im Falle neue Bedenken die Theorie zu modificiren nöthigen sollten, bezeichnet sie doch einen wesentlichen Fortschritt in der Erkenntniss der organischen Natur und kann von grosser praktischer Bedeutung werden, sofern sie die willkürliche vorherige Geschlechtsbestimmung innerhalb gewisser Grenzen an die Herbeiführung genau angebbarer Bedingungen knüpft. Wenigstens folgt aus dem bis jetzt festgestellten Befunde, dass im Allgemeinen die Befruchtung eines jungen Eies mit altem Sperma bei guter Ernährung der Mutter öfter weibliche als männliche, die eines alten Eies mit jungem Sperma, zumal bei etwas mangelhafter Ernährung der Mutter öfter männliche als weibliche Früchte zur Folge haben muss.

Doch ich will dem Verfasser, meinem jungen Freunde und einstigen eifrigen Zuhörer, nicht vorgreifen, diese seine Arbeit empfehlenden Worte mit dem Wunsche beschliessen, dass dieselbe eine allgemeine Beachtung finden möge, und nur noch die Bitte an die Leser hinzufügen, die neue Lehre nicht einseitig, etwa nur vom statistischen, nur vom zoologischen oder botanischen Standpunkte aus zu beurtheilen, sondern als das gelten zu lassen, was sie zu sein beansprucht: eine biologische Theorie. Ihr entgegenstehende Bedenken wolle man ebenso zu unserer Kenntniss bringen, wie etwa sie bestätigende Thatsachen.

Jena, am 2. Juni 1884.

Professor **Dr. W. Preyer.**

Inhaltsübersicht.

Die Entstehung des Geschlechtes.

Einleitung.

A. Wichtigkeit aller das Geschlecht betreffenden Erscheinungen.

1. Concurrenz der Organe um die Nahrung.

Es ist eine mannigfaltige Reihe von Umbildungen, welche uns in der Entwickelungsreihe der Tiere entgegentritt. Bald sehen wir, wie sich bei dem einen Tier Muskeln und Klauen, die ihm zum Ergreifen der Beute dienen, gewaltig ausbilden, bald sehen wir, wie die vordern oder hintern Extremitäten oder der Hals eine ganz enorme Grösse erlangen, je nachdem dies dem Tier in irgend einer Hinsicht nützlich ist. Solche günstige Eigenschaften erscheinen aber höchstens bei einem einzelnen Tiere plötzlich, von einer grösseren Anzahl werden sie stets langsam dadurch erworben, dass ein Körperteil sich nach und nach stärker ausbildet, oder ein anderer unnützer langsam reduziert wird.

Ein solches verstärktes Wachstum eines Körperteiles, das z. B. durch häufigeren Gebrauch herbeigeführt werden kann, geschieht stets auf Kosten aller übrigen Teile, deren Nahrungszufuhr wenigstens relativ beschränkt wird. Verbraucht aber ein Organ infolge seiner Verkümmerung immer weniger Stoffe, so verbessern sich die Ernährungsverhältnisse aller übrigen Körperteile, insofern sich in ihnen der Stoffwechsel reger gestalten wird. — Ich rede natürlich nur von den Schwankungen in der allmähligen Entwickelung der Tiere und schliesse pathologische Erscheinungen vollständig aus. — Zwischen den einzelnen Teilen des Körpers findet also so zu sagen eine Concurrenz um die Nahrung statt, in welcher bald der eine, bald der andere einen grössern Vorteil erreicht. Bei diesem fortwährenden Auf- und Abschwanken in der relativen Ausbildung der einzelnen Organe bemerken wir oft, wie ein Körperteil von der ersten schwachen Differenzierung zu immer höherer Ausbildung und Wichtigkeit gelangt, während alle übrigen Organe zu seinen Gunsten sich schwächer entwickeln, ja sogar bis zur Verkümmerung und zum schliesslichen Verschwinden sich zurückbilden können.

Bei Gartenpflanzen ist es leicht, diese Wechselbeziehung zwischen den verschiedenen Organen zu zeigen. Schneidet man ihnen Stengel und Sprosse, so erhält man mehr Früchte, verhindert man aber die Fruchtbildung, so treiben sie mehr Sprosse und Blätter. Auf diese Weise lässt der Gärtner das eine Organsystem sich auf Kosten des andern entwickeln. Auch bei Haustieren geschieht Ähnliches. Wollen Landwirte bei Schweinen, Schafen etc. eine reichliche Fettablagerung erzielen, so entfernen sie die Genitalorgane durch Herausschneiden. Bei gleicher Nahrungsaufnahme können alsdann die übrigen Teile besser ernährt werden.

Darwin [1]) ist mehr geneigt, die Rückbildung von Organen nur allein der natürlichen Zuchtwahl zuzuschreiben. Indessen giebt er zu, dass bei domestizierten Tieren das Princip der Compensation häufig in betracht kommt. Es ist nötig, seine eigenen Worte anzuführen: „Der ältere Geoffroy und Göthe haben ihr Gesetz von der Compensation der Entwickelung fast gleichzeitig aufgestellt, wonach, wie Göthe sich ausdrückt, die Natur genötigt ist, auf der einen Seite zu sparen, was sie auf der andern mehr giebt. Dies passt in gewisser Ausdehnung, wie mir scheint, ganz gut auf unsere Kulturerzeugnisse: denn wenn einem Teile oder Organe Nahrung im Überfluss zuströmt, so kann sie nicht, oder wenigstens nicht im Überfluss, auch einem andern zu teil werden, daher man eine Kuh z. B. nicht zwingen kann, viel Milch zu geben und zugleich fett zu werden. Ein und dieselbe Kohlvarietät kann nicht eine reichliche Menge nahrhafter Blätter und zugleich einen guten Ertrag von Öl-Samen liefern. Wenn in unserm Obste die Samen verkümmern, gewinnt die Frucht selbst an Grösse und Güte. Bei unsern Hühnern ist einer grossen Federhaube auf dem Kopfe gewöhnlich ein kleinerer Kamm beigesellt, und ein grosser Federbart mit kleinen Bartlappen verbunden. Dagegen ist kaum anzunehmen, dass dieses Gesetz auch auf Arten im Naturzustande allgemein anwendbar sei, obwohl viele Beobachter und namentlich Botaniker an seine Wahrheit glauben." Es ist mir unverständlich geblieben, wie gerade Darwin dazu kommt, die undarwinistische Behauptung auszusprechen, dass für domestizierte Tiere andere Gesetze gelten als für solche im Naturzustand.

Auch bei diesen besteht eine Concurrenz der Organe. Wenn

----

[1]) Entstehung der Arten. Übers. v. Bronn, pag. 158.

die Nahrungszufuhr des einen Organs sich ändert, so muss hierdurch auch die Ernährung der übrigen Teile beeinflusst werden. Wenn ein Organ sich onto- oder phylogenetisch weiter ausbildet und mehr Nahrung beansprucht, so werden — wenn nicht etwa von da ab eine grössere Nahrungsaufnahme stattfindet — die übrigen Teile hierunter leiden, d. h. es werden sich ein oder mehrere Teile mehr oder weniger rückbilden.

Centaurea jacea besitzt einen Blumenkopf von grosser Variabilität. Gewöhnlich sind alle Blüten des Köpfchens zweigeschlechtlich. Aber sehr häufig finden sich diöcische Pflanzen mit sämtlichen Übergängen vor, wie Hermann Müller[1]) beobachtete. Mit einer solchen Änderung der Scheibenblüten tritt zugleich eine Umwandelung der Randblüten ein. Diese geben nämlich ihre Geschlechtsthätigkeit gänzlich auf, bilden dagegen die Blumenkrone sehr stark aus. Während letzteres eine entschieden nützliche Eigenschaft ist und durch Zuchtwahl immer mehr gesteigert werden kann, sind die Geschlechtsorgane durchaus nicht schädlich und können nicht durch Zuchtwahl reduziert worden sein. Die Ursache ist vielmehr in der Beziehung zu suchen, in der diese beiden Organe stehen. Zwischen diesen einander benachbarten Teilen ist der sog. Kampf um die Nahrung sehr stark, d. h. ein grösserer Nahrungsverbrauch des einen bewirkt eine schwächere Ernährung des andern.

Hermann Müller hat die Erscheinung in derselben Weise erklärt: „Soweit wir zu erkennen vermögen, werden also in den strahlenden Randblüten, während ihre Corollen sich stufenweise weiter vergrössern, die weiblichen Geschlechtsorgane funktionslos und fallen der Verkümmerung anheim, ehe noch ihre Funktion nutzlos geworden ist. Sie werden also jedenfalls nicht durch Naturauslese beseitigt, sondern wahrscheinlich nur durch Entziehung des Säftezuflusses, den die Corolla in verstärktem Grade für sich in Anspruch nimmt."

Bei Thymus Serpyllum, vulgaris und Satureja hortensis fand Ch. Darwin[2]), dass die weiblichen Pflanzen weit mehr Samenkörner produzieren als die hermaphroditischen. Es liegt auf der Hand, dass eine Blüte, welche der männlichen Funk-

---

[1]) Hermann Müller, Die Vielgestaltigkeit der Blumenköpfe von Centaurea Jacea. Kosmos, 5. Jahrg., 1881—82, Bd. X, pag. 341.
[2]) Ch. Darwin, Die verschiedenen Blütenformen an Pflanzen der nämlichen Art. Übers. v. J. V. Carus, pag. 261 u. 262.

tiou enthoben ist, die weibliche dem-entsprechend besser verrichten kann. Fällt die Ernährung der männlichen Organe fort, so kommt dies den weiblichen zu gute.

Über das Gefülltwerden der Blüten sagt Darwin [1]): „In bezug auf die Ursache des Gefülltseins, welches, wie wir sehen, unter so verschiedenen Umständen auftritt, werde ich sofort zu zeigen versuchen, dass die wahrscheinlichste Ansicht die ist, dass unnatürliche Bedingungen zuerst eine Neigung zur Unfruchtbarkeit veranlassen und dass dann nach dem Princip der Compensation, weil die Reproductionsorgane nicht ihre eigenen Funktionen erfüllen, diese entweder in Kronenblätter entwickelt werden, oder sich überzählige Kronenblätter bilden."

Diese Erscheinung lässt zugleich auch die Vermutung zu, dass jedes Organ infolge von Vererbung stets ungefähr dieselbe Nahrungsmenge zugeführt erhält. Bildet sich dies Organ doch nicht aus, so kommt die Nahrung andern, namentlich den in der Nähe liegenden zu gute.

Findet phylo- oder ontogenetisch ein stärkeres Wachstum des einen Teiles statt, so werden bei gleich starker Nahrungsaufnahme unbedingt alle übrigen Teile zusammen weniger Nahrung erhalten, und es müssen sich ein oder mehrere oder alle übrigen Organe zurückbilden, wodurch die entstandene Divergenz der Charactere verstärkt wird.

2. Exceptionelle Stellung des Genitalapparates.

Ein Körperteil nimmt in bezug auf die Entwickelung eine ganz besondere, eigentümliche und deshalb sehr wichtige Stellung ein, es ist der Geschlechtsapparat. Sobald dieser in dem Kampf um die Nahrung durch die ab- oder zunehmende Ausbildung eines andern Körperteils beeinflusst wird, erfahren die oben angeführten Sätze einige Modificationen.

Während nämlich die vollständige Verkümmerung eines Organs z. B. bei einem Entoparasiten für diesen eine relative Vervollkommnung sein kann, tritt dies niemals mit dem Genitalsystem ein, weil ja von seiner Leistungsfähigkeit die Stärke der Repro-

---

[1]) Das Variieren der Tiere und Pflanzen. Übers. v. Carus, II. Band, pag. 167.

duction abhängt. Phylogenetisch werden die Fortpflanzungsorgane
niemals rudimentär, wohl aber kann dies bei allen übrigen Organen des Körpers eintreten. Sogar der Darmkanal kann verschwinden, während das Genitalsystem eine weit grössere Constanz zeigt.
Als Beispiel können die Bandwürmer dienen. Während bei solchen
Parasiten fast alle übrigen Organe wenig angestrengt sind und
sich infolge dessen zurückbilden, wird der Fortpflanzungsapparat,
der ja stets, wenn auch nur periodisch, angestrengt ist, in desto
günstigere Ernährungsverhältnisse gebracht und erreicht dann auch
eine kolossale Leistungsfähigkeit. Wenn hingegen die stärkere Ausbildung eines Körperteils, z. B.
eines Muskels, dessen Kräftigung von erheblichem Vorteil für die
Erhaltung des Individuums wäre, nur geschehen kann unter gleich-
zeitiger starker Reduction des Genitalsystems, so wird sich eine
solche, wenn auch sonst noch so günstige Eigenschaft nicht phylogenetisch ausbilden können, da ihr die Möglichkeit der Vererbung abgeschnitten ist. An einigen Bastarden sehen wir diesen
Fall verwirklicht. Bei ihnen haben sich die zur Erhaltung des
Individuums dienenden Organe auf Kosten der die Vermehrung
besorgenden kräftiger ausgebildet. Daher können sich diese Tiere
trotz ihrer allerdings nur für das Individuum günstigen Eigenschaft gar nicht fortpflanzen und ihre Existenz verdanken sie auch
nur abnormen Zeugungsverhältnissen.

Aus dieser exceptionellen Stellung des Genitalapparates ergiebt sich die enorme Wichtigkeit desselben und aller das Geschlecht betreffenden Erscheinungen. Hunger und Durst sind nicht
allein die treibenden Motive im Leben der organisirten Welt. Die
Befriedigung der Geschlechtsbedürfnisse könnte man sogar für weit
einflussreicher halten, da sie es vor allem ist, welche die Fortpflanzung und damit die Gestaltung der folgenden Generationen
beeinflusst. Ich brauche nur an die Entstehung und Ausbildung
der secundären Geschlechtscharactere zu erinnern, welche ja lediglich Folgen des Fortpflanzungstriebes sind.

B. Das Sexualverhältniss.

1. Bisherige Leistungen.

Von den mit dem Geschlechtsleben verknüpften äussern Erscheinungen ist namentlich die geschlechtliche Zuchtwahl schon
oft Gegenstand der eingehendsten Untersuchungen gewesen. Die

Erscheinungen der Befruchtung etc. stehen indessen noch uner-
klärt da, und es ist kaum ein Versuch gemacht worden den Schleier
zu lüften, der eins der tiefsten Geheimnisse der Natur verhüllt.
Nur mit einer speciellen Erscheinung ist ein schwacher Anfang zur Erforschung gemacht worden, es ist die numerisch
verschieden starke Ausbildung der Geschlechter,
welche unter gewissen Verhältnissen auftritt. Den Anstoss zu den
neuern Untersuchungen gaben Hofacker und Sadler, indem
sie dem Einfluss des relativen Alters nachwiesen. Ploss, Thury,
Janke und viele andere stellten Theorien über diese Erscheinungen auf. Burdach, Leuckart, Mayrhofer, Hensen lieferten Zusammenstellungen. Die umfassendste verdanken wir Darwin. In seinem Buch über die geschlechtliche Zuchtwahl führt
er eine Menge Thatsachen an, ohne indessen den vielverschlunge-
nen Knoten lösen zu können. Er schliesst mit den Worten: „Ich
sehe jetzt ein, dass dieses ganze Problem so verwickelt ist, dass es
sicherer ist, seine Lösung der Zukunft zu überlassen."

Fast ein jeder der vielen Forscher hat durch fleissige Beobachtungen oder durch schwierige Experimente den Stand der Sache
gefördert. Jeder arbeitete allerdings nur auf seinem speciellen
Gebiete. Es widersprachen sich daher die mit grossem Eifer trotz
enormer Schwierigkeiten gesammelten Thatsachen stets, was zu
scheinbar unvereinbaren Meinungsdifferenzen führte.

Hätte ein Forscher nur einmal eine umfassende Umschau über
alle bekannten Thatsachen gehalten, so würde er sicherlich den
innern Zusammenhang dieser sich scheinbar so widersprechenden
Erscheinungen gefunden haben. Darum aber ist das Verdienst
dieser Gelehrten nicht minder gering, denn nur auf Grund ihrer
mannigfaltigen und mit objectivem Forschungseifer gesammelten
Thatsachen ist es möglich dieses Problem zu lösen. Ich glaube
nun, dass diese schon in genügender Zahl vorhanden sind, um
bereits jetzt einen Versuch der Enträtselung wagen zu dürfen.

2. Neue Entwickelung vom Standpunkt der natürlichen Zuchtwahl.

Die Eigenschaft aller organisierten Wesen, welcher sie ihre
mannigfaltige Entwickelung zu danken haben, ist ihre Variabilität.
Die Tiere können in allen ihren Eigenschaften nach allen nur
denkbaren Richtungen schwanken. Die Natur hingegen trifft unter
diesen nur eine einseitige Auslese. Jedesmal, wenn ein Tier sich

zu seinem Nachteil umgeändert hat, wird es im Kampf ums Dasein untergehn; dasjenige jedoch wird weiter leben und sich fortpflanzen können, bei welchem sich die betreffenden Organe günstiger gestaltet haben. Das heisst, die Natur züchtet nur solche Eigenschaften, welche dem Tiere je nach seinen Lebensbedingungen nützlich sind. Die vollendete Thatsache erscheint uns dann nachher gleichsam wie eine zu einem bestimmten Zweck getroffene Einrichtung.

Nach Anerkennung der Wirkung der Variabilität und der natürlichen Züchtung nützlicher Eigenschaften, wird man das Vorhandensein solcher bei einem Tiere vermuten dürfen, wenn man seine Lebensweise kennt. Die hierdurch gegebene geringe Wahrscheinlichkeit wird aber erst durch die Beobachtung der Thatsachen zur Gewissheit.

Wissen wir z. B., dass ein Vogel auf dem Wasser schwimmend seine Nahrung sucht, so dürfen wir folgendermassen schliessen: Diejenigen, deren gewöhnliche Vogelfüsse sich nicht an das Schwimmen angepasst haben, werden im Kampf ums Dasein untergehen, die Natur wird nur diejenigen für die Nachwelt auslesen, bei denen eine der Lebensweise entsprechende Ummodelung der Füsse stattgefunden hat. Wir können also mit mehr oder minder grosser Wahrscheinlichkeit von der Lebensweise auf das Vorhandensein einer entsprechenden Eigenschaft schliessen. Diese Wahrscheinlichkeit ist weit entfernt von einer Gewissheit, da ja die Anpassung eines Fusses an die Schwimmbewegung in mannigfaltig anderer Weise bewerkstelligt werden könnte.

Es lassen sich nun Umstände angeben, unter welchen bei Pflanzen und Tieren die Mehrproduction des einen Geschlechts von erheblichem Vorteil für die Fortpflanzung der Tiere ist. Es werden dann diejenigen Tiere, welche unter solchen Verhältnissen dem Bedürfniss nach dem einen oder andern Geschlecht möglichst rasch abzuhelfen im stande sind — eben weil sie die misslichen Verhältnisse der Reproduction bessern — mehr Nachkommen hinterlassen und diesen mit ihren übrigen Eigenschaften auch die günstige vererben, unter solchen Umständen mehr des einen Geschlechts hervorzubringen. Wie bei jedem einzelnen Punkte noch besonders gezeigt werden soll, ist daher die Vermutung gerechtfertigt, dass die Natur solche nützliche Eigenschaften in bezug auf die Produktion der beiden Geschlechter gezüchtet hat.

Mit dieser Überlegung ist natürlich nur eine gewisse Wahr-

scheinlichkeit für ihr Vorhandensein und die Art und Weise der
Entstehung dieser Eigenschaften gegeben. Der Beweis für ihr
faktisches Dasein aber liegt in den vielen Thatsachen, die ich anzuführen im stande bin. Es sollen einmal die Umstände angegeben werden, welche eine
Mehrproduktion des einen Geschlechtes verlangen, und dann soll
bei jedem einzelnen durch eine Menge zoologischer, botanischer
und statistischer Thatsachen der Beweis geliefert werden, dass
die Organismen auch wirklich die Eigenschaft haben unter solchen
Umständen mehr Individuen des einen oder andern Geschlechtes
zu produzieren.

Ohne also irgend welche Theorie über Befruchtung etc. aufgestellt zu haben, glaube ich im stande zu sein, eine Reihe von
Faktoren angeben zu können, welche die Ausbildung des Embryo
zum männlichen resp. weiblichen Geschlecht verursachen. Die Art
und Weise, wie diese Umstände nun ihre Wirkung ausüben, bleibt
allerdings vorläufig noch ein Rätsel. — Ebenso wenig, wie wir
genau wissen, welche physiologischen Vorgänge mit den Erscheinungen der Befruchtung verknüpft sind, ebenso wenig will ich
eine physiologische Erklärung der Vorgänge liefern, welche
die Ausbildung des Geschlechtes im Gefolge haben. Dies Ziel
wird nicht eher erreicht werden können, als bis mehr Rätsel der
Fortpflanzung gelöst sind. Der Gewinn aber ist der, dass hiermit
der Weg gezeigt ist, auf welchem später einmal eine solche zu erlangen ist; denn zunächst muss man wissen, was überhaupt vor
sich geht, ehe man erforschen kann, wie dieses stattfindet. Zunächst ist zu untersuchen, unter welchen Umständen eine Beeinflussung der Geschlechtsausbildung stattfindet und dann erst können die mit diesen Umständen verbundenen physiologischen Vorgänge erörtert werden. Teilweise wird aber auch dieses schon
geschehen können.

Die Regulierung.

A. Umstände, die nur einen der beiden Erzenger betreffen.

1. Direkte Ursache: Wirklicher Mangel an Individuen des einen Geschlechtes.

Alle Ursachen, welche das Geschlecht bestimmen, lassen sich einteilen erstens in solche, welche aus den Umständen des einen Erzeugers entspringen, während der andere sich in den entgegengesetzten Verhältnissen befindet, und zweitens in solche, welche auf beide Erzeuger gleichartig wirken.

Die Untersuchung der ersteren muss zunächst vorgenommen werden. Die Besprechung des ersten auf das Geschlecht des Embryo einwirkenden Momentes liefert uns zugleich einen Einblick in die Entstehung dieser Arbeit. Zunächst zeigte sich, dass bei Tieren wie bei Menschen, die männlichen und weiblichen Individuen stets und überall in einem ganz bestimmten Zahlenverhältniss zu einander stehen. Beim Menschen werden stets ungefähr ebenso viel Knaben als Mädchen geboren, nämlich circa 106 Knaben auf 100 Mädchen. Die Knaben sind also anfangs in der Mehrzahl; aber bei ihnen finden sich mehr Totgeburten und auch die Kindersterblichkeit ist bei ihnen grösser. Und zwar wird die Zahl der Knaben durch die beiden letzteren Einwirkungen so stark reduziert, dass die Anzahl der beiden Geschlechter zur Zeit ihrer höchsten Reproductionsthätigkeit etwa die gleiche ist.

Bei Feststellung des Sexualverhältnisses muss unterschieden werden zwischen dem bei der Geburt und dem später herrschenden, wie auch aus folgendem Beispiel hervorgeht.

1 *

A. v. G r i e s h e i m [1]) stellte das Geschlechtsverhältniss bei
R a n a f u s c a in der Umgegend von Bonn fest. Er fand unter
440 jungen Fröschen 160 Männchen (36,3 $\frac{0}{0}$), ferner unter 245
Tieren 92 Männchen (37,5 $\frac{0}{0}$). P f l ü g e r [2]) erhielt unter 806 künstlich aufgezogenen Fröschchen 288 Männchen (35,7 $\frac{0}{0}$). Diese waren
direct nach der Metamorphose untersucht. 235 Tiere, die noch
einen Monat länger erhalten wurden, lieferten 88 Männchen (37,4 $\frac{0}{0}$).
Alsdann wurden 228 Fröschchen in der Natur gefangen, die seit
zwei Monaten das Wasser verlassen hatten; sie zeigten 35,5 $\frac{0}{0}$
Männchen. Indessen bleibt dieses Sexualverhältniss nicht bestehen; denn unter 253 zweijährigen Fröschen fanden sich 49,0 $\frac{0}{0}$
Männchen. Endlich wurden ältere Tiere untersucht, von denen
circa ein Drittel drei Jahre alt waren. Von diesen waren unter
281 Tieren 49,4 $\frac{0}{0}$ und unter 64 derselben 57,8 $\frac{0}{0}$, also im Durchschnitt 51 $\frac{0}{0}$ Männchen. Dasselbe Verhältniss zeigte sich bei erwachsenen Fröschen, die er aus Utrecht bezog; denn unter 297
fanden sich 48,8 $\frac{0}{0}$ Männchen, während unter einigen Hundert aus
Utrechter Froscheiern gezüchteten Jungen nur 12 bis 14 $\frac{0}{0}$ Männchen
waren. Bei den aus Königsberg stammenden Fröschen waren die
Männchen sowohl bei den jungen als auch bei den alten Tieren
mit circa 48 $\frac{0}{0}$ vertreten.

Hieraus geht also hervor, dass bei den erwachsenen Fröschen
das Sexualverhältniss stets 1 : 1 ist, dass bei den jüngeren jedoch
meist die Weibchen überwiegen. Letzteres kann zum Teil dadurch
bewirkt werden, dass sich unter den jungen sehr viel Hermaphroditen finden, welche leicht für Weibchen gehalten werden können,
wie P f l ü g e r nachgewiesen hat. Umgekehrt wie beim Menschen
tritt also hier eine Reduction der Weibchen ein; bei beiden ist
jedoch später das Verhältniss ungefähr 1 : 1. Beim Menschen
überwiegen anfangs die männlichen, bei den Fröschen die weiblichen Individuen; stets ist jedoch das Zahlenverhältniss ein bestimmtes stets wiederkehrendes.

---

[1]) Über die Zahlenverhältnisse der Geschlechter bei Rana fusca.
Pflüger's Archiv 1881, pag. 237.

[2]) Zur Frage über die das Geschlecht bestimmenden Ursachen.
l. c. 1881, pag. 254. Hat die Concentration des Samens Einfluss auf
das Geschlecht? l. c. 1882, pag. 1. Über die das Geschlecht bestimmenden Ursachen und das Geschlechtsverhältniss der Frösche. l. c. 1882,
pag. 13.

In Bezug auf die Geburten der Pferde hat Gochlert[1]) eine umfangreiche Zusammenstellung gegeben. Ich teile dieselbe hier mit:

	♂	♀	Zahl der ♂ auf 100 ♀
In dem Gestüt zu Chivasso in Piemont (nach Hofacker: Pferdezucht) .	905	1 016	89,1
In dem Gestüt zu Marbach in Würtemberg (nach Hofacker) . . .	145	158	91,8
In östr. Privatgestüten (nach Gochlert).	855	930	91,93
In östr. Hof- und Militärgestüten (nach amtl. Daten).	9 978	10 664	92,79
In östr. Landgestüten (nach amtl. Daten).	14 564	15 419	94,4
In dem Gestüte zu Pin in der Normandie (nach Baumeister). .	?	?	96,8
In preuss. Landgestüten (nach amtl. Daten).	26 088	26 679	97,78
In engl. Gestüten (nach Baumeister)	1 460	1 465	99,6
„ „ „ (nach Darwin) . .	12 763	12 797	99,7
		Mittelwert	96,57

Man sieht, wie diese Zahlen mit geringen Abweichungen um den Mittelwert schwanken, dass also das Sexualverhältniss kein beliebiges, zufälliges, sondern ein ganz bestimmtes ist.

Auch von mir wurde eine statistische Untersuchung über die Geburten von Pferden angestellt, über welche später Genaueres mitgeteilt wird. Während alle obigen Zahlen zusammen nur etwa 130 000 Geburten betreffen, umfasst diese über mehr als 700 000 Geburten. Dieselben sind entnommen den Abfohlungstabellen der preussischen Gestüte, wie sie von den Landwirtschaftlichen Jahrbüchern veröffentlicht werden. Im Ganzen wurden 350 682 männliche und 357 728 weibliche Fohlen geboren, was einem Sexualverhältniss von 98,03 zu 100 entspricht. Es geht hieraus hervor, dass bei Pferden etwas mehr weibliche Tiere geboren werden, dass aber das Sexualverhältniss um ein bestimmtes Mittel schwankt.

Auch bei den übrigen Haustieren finden sich die beiden

---

[1]) Zeitschrift für Ethnologie 1882.

Geschlechter bei der Geburt in annähernd gleicher Zahl, wie die Züchter angeben [1]).

Nasse [2]) fand bei 1156 Paarungen von Schafen unter den Lämmern 50,07 ⚥ Männchen.

Ein solches gleiches Verhältniss der beiden Geschlechter scheint sich indessen durchaus nicht bei allen Tieren zu finden. Bei vielen Schmetterlingen herrscht ein grosser Überschuss an Männchen. Diesen Thatbestand fand Wallace auf den Sundainseln, ebenso Bates am Amazonas. C. und R. Felder fanden unter einer sehr grossen Zahl von Papilio Agesilaus, Protesilaus, Telesilaus nie ein Weibchen. Ebenso selten sind die Weibchen bei verschiedenen Morpho-Arten, z. B. Morpho Menelaus und Adonis. Fritz Müller, dem ich diese Angaben verdanke, teilt mir mit, dass er von Papilio Telesilaus, während eines Sommers nicht mehr als zwei Weibchen gefangen hat, trotzdem das Tier sehr häufig war. Bei andern jedoch (Leptalis Melia) finden sich die Männchen sehr in der Minderzahl. Namentlich ist dies bei solchen der Fall, bei denen Parthenogenesis stattfindet (Psyche etc.). Indessen fragt es sich, ob das gefundene Sexualverhältniss auch dem wirklichen entspricht. Der Einfluss der Örtlichkeit, in der man die Tiere sucht, ist ein sehr grosser. Ferner wäre es interessant, festzustellen, ob das ursprüngliche Verhältniss dasselbe oder ein anderes ist als später. Es ist die Möglichkeit nicht ausgeschlossen, dass die Eier, Raupen oder Schmetterlinge des einen Geschlechtes einer grösseren Sterblichkeit ausgesetzt sind als die des andern. Das aber scheint aus diesen Angaben hervorzugehen, dass auch bei diesen Tieren das Sexualverhältniss ein ganz bestimmtes unter denselben Umständen stets wiederkehrendes ist. Die Schwankungen um dieses Mittel sind bei höheren Tieren gering, bei niederen aber ganz bedeutend je nach den Umständen, welche hier von Einfluss sind. Das ausschliessliche Überwiegen des einen Geschlechtes zeigt sich meist nur temporär. Es ist möglich, dass dies auch bei den oben angeführten Tieren der Fall ist.

---

[1]) Settegast, Tierzucht, pag. 72.
[2]) Archiv für wissenschaftliche Heilkunde IV, pag. 166. Nasse: Über den Einfluss des Alters der Eltern auf das Geschlecht der Früchte bei Schafen und Rindvieh. Citirt v. Ploss: Schmidt's Jahrbücher 102 pag. 286.

Ferner überwiegt die Zahl der Weibchen zur Zeit der Reproduction bei allen polygamen Tieren. Aber auch bei diesen ist das Sexualverhältniss bei der Geburt ein anderes wie später. Das scheint jedenfalls sicher zu sein, dass es zur Zeit der Reproduction wie bei der Geburt ein ganz bestimmtes stets wiederkehrendes ist. Dies geht auch hervor aus der umfassenden Zusammenstellung Darwins [1]) von Angaben über das Zahlenverhältniss der Geschlechter bei polygamen und andern Tieren.

Es ist nun nicht etwa ein Zufall, dass das eine Tier dieses, das andere aber ein anderes Sexualverhältniss zeigt, sondern es besteht ein Zusammenhang zwischen der Grösse desselben und den Lebensverhältnissen dieses Tieres. Bei einer Tiergruppe lässt sich dies jetzt schon nachweisen, nämlich bei den polygamen Tieren, wie folgende Erörterung zeigen soll.

Zwischen den weiblichen und männlichen Erzeugern besteht infolge eingetretener Arbeitsteilung in so fern ein Unterschied in der Thätigkeit bei der Fortpflanzung, als das Weibchen den Stoff zum Aufbau des Embryo liefert, während das Männchen die Aufgabe hat, das Weibchen zu befruchten. Später wird dieser Satz durch eine grosse Zahl von Thatsachen gestützt und näher erläutert werden. Dem Weibchen ist also die schwierigere Aufgabe zugefallen und daraus folgt, dass die Stärke der Vermehrung besonders von der Zahl der Weibchen abhängig ist.

Noch ein Satz muss hier als bereits durch Thatsachen erhärtet angesehen werden, trotzdem derselbe erst im zweiten Teil der Arbeit ausführlich dargelegt werden kann. Es ist der, dass die Stärke der Vermehrung der Tiere abhängig ist von der Stärke der Sterblichkeit derselben. Ein Tier, welches von vielen Feinden verfolgt wird, muss viel Junge produzieren, da es ja sonst längst ausgestorben wäre.

Zu solchen Tieren gehören viele Pflanzenfresser. Sie bilden die Nahrung für eine ganze Reihe von Raubtieren. Sie müssen sich daher auch stark vermehren. Die Reproductionsstärke ist aber vor allem von der Zahl der Weibchen abhängig und daher kann eine starke Vermehrung besonders mit Hülfe einer grossen Zahl von Weibchen erreicht werden. Darum herrscht bei diesen Tieren Polygamie. Unter den Säugetieren sind dies meist Wiederkäuer,

---

[1]) Geschlechtliche Zuchtwahl pag. 281.

hirschartige, rindartige Tiere, Schafe, Pferde, Antilopen und so fort. Die vegetabilische Kost ist leicht zu erlangen, die Tiere verbrauchen also wenig Stoff für Muskelarbeit, es bleibt ihnen also desto mehr für die Zeugung von Nachkommen. Aus der von Leuckart[1]) gegebenen Tabelle „geht auf das überzeugendste hervor, dass die Pflanzenfresser im Ganzen eine ungleich grössere Menge von Material für die Reproduction erübrigen als die andern Tiere".

Darwin[2]) bemerkt, dass eintretende Domestication zur Polygamie verleiten kann. Die Haustiere haben nämlich einen Feind, dem sie in ausserordentlicher Zahl zum Opfer fallen, und dies ist der Mensch. Die Hühner legen z. B. eine grosse Menge Eier und doch bleibt die Zahl der Hühner ungefähr dieselbe, weil der Mensch die Eier stets wieder fortnimmt. Der Sterblichkeitsgrad der Hühner — denn die Eier müssen selbstverständlich mitgerechnet werden — ist also ein ausserordentlich grosser. Ferner wird bei diesen Tieren eine so starke Vermehrung auch möglich gemacht, da es ihnen an Nahrung nicht fehlt. Verstärkt wird sie mit Hülfe der grossen Zahl von Weibchen. Daher bemerken wir, dass bei der Domestizierung sich häufig Polygamie ausbildet oder dass sie verstärkt wird. Die wilde Ente z. B. ist streng monogam, die zahme aber stark polygam. Perlhuhn, Canarienvogel und andere leben eigentlich in strenger Monogamie, sie kommen aber am besten fort, wenn man auf einen Hahn mehrere Hennen hält. In der Wildheit trifft man auf einen Eber 10 bis 12 Säue, beim zahmen Schwein aber 20 bis 30. Ein Fasan in der Freiheit hat 3 bis 4 Hennen, der domestizierte aber bei guter Fütterung sogar bis 60.

Wir haben also gesehen, dass das Vorkommen von Polygamie in Beziehung steht mit der Vermehrungsstärke der Tiere, während diese wieder abhängig ist von·der Zahl der Feinde und andern Umständen. Die Polygamie ist also als eine Anpassung an bestimmte Lebensverhältnisse aufzufassen. Und so verhält es sich wohl auch mit allen übrigen Sexualverhältnissen, deren Grösse sich auf diese Weise erklären lässt. Doch kehren wir zurück zur Feststellung dieses Zahlenwertes.

---

[1]) Wagners Handwörterbuch d. Phys. IV, pag. 716 u. 722.
[2]) Geschlechtliche Zuchtwahl, p. 288. Die Beispiele sind hier entlehnt.

Selbst für eine diöcische Pflanze ist die Constanz eines bestimmten Geschlechtsverhältnisses nachgewiesen worden. Heyer (Dissertation, Halle 1883) fand unter 21 000 Individuen von Bingelkraut (Mercurialis annua) 10201 weibliche und 10 799 männliche, d. h. 100: 105,86. Und zwar hatte er mit grosser Ausdauer stets je tausend Stück gezählt und immer das Verhältniss zwischen 100:95 und 100:122 schwankend gefunden, wie aus der Tabelle ersichtlich ist, die erst später mitgeteilt werden kann.

Es ist also Thatsache, dass die Geschlechter zur Zeit der Reproduction in einem ganz bestimmten numerischen Verhältniss zu einander stehen und dass sie auch in einem ähnlichen durch die Sterblichkeit in der Jugend etwas modifizierten Zahlenverhältniss geboren werden. Spencer[1]) wies schon darauf hin, dass dies Verhältniss das der Fortpflanzung vorteilhafteste sein wird, da alle übrigen Varietäten im Kampf ums Dasein benachteiligt sein werden. Es lässt sich vermuten, dass die Grösse des Sexualververhältnisses bei allen Organismen in Beziehung steht zu den Lebensverhältnissen derselben; weitere Untersuchungen hierüber würden von dem grössten Interesse sein. Hier kam es indessen nur darauf an zu zeigen, dass dies Verhältniss ein bestimmtes unter denselben Umständen stets wiederkehrendes ist.

Zur Feststellung dieses Sexualverhältnisses gelangt man indessen nur bei einer grösseren Zahl von Tieren. Bei einer kleineren Zahl zeigt das Verhältniss die grössten Schwankungen. Es ist allgemein bekannt, dass einzelne Eltern fast nur Knaben, andere nur Mädchen zu Kindern haben. Trotz dieser starken Abweichungen im Einzelnen bleibt das mittlere Sexualverhältniss ungeändert. Es drängt sich uns die Frage auf, wie dieses wohl erreicht wird. Wie ist es denkbar, dass solche Abweichungen nicht überhand nehmen? Auf welche Weise werden diese Schwankungen wieder korrigiert, wie reguliert sich also das Sexualverhältniss? Die Antwort kann nur dahin lauten, dass diese Abweichungen von der Norm sich selbst korrigieren, dass ein Überschuss des einen Geschlechtes eine Mehrgeburt des andern bewirkt. Nur auf diese Weise ist es denkbar, wie ein solches bestimmtes Geschlechtsverhältniss konstant erhalten werden kann.

---

[1]) Principien der Biologie, übers. v. Vetter, pag. 257.

Es liegt also die Vermutung sehr nahe, dass alle Tiere
die für ihre Reproduction sehr nützliche Eigenschaft
haben werden, bei einem Mangel an Individuen des einen
Geschlechtes mehr Junge von eben diesem Geschlecht
zu produzieren.

Um die natürliche Züchtung einer solchen nützlichen
Eigenschaft zu veranschaulichen, denken wir uns eine Anzahl
Tiere derselben Art. Tritt jetzt z. B. Mangel an Weibchen ein,
so haben wir folgende Verhältnisse:

Sämmtliche Männchen haben zusammen ebenso viel (nämlich
dieselben) Nachkommen als sämmtliche Weibchen; da letztere nun
in der Minderzahl sind, so stammt von jedem derselben durchschnittlich eine grössere Zahl von Nachkommen ab, als dies bei
den Männchen der Fall ist. Es seien z. B. x Weibchen und
n. x Männchen vorhanden und es würden z Nachkommen produziert, so stammen durchschnittlich von jedem Weibchen $\dfrac{z}{x}$ Junge,
von jedem Männchen aber nur $\dfrac{z}{n.\,x}$ Junge ab. Wenn nun jetzt
ein Weibchen mehr weibliche Nachkommen produziert, so werden
diese eine bedeutendere Zahl von Jungen hervorbringen können,
als wenn dasselbe gleich viel männliche und weibliche geboren
hätte, weil ja z. B. unter obigen Zahlenverhältnissen jedes Weibchen n mal so viel Individuen produziert als jedes Männchen.
Wirft z. B. ein Weibchen A männliche und a weibliche, ein anderes aber umgekehrt A weibliche und a männliche Junge, so be-
ziffert sich die Nachkommenschaft an Enkeln des ersten Weibchens
auf $A \dfrac{z}{n.\,x} + a \dfrac{z}{x}$ und die des zweiten Weibchens auf $a \dfrac{z}{n.\,x} + A \dfrac{z}{x}$
Individuen, unter der Voraussetzung, dass jedes Junge die sei-
nem Geschlecht entsprechende Durchschnittszahl an Nachkommen
produziert. In jedem einzelnen Fall sind diese zwar den stärksten Schwankungen ausgesetzt. Wenn man aber an einem Beispiel
den Gesammteffect veranschaulichen und berechnen will, so muss
man natürlich für dieses die Durchschnittszahl wählen. — Wenn
nun A > a, so dass A = b. a ist, so beträgt die zuerst erwähnte
zweite Generation nur $\dfrac{a\,z}{x}\left(\dfrac{b}{n}+1\right)$ Individuen, die zuletzt
genannte aber $\dfrac{a\,z}{x}\left(\dfrac{1}{n}+b\right)$, d. h. diese ist numerisch $\dfrac{1+b.\,n}{b+n}$ mal
so stark als erstere. Indem man nun für n und b bestimmte

Werte einsetzt, kann man sich mit Hülfe dieser allgemeinen Formel jeden speziellen Fall veranschaulichen.

Für das normale Verhältniss $n = 1$, also bei gleicher Anzahl von Männchen und Weibchen zur Reproductionszeit, wird $\frac{1 + b\,n}{b + n} = 1$ für jeden Wert von b, d. h. welches das Sexualverhältniss der Nachkommenschaft eines Weibchens auch sein mag, sie wird stets dieselbe Anzahl Individuen zweiter Generation liefern.

Ganz anders gestaltet sich dies jedoch bei einem abnormen numerischen Verhältniss der beiden Geschlechter. Angenommen z. B. es seien zweimal so viel Männchen als Weibchen vorhanden, so würde das Verhältniss der Enkel $\frac{1 + 2\,b}{b + 2}$ sein. Produziert nun bei diesem Mangel an Weibchen eins derselben z. B. 3mal so viel weibliche als männliche Junge, während ein anderes das umgekehrte Verhältniss zeigt, so wird ersteres $\frac{7}{5}$ mal so viel Enkel haben als letzteres; denn für $b = 3$ wird $\frac{1 + 2\,b}{b + 2} = \frac{7}{5}$.

Umgekehrt lässt sich für den Fall eines Mangels an Männchen (wenn n ein echter Bruch ist) zeigen, dass eine relativ stärkere Production von männlichen Jungen (bei gleicher absoluter Reproductionsstärke (auch eine absolut grössere Vermehrung in der zweiten Generation zur Folge hat.

Einen Einwurf nur ist es noch nötig zurückzuweisen. Es kann darauf hingewiesen werden, dass bei einem normalen Sexualverhältniss z. B. unter den Menschen ein männliches Individuum einige hundert Nachkommen erzeugen k a n n, ein weibliches aber nur sehr wenige. Es wäre also meine Behauptung unrichtig, nach welcher bei normalem Sexualverhältniss jedes männliche und weibliche Individuum durchschnittlich gleichviel Nachkommen produziert. Allerdings ist die M ö g l i c h k e i t vorhanden, dass unter einer bestimmten Anzahl von Individuen mit normalem Sexualverhältniss ein männliches derselben bedeutend mehr Nachkommen produziere als ein weibliches. Die Verwirklichung dieser Möglichkeit ist aber eine in diesem Falle allerdings starke Abweichung von dem Durchschnitt; die übrigen männlichen Individuen werden daher desto weniger Nachkommen erzeugen. Während also das weibliche Geschlecht eine weit grössere Constanz in der Stärke der Reproduction zeigt, können bei den männlichen Individuen

die grössten Schwankungen vorkommen. Es handelt sich aber bei
der Berechnung nicht darum, wie weit die Extreme auseinander-
fallen können, sondern darum, welches die Durchschnittszahl der
Nachkommen ist; und diese hat unter normalen Geschlechtsver-
hältnissen für männliche und weibliche Individuen dieselbe Grösse.
Doch kehren wir zu unserer eigentlichen Aufgabe zurück.

Es war bewiesen worden, dass bei einem abnormen Sexualverhältniss ein Tier, welches mehr von den Individuen produziert, an
denen es gerade mangelt, überhaupt mehr Nachkommen haben
wird, als ein anderes, das sich nicht so verhält. Diese für die Reproduction günstige Eigenschaft wird sich also auf sehr viele vererben und nach und nach sich immer mehr ausbreiten, d. h. es
findet eine natürliche Züchtung derselben statt.

Nachdem so die Möglickkeit der Erwerbung dieser Eigenschaft
auseinander gesetzt wurde und wohl jeder Zweifel daran beseitigt
sein wird, ist die Vermutung gerechtfertigt, dass eine solche
nützliche Eigenschaft auch wirklich existirt. Der Beweis hierfür
ist durch Thatsachen zu liefern.

Man könnte mir vorhalten, ich sei nur durch Spekulation
also auf rein deductivem Wege zu meiner Theorie gelangt. Dem
ist aber nicht so. Eine grosse Zahl von Thatsachen hat mich
vielmehr dazu gedrängt eine Regulierung des Sexualverhältnisses
zu vermuten; denn diese Thatsachen zeigten mir eine unleugbare
Regulierung. Also ein rein inductiver Weg führte zu dieser Vermutung. Dann aber bin ich selbstverständlich deductiv vorgegan-
gen und habe immer nach neuen Anwendungen gesucht und immer
neue Bestätigungen gefunden.

Es wird besser sein diese Thatsachen nicht in der Reihenfolge,
wie sie mich zu der Idee einer Regulierung gebracht und wie sie
diese immer mehr bestätigt haben, sondern systematisch geordnet
anzuführen, so dass jeder einzelne Punkt leicht übersehen und
angegriffen werden kann.

Eine grosse Zahl von Thatsachen spricht für die Theorie.
Nur einzelne scheinen damit nicht im Einklang zu stehen. Man
ist berechtigt zu vermuten, dass diese auf schlechte Beobachtung
beruhen; denn sie werden durch bessere, umfassendere als nicht
zutreffend erwiesen. Bei den meisten wird sich die Unzuläng-
keit sogar direct nachweisen lassen.

Indessen habe ich auch diese ohne Ausnahme wiedergegeben,

so dass man sich ein vollständiges Bild aller bis jetzt über diesen Gegenstand bekannten Thatsachen machen kann.

a. Verzögerte Befruchtung des Individuums.

Schreiten wir nun zu den Anwendungen und Beweisen der durch die obige Überlegung veranlassten Vermutung, dass alle Tiere die Eigenschaft haben bei Mangel an Individuen des einen Geschlechtes mehr derselben zu produzieren, so bieten sich im täglichen Leben der Menschen Erscheinungen, welche zeigen, dass bei einem Mangel an männlichen Individuen mehr Knaben geboren werden als unter normalen Verhältnissen.

In folge socialer Einrichtungen giebt es Frauen, welche erst relativ spät zum ersten Mal gebären, die also lange auf die erste Conception haben warten müssen, sich demnach in einem Zustand befinden, der bei Tieren einem grossen Mangel an Männchen entsprechen würde. Solche ältere Erstgebärende zeigen daher einen grossen Knabenüberschuss, der das Durchschnittsmass bedeutend überschreitet. Wenn daher diese Verzögerung der Befruchtung nicht die Folge socialer Einrichtungen sondern die eines wirklichen Mangels an männlichen Individuen wäre so würde auf diese Weise eine Regulierung des gestörten Sexualverhältnisses stattfinden.

Ahlfeld [1] scheint zuerst auf diese Erscheinung aufmerksam gemacht zu haben. Er fand unter 102 Kindern von über 32 Jahre alten Erstgebärenden das Sexualverhältniss 137 : 100. Dieses wurde alsdann bestätigt von Hecker [2], der unter 432 Früchten über 30 Jahre alter Erstgebärenden das Verhältniss 133 : 100 fand. Bei ebenso alten fand Winckell 136,8 Knaben auf 100 Mädchen. Ahlfeld und Schramm [3] lieferten alsdann umfassendere Beweise. Nach letzterem fand sich unter 1038 Kindern von über 28 Jahre alten Erstgebärenden das Verhältniss 124 : 100. Ferner

---

[1] Archiv f. Gynaekologie B. IV, p. 519. Ahlfeld: Die Geburten älterer Erstgeschwängerter.

[2] l. c. B. VII, C. v. Hecker: Über die Geburten älterer Erstgebärenden p. 458.

[3] l. c. B. IX, p. 448. Ahlfeld: Über den Knabenüberschuss älterer Erstgebärenden.

lieferte er diese Tabelle, aus der wir das Wachstum des Knaben-überschusses mit dem Alter der Erstgebärenden klar ersehen kön-

Alter der Erst-gebärenden	Zahl der Geburten	♂	♀	♂	♀
28 Jahre	273	143	130	110	
29 „	172	93	79	118	
30 „	164	88	76	115,8	
31 „	103	60	43	139,5	
32 „	80	42	38	110,5	
33 „	66	37	29	127,6	
34 „	58	35	23	152	
35 „	40	29	11	265,4	
36 „	29	19	10	190	
37 „	70	38	32	119	

nen. Je länger also die Betreffende auf die Befruchtung hatte warten müssen, je mehr sie den Mangel an männlichen Individuen empfunden hatte, desto tiefer wird auch die Einwirkung auf die Geschlechtsthätigkeit sein, desto mehr Knaben werden später geboren. Endlich hat E. B i d d e r [1]) eine grössere Zahlenreihe geliefert, welche in folgender Tabelle wiedergegeben ist. Auch hier zeigt sich der grosse Knabenüberschuss bei verzögerter Befruchtung, der mit der Länge der Verzögerung wächst.

Alter der Erst-gebärenden	Zahl der Geburten	♂	♀	♂	♀
14. 15.	2	2	—	136,2	
16. 17.	135	77	58		
18. 19.	750	389	361	107,7	
20. 21.	991	495	496	99,8	
22. 23.	971	516	455	113,4	
24. 25.	675	363	312	116,6	
26. 27.	341	189	152	124,3	
28. 29.	205	111	94	118,0	
30. 31.	186	97	89	109,0	
32. 33.	73	40	33	121,2	
34. 35.	52	31	21	147,6	
36. 37.	36	20	16	125,0	
38—50.	24	12	12	100	
30—50.	371	200	171	117,0	
Summa	4441	2342	2099	111,6	

[1]) Zeitschrift f. Geburtshülfe u. Gynaekologie, Bd. II, Heft 2,

Auch ich stellte nach den Protokollen verschiedener Gebärhäuser eine Tabelle auf. Die Zahlen aus Leipzig umfassen die Erstgeburten im dortigen Trierschen Institut von 1870—1882, die aus Dresden solche von 1878—1882 und die aus Jena solche von 1861—1881. Ich ergreife diese Gelegenheit, um den Herren Professoren Credé in Leipzig, Winckell in Dresden, B. Schultze und Küstner in Jena meinen Dank auszusprechen für die Bereitwilligkeit, mit der sie mir die Durchsicht der Journale ihrer Anstalten gestatteten.

Wie man bei der Ansicht der Tabelle sieht, bestätigt sie die Regel, dass ältere Erstgebärende mehr Knaben gebären, dass

Alter der Erstgebärenden	Leipzig	Dresden	Jena	Summa	
15	1: —	1: 2	1:—	3: 2	
16	4: 4	6: 10	2: 2	12: 16	549:494 = 111,1
17	23: 13	20: 15	9: 7	52: 35	
18	67: 55	103:100	17:13	187:168	
19	110:103	152:141	33:29	295:273	
20	148:147	187:185	32:45	367:377	807:781 = 103,3
21	157:146	241:201	42:57	440:404	
22	120:133	191:207	48:53	359:393	903:962 = 93,9
23	106:108	168:149	51:51	325:308	
24	71:105	111:118	37:38	219:261	
25	79: 57	73: 72	35:27	187:156	
26	45: 35	60: 43	20:20	125: 98	531:469 = 113,2
27	31: 35	52: 55	10:12	93:102	
28	32: 23	26: 33	19:16	77: 72	
29	19: 10	26: 18	4:13	49: 41	
30	9: 15	30: 13	9: 6	48: 34	
31	3: 8	15: 11	3: 3	21: 22	
32	5: 6	12: 9	7: 3	24: 18	
33	2: 2	5: 5	5: 2	12: 9	
34	4: —	8: 5	2: —	14: 5	
35	2: —	9: 3	2: 1	13: 4	156:104 = 150,0
36	1: —	3: 3	1: 1	5: 4	
37	4: 1	4: 3	1:—	9: 4	
38	—	—: 1	1:—	1: 1	
39	—	4: —	1:—	5: —	
40	1:1	2: 1	1:—	4: 2	
41 etc.	—	—: 1	—:—	—: 1	

Summa: 5756 Geburten nämlich 2946:2810 = 104,84.

Stuttgart E. Bidder: Über den Einfluss des Alters der Mutter auf das Geschlecht des Kindes pag. 358.

ferner der Knabenüberschuss mit dem Alter steigt. Bemerkenswert ist, dass auch im Anfang sich eine nicht unerhebliche Mehrgeburt von Knaben zeigt, eine Erscheinung, welche auch die Tabelle von B i d d e r aufweisst. Ich werde hierauf. später zurückkommen.

Jedoch scheint es viel weniger auf das Lebensalter der Erstgebärenden anzukommen als vielmehr auf die Zeit, welche seit dem Beginne der Geschlechtsreife, seit der ersten Menstruation vergangen ist. Hiernach wird sich auch der geschlechtliche Zustand bei der Conception beurteilen lassen; denn diese Zeit giebt uns ein directes Mass dafür, wie lange die Betreffende trotz der Conceptionsfähigkeit noch nicht befruchtet worden war.

Die in Bezug auf das Alter bereits mitgeteilten Geburten waren so in Rubriken geordnet worden, dass sich die seit der ersten Menstruation vergangene Zeit daraus ersehen liess. In nebenstehender Tabelle sind nun die Geburten nach der Länge dieser Zeit geordnet [1]).

Man sieht sofort, dass je länger die Betreffende auf die erste Conception hatte warten müssen, desto mehr Knaben geboren

Wartezeit in Jahren	Leipzig	Dresden	Jena	Summa	
0	3: 3	2: 2	—: 3	5: 8	
1	30: 11	31: 27	8:10	69: 48	557:455 =
2	58: 53	66: 64	28:11	152:128	122,4
3	120: 91	183:140	28:40	331:271	
4	147:159	189:188	53:47	389:394	797:856 =
5	144:163	218:237	46:62	408:462	93,1
6	132:159	192:202	63:65	387:426	723:742 =
7	129: 98	162:168	45:50	336:316	97,4
8	69: 76	138:116	30:26	237:218	528:488 =
9	68: 58	102: 61	18:27	188:146	108,2
10	34: 45	50: 57	19:22	103:124	
11	36: 36	47: 36	20:12	103: 84	
12	22: 12	37: 36	5: 6	64: 54	330:263 =
13	16: 13	16: 21	7:10	39: 44	125,5
14	7: 9	20: 14	5: 1	32: 24	
15 etc.	21: 16	53: 34	18: 7	92: 57	

Summa: 5739 Geburten nämlich 2935:2804 = 104,6.

[1]) Es ist nicht genau dieselbe Zahl, weil die Angaben in den Protokollen zuweilen fehlen.

werden. Nur bei Beginn der Geschlechtsreife zeigt sich ein Knabenüberschuss, den ich später besprechen werde.

Aber auch auf Mehrgebärende kann sich der Einfluss eines Mangels an männlichen Individuen geltend machen. Es vergeht dann eine längere Zeit von der einen Geburt bis zur folgenden. In dieser Hinsicht habe ich die Geburten Mehrgebärender geordnet. Das Material stammt aus den bereits genannten Quellen. Eheliche Geburten sind hierunter nur in verschwindend geringer Anzahl vorhanden. Aus der Tabelle ersieht man, dass je länger die Pause von der einen Geburt bis zur folgenden war, je länger die Betreffende also auf die Conception hatte warten müssen, desto grösser alsdann der Knabenüberschuss ist. Vom vierten Jahre an macht sich dieser Einfluss geltend.

Pause in Jahren	Leipzig	Dresden	Jena	Summa	
1	162 : 158	194 : 178	58 : 45	414 : 381 = 108,6	
2	366 : 307	374 : 361	168 : 145	908 : 813 = 111,6	
3	198 : 196	207 : 194	116 : 94	521 : 484 = 107,7	
4	127 : 109	132 : 106	59 : 45	318 : 260	470 : 406 =
5	59 : 54	55 : 54	38 : 38	152 : 146	115,7
6 u.	61 : 62	52 : 49	49 : 24	162 : 135	
8, 9 u. 10	18 : 16	41 : 23	16 : 24	75 : 63	278 : 228 =
11 etc.	25 : 15	12 : 9	4 : 6	41 : 30	121,9
Summa:	4903 Geburten nämlich 2591 : 2312 = 112,06.				

Nach diesen thatsächlichen Belegen glaube ich wohl mit Sicherheit den Satz aussprechen zu dürfen:

Verzögerte Befruchtung der Frauen bewirkt eine Mehrgeburt von Knaben.

Angezweifelt hat dies Phaenomen noch Niemand.

Welches nun aber die physikalischen oder chemischen Veränderungen sind, welche das Ei einer älteren Erstgebärenden erlitten hat, ist vorläufig noch unmöglich zu erforschen.

Man könnte z. B. an einen Einfluss des Nervensystems auf die Ovulation denken. Sicher ist jedenfalls, dass die Eigenschaften des Eies, die einem Mangel an männlichen Individuen entsprechen, auch die Tendenz zum männlichen Geschlecht bewirken. Schon auf diese Weise kann eine Regulierung des Sexualverhältnisses herbeigeführt werden. Jedoch sind es noch mehr Factoren, welche hier zusammen wirken.

Indessen nicht nur die Geburten älterer Erstgebärender,

2

sondern die Erstgeburten überhaupt zeigen einen relativ grossen Knabenüberschuss. Der weibliche Theil
war bis dahin meist noch nicht beansprucht worden, bei dem
männlichen jedoch ist dies unwahrscheinlicher. Der Zustand des
ersteren entspricht also mehr oder weniger einem Mangel an
männlichen Individuen. Und in der That scheint die erste Frucht
relativ mehr zum männlichen Geschlecht zu tendieren. So fand
Buck[1]) in 100 Familien 65 männliche und 35 weibliche Erstgeburten. Das Entgegengesetzte behauptet Horn[2]) für Belgien,
oder besser er vermutet es, da er keine Zahlen anführt. Bou-
lenger[3]) constatierte auf Grund von 6812 Fällen ein Übergewicht
des männlichen Geschlechtes. Ich selbst fand indessen, wie aus
den mitgeteilten Tabellen ersichtlich ist, nicht bei Erstgebärenden
sondern bei Mehrgebärenden einen grösseren Knabenüberschuss.
Dies ist vielleicht darauf zurückzuführen, dass unter diesen Geburten sich fast nur uneheliche Kinder befinden. Eine Ent-
haltsamkeit kann bei solchen unehelichen Erstgebärenden nicht
angenommen werden. Dagegen haben Goehlert und Bertillon[4]) nachgewiesen, dass der Knabenüberschuss der im Anfang
einer Ehe geborenen Kinder ein grösserer ist als für die späteren.
Es wird dieser Unterschied wohl besonders durch die Erstgeburten herbeigeführt. Jedenfalls ist derselbe bei Erstgeburten gegenüber dem normalen ein weit geringerer als der bei älteren Erstgebärenden. Bei letzteren hatte ja auch die Verzögerung der
Befruchtung weit länger gedauert.

Wie gesagt, wird die Beanspruchung bei unehelich Gebärenden früher eintreten und häufiger stattfinden. Wir bemerken daher
bei unehelichen Geburten einen geringeren Knabenüberschuss. Dieser Satz ist bereits lange bekannt. Neefe[5]) fand
ihn in vielen Staaten bestätigt, nur in einzelnen deutschen Klein-
staaten nicht, was sich vielleicht auf die Kleinheit der Zahlen zurückführen lässt. Babbage[6]) kommt bei einer Vergleichung von

---

[1]) Burdach, Physiologie, B. II, pag. 278.
[2]) Statistische Studien aus Belgien, B. I, pag. 320.
[3]) Wappäus, Bevölkerungsstatistik, B. II, pag. 198.
[4]) Zeitschrift für Ethnologie XIII. Jahrg., 1881, Heft III.
[5]) Hildebrands Jahrb. f. Nat. u. Stat. XXIV, pag. 186.
[6]) The Edinburgh Journal of Science 1829, Vol. I. N. S., pag. 85:
On the proportionate number of Births of the two sexes under diffe-
rent circumstances.

einer Million unehelicher Geburten mit vierzehn Millionen ehelicher
zu eben demselben Resultat. Horn[1]) fand diese Erscheinung
auch in Belgien. Derselbe führt dann noch weiter aus, dass die
Differenz besonders stark auf dem Lande sein muss, da die unehelichen Kinder dort nur Früchte der Liebe seien. In den Städten
findet dagegen häufig illegitimes Zusammenleben statt, das mehr
einen ehelichen Character trägt. Er stützt diese Ansicht durch
Zahlen. Der Satz, dass die unehelichen Geburten einen geringeren
Knabenüberschuss zeigen, ist seitdem nicht angefochten worden.
Wie wir später sehen werden, lässt sich für diese Erscheinung
noch ein anderer Grund anführen. Es scheinen hier zwei Momente zusammenzuwirken.

In der menschlichen Gesellschaft kann auch ein factischer
Mangel an Individuen des männlichen Geschlechts dadurch eintreten, dass viele derselben abwesend sind, nämlich im Fall eines
Krieges. Die Wirkung, welche dieser Mangel auf das Genitalsystem ausübt, geht dahin, das folgende Kind zum männlichen
Geschlecht zu bestimmen. In der That bemerken wir nach
Beendigung jedes Krieges ein starkes Überwiegen
von Knabengeburten. Nach den Napoleonischen Kriegen trat diese
Erscheinung sogar so stark auf, dass man einen baldigen Mangel
an weiblichen Individuen fürchtete. Es ist dies schon sehr lange
bekannt, hat sich nach jedem Kriege gezeigt und ist niemals bezweifelt worden.

Die Vermutung also, dass die Menschen bei einem Mangel
an männlichen Individuen mehr Knaben produzieren, haben wir
durch die Thatsachen bestätigt gefunden und zwar wurde dies
nachgewiesen für Frauen, welche sich in einem Zustand befinden,
der einem Mangel an männlichen Individuen entspricht, sei dieser
Mangel nun wirklich oder nur scheinbar.

Wenden wir uns jedoch zur folgenden Anwendung des allgemeinen Satzes, um mehr Beweise entgegenzunehmen.

b. Geschlechtliche Beanspruchung.

Untersuchen wir etwas näher, wodurch sich ein Mangel an
Individuen des einen Geschlechtes z. B. an Weibchen bemerklich
macht, so erhalten wir die unzweifelhafte Antwort, dass diese wenigen Weibchen von den vielen Männchen stärker geschlechtlich
beansprucht werden als unter normalen Verhältnissen. Wenn nun

[1]) Volkswirtschaftliche Studien aus Belgien, pag. 267—282.

2 *

der Satz über den Einfluss des Mangels an Individuen richtig ist, so müssen alle Tiere durch natürliche Züchtung die Eigenschaft erlangt haben, im F a l l e sie s t ä r k e r g e s c h l e c h t l i c h b e a n - s p r u c h t w e r d e n , mehr I n d i v i d u e n ihres e i g e n e n G e - schlechtes zu p r o d u z i e r e n. Folgende Thatsachen bestätigen dies.

Der Züchter F i q u e t zu Houston in Texas sagt [1]):

„Es ist eine ganz gewöhnliche Erscheinung, die alltäglich bei uns unter den zahlreichen Heerden vorkommt, welche unsere amerikanischen Prairien durchziehen, dass ein überangestrengter Stier allemal auch Stierkälber erzeugt, wogegen anderseits in Heerden, wo viele Stiere gehalten werden, die Kuhkälber überwiegen."

Es ist klar, dass ein Mangel an dem einen Geschlecht in Bezug auf die Inanspruchnahme bei Männchen und Weibchen Entgegengesetztes bewirkt. Fehlt es z. B. an männlichen Tieren, so werden diese stärker, die weiblichen dagegen schwächer als unter normalen Verhältnissen beansprucht. Dadurch wird also ein G e g e n - s a t z zwischen den Eigenschaften der Geschlechtsproducte hervorgerufen. Die des (weiblichen) Eies entsprechen bei Schonung der Kuh einem Mangel am entgegengesetzten (d. h. männlichen) Geschlecht, die des männlichen Spermas bei starker Inanspruchnahme des Stieres dagegen einen Überschuss am entgegengesetzten (d. h. weiblichen) Geschlecht oder (was dasselbe ist) einem Mangel an demselben (d. h. männlichen) Geschlecht.

Ohne Einfluss auf die Geschlechtsbestimmung ist es daher, wenn beide Teile (z. B. in der Ehe) sehr stark oder nur sehr selten geschlechtlich thätig sind.

Den Gedanken, bei den zur Begattung bestimmten Tieren einen entgegengesetzten Zustand hervorzurufen, hat zuerst der erwähnte Züchter F i q u e t gehabt und durch über 30 Versuche an Rindern bestätigt gefunden. Je mehr Kühe der Stier bedienen musste, und je länger erstere geschont waren, desto mehr S t i e r - kälber wurden geworfen. Umgekehrt erzeugten solche Kühe mehr K u h kälber, deren Geschlechtslust schon durch einen verschnittenen Stier herabgesetzt war und welche dann durch einen springlustigen lange nicht zugelassenen Stier gedeckt wurden.

Aus der Praxis der Landwirte sind sehr viele Beobachtungen bekannt, welche damit übereinstimmen.

---

[1]) D r. H e i n r i c h J a n k e , Die Vorherbestimmung des Geschlechtes beim Rinde.

Brieflich teilte mir Hr. Janke, der die Versuche Fiquets veröffentlichte, folgende Untersuchung mit, die auch trotz des Mangels an Zahlenbelegen nicht unwichtig ist.

„Aus dem sorgfältigen Studium der Sprungregister von Stamm- schäfereien habe ich die bemerkenswerte Thatsache konsta- tieren können, dass in der jedesmaligen Sprungzeit zu Anfang, wo die springlustigsten Böcke praevalieren, als die ersten Ge- burten vorwiegend Mutterlämmer fallen. Danach kommt eine Pe- riode, wo gleich viel Bock- und Mutterlämmer fallen, ein Zeichen dafür, dass beim Springen die Passion und Potenz der Widder schon nachliess. Zum Schlusse aber fallen überwiegend mehr Bocklämmer, ein Beweis, dass es mit der Potenz der Böcke zu Ende ging, selbstverständlich in Folge des vielen vollzogenen Springens."

Ferner fügte er noch folgende Beobachtung hinzu:

„Ein Besitzer einer Stammrinderheerde klagte mir, sein Ver- walter berichte ihm, dass bei der letztjährigen Kälberperiode durchgängig nur Stierkälber gefallen wären, eine Kalamität, die vor 6—8 Jahren schon einmal eingetreten wäre. Ich sagte ihm, die Ursache liege am Stier, der abgetrieben d. h. ohne Potenz und ohne Passion den Kühen gegenüber sei und der also durch einen jüngeren Stier ersetzt werden müsse. Der Herr bestätigte mir darauf, dass allerdings der Stier schon 8—9 Jahr alt sei und von ihm wegen seiner edlen Abstammung beibehalten worden wäre. Genau ebenso sei dies 6—8 Jahre vorher gewesen."

Endlich teilt er mir mit:

„In den Pferdegestüten ist es eine stetig beobachtete Erfahrung, dass von den kräftigsten Beschälhengsten, so oft sie morgens decken, vorwiegend Stutenfohlen, wenn sie aber im Laufe des Tages (was eigentlich rationell nicht geschehen soll!) zum zweiten Male decken, fast immer Hengstfohlen fallen, was seine Er- klärung darin findet, dass die Hengste durch das (in der Regel zweimalige) Decken der ersten Stute doch geschlechtlich strapa- ziert waren."

Auch von anderer Seite wurde mir mitgeteilt, dass ein stark in Anspruch genommener Hengst überwiegend männliche Fohlen zeuge.

Martegoute[1]) hat auf der Schäferei zu Blanc in der Ge-

---

[1]) Schmidts Jahrbücher der Medicin 102, 1859, pag. 285.

meinde Gailbac Toulza (Haut-Garonne) Züchtungen angestellt und ist zu folgendem Resultat gelangt, dessen Auslegung der Theorie zu widersprechen scheint.

Im Anfange der Paarung, so lange der Widder noch im Besitze der vollen Kraft ist, zeugt er mehr männliche als weibliche Tiere. Sobald einige Tage nachher die Schafe in grosser Zahl zugleich brünstig werden und der Widder durch häufigen Sprung seine Kraft mehr erschöpft, gewinnt die Zeugung von weiblichen Tieren die Oberhand. Wenn endlich diese Periode übermässiger Anstrengung aufhört, die Zahl der brünstigen Schafe abnimmt, so beginnt wiederum die Zeugung männlicher Tiere.

Nur der erste Teil dieser Angaben, dass auch im Anfang mehr männliche Tiere fallen sollen, widerspricht den schon erwähnten Resultaten Jankes. Leider habe ich das Original noch nicht erhalten. Die Zuverlässigkeit dieser älteren Angaben scheint aber keine sehr grosse zu sein. Der zweite Teil indessen stimmt mit der Beobachtung Jankes überein, dass später mehr männliche Tiere gezeugt werden als früher.

In der Landwirtschaft wird häufig ein Tier von edler Race stark in Anspruch genommen. Auf einer Schäferei[1]) wurde eine Menge Schafe von einem kräftigen Merinowidder belegt, der möglichst viel Nachkommen liefern sollte. Das Resultat waren 50 Bocklämmer und 22 Schaflämmer, während gewöhnlich die Zahl der Geschlechter gleich ist.

In Stammschäfereien kommt es überhaupt nicht gar selten vor, dass ein Tier edler Abkunft, zumal wenn es mit prägnanter Vererbungskraft ausgestattet ist, möglichst viel Nachkommen liefern soll. Die Vater-tiere mit besonders feiner und edler Wolle wurden früher in manchen Schäfereien Norddeutschlands nicht selten dergestallt ausgenutzt, dass infolge dessen die Traberkrankheit ausbrach. Sehr häufig wird dies einer zu starken Beanspruchung des Bockes zugeschrieben[2]) und man könnte hier eine starke Mehrgeburt von Männchen erwarten. Hr. Settegast hingegen, dem auf dem Gebiete der Tierzucht unstreitig die grössten Erfahrungen zu Gebote stehen, teilt mir mit, dass hier die geschlechtliche Überbürdung sowohl bei den Böcken wie

---

[1]) Findet sich in der Schrift v. Dr. Ploss: „Über die das Geschlechtsverhältniss der Kinder bedingenden Ursachen." Monatsschrift für Geburtskunde und Frauenkrankheiten, B. XII, p. 331. .

[2]) Vergl. H. Settegast, Die Züchtungslehre. Breslau 1878, IV. Aufl., pag. 99.

bei den Mutter-schafen stattfand. Jene wurden zu früh, zu oft und in zu hohem Alter beansprucht. Die weiblichen Tiere dagegen wurden nicht selten schon mit 1½ Jahren zugelassen, was bei so spät-reifen Tieren normaler Weise erst mit 2½ Jahren hätte eintreten sollen. Es wurden sogar zur Förderung des Veredelungsprocesses und zur Beschleunigung des Anwachsens der Herde anfangs jährlich zwei Sprung- und Lammzeiten durchgesetzt, während zur Schonung der Tiere nur eine stattfinden soll. Beide Geschlechter waren also stark beansprucht und ein anomales Sexualverhältniss kann daher bei den Geburten nicht erwartet werden und ist auch nicht beobachtet worden.

Hingegen teilt mir Hr. Settegast die Ansicht mit, zu der ihn seine doch gewiss ausserordentlich zahlreichen Beobachtungen geführt haben. Sie stimmt mit der Theorie überein. Er sagt, dass im Allgemeinen der Nachkomme das Geschlecht des stärker beanspruchten Erzeugers erhalte, wenn man darunter den Einfluss der Benutzung des Zuchttieres in hohem Alter desselben, vor seiner vollen Reife, in schlechter Condition und bei missbräuchlicher (zu angespannter) Ausbeutung seiner Zeugungskraft versteht. Dies ist nicht unbedingt bei jeder Geburt der Fall, sondern, wie Settegast sagt, giebt es mannigfaltige Ausnahmen, es wird also unter solchen Umständen ein mehr oder weniger grosser Überschuss des einen Geschlechtes erzeugt. Ich glaube, dass die Meinung einer solchen Autorität, wie Settegast es unstreitig ist, von der grössten Wichtigkeit ist, namentlich da er doch über eine ausserordentliche Fülle von Beobachtungen und Erfahrungen verfügt. Ich ergreife diese Gelegenheit, um ihm meinen Dank auszusprechen für die Mitteilungen, die er mir freundlichst zukommen liess.

Es ist bereits erwähnt worden, dass bei den Geburten der Pferde vorurteilsfreie Beobachter gefunden hatten, dass die Fohlen meist das Geschlecht des relativ stark in Anspruch genommenen Erzeugers zeigen. Um dies statistisch zu prüfen, wurde folgende umfassende Untersuchung angestellt.

Die Abfohlungsresultate der preussischen Gestüte werden jährlich veröffentlicht. Früher geschah dies von den Annalen der Landwirtschaft, jetzt geschieht es von den Landwirtschaftlichen Jahrbüchern. Es standen neunzehn Jahrgänge zur Verfügung, nämlich von 1859—82 mit Ausnahme der vier Tabellen von 1870—71, 1871—72, 1872—73 und 1873—74, welche fehlten. In diesen Tabellen ist unter anderm für jedes Gestüt angegeben, wie viel Stuten in jedem Jahre ein Hengst durchschnittlich belegt hatte, wie stark also die geschlechtliche Beanspruchung der Hengste in diesem Gestüt und in diesem Jahre war. Sämmtliche Zahlen wurden nach der Anzahl der pro Jahr und pro Hengst gedeckten Stuten geordnet und addiert. Das Resultat ist in der Tabelle wiedergegeben.

Zahl der gedeckten Stuten	Zahl der geworfenen Fohlen		Sexual-verhältniss
	männlich	weiblich	
60—70	42 445	41 933	101,22
55—59	66 551	66 226	100,49
50—54	59 940	61 096	98,18
45—49	57 077	59 216	96,39
40—44	59 967	62 007	96,71
35—39	38 348	40 181	95,44
20—34	26 354	27 069	97,35
Summa	350 682	357 728	98,03

Aus diesen Zahlen ersehen wir, dass bei stärkerer Beanspruchung der Hengste mehr Männchen geboren werden. Dieselben bilden sogar eine fortlaufend abnehmende Reihe. Nur an zwei Stellen kommen kleine Abweichungen vor. Die grössere von diesen stützt sich auf nur eine geringere Zahl von Fällen, so dass sie sehr wohl auf Zufall zurückgeführt werden kann. Die Hauptmasse der Zahlen liefert eine nicht zu unterschätzende Bestätigung der Theorie.

Die hier wieder gegebenen Zahlen sind so aussergewöhnlich gross, dass von einem Zufall keine Rede sein kann. Lexis[1]) hat berechnet, in wie weit die Schwankungen des Sexualverhältnisses auf Zufall zurückzuführen sind. Will man sich dies veranschaulichen, so stelle man sich eine Urne vor, in welcher schwarze und weisse Kugeln stets im Verhältniss von 106,3 zu 100 vorhanden wären. Diese entsprechen den Knaben und Mädchen, die in diesem mittleren Verhältniss geboren werden. Wenn man nun 3200 mal eine Kugel herausholt, so besteht noch immer die Wahrscheinlichkeit 0,113, dass das Verhältniss der weissen und schwarzen Kugeln nicht den mittleren Wert 106,3 zu 100, sondern einen solchen habe, der unter 100,4 oder über 112,2 liegt. Bei 3200 Geburten kann man also etwa 1 gegen 9 wetten, dass der Knabenüberschuss diese Grenzen überschreitet.

---

[1]) Hildebrands Jahrbücher d. Nat. u. Stat. XXVII. 1876, pag. 209.

Bei obiger Untersuchung handelt es sich aber um eine mehr als zweihundert mal so grosse Zahl von Geburten. Und das Resultat kann als unzweifelhaft sicher angesehen werden.

Gegen diese Untersuchung könnte man folgende Einwürfe machen. Während hier nämlich die Beanspruchung der Hengste eine verschiedene ist, sind die übrigen in Betracht kommenden Momente nicht etwa gleichgestaltet, sondern über sie finden sich gar keine Angaben, z. B. über die Beanspruchung der Stuten, ferner über das Alter von Hengst und Stute. Die Zahl der vierjährigen Hengste, die zum ersten Mal zugelassen werden, ist eine wechselnde. Ferner werden die Hengste in einem Gestüt nicht alle gleichstark beansprucht, sondern einzelne Hengste sind sehr beliebt und darum viel stärker in Anspruch genommen als andere. — Alle diese Einwürfe entsprechen den thatsächlichen Verhältnissen. Die angeführten Umstände sind von Einfluss auf das Sexualverhältniss, sie sind ungleich in den einzelnen Gestüten und den einzelnen Jahren. Da aber die Zahlen so ausserordentlich gross sind, so darf man mit Recht annehmen, dass diese Umstände sich im Allgemeinen ausgleichen. Selbst wenn daher in einzelnen Gestüten zu verschiedenen Zeiten beliebte Hengste gestanden haben, oder wenn das Alter der einem Gestüte zugeführten Stuten bald ein hohes, bald ein niedriges gewesen ist und so fort, so wird dadurch der Wert des Resultates nicht geändert, nur der zu erwartende Überschuss wird erheblich herabgedrückt. In der That ist die grösste Differenz in der Tabelle bei einer etwa doppelt so starken durchschnittlichen Beanspruchung nur gleich etwa 6 $\frac{0}{0}$.

Diese Differenz erscheint auf den ersten Blick als sehr geringfügig. Man könnte vermuten, der Unterschied müsse so stark sein, dass das Sexualverhältniss sich sofort ausgleicht; man könnte vielleicht noch einmal so viel Hengstfohlen erwarten, als normaler Weise geboren werden, was einem Verhältniss von 200 männlichen zu 100 weiblichen Fohlen entsprechen würde. Ein solcher Überschuss aber wäre viel zu stark, wie sich aus den Lebensverhältnissen der Pferde ergiebt. Bei diesen dauert die Tragzeit ein Jahr; die Reife beginnt im zweiten Jahre, jedoch werden die Tiere erst vom vierten Jahre an zur Belegung zugelassen. Die ersten bei anomalem Sexualverhältniss gezeugten Fohlen treten also fünf Jahre später in den Kreis der Zeugenden ein. Die folgenden vier Jahrgänge von Fohlen sind daher unter demselben anomalen Geschlechtsverhältniss gezeugt und müssen also auch denselben Männchenüberschuss zeigen. Wenn nun der erste Jahrgang von Fohlen das anomale Verhältniss wieder ausgliche, so würde durch das Eintreten der folgenden das Gegenteil hervorgerufen werden, aus dem Mangel würde ein grosser Überfluss an Männchen entstehen. Man kann daher vermuten, dass der Überschuss nicht so gross, sondern etwa ein Fünftel hiervon sein, also dem Sexualverhältniss von 120 zu 100 entsprechen wird. Alsdann wird, nachdem die fünf Jahrgänge in den Kreis der Zeugenden getreten, das anomale Geschlechtsverhältniss beseitigt sein. Von der Zeit jedoch, wo der erste Jahrgang die Zeugung begann, bis fünf Jahre später, wo der letzte die Ausgleichung herbeiführte, herrschte immer noch ein anomales, wenn auch nicht mehr so stark anomales Geschlechtsverhältniss der Zeugenden. In den folgenden fünf Jahren findet also immer noch eine Mehrproduction von Männchen statt. Es scheint also, als ob auch dieser Überschuss ein noch zu starker ist. Eine massvolle Regulierung eines Männchenmangels könnte vielleicht durch einen Überschuss von 10 männlichen Geburten auf 100 weiblichen über das bei einem Weibchenmangel auftretende Verhältniss herbeigeführt werden. Ist letzteres 95 : 100, so wird man bei noch einmal so starker Beanspruchung der Männchen das Sexualverhältniss 105 : 100 bei den Geborenen erwarten können.

Man ersieht auch aus diesen theoretischen Erörterungen, wie gering der Einfluss eines einzigen Momentes sein muss. Es ist eben eine grosse Zahl von Factoren, welche das Geschlecht bestimmen. Die Änderung eines einzelnen kann daher nur eine kleine Änderung des Sexualverhältnisses zur Folge haben.

Untersuchen wir die physiologischen Erscheinungen etwas näher, die sich beim Mangel an Individuen des einen oder andern Geschlechtes einstellen werden, legen wir uns also die Frage vor: Worin besteht denn eigentlich die Zustandsänderung z. B. der Männchen, wenn diese stärker geschlechtlich beansprucht werden? Die Antwort lautet unbestreitbar: Wenn bei starker Beanspruchung das kaum gebildete Sperma sehr bald wieder verbraucht wird, so befruchten die Männchen mit relativ jungen Spermatozoen[1]).

Um keinerlei Zweifel über die Richtigkeit dieser Verhältnisse

---

[1]) Auf diese Beziehung zwischen der geschlechtlichen Beanspruchung und dem Alter des Spermas bin ich von Herrn Prof. Preyer aufmerksam gemacht worden.

aufkommen zu lassen, wurde in der vorläufigen Mitteilung zu dieser Arbeit [1]) eine Berechnung dieser Verhältnisse vorgenommen, welche es als unzweifelhaft erweisen, dass bei stärkerer Inanspruchnahme die Spermatozoen jünger, bei schwächerer Beschäftigung dagegen älter sind, als dies durchschnittlich der Fall sein wird. Und zwar tritt dieses auch dann ein, wenn infolge der stärkeren Anregung eine vermehrte Spermaproduction herbeigeführt wird. Bei einem Mangel an Männchen wird das Ei also von jungen Samentierchen befruchtet und neigt infolge dessen zum männlichen Geschlecht und umgekehrt. Die Eigenschaft der Männchen, bei einem anomalen Sexualverhältniss mehr Individuen des Geschlechtes zu zeugen, an dem es fehlt, lässt sich zurückführen auf eine Wirkung des Alters der Spermatozoen.

Bock hatte eine Theorie über die Geschlechtsentstehung aufgestellt, wonach der „dünnere“ Samen bei häufiger Thätigkeit zum weiblichen Geschlecht bestimmend sein soll. Bei seltener Inanspruchnahme sollen indessen mehr Knaben geboren werden. Danach wäre der Zustand des Eies ohne Einfluss und nur die Dünnheit des Samens von Bedeutung. Hiergegen ist einzuwenden, dass nicht der Samen, sondern die Samenfäden befruchtend wirken, und diese sind alsdann nicht dünner, sondern jünger. Thatsachen führt Bock fast gar nicht an. Nur wiederholt er die Behauptung einiger Reisender, dass in den Ländern, in denen Polygamie herrscht, mehr Mädchen geboren werden. Die Statistiker haben aber diese Behauptung als unzuverlässig zurückgewiesen.

Die nützliche Eigenschaft, mehr Tiere des Geschlechtes zu erzeugen, an dem es mangelt, war bei den Männchen auf eine Wirkung des Alters der Spermatozoen zurückgeführt worden. Entsprechendes gilt auch vom weiblichen Geschlecht. Wird dieses stark beansprucht, so werden die Eier sofort befruchtet werden, sobald sie nur dazu fähig sind; solche früh befruchtete Eier neigen zum weiblichen Geschlecht.

Diese Verhältnisse sind so einfach und leicht zu überschauen, dass die nähere Auseinandersetzung, wie sie in der vorläufigen Mitteilung gegeben wurde, wohl nicht wiederholt zu werden braucht. Nur in bezug auf solche Tiere, deren Reproduction nicht an eine bestimmte Jahreszeit gebunden ist, könnten Zweifel

---

[1]) Diese Zeitschrift, 1883, pag. 428. Die Factoren, welche die Sexualität entscheiden.

auftauchen. Diese lassen sich durch folgende Überlegung beseitigen.

Denkt man sich, dass die weiblichen Individuen z. B. beim Menschen plötzlich doppelt so stark beansprucht werden als vorher, so wird sich allerdings die Geschlechtsthätigkeit ebenso gut für die spätern Tage nach der Menstruation als für die frühern verdoppeln. Eine Bevorzugung letzterer ist nicht anzunehmen. Auch durch den Umstand, dass anfangs die Conceptionscapacität bedeutend grösser ist, wird das Verhältniss nicht geändert. — Wäre dieselbe anfangs z. B. dreimal so gross, so kann man sich dies leichter vorstellen, indem man annimmt, im Anfang fände die geschlechtliche Verbindung dreimal so oft statt und es hätte alsdann jede eine gleiche Wahrscheinlichkeit zu befruchten. Verdoppelt sich jetzt die Beanspruchung, so werden anfangs in derselben Zeit sechs Sexualacte stattfinden, auf welche später nur zwei kommen, d. h. es wird auch jetzt noch anfangs dreimal so oft der Act ausgeübt als nachher. Dies Verhältniss wird also durch die Verschiedenheit der Beanspruchung nicht gestört. — Jetzt tritt aber der Umstand ein, den man leicht übersehen könnte, dass nämlich bei stärkerer Thätigkeit einer von den ja auch bald nach der Loslösung des Eies häufiger stattfindenden Geschlechtsacten befruchtend gewirkt haben kann, was bei der Häufigkeit sehr wahrscheinlich ist, und dass alsdann alle folgenden wirkungslos sind, mögen sie nun häufig stattfinden oder selten. Beim Menschen bewirkt also eine stärkere geschlechtliche Beanspruchung eine relativ häufigere Befruchtung bald nach der Menstruation.

Nehmen wir z. B. an, durchschnittlich wirke von x Verbindungen eine befruchtend, so wird bei stärkerer Beanspruchung der xte Zeugungsact früher nach der Menstruation stattfinden als gewöhnlich; daher wird auch die Befruchtung des Eies eher nach der Loslösung d. h. im jugendlicheren Zustand erfolgen. — Oder noch allgemeiner: An einem bestimmten Zeitpunkt nach der Menstruation ist die Wahrscheinlichkeit, dass die Befruchtung stattgefunden hat, bei stärkerer Beanspruchung grösser als bei schwächerer.

Bei einem Mangel des weiblichen Geschlechtes werden also junge Eier befruchtet und diese bilden sich zu Weibchen aus. Die nützliche Eigenschaft der weiblichen Tiere, mehr von dem Geschlecht zu produzieren, an dem es mangelt, kann also zurückgeführt werden auf den Einfluss des Alters der Eier. Diese Eigenschaft der Männchen wie der Weibchen ist vielleicht allgemein als eine Wirkung des Alters der Geschlechtsproducte zu erklären. Junge Spermatozoen und alte Eier neigen demnach zum männlichen, alte Spermatozoen und junge Eier dagegen zum weiblichen Geschlecht.

Allgemein können wir also sagen:

Je grösser der Mangel an Individuen des einen Geschlechtes ist, je stärker die vorhandenen in Folge dessen geschlechtlich beansprucht werden, je rascher, je jünger ihre Geschlechtsproducte verbraucht werden, desto mehr Individuen ihres eigenen Geschlechts sind sie disponiert zu erzeugen.

Von einem solchen überangestrengten Genitalsystem sagt Janke, es habe geringe geschlechtliche Kraft, indem er dabei an die Leistung bei einer Begattung denkt. Eine Schonung des Genitalsystems bewirkt dagegen eine höhere geschlechtliche Kraft oder Prävalenz. Indessen sollen diese Ausdrücke hier nicht angewendet werden.

c. Verzögerte Befruchtung des Eies.

Als physiologische Wirkung einer stärkeren Beanspruchung des weiblichen Geschlechtes hatte sich eine frühzeitige Befruchtung der Eier und damit eine stärkere Production von weiblichen Individuen ergeben. Je länger der Weg ist, den das Ei zurückgelegt hat, desto mehr neigt es im Allgemeinen zum männlichen Geschlecht.

Thury[1]), welcher das Überwiegen des männlichen Geschlechtes bei einer solchen verzögerten Befruchtung der Eier zuerst beobachtete, stellte eine dem-entsprechende Theorie auf. Er behauptete, dass jung befruchtete Eier sich zu Weibchen und spät befruchtete sich zu Männchen ausbildeten. Nach seiner Anweisung wurden 29 Versuche mit Kühen auf einem Gute angestellt. Die Kälber zeigten das vorhergesagte Geschlecht. Er schliesst daraus, dass im Anfang der Brunst belegte Kühe stets Kuhkälber, solche dagegen, welche länger hatten warten müssen, stets Stierkälber werfen.

Indessen ist diese eigentliche Thurysche Theorie in sofern nicht richtig, als immer nur ein gewisser Überschuss des einen oder andern Geschlechtes erwartet werden kann. Denn es tritt nie plötzlich die ausschliessliche Production nur des einen Ge-

---

[1]) La Production des Sexes. Übers. v. Pagenstecher.

schlechtes ein, sondern es handelt sich um eine mässige Regulierung des Sexualverhältnisses.

Es war unzweifelhaft ein Zufall, dass sämmtliche 29 Versuche der Theorie gemäss ausfielen. Indessen scheinen dieselben doch von zuverlässiger Seite angestellt worden zu sein. Als **Thury** seine Aufsehen erregende Theorie aufgestellt hatte, wurden eine grosse Zahl von Versuchen angestellt, um sie zu prüfen. Der grösste Teil wurde von Züchtern vorgenommen und ist daher weniger wertvoll als die mehr wissenschaftlich angestellten. Die Resultate sprachen teilweise für, teilweise gegen die Theorie. Da **Thury** selbst das Alter des Eies als das einzig massgebende ansah, so konnte auf Grund einer einzigen Nichtbestätigung die Theorie als widerlegt angesehen werden. Bei der Anstellung der Versuche wurde daher auch auf alle übrigen Momente, wie das Alter des Spermas, die Ernährungsverhältnisse, nicht geachtet.

Auf den landwirtschaftlichen Akademien zu **Proskau** und **Eldena**[1]) wurde die **Thury**sche Theorie experimentell geprüft. Die Kühe, welche Kuhkälber werfen sollten, wurden belegt, sobald man ihre Brünstigkeit bemerkte, welche meist 24—30 Stunden andauerte. Sie warfen in Proskau fünf Kuh- und fünf Bullenkälber. In Eldena drei und fünf. Diese Geburten zeigten also ein normales Sexualverhältniss. In Proskau warfen ferner die Kühe, welche erst circa 20 Stunden nach Eintritt der Brunst befruchtet wurden, ein Kuh- und vier Bullenkälber. Aus diesen Versuchen schloss man mit Recht, dass die **Thury**'sche Theorie in ihrer ursprünglichen Form unhaltbar sei.

Ferner wurden in dem kgl. **Friedrich-Wilhelms-Gestüt** Beobachtungen über diese Theorie angestellt[2]). Von zwanzig Stuten, die nach **Thury** Stutenfohlen hätten werfen sollen, entsprachen nur 11 dieser Erwartung, 10 dagegen warfen Hengstfohlen.

Später wurden in **Waldau** und **Eldena**[3]) abermals mit Kühen derartige Versuche angestellt. In Waldau warfen früh befruchtete Kühe ein Stier- und ein Kuhkalb, spät befruchtete ebenfalls ein Stier- und ein Kuhkalb. In Eldena wurden von neun sofort nach Eintritt der Brunst belegten Kühen neun Kuh- und zwei Bullenkälber geworfen. Die letzteren fanden sich in zwei

[1]) Annalen der Landwirtschaft, 23. Jahrg., 46. B., 1865, pag. 271.
[2]) Annalen der Landwirtschaft, Wochenblatt, 1864, pag. 335.
[3]) l. c. 1866, p. 461.

Zwillingsgeburten. Diese Versuche scheinen am exactesten angestellt zu sein; denn vom ersten Bemerken des Rinderns bis zur
Belegung vergingen nur ein viertel bis eine halbe Stunde, was
bei den vorigen nicht der Fall war.

Endlich hat Touchon[1]) in Hohenau Versuche über die
Richtigkeit der Thuryschen Theorie angestellt. Er fand sie be-
stätigt. Elf Kälber zeigten das erwartete weibliche Geschlecht.
Auch bei zwei Fohlen war dies der Fall.

Die eigentliche Thurysche Theorie, dass nur das Alter des
Eies in Betracht komme, ist durch diese Versuche als falsch nachgewiesen worden. Das Alter des Eies ist vielmehr nur einer der
vielen Factoren, welche auf die Entstehung des Geschlechtes von
Einfluss sind. Wenn in Folge eines Mangels an Männchen eine
Verzögerung der Befruchtung stattfindet, so tritt nicht etwa eine
ausschliessliche Production von Männchen ein, sondern die Einwirkung dieses einen Moments zeigt sich nur in einem gewissen
Ueberschuss, welcher alsdann das Sexualverhältniss reguliert. Um
einen solchen Ueberschuss zu constatieren, sind nur grössere
Zahlen zulässig. Fassen wir daher einmal sämmtliche Versuche,
welche angestellt wurden, um die Thury'sche Theorie zu erproben,
und die mir bekannt geworden sind, zusammen, so erhalten wir
folgende Zahlen. Kühe, welche früh befruchtet wurden, warfen 13
Stier- und 29 Kuhkälber; Stuten, die ebenfalls früh befruchtet
wurden, produzierten 10 Hengst- und 13 Stutenfohlen. Endlich
warfen spät befruchtete Kühe 5 Stier- und 2 Kuhkälber. Wie
man sieht, sprechen diese Zahlen entschieden eine Tendenz aus,
das Geschlechtsverhältniss zu regulieren.

Albini in Neapel[2]) stellte Versuche mit Hühnern an, welche
im Sinne der Thury'schen Theorie ausfielen.

Er fand, dass die Hühner drei bis sechs Tage nach Vereinigung mit dem vorher getrennten Hahne wieder befruchtete Eier
legen, aus denen im Mittel gleichviel männliche und weibliche
Hühnchen entstehen, doch scheint im Ganzen die Zahl der Männ-

---

[1]) Agronomische Zeitung, 1865, pag. 519.
[2]) Es stand mir allerdings nur das Referat von Kronecker zur
Verfügung: Centralblatt für med. Wissenschaften, 1868, pag. 268.
Original in Rendiconto della R. Accad. d. sc. fis. e mat. di Napoli 1867.
Settembre. 9 Stn. Albini erklärt sich dem Referat zufolge für die
Theorie von Thury. Referent spricht sich dagegen aus, da Thury
das Alter des Eies als das allein massgebende bezeichnet hatte, also
keine Ausnahme hätte eintreten dürfen.

chen zu überwiegen. — Nach Entfernung des Hahnes aber legen sie am 9. und 10. Tage gleich viel befruchtete und unbefruchtete, am 12. überwiegend unbefruchtete, aber selbst am 18. Tage noch einige befruchtete. Die am 10. bis 15. Tage nach Entfernung des Hahnes gelegten Eier waren überwiegend weiblich.

Im ersteren Falle, wo am 3. bis 6. Tage nach der Wiedervereinigung mit dem Hahne viel männliche Eier gelegt wurden, haben wir es mit Eiern zu thun, die schon sehr lange seit Beginn ihrer Befruchtungsfähigkeit auf eine Befruchtung warteten, aber noch immer hierzu geeignet waren und auch befruchtet wurden. In Folge dieser Verzögerung tendierten sie sich zum männlichen Geschlecht auszubilden. In dem entgegengesetzten Zustand aber befand sich das Sperma. Dieses gelangte bald nach dem Coitus zur Befruchtung, war also relativ jung. Seine Eigenschaften verstärkten also noch die Tendenz der Eier.

Dagegen waren die am 10. bis 15. Tage nach der Trennung vom Hahn gelegten Eier, also zu einer Zeit, wo schon überwiegend unbefruchtete gelegt wurden, weil das Sperma fast verbraucht war, meistens weiblich. Sie mussten schon äusserst frühzeitig befruchtet sein. Das Sperma hingegen war schon relativ alt, da es erst lange nach der Begattung zur Verwendung kam. Junge Eier und altes Sperma bewirken eine Tendenz des Embryos, sich zum weiblichen Geschlecht auszubilden.

Coste[1]) stellte 1864 denselben Versuch mit einer Henne an. Nach der Trennung vom Hahn legte sie noch fünf befruchtete

Eier:	am 15. März ein Männchen
	„ 17. „ „ Männchen
	„ 18. „ „ Weibchen
	„ 20. „ „ Männchen
	„ 22. „ „ Weibchen.

Unter diesen fünf Fällen stimmt einer nicht, denn das vorletzte Männchen hätte ein Weibchen sein müssen. Coste zog daraus den Schluss, dass die Theorie von Thury falsch sein müsse.

Im folgenden Jahre wiederholte Gerbe[2]) diesen Versuch mit demselben Erfolg, die Verteilung der Geschlechter war eine regellose, wie die Tabelle zeigt.

Auch diese Resultate widerlegen die Theorie von Thury, insofern dieser glaubte, das Alter der Eier sei das einzig in betracht kom-

---

[1]) Comptes rendus, 1864, pag. 740.
[2]) Comptes rendus 1865, Tome 60, pag. 941.
    Coste: Production des sexes.

Henne zum Hahn gebracht am 9. Juli, getrennt am 10. Juli		Dieselbe Henne zum Hahn zurückgebracht am 31. Juli, getrennt am 1. August	
Gelegt am	Resultat	Gelegt am	Resultat
10. Juli	Unbefruchtet	1. August	Unbefruchtet
11. „	♂	2. „	♀
13. „	Gestorben	5. „	♀
14. „	Gestorben	7. „	♂
15. „	♀	8. „	Gestorben
17. „	Gestorben	11. „	♀
18. „	♂	12. „	♀
20. „	♂	16. „	♂
21. „	♀	18. „	Unbefruchtet
24. „	♂	19. „	Unbefruchtet
25. „	♀	21. „	Unbefruchtet
27. „	Unbefruchtet		
28. „	Unbefruchtet		
30. „	Unbefruchtet		

mende Moment. Die Geschlechter zeigen sich fast gleichmässig verteilt, nur in der ersten Tabelle zeigt sich im Anfang ein schwaches, der Theorie entsprechendes Ueberwiegen der Männchen.

Addirt man die von Coste und Gerbe erhaltenen Resultate, so zeigen die Zahlen ein der Theorie entsprechendes Verhalten. Jedoch ist selbst die Summe dieser Fälle eine noch so kleine, dass keine sichern Schlüsse daraus gezogen werden können.

Nach F l o u r e n s [1]) hatte schon Aristoteles bemerkt, dass die Tauben stets zwei Eier legen, wovon das eine männlich, das andere weiblich ist. Eine genauere Beobachtung lehrte ihm, dass das zuerst gelegte männlich und das zweite weiblich war. Flourens stellte elf mal diese Beobachtung an und fand die Aussage von Aristoteles jedesmal bestätigt.

Wenn diese Thatsache richtig ist, so wäre damit eine neue Bestätigung der Theorie gegeben. Das erste Ei ist älter, wird sofort von jungem Sperma befruchtet und liefert ein männliches Tier. Das zweite wird jung befruchtet, vielleicht auch etwas später von dem älter gewordenen Sperma. Es wird daher auch erst als zweites gelegt. Dieses jung von altem Sperma befruchtete Ei liefert ein Weibchen.

---

[1]) Comptes rendus, 1864, pag. 740.

3

Gerbe[1]) stellte ferner Versuche mit Kaninchen an, indem er das eine bald nach Beginn der Brunst begatten liess, die anderen aber erst möglichst spät. Die Tabelle zeigt die Resultate, sie giebt die Geschlechter an, wie sie in den Uterushörnern vom Ovarium aus vorgefunden wurden. Es zeigte sich eine ziemlich gleichmäs-

I. früh begattet		II. spät beg.		III. spät beg.	
linkes Horn	rechtes H.	linkes H.	rechtes H.	linkes H.	rechtes H.
♂	♀	♀	♀	♂	♂
♀	♂	♂	♂	♂	♀
♀	♀	♂	♀	♀	♂
♂	—	♂	♂	♂	—
♂	—	♀	♀	—	—
♀	—	♀	—	—	—
♂	—	—	—	—	—
♂	—	—	—	—	—
7♂ und 5♀		5♂ und 7♀		5♂ und 2♀	

sige Verteilung. Indessen können diese Versuche nicht massgebend sein, weil, wie Born[2]) anführt, „nach neueren Autoren, wie Hensen, die Eier derselben sich rasch hintereinander lösen und bald befruchtet werden." Da Gerbe erwartete, dass das Geschlecht sich nur allein nach dem Alter der Eier richte, so hat er alle übrigen Momente ausser Acht gelassen. Bei diesem Experiment aber scheint sich zu zeigen, wie einflussreich das Alter des Spermas ist. Beim ersten und dritten Fall fanden nämlich hintereinander zwei Begattungen statt, das Sperma war also durchschnittlich jünger als beim zweiten, wo nur eine stattfand. Die Geschlechtsproduction steht damit in Einklang; denn I. und III. produzierten zusammen 12 ♂ und 7 ♀; II. aber umgekehrt 5 ♂ und 7 ♀, da das Sperma hier älter war. Das verschiedene Alter des Spermas kann also die Ursache gewesen sein, warum das Sexualverhältniss so verschieden ausfiel.

---

[1]) Comptes rendus, 1865, Tome 60, pag. 942.
   Coste: La Production des Sexes.
[2]) Experimentelle Untersuchungen über die Entstehung der Geschlechtsunterschiede. Abdruck aus: Breslauer ärztliche Zeitschrift, 1881, Nr. 3 ff.

Auch an Würmern sind solche Experimente angestellt worden. A. Schneider schrieb an Hoffmann [1] bez. seiner Versuche über Geschlechtsbestimmung bei Nematoden Folgendes: „Pelodera papillosa, ein in faulenden Substanzen lebender Nematod, eignet sich ausgezeichnet zu diesen Untersuchungen, da man denselben in einem Uhrglas isoliert aufziehen kann, und die Geschlechtsverschiedenheit schon deutlich ist, noch ehe ein Coitus möglich gewesen ist. Ich habe zwei Experimente angestellt. 1) Ein Weibchen wurde isoliert und 6 Tage nach Eintritt der Geschlechtsreife begattet; von den Eiern waren 19 männlich, 41 weiblich.... 2) Ein Weibchen wurde 13 Tage nach Eintritt der Geschlechtsreife begattet, von 46 Eiern waren 23 Weibchen und 23 Männchen.... Will man diese Versuche gelten lassen, so würden sie dafür sprechen, dass die Zahl der Männchen bei später Befruchtung zunimmt."

Auch beim Menschen ist die Wirkung einer verzögerten Befruchtung auf das Geschlecht des Eies constatiert worden.

Der grosse Knabenüberschuss bei den Juden wird auf die Sitte zurückgeführt, das Weib nach der Menstruation noch möglichst lange zu vermeiden [2]. Die statistischen Angaben über das Geschlechtsverhältniss der jüdischen Geburten schwanken allerdings bedeutend, weil sie stets nur wenig Fälle umfassen können. Das Resultat ist indessen stets dasselbe. So wurden im Wieselburger Comitat (1835—1855) auf 100 jüdische Mädchen 117,1 Knaben geboren [3]. In Preussen (1820—1834) war das Verhältnis 111 zu 100, 1849—1852 war es 106 zu 100; in Schweden 1851—1855 betrug es 108 zu 100. Sogar bei den unehelichen jüdischen Kindern kamen auf 100 Mädchen in Oesterreich 123,9, in Preussen 118,6 Knaben. Letztere Zahl umfasst 800 erstere, 4600 Fälle [4]. Dasselbe Resultat ergiebt eine in der Medicinischen Statistik von Oesterlen gegebene Zusammenstellung.

Ferner teilt Baust [5] vierzehn Fälle „nach den zuverlässigsten Angaben verschiedener Freunde" mit, aus denen hervorgeht, dass jede Conception acht Tage nach beendigter Menstruation

---

[1] Citiert von Hoffmann. Botanische Zeitung 1871, Nr. 7 pag. 109.
[2] Thury: La Production des Sexes, pag. 24.
[3] Glatter: Die Lebenschancen der Juden. Citiert von Wappäus.
[4] Wappäus: Bevölkerungsstatistik, Bd. II, p. 158, 159, 194.
[5] Baust: Die Ursachen, welche die Entwickelung des männlichen und weiblichen Geschlechts bedingen. Stuttgart 1871.

einen Knaben zur Folge hatte, während die ersten drei Tage nach
derselben regelmässig den Mädchen angehörten und der fünfte
und sechste Tag sich als schwankend erwiesen. Indessen ist die
Angabe, dass der Erfolg ausnahmslos den Erwartungen entspro-
chen haben solle, nicht geeignet, das Vertrauen zu stärken; der
Zufall müsste zu diesem Resultat etwas beigetragen haben.
Mit grosser Reserve könnte noch folgendes bemerkt werden.
In Frankreich ist der Knabenüberschuss relativ hoch. Es ist
die Möglichkeit nicht ausgeschlossen, dass die angestrebte Vermeidung der Befruchtung in folge der Herrschaft des Zwei-
kindersystems, dies bewirkt. — Auch der äusserst hohe Knabenüberschuss bei den unehelichen jüdischen Geburten liesse sich
auf diese Weise erklären. Selbstverständlich sind dies nur Vermutungen, die nur als Erklärungen, nicht aber als Stützen der
Theorie angesehen werden können.
Später ist die Thury'sche Theorie von mehreren andern Forschern wieder aufgestellt worden, so von Dr. Upjohn und Dr.
Van S. Deaton[1]). Dr. Sweet[1]) spricht sich indessen dagegen
aus, weil er drei Fälle anführen konnte, bei denen die Theorie
nicht zutreffend war, was ja sehr leicht möglich gewesen ist.
Das Thatsächliche an der Theorie von Thury ist mit der
Einschränkung, dass das Alter des Eies nicht das allein massgebende ist, richtig; die Erklärung indessen, welche er für diese Erscheinungen aufstellt, wird man wohl kaum annehmen können. Er
hält das männliche aus ältern Eiern hervorgehende Geschlecht für
das weiter entwickelte, das weibliche aus jüngern Eiern entste-
hende aber für das mehr rudimentäre. Es kann nicht angenommen werden, dass dies richtig sei, denn so lange das befruch-
tungsbedürftige Ei nicht befruchtet ist, entwickelt es sich auch
nicht. Das ältere zum männlichen Geschlecht neigende Ei kann
daher nicht als etwas weiter entwickeltes und das jüngere nicht
als etwas rudimentäres angesehen werden. Ein Ei kann nach der
Ablösung auch nicht für unreifer gelten als später. Auch müsste
gesagt sein, was man unter „reif" versteht. Mit demselben Recht
könnte man auch umgekehrt behaupten, das Ei wäre sofort nach
der Ablösung reif d. h. befruchtungsfähig, es verlöre aber nach und
nach seine Entwickelungsfähigkeit und man müsse daher das männliche aus ältern Eiern hervorgehende Geschlecht als etwas weniger
vollkommenes ansehen.

[1]) Schmidt's Jahrbücher d. ges. Med. 187, pag. 156.

Henschel und Schelver haben nach Gärtner[1] ähnliches für Blüthen behauptet. Sie sehen die weibliche Blume bei getrennten Geschlechtern für die vollkommnere, die männliche aber für die unreifere an. Gärtner aber meint mit Recht, wenn dies auch bei einzelnen Fällen zutreffend sein könnte, so dürfe diese Ansicht doch auf Allgemeinheit keinen Anspruch machen.

Thury ging bei seinen Betrachtungen von der durch Knight gemachten Beobachtung aus, dass sich bei Pflanzen infolge stärkerer Belichtung und Erwärmung mehr männliche Blüthen bilden. Er glaubte dies als eine durch Licht und Wärme herbeigeführte Weiterentwickelung erklären zu können. Knight hatte indessen ebenfalls die Beobachtung gemacht, dass gute Düngung eine Ueberproduktion von weiblichen Individuen herbeiführt. (Diese Erscheinungen werden erst später genauer erörtert werden können.) Nach Thury müsste sich also das Geschlecht bei guter Ernährung nur unvollkommen d. h. weiblich ausbilden können.

Zu der entgegengesetzten Ansicht scheint F. Simon[2] gekommen zu sein; denn er sagt: „Eine Verstärkung oder Schwächung der Assimilationsthätigkeit wird auf den Grad der Ausbildung der Zeugungsstoffe von Wirkung sein und eine stärkere oder schwächere Entwickelung derselben herbeiführen." Nachdem er als Beispiel die Produktion von Weibchen im Ueberfluss und von Männchen im Mangel bei den Cladoceren und Aphiden angeführt hat, fährt er fort: „Diese Thatsachen lehren, dass die Veränderung der Assimilation schon auf die Zeugungsstoffe der noch im Ei befindlichen Generation einwirken kann, und zwar so, dass ein Herabdrücken ihrer Energie an Stelle der weiblichen Sexualelemente die Ausbildung männlicher veranlasst." Er scheint also umgekehrt wie Thury das männliche für das schwächer, das weibliche für das weiter entwickelte zu halten.

Die Frage, welches von den beiden Geschlechtern das weiter entwickelte ist, bleibt besser unberührt. Es sollen hier keine Theorien über das „Wesen" und den „Character" der beiden Geschlechter aufgestellt werden. Die Entstehung des Geschlechtes ist noch nicht physikalisch zu erklären, sondern zunächst ist es nöthig zu zeigen, dass auch in bezug auf die Production der beiden Geschlechter nützliche Eigenschaften massgebend sind. —

Es muss hier ein kleiner Excurs gestattet werden. His[3]

---

[1] Gärtner, Beiträge zur Kenntniss der Befruchtung pag. 66.
[2] Dissertation Jena 1883, pag. 54.
[3] Anatomie menschlicher Embryonen, I, pag. 166, u. II pag. 74.

hat nämlich die Theorie aufgestellt, dass die menschlichen Eier nur im obersten Teile der Tuba von dem dort vorrätigen Sperma befruchtet werden können. Durch C o s t e [1]), H i s [2]), und O e l - l a c h e r [3]) ist ferner nachgewiesen worden, dass der Keim eines den Eileiter unbefruchtet durchwandernden Eies sich erheblich verändert. C o s t e hat gezeigt, dass das Ei nach Verlassen der obersten Abschnitte des Eileiters nicht mehr befruchtungsfähig ist. Wenn die Theorie von H i s, dass das Ei stets sofort nach Verlassen des Ovariums befruchtet wird, richtig ist, so scheint es, dass eine Verzögerung der Befruchtung überhaupt niemals eintreten kann.

Dass das Ei sich nach und nach verändert z. B. auch in bezug auf seine geschlechtsbestimmende Tendenz ist sehr natürlich. Dass das Hühnerei in einzelnen Fällen seine Befruchtungsfähigkeit sehr rasch verlieren kann, ist denkbar; dass es diese aber nicht sofort verlieren m u s s, zeigen unter andern die Experimente von A l b i n i. Hier wurden Eier, welche schon ca. 12—15 Tage alt waren noch befruchtet. Wenn auch diese Zahl als zu hoch sich herausstellen sollte, so geht doch aus den Experimenten hervor, dass das Ei noch spät nach der Ablösung befruchtet werden kann, dass also die auf nur wenige Thatsachen gegründete Meinung von H i s nicht zutreffend sein kann. Es lassen sich auch andere Thatsachen gegen diese Theorie anführen, wie z. B. der Fall von H e n s e n, in dem die Frau, welche einen 3—3½ wöchentlichen Embryo ausstiess, drei Wochen vorher ihre Periode gehabt hatte. Die Unvereinbarkeit dieses Falles und anderer mit seiner Theorie erkennt H i s sogar selbst an [4]).

Die Ansicht von H i s ist aber eine solche, welche sofort als unhaltbar aufgegeben werden muss, wenn nur ein einziger Fall dagegen spricht.

---

[1]) C o s t e, Hist. gen. etc., Bd. II pag. 76 etc. Citiert von H i s.

[2]) H i s, Entw. d. Hühnchens pag. 14. H i s zeigt hier, dass er an unbefruchtet gelegten Eiern einige Veränderungen gefunden habe. Dass solche nicht mehr befruchtungsfähig sind, ist wohl unzweifelhaft. W a n n aber diese Veränderungen eintreten, hat er nicht näher festgestellt. Es müsste der Beweis geliefert werden, dass sie sehr rasch nach dem Verlassen des Ovariums eintreten.

[3]) O e l l a c h e r, Zeitschrift für wiss. Zoologie XXII: Die Veränderungen des unbefruchteten Keimes des Hühnereies im Eileiter.

[4]) Anatomie der menschlichen Embryonen I pag. 168.

Sowie nur ein einziges Mal ein Ei später befruchtet wurde
als der Zeit seines Verweilens im obersten Teile der Tuba entspricht, so ist damit bewiesen, dass das Ei später befruchtet werden
k a n n und damit fällt die Theorie.

Dass H i s seine Theorie in so vielen Fällen bestätigt fand
(unter 16 ausgesuchten Fällen stimmen 12)[1]) ist leicht einzusehen.
Bei der Mehrzahl derjenigen, welche in Gebärhäusern niederkom-
men oder welche überhaupt einer ärztlichen Untersuchung zugänglich sind, findet eine so häufige Cohabitation statt, dass wohl stets
Sperma in den Ampullen vorrätig sein wird, welches ja wochen-
lang lebenskräftig bleiben kann. Daher ist bei solchen Frauen
die Wahrscheinlichkeit sehr gross, dass das Ei schon im obersten
Teile der Tube befruchtet wird. — Als allgemeingültig kann dies
aber wohl nicht angesehen werden.

Gegen Schluss seiner Deductionen scheint H i s angesichts
der vielen widersprechenden Thatsachen kein grosses Vertrauen
zu seiner Theorie zu zeigen, indem er auch andere Erklärungs-
möglichkeiten als berechtigt zulässt; denn er sagt[2]):

„Eines nur scheint mir zu betonen:

Entweder ist die Lebensdauer der menschlichen Spermatozoen
noch weit grösser anzuschlagen, als man sie bis dahin geschätzt
hat,

oder das menschliche Ei bewahrt Allem, was wir sonst über
die Ei-veränderungen bei Tieren wissen, zum Trotz, seine Befruchtungsfähigkeit selbst in den tiefen Leituugswegen bez. selbst im
Uterus,

oder endlich unsere Vorstellungen von der Ovulation bedürfen
einer eingreifenden Correction.

Unter diesen drei Möglichkeiten scheint mir die erste immer
noch die weitaus wahrscheinlichste.“

Die bereits erwähnten Versuche von A l b i n i aber zeigen,
dass die Annahme einer sehr grossen Lebensdauer der Spermatozoen nicht genügt, um die Zeit der Geburt respective der Ei-
ablage zu erklären; denn es wurden nach langer Trennung des
Huhnes vom Hahn sehr bald nämlich schon drei bis sechs Tage
nach der ersten Begattung wieder befruchtete Eier gelegt. Zur
Zeit der Befruchtung mussten diese also bereits ein verhältnissmässig hohes Alter haben.

---

[1]) l. c. II. Band, pag. 73.
[2]) Anatomie menschlicher Embryonen II, pag. 84.

Doch selbst angenommen die Theorie von His sei in ihrer ganzen Schroffheit richtig, so ist doch unzweifelhaft, dass die Befruchtungsfähigkeit des Eies nicht etwa nur einen Moment, sondern stets eine gewisse Zeit dauert. Der Ort, wo die Befruchtung stattfindet ist hierbei gleichgültig. Bei starker Beanspruchung wird das Ei in den Tuben sogleich Sperma vorfinden und jung befruchtet werden. Bei geringerer Inanspruchnahme wird dies nicht oder weniger oft der Fall sein. Auch eine Cohabitation, die eine gewisse wenn auch sehr kurze Zeit nach der Ablösung des Eies stattfindet, wird noch fruchtbar sein können. Also selbst wenn die Befruchtung nur in den Tuben stattfände wird dieselbe doch für das eine Ei früher als für das andere eintreten können. Es kann also sehr wohl eine mehr oder weniger starke Verzögerung der Befruchtung beim Eie eintreten.

Endlich ist die dritte Möglichkeit, welche His zulässt, nämlich die dass „unsere Vorstellungen von der Ovulation einer eingreifenden Correction bedürfen" von Leopold [1]) als zutreffend bewiesen. Dieser Forscher hat durch eingehende Untersuchungen gezeigt, dass die Loslösung der Eier zu jeder Zeit stattfinden kann. Die Befruchtung wird also ebenfalls zu jeder Zeit eintreten können. Die Mehrzahl der Ei-loslösungen wird allerdings zur Zeit der Menstruation stattfinden, da beide Erscheinungen in Beziehung zu einander stehen. Wenn dies auch bei Tieren der Fall ist, so wird bei verzögerter Beanspruchung nach der Brunst im allgemeinen ein älteres Ei befruchtet werden. Unter Umständen kann dies jedoch auch mit einem jüngeren der Fall sein. Also auch aus diesem Umstand erklärt sich, warum bei verzögerter Deckung der Tiere nicht etwa ausschliesslich Männchen, sondern nur ein gewisser Überschuss derselben erzeugt wird.

d. Arrenotokie.

Der denkbar extremste Fall einer verzögerten Befruchtung des Eies tritt dann ein, wenn das Ei, das befruchtungsfähig ist und unter normalen Verhältnissen auch befruchtet worden wäre, in Folge eines Mangels an Männchen oder eines zufälligen dem entsprechenden Umstandes gar nicht befruchtet wird. Die Wirkung dieses extremsten Männchenmangels ist auch das Extrem des Sexualverhältnisses, d. h. aus diesen Eiern gehen nur Männchen hervor.

---

[1]) Archiv f. Gynaekologie XXI pag. 347. Untersuchungen über Menstr. und Ovulation.

Die auffallendsten Beispiele finden wir bei den A r t h r o p o -
d e n. Die Weibchen, welche unter normalen Verhältnissen befruchtet werden, produzieren, wenn sie in Folge
eines Mangels an Männchen nicht befruchtet werden,
nur männliche Individuen. Eine zufällige Nichtbefruchtung bewirkt natürlich dasselbe. Hat z. B. die Bienenkönigin[1])
nur mangelhafte Flügel und kann daher nicht im Flug begattet
werden, oder hat sie im Alter ihren vorrätigen Samen erschöpft,
oder ist ihr Receptaculum zufällig oder absichtlich verletzt[2]) oder
sind endlich die Samenfäden durch Frost getötet worden[3]), so legt
sie unbefruchtete Eier, aus denen nur männliche Individuen hervorgehen. Dasselbe zeigt sich, wenn die unbefruchteten Arbeiter
Eier legen. Die Bienenkönigin soll sogar so empfindlich gegen
einen Mangel an Männchen sein, dass sie bei künstlich verzögerter
Befruchtung mehr Männchen, dagegen bei frühzeitiger Begattung,
was ein Zeichen von Überfluss an Männchen ist, fast nur weibliche Nachkommen produziert[4]).

Ähnliches ist von S i e b o l d für viele V e s p i d e n constatiert.
Das im Herbst befruchtete Weibchen legt im nächsten Frühjahr
Eier, aus denen Arbeiter hervorgehen (von Siebold kleine Weibchen genannt). Die grösseren derselben können sich an der Ei-ab-
lage beteiligen. In Folge des gänzlichen Mangels an Männchen
aber legen sie unbefruchtete Eier, aus denen nur männliche Individuen hervorgehen. Für P o l i s t e s g a l l i c a[5]) hat Siebold dies
festgestellt. Dasselbe scheint aber auch bei V e s p a h o l s a t i c a
und V e s p a b r i t a n n i c a[6]) der Fall zu sein.

Hier zeigt sich auch, dass die Schwankungen des Sexualverhältnisses bei niederen Tieren viel bedeutender sind als bei höheren.

---

[1]) S i e b o l d, Wahre Parthenogenesis bei Schmetterlingen und
Bienen 1856 Leipzig.

[2]) B e r l e p s c h, Eichstätter Bienenzeitung 1855, No. 7, pag. 78.

[3]) D r i e r z o n: Bienenzeitung 1854 pag. 252 und B e r l e p s c h,
l. c. 1855 pag. 80. Citiert von S i e b o l d.

[4]) Zuerst von H u b e r beobachtet: Burdach Physiologie I. Bd.
pag. 589.

T h u r y, La Production des Sexes, pag. 14.

P a g e n s t e c h e r s Kritik zu dieser Schrift pag. 38.

[5]) S i e b o l d, Über die Parthenogenesis der Polistes gallica. Zeitschrift f. wiss. Zool. 1870, XX.

Beiträge zur Parthenogenesis der Arthropoden Leipzig 1871 I
Über die bei Polistes wahrzunehmende Parthenogenesis.

[6]) l. c. II Parthenogenesis bei Vespa holsatica.

Beim Menschen sahen wir immer nur einen gewissen Überschuss des einen Geschlechtes auftreten, hier indessen zeigt sich unter bestimmten Umständen die ausschliessliche Production von Männchen.

Siebold stellte ferner mit Nematus ventricosus, deren Larven auf Johannis- und Stachelbeersträuchern leben, Versuche an, um die Wirkung der Befruchtung und der Verhinderung derselben zu erforschen. Die Tabellen geben seine Resultate wieder:

Befruchtete Eier

Versuch	Jahreszeit	Geschlecht	♀ zu 100 ♂
1	Anfang Juni	136 ♂ und 19 ♀	14 ♀
2	Mitte „	86 ♂ „ 66 ♀	77 ♀
3	Ende „	215 ♂ „ 579 ♀	269 ♀
4	Anfang August	60 ♂ „ 6 ♀	10 ♀
5	Ende Juli	24 ♂ „ 65 ♀	271 ♀
6	August	4 ♂ „ 14 ♀	340 ♀
7	Ende August	2 ♂ „ 10 ♀	500 ♀
8	Anfang September	65 ♂ „ 64 ♀	100 ♀
9	September	1 ♂ „ 8 ♀	
10	Ende „	—	—

Unbefruchtete Eier

Versuch	Jahreszeit	Geschlecht
11	Ende Juni	69 ♂ —
12	Anfang Juli	251 ♂ —
13	Juli	493 ♂ u. 2 ♀
14	Juli	265 ♂ u. 2 ♀
15	Juli	374 ♂ u. 8 ♀
16	Anfang August	168 ♂ u. 1 ♀
17	Ende August	1 ♂
18	Anfang October	— —

Die Zahlen beweisen, dass der künstliche anomale Mangel an Männchen wie er bei den unbefruchteten Eiern hergestellt wurde, eine fast ausschliessliche Production von Männchen bewirkte [1]).

Dasselbe gilt nach Bertkau für Nematus pavidus [2]).

Weitere Beispiele sollen später den Unterschied zwischen der Arrenotokie und der Thelytokie und den ihrer Ursachen zeigen. —

Es wird gewöhnlich angenommen, dass sich beim Menschen zur Menstruationszeit ein Ei ablöst. Auch selbst für den Fall,

---

[1]) Siebold, Beiträge zur Parthenogenesis der Arthropoden III Parth. bei Nematus ventricosus pag. 106—130.

[2]) Archiv für Naturg. 41. Jahrg. II, pag. 200.

dass dies wirklich mit einer so grossen Regelmässigkeit einträte, wurde früher gezeigt, dass eine stärkere Beanspruchung der Frauen eine Befruchtung jüngerer Eier zur Folge hat. Schon durch diesen Umstand könnte die Mehrgeburt von weiblichen Individuen bei stärkerer Inanspruchnahme zurückgeführt werden auf die Wirkung des Alters des Eies bei der Befruchtung. Indessen scheint die Ovulation nicht mit einer so constanten Regelmässigkeit vor sich zu gehen. Das Vorkommen von Mehrgeburten beweist, dass die Zahl der sich ablösenden Eier eine sehr wechselnde sein kann. Aus dem einen Ovarium können sogar mehrere austreten, während das andere kein einziges absondert; denn bei Zwillingsgeburten werden oft beide corpora lutea in einem Ovarium gefunden. Es sind daher auch Fälle bekannt, wo eine Frau mit e i n e m Eierstock Zwillinge verschiedenen Geschlechtes gebar[1]). Wenn nun die Ovulation unregelmässig stattfindet und, wie sich zeigen wird, durch Einwirkungen beeinflusst werden kann, so werden die Eier schon bei ihrer Ablösung ein verschiedenes Alter haben, sie sind bald jünger bald älter.

Wie aus den umfassenden Arbeiten von M e c k e l v o n H e m s - b a c h[2]), S i c k e l[3]), D e s s a u e r[4]), W a p p ä u s[5]), N e e f e[6]) und andern hervorgeht, schwankt die Zahl der Mehrgeburten zwischen 1 und 2 ♀.

Bei Beurteilung dieses geringen Prozentsatzes muss man indessen wohl bedenken, dass doch auch dann häufig mehrere Eier abgehen werden, wenn überhaupt gar keine Copulation stattgefunden hat, dass ferner oft, vielleicht sogar meistens nur eins von den abgesonderten Eiern befruchtet werden kann; denn es ist ja bekannt wie häufig der Geschlechtsact vollzogen wird, ohne dass er eine Befruchtung des Eies zur Folge gehabt hätte. Aus diesen

---

[1]) M e c k e l s Archiv, V, 1819, pag. 436. G r a n v i l l e, Über eine Missbildung etc.

[2]) M ü l l e r's Archiv für Physiologie 1850 pag. 234. M e c k e l, Über die Verhältnisse des Geschlechtes etc.

[3]) S c h m i d t's Jahrbücher d. ges. Med. 104 pag. 109, S i c k e l, Bericht über die Gebäranstalten etc.

[4]) Mon. Bl. f. med. Stat. 7, 1859 D e s s a u e r, Zur Statistik der mehrfachen Geburten.

[5]) Bevölkerungsstatistik.

[6]) H i l d e b r a n d 's Jahrb. f. Nationalök. und Statistik, Jena, B. 28, pag. 168. Zur Statistik der Mehrgeburten.

Gründen ist die Vermutung berechtigt, dass die gleichzeitige Absonderung von mehreren Eiern häufiger stattfindet, als man bisher angenommen hat.

Wenn aber bald ein bald mehrere Eier abgestossen werden, so wird dies nicht Werk eines Zufalls, sondern die Wirkung einer Ursache sein. Diese beeinflusst die Ovulation und damit auch das Alter der Eier. Trotzdem bis jetzt nur sehr wenig anf diese Erscheinungen geachtet worden ist, so lassen sich doch schon einige Thatsachen anführen, dass die Ovulation von verschiedenen Einwirkungen abhängig ist.

So scheint die geschlechtliche Anregung von grossem Einfluss zu sein. Es kann als Thatsache betrachtet werden, dass diese den Eintritt der Geschlechtsreife beschleunigt, z. B. stellt sich die erste Menstruation bei den Städterinnen früher ein als bei den Bäuerinnen, nicht infolge der bessern Ernährung und geringeren körperlichen Anstrengung, sondern jedenfalls auch infolge der nervösen Einwirkung. Nach Theopold[1]) sollen sogar nur erotisch erregbare Weiber fruchtbar sein. Bei ältern Erstgebärenden wird wahrscheinlich die Geschlechtsthätigkeit, also die Ovulation infolge des scheinbaren, aber fühlbaren Mangels an männlichen Individuen vielleicht infolge von mangelnder geschlechtlicher Anregung herabgesetzt sein. Bei diesen würden also schon bei der Ablösung die Eier älter sein, als wenn die Ovulation etwas rascher vor sich ging. Auf dieses grössere Alter der Eier lässt sich vielleicht die Mehrgeburt von Knaben bei älteren Erstgebärenden zurückführen.

Es ist bekannt, dass Fabrikmädchen sehr früh geschlechtlich reif werden. Namentlich soll dies bei denjenigen stattfinden, welche in heissen Räumen arbeiten, so dass man der Wärme eine eben solche Einwirkung zuschreiben muss. Damit in Übereinstimmung steht die Thatsache, dass in heissen Klimaten die Ovulation früher eintritt. Die Conceptionscapacität wächst im Sommer. Es ist dies nicht anders denkbar, als dass sich infolge der Einwirkung der Wärme etwas mehr Eier ablösen. Auch die Ernährung muss einen solchen Einfluss ausüben auf die Zahl der sich ablösenden Eier, wenigstens weist darauf die grössere Fruchtbarkeit der Tiere im Überfluss hin. Tiere in der Gefangenschaft üben den Coitus aus, aber selten folgt eine Befruchtung. Da dieselben genügende Nahrung und Wärme erhalten,

----

[1]) Schmidt's Jahrb. d. ges. Med. 165, pag. 252. Über befruchtende Begattung.

so darf man auch hier wohl an eine Einwirkung auf die Ei-absonderung mit Hülfe des Nervensystems denken. Es sind Fälle bekannt, wo zwei Ehegatten ohne Kinder blieben und nach der Scheidung und Wiederverheiratung erwiesen sich beide als fruchtbar. Da der Mann einen Erben wünschte, so bleibt keine andere Erklärungsmöglichkeit, als dass die Ovulation nicht stattfand. Man kann daran denken, dass eine Abstumpfung gegen den Geschlechtsact vielleicht auch infolge einer persönlichen Abneigung die Nerventhätigkeit verhindert. Eine solche Abstumpfung und damit verbunden eine relative Unfruchtbarkeit findet sich auch bei den Prostituierten.

Wenn verwandte Tiere sich begatten, so ist die Zahl der Jungen eine geringere als gewöhnlich. Später soll durch eine Anzahl Thatsachen gezeigt werden, dass viele Tiere die Eigenschaft haben, instinctiv Inzucht zu vermeiden; so ist z. B. beobachtet worden, dass ein Weibchen sich nicht von dem verwandten Männchen begatten lassen wollte, während es dies sofort mit einem fremden that. Es liegt daher die Vermutung nahe, dass die Verminderung der Fruchtbarkeit auf eine verringerte Ovulation und diese auf eine Einwirkung des Nervensystems infolge der instinctiven Abneigung zurückzuführen sei.

Nach Nathusius[1]) produzierte ein durch Inzucht erhaltenes Schwein mit seinem eigenen Onkel (der mit Sauen von andern Rassen als productiv bekannt war) Würfe von 5—6 Jungen. Er paarte dieses Schwein, welches zu der grossen Yorkshire-Rasse gehörte, mit einem Eber einer kleinen schwarzen Rasse, der mit Weibchen seiner eigenen Rasse 7—6 Junge zeugte; nun ergab das Schwein einen Wurf von 21 und später einen solchen von 18 Jungen.

Dasselbe fand Crampe[2]) bei seinen Zuchtversuchen mit der Wanderratte (Mus decumanus), wie aus folgender Übersicht leicht zu ersehen ist.

„Die in Blutschande gezüchteten Weibchen B und D lieferten mit

	Würfe	Nachkommen	Durchschnitt
Männchen ihrer eigenen Familie	114	646	5,6
„ der andern „	9	70	7,7
Mischlingsmännchen	271	1787	6,5

---

[1]) Über Rindvieh pag. 78.
[2]) Landwirtschaftliche Jahrbücher 1883, pag. 418 und 421.

„Ferner lieferten die aus Kreuzung der Familien B und D
hervorgegangenen Weibchen mit

	Würfe	Nachkommen	Durchschnitt
ihren Brüdern	17	120	7
ihren Vätern	22	150	6,8
Mischlingsmännchen . .	13	95	7,3

„Endlich erzeugten Weibchen

im ersten Wurfe 6,5 Junge von verwandten Männchen
„ zweiten „ 7,8 „ „ „ „
8,3 „ „ Mischlingsmännchen.‟

Diese Thatsachen scheinen zur Genüge zu beweisen, dass die
Stärke des Wurfes, also die Zahl der befruchteten Eier von dem
Verwandtschaftsgrad der Erzeuger abhängig ist und zwar liegt
die Vermutung nahe, dass die Abneigung mit Hülfe des Nervensystems die Ovulation vermindert, dass diese also nicht mit un-
veränderlicher Regelmässigkeit stattfindet, sondern auch durch
diesen äusseren Umstand beeinflusst werden kann.

Die mit grosser Sorgfalt angestellten Untersuchungen von
Leopold[1]) scheinen, wie erwähnt wurde, zu lehren, dass die
Ovulation auch in bezug auf die Zeit nicht so vorschriftsmässig
stattfindet, als man bisher annahm. Er begegnete „zu allen be-
liebigen Zeiten (am 5., 8., 12., 16., 18., 21., 26., 35. Tage nach
Beginn der letzten Menstruation) solchen Follikeln, die sich soeben
oder vor kurzem spontan geöffnet haben"[2]). Seine Untersuchungen
führen ihn zu folgendem Resultat[3]): „Häufen sich derartige Beispiele noch mehr an, so würde sich das Abhängigkeitsverhältniss
von Menstruation und Ovulation so ausdrücken lassen, dass reife
Follikel zu jeder Zeit bersten können; dass dem entsprechend die
Corpora lutea typische oder atypische sind; dass aber sowohl Menstruation ohne Ovulation, als auch Ovulation ohne Menstruation
vorkommen kann." Beides findet also weit unregelmässiger statt
als bisher angenommen wurde. Diese Schwankungen sind wohl
kaum reine Zufälligkeiten, sondern sie müssen auf meist äussere
Einwirkungen zurückgeführt werden.

Obgleich die Ovulation also nicht immer genau zur Menstruationszeit eintreten muss, so stehen beide Erscheinungen doch in

[1]) Archiv für Gynaekologie XXI, pag. 347.
  Leopold, Untersuchungen über Menstruation und Ovulation.
[2]) l. c. pag. 396.
[3]) l. c. pag. 402.

der innigsten Beziehung zu einander. Nach Pflüger[1]) wird diese vermittelt durch den Reiz, welchen das stetige Wachstum der Eier und Follikel auf die Ovarialnerven ausübt. Diese Beziehung ist nachgewiesen worden durch das fast stets eintretende Ausbleiben der Blutung nach der Castration.

Es ist bekannt, dass Schreck, Trauer, Sorgen das Unterbleiben der Menstruation herbeiführen können. Wegen der erwähnten Beziehung werden diese Momente auch einen ebensolchen oder ähnlichen Einfluss auf die Ovulation gehabt haben. Hierfür spricht z. B. die Thatsache der häufig eintretenden Sterilität der Weibchen in der Gefangenschaft. Umgekehrt kann die Menstruation auch herbeigeführt werden durch Aufregung, Fieber etc. Es fanden sich in den Protokollen mehrere Fälle, wo die erste Menstruation erst bei der Verheiratung eintrat, was in ursächlichem Zusammenhang stehen kann[2]). Die Zahl dieser Fälle wird nur eine geringe sein, weil die erste Regel meistens schon vor dem Alter eintritt, in welchem die Verheiratungen stattzufinden pflegen.

Die Ovulation ist ferner abhängig von der Rasse und von den verschiedenen Lebensverhältnissen der Bevölkerung, wie aus folgenden Zahlen hervorgeht.

Der Procentsatz der Zwillingsgeburten ist nach Levy[3]) in England 1,6, Dänemark 1,3, Deutschland 1,2, Frankreich 1,1; in Würtemberg 1,4[4]); nach Berg[5]) in Schweden 1,4—1,5; nach Neefe[6]) in Preussen 1,2, in Mecklenburg 1,5, in Bayern 1,7; nach Puech[7]) in Frankreich 1,0, und zwar im Departement Garonne 0,6, in Savoyen dagegen 1,4; endlich nach Bidder und Wassily[8]) in Petersburg sogar 2,2 $\frac{0}{0}$ Zwillingsgeburten. Das russische Volk weist also die stärkste Ovulation auf und kann darum vielleicht als das fruchtbarste angesehen werden.

---

[1]) Über die Bedeutung und Ursache der Menstruation. Untersuchungen aus dem physiologischen Institut zu Bonn 1865, Berlin, pag. 61.

[2]) Protokolle zu Dresden 1878—82.

[3]) Schmidts Jahrb. d. ges. Med. 81, pag. 326: Über Zwillingsgeb. u. ihre Behandlung. (Orig.: Hosp. Meddelelser, Bd. 5).

[4]) l. c. 185, pag. 222: Medicinalber. v. Würt. f. d. Jahr 1876.

[5]) l. c. 188, pag. 149: Über Geburten mit mehreren Früchten.

[6]) l. c. 179, pag. 187: Zur Statistik der Mehrgeburten (Auszug), ferner Jeuenser Jahrb. f. Nationök. u. Stat. XV pag. 168—195 (Orig.).

[7]) l. c. 179, pag. 188: Über die Mehrgeburten in Frankreich etc.

[8]) l. c. 172, pag. 213: Aus der Gebäranstalt d. k. Erz. zu St. Petersburg.

Zum Theil sind diese Abweichungen auf die Verschiedenheit der Lebensweise zurückzuführen. Zwischen Stadt und Land hat man nämlich ebenfalls eine solche Differenz gefunden. Für Dänemark (1835—49) war die Zahl der Zwillingsgeburten in Kopenhagen nur 1,07 ⁰/₀, in den Handelsstädten 1,24 ⁰/₀, in den Landdistricten aber 1,31 ⁰/₀. wie Levy[1]) angiebt. In Schweden dagegen fand Berg[2]) diese Abweichung nicht. Neefe indessen kam bei seinen weit umfassenderen Untersuchungen zu demselben Resultat wie Levy. Ihm standen die Angaben der Geburten in Preussen, Sachsen, Hessen, Oldenburg, Dänemark, Norwegen für eine grosse Zahl von Jahren zu Gebote. Bei diesen zeigte sich ohne Ausnahme, dass die Mehrgeburten in den Landgemeinden häufiger waren als in den Stadtgemeinden. Ferner fand er als eine weitere Bestätigung hierzu, dass dieselben in den grösseren Städten Preussens etwas seltener als in den kleineren waren.

Die Häufigkeit der Mehrgeburten scheint auch noch mit anderen Umständen sich ändern zu können. Neefe fand, dass sie mit der Häufigkeit der Geburten überhaupt steigt und fällt. Nimmt in einem Staat die Zahl der Geburten verhältnissmässig zu, so nimmt die Häufigkeit der Mehrgeburten noch mehr zu. Diese Gesetzmässigkeit scheint sogar für die Monate des Jahres gültig zu sein. Im Sommer werden nicht nur die meisten Kinder empfangen, sondern unter diesen finden sich später auch verhältnissmässig die meisten Mehrgeburten. Damit in Übereinstimmung steht, dass die Conceptionscapacität im Sommer am grössten ist, wie ich bereits angeführt habe.

Ferner steht die Zahl der Zwillinge in Beziehung zum Alter der Mutter. Vinc. Goehlert[3]) fand die meisten Zwillinge bei einem Alter des Vaters von 31 bis 40 Jahren und einem Alter der Mutter von 26 bis 35 Jahren. Hecker[4]) fand Zwillinge häufiger bei Mehrgebärenden als bei Erstgebärenden. Nach Neefe liegt das Maximum von Mehrgeburten bei einem Alter der Mutter von 31 bis 35 Jahren. Die Ovulation muss also in diesen Jahren stärker vor sich gehen als in den früheren und späteren.

Wenn auch die Möglichkeit vorhanden ist, dass die eine oder

---

[1]) Schmidts Jahrb. d. ges. Med. 81, pag. 326: Über Zwillingsgeb. u. ihre Behandlung. (Orig.: Hosp. Meddelelser, Bd. 5).

[2]) l. c. 188, pag. 149: Über Geburten mit mehreren Früchten.

[3]) l. c. 184, pag. 76: Die Zwillinge. (Ref.). Ferner in Virchow's Arch. LXXVI pag. 459. (Orig.).

[4]) l. c. 189, pag. 292: Über mehrfache Geburten.

andere dieser Vermutungen noch modifiziert werden muss, so wird man doch auf Grund der angeführten Thatsachen annehmen können, dass auch die Ovulation ebenso wie die Spermaproduction von äussern Einwirkungen beeinflusst wird. Wenn z. B. die Ovulation durch geschlechtliche Anregung beschleunigt wird, so werden die sich ablösenden Eier jünger als im normalen Zustand sein. Ebenso wie ein stark beanspruchtes Männchen mit relativ jungem Sperma befruchtet, ebenso sind auch die Eier eines mehr angeregten, stärker in Anspruch genommenen weiblichen Individuums schon bei ihrer Lösung jünger, als dies durchschnittlich der Fall ist. - Also selbst angenommen, die Theorie von His sei richtig, und es würden alle Eier sofort nach dem Austritt aus dem Ovarium befruchtet, so können diese dennoch bei ihrer Befruchtung ein verschiedenes Alter haben.

Aller Wahrscheinlichkeit nach kommen beide Momente in Betracht. Bei der Ablösung ist das Alter der Eier nicht genau dasselbe und die Befruchtung findet nicht unbedingt zu genau derselben Zeit statt. Beides schwankt um einen Mittelwert. Die Eier haben also bei ihrer Befruchtung ein verschiedenes Alter. Diese Verschiedenheit kann, wie wir gesehen haben, durch mannigfaltige Umstände herbeigeführt werden. Stets aber bewirkt ein höheres Alter des Eies bei der Befruchtung eine Mehrgeburt von männlichen, ein geringeres Alter dagegen eine Mehrproduction von weiblichen Individuen.

c. Pflanzen.

Wie im Anfang der Arbeit bereits gesagt wurde, ist auch bei Pflanzen das Sexualverhältniss ein ganz bestimmtes. Den Beweis hierfür hat Heyer geliefert, welcher bei einer Zählung von 21 000 Pflanzen der diöcischen Mercurialis annua das Sexualverhältniss der einzelnen Tausend um das Mittel 100 : 105,86 schwankend fand. Er raufte nämlich an den verschiedensten Standorten je 1000 Pflanzen aus und zählte dann die männlichen und weiblichen Pflanzen. Das Verhältniss ist ähnlich demjenigen, welches für den Menschen gilt. Um die Constanz des Verhältnisses und die Ähnlichkeit mit demjenigen der Menschen zu zeigen, ist es nötig, die von Heyer aufgestellte Tabelle wiederzugeben.

Geschlechtsverhältniss

bei Mercurialis annua			beim Menschen

No. des Tausend	♀	♂	Ver-hältniss
1	483	517	107,0
2	505	495	98,0
3	462	538	116,4
4	450	550	122,2
5	487	513	105,3
6	512	488	95,3
7	451	549	121,7
8	480	520	108,3
9	482	518	107,5
10	492	508	103,2
11	491	509	103,7
12	505	495	98,0
13	482	518	107,5
14	518	482	93,0
15	491	509	103,7
16	490	510	104,1
17	491	509	103,7
18	493	507	102,8
19	473	527	114,4
20	488	512	104,9
21	475	525	110,5
Summe	10 201	10 799	105,86

Die im Jahre 1875 Lebendgeborenen (eheliche und uneheliche) der Oberpfalz

Monat	♀	♂	Ver-hältniss
Januar	992	959	96,7
Februar	935	951	101,7
März	909	967	106,3
April	951	911	95,7
Mai	887	1022	115,2
Juni	885	935	105,6
Juli	911	922	101,2
August	864	945	109,3
September	862	928	107,6
October	901	998	110,7
November	795	958	120,5
December	886	981	110,7
Summe	10 778	11 477	106,48

Bei den Geburten sind die Extreme 120,5 und 95,7, die grösste Differenz also 24,8; bei Mercurialis annua betragen die Extreme 122,2 und 93,0, die grösste Differenz ist also 29,2. Die mittlere Oscillation um den Gesammtdurchschnitt beträgt (nach meiner Berechnung auf Grund der Tabelle von Heyer) bei den Geburten 5,566 und bei Mercurialis 5,542. Warum diese Abweichungen so gering sind und ferner, dass sie der Theorie entsprechen, wird später gezeigt werden.

Die meisten Pflanzen tragen hermaphroditische Blüten. Das Sexualverhältniss ist also bei ihnen ein ganz bestimmtes, aber es bedarf keiner Regulierung, da sich beide Teile nebeneinander ausbilden.

Wenn, wie gezeigt wurde, bei diöcischen Pflanzen das Sexualverhältniss ein bestimmtes ist, so kann auch bei ihnen diese Constanz nur mit Hülfe einer Regulierung aufrecht erhalten werden.

Da die meisten Blüten hermaphroditisch sind und also im

Pflanzenreiche die Geschlechtsverschiedenheit nicht die grosse Rolle wie im Tierreich spielt, so sind auch die Versuche über die Entstehung des Geschlechtes weit weniger zahlreich.

Theoretisch kann man sich eine Regulierung etwa folgendermassen vorstellen. Der Einfachheit wegen denke man sich eine streng diöcische Pflanze (z. B. Mercurialis annua, das Bingelkraut).

Angenommen auf einem Gebiet befände sich eine einzige weibliche Pflanze, während alle übrigen männlich wären. Unter diesen Umständen ist die Wahrscheinlichkeit für dieses Weibchen, sofort nach Beginn der Conceptionsfähigkeit befruchtet zu werden, ungeheuer gross. Ähnliches, wenn auch nicht in so extremen Masse, findet statt, wenn die männlichen Individuen sich in grösserer als normaler Zahl vorfinden. Das Ei wird alsdann frühzeitig befruchtet und zwar infolge eines Mangels an weiblichen Individuen.

Umgekehrt denke man sich, auf einem Platze stände eine einzige männliche Pflanze in der Umgebung von nur weiblichen. Es ist klar, dass der Pollen, mag er durch den Wind oder durch Insecten verbreitet werden, sehr bald, also relativ jung auf eine der vielen Narben gelangen wird. Die Zeit, welche verfliesst, bis er zur Befruchtung gelangt, wird kurz sein, wenn ein Überschuss von weiblichen Individuen herrscht. Bei Mangel an Männchen ist es also der Pollen, welcher jung zur Befruchtung gelangt.

In beiden Fällen werden, wie bei Tieren, die jungen Geschlechtsproducte tendieren, das eigene Geschlecht auszubilden.

Im ersten Falle, bei grossem Überschuss an Männchen, war hingegen der Pollen alt; denn bei Mangel an Weibchen legt der durch den Wind oder durch Insecten transportierte Pollen einen längern Weg zurück, ehe er auf das eine Weibchen gelangt, als dann, wenn viele Weibchen vorhanden sind.

Im letzteren Falle dagegen werden die Eizellen relativ spät befruchtet; denn während bei grossem Überschuss von Männchen die Weibchen sofort von dem vielen stets vorrätigen Pollen befruchtet werden, müssen sie bei Mangel an solchen so lange warten, bis eins von den wenigen männlichen Elementen sie befruchtet. Es würde also nützlich sein, wenn alte Eier zum männlichen Geschlecht, alter Pollen dagegen zum weiblichen neigt.

Wir wären also auch hier wieder zu dem theoretischen Resultat gelangt, dass junge Geschlechtsproducte zum eigenen, ältere dagegen zum entgegengesetzten Geschlecht neigen.

4 *

Bald wird der Same früher, bald später befruchtet, bald geschieht dies durch jüngern, bald durch älteren Pollen und zwar ist beides abhängig von der Zahl der vorhandenen männlichen und weiblichen Individuen. Das Alter der Geschlechtsproducte schwankt also mit dem Verhältniss der beiden Geschlechter um ein für jede Pflanze bestimmtes Mittel. In der Natur findet man auch stets, dass die beiden Geschlechter der zweihäusigen Pflanzen mehr oder weniger durcheinander wachsen. Schon aus dieser einfachen, stets zu beobachtenden Thatsache geht hervor, dass die Natur irgend ein Mittel haben muss, um einen Mangel des einen Geschlechtes zu verhüten. Ohne Regulierung ist die Aufrechthaltung des Sexualverhältnisses undenkbar.

Experimente über den Einfluss des Alters der Geschlechtsproducte bei Pflanzen hat Hoffmann [1]) angestellt. Er hat sich durch diese umfangreichen Versuche grosse Verdienste erworben. Leider hat er, wie schon Heyer [2]) nachgewiesen hat, einige Fehler bei der statistischen Berechnung seiner Resultate begangen. Es wird daher nötig sein — auch schon deshalb, damit man sieht, dass ich keinerlei Willkür begehe — dass ich zunächst die Resultate genau nach der Originalarbeit von Hoffmann wiedergebe, alsdann die betreffenden Verbesserungen anbringe und die Schlüsse ziehe, welche zulässig erscheinen.

I. Spinacia oleracea. Es wurde frühe und späte Befruchtung der Blüten vorgenommen. Das Sexualverhältniss der folgenden Generation ersieht man aus den Tabellen.

Frühe Befruchtung.

Topf No.	Zahl der Pflanzen		
	♂	♀	subfemineae
1	21	3	1
2	7	3	4
3	1	0	0
4	20	18	0
5	14	2	1
Summe	63	26	6

Späte Befruchtung.

Topf No.	Zahl der Pflanzen		
	♂	♀	subfemineae
1	17	13	0
2	10	4	1
3	29	10	6
Summe	56	27	7

Es wurden aber hierbei die hinter einem Tragblatt sitzenden Blüten (1—3) gleichzeitig befruchtet, trotzdem sie in ihrer Ent-

[1]) Botanische Zeitung, 1871, No. 6, pag. 81, No. 7, pag. 97. Hoffmann: Zur Geschlechtsbestimmung.

[2]) Dissertation Halle 1883. Untersuchungen über das Verhältniss des Geschlechtes bei ein- und zweihäusigen Pflanzen.

wickelung nicht parallel gehen. Ferner ist die Pflanze nicht rein eingeschlechtlich, sondern es kommen sehr häufig männliche Blüten an weiblichen Pflanzen vor, ja mitunter so viele, dass man über das Geschlecht der Gesammtpflanze kein Urteil fällen konnte. Sie sind in der Tabelle von Hoffmann als plantae subfemineae bezeichnet. Eine Selbstbefruchtung wird daher kaum vermieden. Aus diesen Gründen hält Hoffmann das Resultat, das sich aus den Tabellen ergiebt, für unmassgeblich und die Spinatpflanze zu diesen Versuchen für ungeeignet.

II. Mercurialis annua[1]).

Frühe Befruchtung			Späte Befruchtung		
Topf No.	Zahl der Pflanzen		Topf No.	Zahl der Pflanzen	
	♂	♀		♂	♀
1	14	59	1	1	28
2	4	24	2	1	16
3	8	16	3	2	26
4	4	29	Summe	4	70
5	8	17			
Summe	38	145			

Zwei weitere weibliche Stöcke ergaben[2]):

Früh befruchtet 14 Männchen und 10 Weibchen
Spät   „   3   „   „ 12   „

Früh befruchtete Samen[3]) brachten 550 Pflanzen im Verhältniss von 100 ♂ zu 389 ♀. (Aus dieser Angabe habe ich berechnet, dass er 112 Männchen und 438 Weibchen erhalten hatte).

Spät befruchtete Samen brachten 241 Pflanzen im Verhältniss von 100 ♂ zu 511 ♀. (Hieraus habe ich berechnet, dass es sich um 39 Männchen und 202 Weibchen handelte).

Bei früher Befruchtung ergab sich mit frischem Pollen auf 371 Pflanzen ein Verhältniss von 100 ♂ zu 336 ♀ (d. h. 85 ♂ und 286 ♀).

Und bei eben solcher Befruchtung mit altem Pollen auf 179 Pflanzen erhielt er 100 ♂ zu 443 ♀ (d. h. 33 ♂ und 146 ♀).

Bei später Befruchtung ergab sich mit frischem Pollen auf

[1]) l. c. pag. 85.
[2]) l. c. pag. 86.
[3]) l. c. No. 7, pag. 97.

145 Pflanzen ein Verhältniss von 100 ♂ zu 437 ♀ (d. h. 27 ♂ auf 118 ♀). Und bei derselben Befruchtung mit altem Pollen auf 96 Pflanzen bekam er 100 ♂ zu 586 ♀ (d. h. 14 ♂ und 82 ♀). Im Jahre 1868 erhielt Hoffmann aus frühbefruchteten Samen 26 ♂ und 34 ♀, aus spätbefruchteten 59 ♂ und 57 ♀.

III. Lychnis vespertina.

	Frühe Bestäubung				Späte Bestäubung		
Plantage	♂	♀	Verhältniss der ♀ zu 100 ♂	Plantage	♂	♀	Verhältniss der ♀ zu 100 ♂
7	9	2	22	1	30	17	57
8	6	22	366	2	19	16	84
9	4	2	50	3	11	7	64
10	3	2	67	4	12	21	175
Mittel			161	5	24	6	25
				6	2	12	600
1	38	42	111	Mittel			168
2	76	94	123				
3	19	15	79	11	48	85	177
4	30	37	123	12	42	59	142
5	48	51	106	13	32	59	184
6	37	37	100	14	29	70	242
7	22	28	127	15	9	12	133
8	10	12	120	16	15	11	73
9	19	22	116	17	43	26	60
10	31	46	148	18	39	41	105
Mittel			115	19	42	52	124
				Mittel			138

IV. Rumex Acetosella.

	Frühe Befruchtung				Späte Befruchtung		
Plantage	♂	♀	Verhältniss	Plantage	♂	♀	Verhältniss
1	13	11	85	4	53	65	123
2	20	13	65	5	38	36	95
3	27	47	174	6	20	11	55
Mittel			108	Mittel			91

Aus dieser Zahl geht Folgendes hervor.

I. Spinacia oleracea. Da der Experimentator selbst die Versuche für unmassgeblich bezeichnet und dieselben auch eine zu kleine Zahl umfassen, so werde ich nicht weiter darauf eingehen.

II. M e r c u r i a l i s a n n u a. Sämmtliche bis 1867 erhaltenen und oben angeführten Resultate geben folgende Summe:

Frühe Befruchtung		Späte Befruchtung	
♂	♀	♂	♀
14	59	1	28
4	24	1	16
8	16	2	26
4	29	3	12
8	17	39	202
14	10	27	118
112	438	14	82
85	286	Summe 87	484
33	146		
Summe 282	1025		

Dieses Resultat widerspricht der Theorie. Indessen sagt der Experimentator, er habe sehr viele Fehlerquellen nicht umgehen können. Im folgenden Jahre vermied er diese besser. Alsdann erhielt er aus früh befruchteten Samen 26 ♂ und 34 ♀ und aus spätbefruchteten 59 ♂ und 57 ♀. Dieses Resultat sieht auch H o f f - m a n n als eine Bestätigung der auf die Pflanzenwelt angewandten T h u r y 'schen Theorie an. Indessen sind diese Zahlen noch zu klein.

III. L y c h n i s v e s p e r t i n a.

Bei der statistischen Berechnung der Resultate hat Hoffmann einen Fehler begangen, wie schon H e y e r nachgewiesen hat. Das Mittel muss aus der Summe der absoluten Zahlen, nicht aber aus der der Verhältnisszahlen berechnet werden. Beistehendes Beispiel mag dies erläutern.

Späte Bestäubung

Nach Hoffmann				Verbessert			
Plan-tage	♂	♀	Verhältniss der ♀ zu 100 ♂	Plan-tage	♂	♀	Verhältniss der ♀ zu 100 ♂
1	30	17	57	1	30	17	57
2	19	16	84	2	19	16	84
3	11	7	64	3	11	7	64
4	12	21	175	4	12	21	15
5	24	6	25	5	24	6	25
6	2	12	600	6	2	12	600
Mittel:			168	Summe	98	79	80,6

Es ist daher besser, sich an die absoluten Zahlen zu halten. Und zwar ergiebt eine Addition der für Lychniss angegebenen Zahlen folgendes Resultat:

Frühe Bestäubung.

	♂	♀
I	22	28
II	330	384
Summa	352	412

Späte Bestäubung.

	♂	♀
I	98	79
II	299	415
Summa	397	494

Diese Zahlen entsprechen nicht der Theorie von Thury. An derselben Pflanze stellte Hoffmann auch Versuche an, um den Einfluss früherer oder späterer Befruchtung auf die Blumenfarbe zu ermitteln. Er kam zu folgenden Resultaten:

Frühe Bestäubung.　　　　　Späte Bestäubung.

Rosa Blüthen kommen auf 100 weisse:

Nr.	♂	♀
1	36	20
2	46	11
3	58	36
4	150	68
5	300	410
6	184	270
7	175	180
8	100	33
9	73	83
10	343	360
Mittel:	146	147

Nr.	♂	♀
11	92	18
12	75	146
13	128	74
14	38	13
15	13	71
16	50	38
17	100	44
18	70	42
19	75	57
Mittel:	71	56

Diese Zahlen bestätigen also die Thury'sche Theorie.

IV. Rumex Acetosella.

Die Hoffmann'schen Tabellen ergeben folgendes Resultat:

Frühe Bestäubung.

Plantage	♂	♀
1	13	11
2	20	13
3	27	47
Summe	60	71

Späte Bestäubung.

Plantage	♂	♀
4	53	65
5	38	36
6	20	11
Summe	111	112

Diese Zahlen sprechen für die Thury'sche Theorie. Der Experimentator selbst scheint ihr geneigt zu sein, namentlich da er in seinen ersten ihr widersprechenden Versuchen einige Fehlerquellen unberücksichtigt liess.

Wie sich zeigen wird, liegt auch noch ein anderer Grund vor, warum viele Resultate negativ ausfielen. Ich werde diesen jedoch erst im zweiten Teil der Arbeit erwähnen können.

Bernhardi[1]) stellte Versuche an mit Hanfsamen, der nach seiner Meinung unbefruchtet war. Im Ganzen erhielt er 31 weibliche und 61 männliche Pflanzen. Es ist sehr wahrscheinlich, dass die Eizellen hier bereits älter waren, ehe sie befruchtet werden konnten, und dass in folge hiervon mehr männliche Nachkommen auftraten. —

Hoffmann hat bei Mercurialis auch die Wirkung des alten resp. frischen Pollens erforscht. Er erhielt, um das schon oben mitgeteilte Resultat kurz zu wiederholen, bei frischem Pollen 85 ♂ und 286 ♀, ferner 27 ♂ und 118 ♀, also zusammen 112 ♂ und 404 ♀ (27,7:100).

Bei Anwendung von altem Pollen dagegen erhielt er 33 ♂ und 146 ♀, ferner 14 ♂ und 82 ♀, also zusammen 47 ♂ und 228 ♀ (20,6:100).

Durch diese Zahlen wurde zum ersten Mal die Tendenz der jungen männlichen Geschlechtselemente den Embryo zum männlichen Geschlecht zu bestimmen durch Thatsachen festgestellt. Da es sich um eine beträchtliche Zahl von Pflanzen handelt, so darf man Vertrauen zu diesem Resultat haben. —

Für Pflanzen liegt also bis jetzt nur eine ziemlich kleine Zahl von Beobachtungen über die Wirkung des Alters der Geschlechtsproducte auf das Geschlecht der Nachkommen vor. In bezug auf das Alter des Eies kann man noch nicht mit Sicherheit einen Schluss ziehen. Die Resultate der Experimente sind teilweise widersprechend. Jedoch scheinen die besser angestellten Versuche dafür zu sprechen, dass bei verzögerter Befruchtung eine Mehrproduction von Männchen eintritt. Die Versuche mit verschieden altem Pollen zeigen, dass junger Pollen zum männlichen, alter zum weiblichen Geschlecht neigt, wie wir dies entsprechend bei Tieren gefunden haben.

---

[1]) Seidlitz, Die Parthenog. Leipzig 1872, pag. 16.

2. Indirecte Ursachen, die einem Mangel an Individuen aequivalent sind.

a. Mangelhafte Ernährung.

Wir hatten oben gesehen, dass bei Mangel an Individuen des einen Geschlechts diese wenigen stärker geschlechtlich in Anspruch genommen werden, wodurch ihre Geschlechtsproducte derartig umgeändert werden, dass diese Tiere mehr ihres eigenen Geschlechtes produzieren.

Ist dies aber richtig, so müssen auch alle Umstände, die von Einfluss auf die Qualität der Geschlechtsproducte sind, auch von Einfluss auf das Geschlecht der Nachkommen sein.

Eine solche Wirkung besitzt die Ernährung des Genitalsystems; je weniger Nahrung nämlich dieses empfängt, desto weniger rasch kann es den gestellten Anforderungen entsprechen.

In folge eines wirklichen Mangels an Individuen des einen Geschlechts steigen bei gleichbleibender Leistungsfähigkeit des Reproductionsapparates die Anforderungen an denselben und er ist überangestrengt.

In folge einer mangelhafteren Ernährung nimmt bei gleichbleibenden Anforderungen die Leistungsfähigkeit des Systems ab und es ist gleichfalls überangestrengt.

Eine solche starke Beanspruchung des Genitalsystems bewirkt, wie schon oben durch die Fiquet'schen Versuche bewiesen wurde, eine Mehrgeburt desselben Geschlechtes. Fiquet[1]) hat aber auch den Einfluss der Nahrung bewiesen. Eine gutgefütterte Kuh von einem hungrigen Stier bedient, ergiebt stets ein Stierkalb und umgekehrt. Es wird also hierdurch bewiesen, dass der oben angegebene Zusammenhang zwischen der Ernährung und der Leistungsfähigkeit des Genitalsystems besteht.

Bei gleich bleibender Beanspruchung kann also durch Verringerung der Nahrungszufuhr indirect eine Ueberanstrengung des Genitalsystems herbeigeführt werden. Diese hat natürlich dieselbe Wirkung, als wenn sie durch factischen Mangel an Individuen des betreffenden Geschlechtes verursacht wäre.

Ich halte es für nötig, auf die von Fiquet angestellten Ver-

---

[1]) Dr. H. Janke, Die Vorausbestimmung des Geschlechts beim Rinde.

suche etwas näher einzugehen. Auf Grund seiner Theorie fühlt er sich im Stande, das Geschlecht des Kalbes willkürlich vorher zu bestimmen, und hat dies bereits in mehr als dreissig Fällen bewiesen. Das Verfahren, welches er anwendet, ist dabei folgendes. Wenn eine Kuh beim ersten Rindern nicht belegt wird, so rindert sie bekanntlich nach drei Wochen wieder. Fiquet lässt nun die Kuh niemals beim ersten Rindern bespringen, sondern erst beim zweiten. Er benutzt aber die dreiwöchentliche Zwischenzeit zu der Vorbereitung der Kuh für den Begattungsact. Gleichzeitig wird aber auch der Stier nur in entgegengesetzter Weise vorbereitet.

Soll z. B. ein Stierkalb geworfen werden, so füttert er die Kuh mit dem besten Kraftfutter auf das Splendideste und lässt sie während der ganzen Zwischenzeit nach dem ersten Rindern auf seinem besten Weideland. Der Stier dagegen, der sie bespringen soll, wird auf die schlechteste Weide gebracht und es werden ihm nur leichte Futtermittel vorgelegt, welche erfahrungsgemäss den Geschlechtstrieb herabstimmen. Nach drei Wochen beim zweiten Rindern hat die Geschlechtslust der Kuh den höchsten Grad erreicht, der Stier dagegen zeigt fast gar keine Neigung zum Bespringen. Wird die Kuh jetzt gedeckt, so wirft sie nach den bisherigen Versuchen von Fiquet stets ein Stierkalb.

Will er aber das umgekehrte erreichen, also ein Kuhkalb haben, so wendet er einfach das entgegengesetzte Verfahren an.

Um möglichst sicher zu gehen, vereinigt er den Einfluss der Ernährung mit dem der geschlechtlichen Beanspruchung. Soll z. B. ein Kuhkalb geworfen werden, so wird die Kuh auf leichter Weide mit geringwertigem Futter genährt und er lässt sie mit einem kastrirten früheren Sprungstiere gehen. Nachdem durch diesen und durch die schlechte Nahrung der Begattungstrieb der Kuh genügend herabgestimmt worden ist, lässt man sie beim zweiten Rindern durch einen springlustigen Stier decken, der seit langem keine Kuh mehr besprungen hat und dessen Geschlechtstrieb man seit mehreren Wochen durch das kräftigste Futter und sorgfältigste Pflege in die Höhe getrieben hat.

Nach einer solchen systematischen Vorbereitung erhielt Fiquet stets das gewünschte Kuhkalb. —

Auch wenn ein Stierkalb geworfen werden sollte, zieht er häufig den Einfluss der geschlechtlichen Beanspruchung zu hilfe, indem er den Stier, dessen Geschlechtstrieb herabgesetzt werden soll, möglichst viel Kühe bespringen lässt.

Bei der Vereinigung beider Einwirkungen liess sich das Geschlecht eines jeden Kalbes mit Bestimmtheit vorhersagen.
Die Leistungen Fiquet sind gewiss im höchsten Grade anerkennenswert. Es ist auch sehr beachtenswert, dass er in gewisser
Weise ahnte, es möge auf diesem Wege wohl eine Regulierung
des Geschlechtsverhältnisses stattfinden, wenn auch seine Aeusserungen hierüber sehr unklar sind.

Alle seine brieflichen Aeusserungen hierüber sind folgende:
„Das Naturgesetz [1]), welches die Geschlechtsbestimmung bei
den Geburten regelt, ist mehr ein natürliches, physisches, als wie
ein physiologisches Gesetz. Dies tritt so recht prägnant zu Tage,
wenn durch irgend eine Kalamität ein erhebliches Missverhältniss
zwischen dem einen Geschlechte im Verhältniss zu dem andern
sich ergiebt. Dann kommt allemal die Natur selber zu Hilfe und
stellt das ungleiche Verhältniss der Geschlechter wieder her."

Ferner sagt er in einem andern Briefe [2]):
„Dasjenige Gesetz, welches die Geschlechtsverhältnisse regelt
und kontroliert, scheint ein allgemeines Naturgesetz zu sein, welches auf allen Gebieten im Naturreiche sich wirksam erweist, und
dies ist das: dass, so oft eine Kraftäusserung in einem ungewohn-
ten Grade oder in ausserordentlicher Weise ausgeführt wird, ihm
sofort und unmittelbar Widerstand leistende Kräfte begegnen und
sich entgegenstellen, welche genau nach der entgegengesetzten
Richtung hin ihre Wirkung üben. Der diesem Naturgesetze zu
Grunde liegende Gedanke lässt sich am besten durch die Gesetze
der Bewegung und Ruhe, die Gegensätze von Kraft und Widerstand, von Anziehung und Abstossung und die wohlbekannten
Gesetze von der Elektrizität u. s. w. veranschaulichen, denn aus
meinen Experimenten in Bezug auf die Geschlechtsvorbereitung
scheint in doch augenfälliger Weise die Regel ihre Bestätigung
zu finden, dass als das resultierende Geschlecht bei der Nachkommenschaft unabänderlich das entgegengesetzte von dem Geschlechte
des kräftiger, gesunder und geschlechtslustiger veranlagten der
beiden Eltern im Augenblicke der Begattung hervorgeht.

Und schliesslich hat dies Gesetz zur selben Zeit, wo die Wissenschaft alle Winkel und Ecken des Weltalls durchstöbert hat,
um ein solches zu entdecken, klar und einfach während der Zeit
zu Tage gelegen. Ist es doch eine Thatsache, die in den ameri-

[1]) l. c. p. 30.
[2]) l. c. p. 50.

kanischen Prairien alle Tage sich beobachten lässt. Ein überangestrengter Stier erzeugt Stierkälber, während in denjenigen Gegenden, wo junge und kräftige Stiere überwiegen, auch Kuhkälber in der Mehrzahl geboren werden. Nur die grosse Einfachheit dieser so bedeutungsvollen Thatsache hat, wie es scheint, dieselbe bisher so räthselhaft erscheinen lassen, die Thatsache nämlich, dass die Natur mit Vorbedacht allemal für die Befriedigung ihrer im Haushalt notwendigen Bedürfnisse sorgt."

Endlich sagt Janke über die Entstehung der Fiquetschen Ideen [1]):

„Ein eingehenderes Studium der Geburts- und Todesstatistik bei den Lebensversicherungen hatte ihm sodann die Thatsache von der Gleichmässigkeit in den Verhältnisszahlen der beiden Geschlechter erkennen lassen. Diese Erfahrung erweckte in ihm die Betrachtung, dass möglicher Weise solch ein unschädliches Verfahren, mittelst dessen diese Gleichmässigkeit der Geschlechter bei den Geburtszahlen aufgehoben würde, die Lösung des Problems Wege bringen lassen möge: „„Bei dem unausgesetzten Nachdenken hierüber [2]) machte ich die Beobachtung, dass unter meinen Bekannten überall, wo ein kräftiger, sanguinischer und passionirter Ehemann mit einer ihrem Temperament nach kühlen und unpassionirten Ehefrau verheiratet war, die Anzahl der Töchter überwog, und dass umgekehrt da, wo dass Gegenteil vorwaltete, die Knaben die zahlreicheren waren. Da kam mir plötzlich der Gedanke dass, wenn ich es ermöglichen könnte, dieselbe Verschiedenheit in den Temperamenten ebenso bei dem Rindvieh künstlich hervorzubringen, ich damit zur Lösung des Problems gelangen möchte.""" Er that dies und fand die Lösung.

Obgleich alle diese Äusserungen so unklar gehalten sind, dass man sich kaum ein Bild von dem Gedankengang Fiquet's machen kann, so glaub ich doch es hoch schätzen zu müssen, dass er schon eine wenn auch unbestimmte Idee von dem wahren Sachverhalt hatte.

Leider fiel auch er in den Fehler aller Forscher, er glaubte, dass das von ihm entdeckte Moment das einzig massgebende sei. Die Theorie von Thury, ferner der Einfluss der Ernährung während des Fötallebens, auf den ich später erst zu sprechen komme, wurden mit ein oder zwei Versuchen geprüft und als diese nicht

[1]) l. c. p. 43.   [2]) Fiquet's eigene Worte l. c. p. 56.

demgemäss ausfielen, war es „klar bewiesen", dass ein solcher Einfluss nicht stattfinden könne.

Um den Landwirten den Nutzen der Fiquetschen Resultate zukommen zu lassen, veröffentlichte Janke dieselben, indem er zugleich die Theorie weiter ausführte.

Er geht von zwei Hypothesen aus [1]), die er „zwei wichtige Grundsätze der wissenschaftlichen Physiologie" nennt. „Diese beiden Grundsätze sind die, dass:

1. die geschlechtliche Begattung gleichsam einen Wettstreit oder Kampf der sich zur Zeugung vereinigenden Erzeuger um das Vorwiegen ihres geschlechtlichen Einflusses auf das Kind darstellt, wobei der obsiegende von beiden Eltern für die Bestimmung des Geschlechtes der zukünftigen Geburt den Ausschlag giebt, und ferner:

2. der Grundsatz der gekreuzten Vererbung, wonach der bei dem Begattungsakte als der Stärkere sich erweisende Erzeuger das dem seinigen entgegengesetzte Geschlecht überträgt und dazu seine sonstigen Eigenschaften mit zur Entwickelung bringt.

Abgesehen von der unwissenschaftlichen Darstellungsweise ist die Behauptung über die Entstehung des Geschlechts richtig, wie er durch Fiquets Versuche zeigt, die über die Vererbung der Eigenschaften aber gehört nicht hierher, wird auch von Janke nicht durch Thatsachen unterstützt.

So anerkennenswert es ist, dass ein Kreisgerichtsrat, der sich bestrebt der Landwirtschaft zu nützen, der Biologie durch Aufstellung seiner allerdings einseitigen Theorie und durch Veröffentlichung der Fiquetschen Versuche einen so grossen Dienst erwiesen hat, so ist es um so mehr zu bedauern, dass er nicht streng wissenschaftlich vorging und bei der weiteren Ausführung seiner Theorie die grössten Fehler beging.

Er bedenkt nicht, dass die gegenseitige Beeinflussung des Geschlechts des Embryo durch die Individualität des Vaters und der Mutter bei der Befruchtung doch nur mittelst der Qualität der Geschlechtsproducte stattfinden kann.

Nach seiner Meinung kommt es nur an auf die geringe oder starke Passion die Begattung auszuführen. Daher rät er den Frauen, wenn sie einen Knaben wünschen, vor der ehelichen Pflicht-

---

[1]) l. c. p. 15.

erfüllung ein Glas Champagner zu trinken, damit sie grössere „geschlechtliche Kraft" hätten.

Ganz abgesehen von der Verwerflichkeit solcher Recepte kann doch eine solche kurze Nervenreizung die Qualität des Eies, das sich meist längst losgelöst hat, nicht umändern.

Der unbestimmte Begriff, den auch F i q u e t mit der Bezeichnung der „geschlechtlichen Kraft" verbindet, wird zu diesem Irrtum wohl den Anlass gegeben haben. Die Lust oder Unlust zum Sexualact kann durch künstliche Mittel plötzlich gesteigert und geschwächt werden z. B. kann ein Stier dadurch zum Bespringen gebracht werden, dass man ihm das Gehöd mit frischen Brennnesseln bestreicht. Aber es wird wohl Niemand behaupten wollen, dass die Qualität des Spermas damit eine Änderung erlitten hätte. Oder wenn es richtig ist, wie F i q u e t über hundert Mal beobachtet hat, dass das Rindvieh während der Gewitterschwüle eine grosse Begattungslust äussert, so kann mit dieser nervösen Aufregung doch keine Änderung der Geschlechtsproducte verbunden sein.

Nur das umgekehrte Verhältniss findet statt. So ist bekanntlich ein grosser Vorrat an Geschlechtsproducten von dem grössten Einfluss auf das Nervensystem.

Nicht aber kann eine plötzliche Einwirkung auf die Nerven, die Qualität des Eies oder Spermas ändern. Sonst müssten ja auch die Gedanken, welche die beiden Erzeuger bei Ausübung der Beanspruchung haben, von Einfluss auf das Geschlecht des Kindes sein, wie dies auch schon behauptet worden ist.

F i q u e t hingegen hat diesen falschen Schluss nicht gemacht. Grundsätzlich verwirft er die Anwendung von Drogen und dergleichen, er ruft vielmehr die grössere oder geringere „geschlechtliche Kraft" durch eine mehrwöchentliche systematische Vorbereitung der Tiere mittelst der extremsten Ernährung hervor. Allerdings ist auch die F i q u e t sche Ansicht noch nicht ganz die richtige. Er sagt, dass „in allen Fällen [1]), wo ein kräftiger, leidenschaftlicher und sanguinischer männlicher Zeuger und ein leidenschaftsloses und pflegmatisches weibliches Individuum zur Paarung kommen, unter der Nachkommenschaft regelmässig die weiblichen Geburten überwiegen, und wenn wieder eine gegenseitige Geschlechtsvereinigung in der Weise durchgeführt wird, dass der männliche Erzeuger pflegmatisch und leidenschaftslos, die weib-

---

[1]) l. c. p. 31.

liche Erzeugerin dagegen von sanguinischem und leidenschaftlichen Temperamente ist, dann die männlichen Geburten vorwalten." Dies ist natürlich nur dann richtig, wenn das Temperament eine Folge des Zustandes des Genitalsystems ist. Die Vorbereitung, welche er mit seinen Rindern trifft, hat nach seiner Auslassung nur den Zweck das Temperament bei der Begattung zu regeln. Die Art und Weise, wie er dies aber thut, ist die vollkommen richtige. Nur mit Hülfe der Ernährung und der geschlechtlichen Beanspruchung wirkt er auf den Zustand des Geschlechtssystemes. Wenn nun weiter keine Reizmittel angewendet werden, was Fiquet niemals thut, so ist allerdings das Temperament bei der Begattung nur eine Folge dieses Zustandes des Genitalapparates und der Züchter kann daher mit Sicherheit nach der Stärke des Begattungstriebes beurteilen, ob die Vorbereitung des Tieres eine genügende war.

Nach der Jankeschen Theorie aber müsste stets, wenn die Begattungslust z. B. des Weibchens klein ist, das Ei zum weiblichen Geschlecht hinneigen. In einem bestimmten Falle aber findet sogar gerade das Umgekehrte statt. Bei der verzögerten Befruchtung des Eies neigt dieses zum männlichen Geschlecht trotzdem das Weibchen im spätern Verlauf der Brunst weniger Begattungslust zeigt als im Anfang derselben.

Das Thatsächliche bei den Behauptungen von Fiquet und Janke ist vollständig zutreffend. Ihre Ansichten jedoch, dass das Temperament, die geschlechtliche Kraft, bei der Begattung das Geschlecht bestimme, ist unrichtig. Es ist dies nur eine Nebenerscheinung, die Qualität der Geschlechtsproducte ist das allein massgebende.

Im Anschluss hieran kann eine von Richarz in Bonn[1]) aufgestellte Theorie besprochen werden. Diese behandelt einen richtigen Gedanken in sehr geistvoller Weise.

Richarz hat nämlich die Wirkung des geschlechtlichen Zustandes der Mutter richtig aufgefasst. Er stellte eine Theorie auf, nach welcher eine Mutter von hoher „Zeugungskraft" mehr Knaben, eine solche von geringerer mehr Mädchen erzeugen solle. An und für sich ist dies vollständig richtig und es ist nur zu bedauern, dass er dies nicht durch eine Sammlung von Thatsachen unterstützt. Falsch ist aber die weitere Folgerung, dass dies nun das einzige wirkende Moment sei, dass z. B. der Same des Vaters nur

---

[1]) Zeugung und Vererbung. Bonn 1880.

die Entwickelung des Eies anrege, die Individualität des Vaters also ganz ohne Einfluss sei. Dies steht im Widerspruch mit Thatsachen von unzweifelhafter Richtigkeit.

Wenn die Einwirkung des geschlechtlichen Zustandes das einzige in Frage kommende Moment wäre, so müsste (nach Richarz und nach Fiquet-Janke) dasselbe Elternpaar immer nur Knaben oder Mädchen produzieren, was bekanntlich nicht richtig ist.

Nur gelegentlich giebt J a n k e zu, dass auch wohl „Ausnahmen und Regelwidrigkeiten vorkommen können, die meist lediglich in ganz absonderlichen Umständen ihre Ursache haben [1].“ Also wird doch die Einwirkung von andern Umständen zugegeben.

Schon lange vor F i q u e t wurde diese Erscheinung von dem französischen Züchter T e l l a i s [2]) in Ille-et-Vilaine entdeckt. Er fand durch eine ziemliche Anzahl von Versuchen, dass schwache Stiere mit kräftigen Kühen gepaart vorherrschend Stierkälber zeugten, dass dagegen schwache Kühe, die von kräftigen Stieren belegt wurden, mehr Kuhkälber warfen. Dies ist natürlich nur insofern richtig, als man vom allgemeinen Wohlergehen des Tieres einen Schluss machen darf auf das des Genitalsystems.

Ferner ist mir mitgeteilt worden, dass auch einzelne amerikanische Pferdezüchter sich bereits des Fiquet-Janke'schen Kunstgriffes bedienen. Zur Erlangung eines männlichen Wurfes wird der Hengst auf eine schlechte, die Stute aber auf eine gute Weide geschickt; soll umgekehrt ein weibliches Fohlen geworfen werden, so wird die Stute vor der Bespringung auf einer schlechten Weide gehalten, der Hengst aber auf einer fetten.

Wir sind also zu dem Resultat gelangt, dass die Ernährung der Elterntiere vor der Begattung von Einfluss auf die Entstehung des Geschlechtes ist. Diese Thatsache wurde dadurch erklärt, dass auch die Ernährung von Einfluss auf die Qualität der Geschlechtsproducte ist. Eine verminderte Ernährung bringt eine geringere Leistungsfähigkeit des Genitalapparates hervor. Alsdann ist z. B. die Spermaproduction herabgesetzt. Das Sperma kann kaum so rasch ersetzt werden, als es schon wieder verbraucht wird. Dasselbe ist also bei Nahrungsmangel ebenso wie beim Mangel an männlichen Individuen relativ jung. Und in der That sehen wir beide Mal eine Mehrgeburt von Männchen. Das Umgekehrte gilt vom weiblichen Geschlecht.

[1]) l. c. p. 16.
[2]) Citiert von J a n k e.

b. Relatives Alter.

Einen ferneren Umstand, der zweifellos von Einfluss auf die Qualität der Geschlechtsproducte ist, bildet das Alter des Individuums. Wir sehen, dass die Geschlechtsthätigkeit in einem gewissen Alter beginnt, viel später aber erst das Maximum erreicht, im Alter wieder abnimmt und zuletzt verschwindet. Jedenfalls ist dies zurückzuführen auf eine zuerst zunehmende und nachher wieder sinkende Ernährung des Genitalsystemes. In dem vorigen Abschnitt aber wurde schon gezeigt, dass ein Tier bei guter Ernährung ceteris paribus mehr Nachkommen des andern Geschlechts hervorbringt als bei schlechterer, und es wurde dieser Einfluss der Prosperität des Individuums zurückgeführt auf den der davon abhängigen Ernährung des Genitalsystems. Wenn diese sich nun mit dem Alter ändert, so folgt hieraus, dass je-des Individuum zur Zeit seiner höchsten geschlecht-lichen Leistungsfähigkeit ceteris paribus sein eige-nes Geschlecht am wenigsten der Frucht übertra-gen wird. — Die Bestimmung dieses Zeitpunktes ist mit Schwierigkeiten verknüpft. Man ist leicht geneigt ihn beim Menschen dann anzunehmen, wenn das betreffende Geschlecht die grösste Reproductionsthätigkeit aufweist. Man beachte aber, dass letzteres ja nur davon abhängig ist, in welchem Alter der grösste Bruchteil des Geschlechtes verheiratet ist. Dieser Zeitpunkt wird bei Frauen vielleicht mit dem dreissigsten Jahre eingetreten sein, trotzdem die höchste geschlechtliche Leistungsfähigkeit schon lange vorhanden ist. Beim Manne verhält sich dies gerade so, nur dass sie sich etwas später einstellt, sich aber desto länger erhält. Die Sitte bringt es nun mit sich, dass die Frauen und Männer, welche vor dem Eintritt der grössten Fortpflanzungsfähigkeit heiraten, nur einen geringen Bruchteil ausmachen, dass vielmehr bei dem weitaus grössten Teil der stehenden Ehen beide Erzeuger dieses Maximum bereits überschritten haben. — Da nun die grösste Wahrscheinlichkeit für eine Knabengeburt eintritt, wenn die Frau dieser Zeit möglichst nahe, der Mann aber möglichst fern ist, so gilt für die meisten Ehen der Satz, dass der Knabenüberschuss dann am grössten ist, wenn der Mann bedeutend älter ist als die Frau.

Bei ungenauer Durchsicht dieser Erörterung könnte sich leicht ein Missverständniss einschleichen. Diesem möchte ich durch einige Bemerkungen vorbeugen. Hier ist gesagt, dass der Knabenüberschuss desto grösser sein wird, je jünger die Frau ist. Bei Erörterung der verzögerten Befruchtung des Individuums aber war behauptet worden, dass die Wahrscheinlichkeit einer Knabengeburt zunimmt mit dem Alter des weiblichen Individuums. Hier scheint also ein directer Widerspruch vorzuliegen.

Beides aber ist nur eine ungenaue Wiedergabe der Behauptungen. Was den letzteren Satz anbetrifft, so handelt es sich nicht im Allgemeinen um Frauen, sondern um Erstgebärende d. h. um solche, deren Zustand einem Mangel an männlichen Individuen entspricht. Gerade die Nichtbeanspruchung tritt hier in ihrer Wirkung so stark hervor, dass sie alle andern Einflüsse in den Hintergrund drängt. Beim Manne aber kann eine solche nicht angenommen werden. In den Eigenschaften der Geschlechtsproducte ist also der Gegensatz vorhanden, welcher einem Mangel an Männchen entspricht und, wie früher gezeigt wurde, eine Mehrgeburt von männlichen Individuen bewirkt.

Bei der Erzeugung der später geborenen ehelichen Kinder aber liegen die Verhältnisse wesentlich anders. Wenn wirklich in den einzelnen Lebensabschnitten die geschlechtliche Thätigkeit eine verschiedene ist, so tritt eine solche Veränderung in der Beanspruchung (wenigstens in den meisten Fällen) für beide Teile in fast gleicher Stärke ein. Eine sehr schwache oder sehr starke Thätigkeit beider Erzeuger entspricht weder einem Mangel an männlichen Individuen noch einem an weiblichen. Ein Gegensatz in der Qualität der Geschlechtsproducte tritt nicht auf. Eine derartige verschieden starke Thätigkeit ist also ohne Einfluss auf das Geschlecht der Nachkommen.

In der Ehe handelt es sich vielmehr um das Alter der Erzeuger, weil mit diesem die Leistungsfähigkeit des Genitalapparates und damit auch die Qualität der Geschlechtsproducte (auch bei gleichbleibender Beanspruchung) sich ändert. Ein älterer Mann z. B., dessen Sperma sich nicht so rasch wieder ersetzt, wird durchschnittlich mit jüngeren Spermatozoen befruchten als ein jüngerer, leistungsfähiger, dessen Genitalsystem noch stärker ernährt wird.

Der Satz, dass der Knabenüberschuss steigt mit dem relativen Alter des Mannes, gilt für die Mehrzahl der Ehen. Bei der kleinen Zahl verfrühter Ehen aber ist gerade das Umgekehrte der Fall.

In diesem Falle steht der Mann seiner grössten geschlechtlichen Leistungsfähigkeit ferner, wenn er möglichst jung (z. B. 18 Jahre) ist, während die Frau dieser näher ist, wenn sie ein etwas höheres Alter (z. B. 25 Jahre) besitzt. Trotzdem also der Mann bedeutend jünger ist als die Frau, ist die Wahrscheinlichkeit einer Knabengeburt doch gross. Bei allen verfrühten Ehen wird sich später das Verhältniss umkehren. Bei der oben als Beispiel erwähnten, muss später der Mann der Zeit der grössten Fortpflanzungsfähigkeit bedeutend näher stehen als die Frau. Es wird sich alsdann ein Überschuss von Mädchen zeigen, wie dies die übrigen Ehen unter diesen Verhältnissen ebenfalls aufweisen.

Es geht hieraus auch hervor, dass das Hofacker-Sadler'-sche Gesetz in seiner ursprünglichen Form nicht beibehalten werden kann. Nicht das Alter von Vater und Mutter ist das massgebende, sondern es kommt vielmehr darauf an, ob sie dem Maximum der Fortpflanzungsthätigkeit näher oder ferner stehen. Es muss in Betracht gezogen werden, welches die Leistungsfähigkeit des Genitalsystems für das betreffende Alter ist, ob also eine mehr oder weniger starke Überanstrengung des einen Teiles der Erzeuger eingetreten ist oder nicht. Diese Stärke der Inanspruchnahme, nicht aber das Lebensalter des Individuums an und für sich, bestimmt die Qualität der Geschlechtsproducte. Das ursprüngliche Hofacker-Sadler'sche Gesetz gilt also nur für die meisten Ehen nicht aber für alle. Daraus erklärt sich vielleicht, dass einige Forscher dieses Gesetz nicht bestätigt fanden.

Empirisch ist der Einfluss des Altersunterschiedes schon lange festgestellt worden. Wie bekannt ist, entdeckte Hofacker in Tübingen diese Gesetzmässigkeit und fand folgende Verhältnisse:

Vater jünger als Mutter — 90,1 Knaben auf 100 Mädchen
„ ebenso alt 93,3 „ „ „
„ 4—6 Jahre älter 108,9 „ „ „
„ 6—9 „ „ 124,7 „ „ „
„ 9—12 „ „ 143,7 „ „ „

Unabhängig von ihm kam Sadler zu demselben Resultat. Aus den Geschlechtsregistern der Peerage erhielt er folgende Zahlen:

Vater jünger als Mutter — 86 Knaben auf 100 Mädchen
„ ebenso alt 94 „ „ „
„ 1— 6 Jahre älter 103 „ „ „
„ 6—11 „ „ 126 „ „ „
„ 11—16 „ „ 147 „ „ „
„ 16 und mehr „ „ 163 „ „ „

Oesterlen[1]) giebt folgende sehr übersichtliche Zusammenstellung der hierüber angestellten Untersuchungen:

Autor	Vater älter	beide gleich alt	Mutter älter	Durchschnitt	Zahlen der Fälle
Hofacker	117,8	92,0	90,6	107,5	1996
Sadler	121,4	94,8	86,5	114,7	2068
Göhlert	108,2	93,3	82,6	105,3	4584
Noirot	99,7		116,0	103,5	4000
Logoyt Calais	109,9	107,9	101,6	107,9	6006
Logoyt Paris	104,4	102,1	97,5	102,9	52311
Breslau	103,9	103,1	117,6	106,6	8084

Nur die Zahlen von Breslau und Noirot stimmen nicht mit dem Gesetz überein.

Gegen diese Resultate hat sich Göhlert[2]) ausgesprochen. Er weist darauf hin, dass eigentlich auch die Totgeburten hätten mitgezählt werden müssen, da die Knaben hierbei etwas stärker beteiligt sind. Indessen wird der etwa hierdurch verursachte Fehler sich ziemlich gleichmässig auf die verschiedenen Altersstufen verteilen und auch an und für sich ziemlich klein sein. Ferner verlangt er, dass nur solche Ehen berücksichtigt werden sollen, bei denen die Reproduction ihren Abschluss erlangt hätte. Er nahm daher nur solche Ehen, welche mit vier oder mehr Kindern gesegnet waren und gelangte alsdann zu vielfach anderen Resultaten. Er fand, dass das Maximum des Knabenüberschusses bei einem Alter des Vaters von 30—35 und einem solchen der Mutter von 25 bis 30 Jahren eintritt, dass also bei höherem Alter d. h. in den späteren Jahren der Ehe relativ etwas weniger Knaben geboren werden.

Es kann sein, dass dies auf folgende Weise zu erklären ist. Die geschlechtliche Leistungsfähigkeit des Mannes nimmt, wie bekannt, weniger rasch ab als die des Weibes. Letzteres wird in bezug auf die Geschlechtsthätigkeit so zu sagen rascher alt als der Mann. Der Altersunterschied, der eine Mehrgeburt von Knaben zur Folge hatte, verschwindet mehr und mehr. Hiermit in Übereinstimmung steht eine statistische Beobachtung von Bertillon[3]), woraus hervorgeht, dass in den späteren Jahren der Ehe der Knabenüberschuss abnimmt, wie folgende Übersicht zeigt.

---

[1]) Handbuch der medicinischen Statistik pag. 169.
[2]) Zeitschrift f. Ethnologie, XIII. Jahrg. 1881.
[3]) La statistique humaine. Citirt von Göhlert.

Länge der Ehe

1—6 Jahre	— 116 Knaben auf 100 Mädchen
6—12 „	105 „ „ „
12 u. mehr „	94 „ „ „

Göhlert selbst bestätigt dies Resultat z. B. fand er bei den letztgeborenen das Sexualverhältniss 92 Knaben zu 100 Mädchen. Es ist daher wohl erlaubt zu schliessen, dass durch die Länge der Ehe die Wirkung des Altersunterschiedes der Eltern wieder aufgehoben wird. Wenn man also nur solche Ehen von langer Dauer nimmt, so wird man die Wirkung des relativen Alters auf das Sexualverhältniss der Geborenen nicht oder nur schwierig nachweisen können.

In der neueren Zeit hat F r a n k e [1]) die Hofacker-Sadlersche Theorie in der Statistik Norwegens nicht bestätigt gefunden. Daselbst wurde im Jahre 1870 zum ersten Mal das Alter der Eltern bei der Geburt eines Kindes statistisch festgestellt. Die Angaben wurden indessen nur bei der Hälfte der Kinder gemacht, 1872 und 1873 geschah dies bei zwei Drittel und 1874 bei vier Fünftel der Kinder. Diese vier Jahrgänge hat Franke zu seiner Untersuchung benutzt. Auch blieben die Totgeburten gänzlich unberücksichtigt. Das Sexualverhältniss der in den ersten zwei Jahren Geborenen und in Rechnung gezogenen war 109,44, in den zwei folgenden Jahren 104,28. Das Geschlechtsverhältniss aller Geburten in Norwegen war 1872 104,42, im Jahre 1873 103,73. Letztere Zahlen sind ausserordentlich niedrig, denn diese Zahl schwankt in allen Ländern zwischen 105 und 107. Es drängt sich daher die Frage nach der Zuverlässigkeit dieser Zahlen auf. Und diese erscheint nicht sehr gross, wenn man bedenkt, dass in Norwegen die Geistlichkeit diese Angaben macht. Das Sexualverhältniss der ersten zwei Jahre ist dagegen ein ausserordentlich hohes, wie es sonst nie beobachtet wurde. Wenn also nicht einmal das Gesammtergebniss aller Geburten ein normales ist, so können doch um so weniger die einzelnen Zahlen als massgebend betrachtet werden. Wenn daher Franke glaubt, er habe die Unhaltbarkeit der Hofacker-Sadlerschen Theorie nachgewiesen, so überschätzt er die Beweiskraft dieser Zahlen. Nur auf zuverlässige Zahlen basirte und sehr umfassende Untersuchungen können hier massgebend sein.

---

[1]) H i l d e b r a n d 's Jahrb. f. Nationalök. u. Stat. Jena. XXIX, 1877, pag. 180 und XXX, 1878, pag. 180.
Über d. Einfluss d. Alters der Eltern auf d. Geschlecht d. Neugeborenen.

Ferner haben A h l f e l d und S c h r a m m [1]) das Hofacker-Sadler'sche Gesetz angegriffen. Sämmtliche Geburten ihrer Tabellen geben zusammenaddiert die Summe 1852. Da alle übrigen Forscher über weit grössere Zahlen verfügen, so können die Resultate von Ahlfeld und Schramm nicht viel Beweiskraft haben. N e e f e [2]) kam ferner zu dem Resultat, dass die Hofacker-Sadler'sche Regelmässigkeit sich auch bei Zwillingsgeburten wiederfindet. Unter 782 derartigen Geburten fand er, wenn der Vater gleiches oder höheres Alter wie die Mutter hatte, das Sexualverhältniss 116 : 100, wenn der Vater indessen jünger war, nur 98 Knaben zu 100 Mädchen. Indessen sind diese Zahlen wohl noch etwas zu klein.

Auch bei T i e r e n ist der E i n f l u s s des r e l a t i v e n A l t e r s b e r e i t s nachgewiesen. Die Beobachtungen von v a n d e n B o s c h beweisen, dass z. B., wenn der Bock älter ist als das Mutterschaf, mehr Böckchen fallen. Ferner hat G ö h l e r t [3]) bei Pferden Beobachtungen angestellt, worüber die Tabelle Aufschluss giebt.

1785 Fohlen

Vater im Alter	Mutter im Alter				Summe der Fohlen		Sexualverhältniss (Zahl d. m. auf 100 weibliche)
	unter 10 Jahren		über 10 Jahren				
	Fohlen						
	m.	w.	m.	w.	m.	w.	
unter 10 Jahre	194	263	162	194	356	457	77,9
über 10 „	212	189	287	284	499	473	105,5
Summe	406	452	449	478	855	930	91,93
	89,3		93,9		91,3		

Um hieran den Einfluss des Altersunterschiedes zu prüfen, müssen die Zahlen der Tabelle folgendermassen zusammengestellt werden:

---

[1]) Arch. f. Gynaek. IX, pag. 451. A h l f e l d, Über d. Knabenüberschuss älterer Erstgebärender.
[2]) Jahrbücher f. Nationalök. u. Stat., Jena, B. 28, 1877, pag. 187.
[3]) Zeitschrift für Ethnologie XIV, 1882, pag. 145. Über die Vererbung der Haarfarbe bei Pferden.

				Fohlen	Sexualverhältniss
				m. w.	
Stute unter,	Hengst	über	10 Jahre	212 — 189	112
Beide „	oder	„ „ „		481 — 547	87,9
Hengst „	Stute	„ „ „		162 — 194	84
	Summe aller Geburten			855 — 930	91,93

Diese Zahlen sprechen dafür, dass auch beim Pferde genau so wie beim Menschen das relativ höhere Alter der männlichen Individuen eine Mehrgeburt von Männchen bewirkt.

Der Unterschied, der sich hier zeigt, ist $28\frac{0}{0}$, also ein sehr bedeutender. Meist ist derselbe nicht so auffallend, da man ältere Hengste nur so viel geschlechtlich beschäftigen wird, als ihnen zuträglich ist. Unter Umständen kommen indessen auch in der Praxis extreme Fälle vor. Auf einen solchen hat mich Herr Prof. Settegast aufmerksam gemacht. Derselbe ist entnommen dem Handbuch für Pferdezüchter von Lehndorf (pag. 25). Bekanntlich erlischt die Zeugungsfähigkeit der Hengste später als die der Stuten. Bei letzteren nimmt sie im 12. bis 14. Jahre schon ab, beim Hengst erlischt sie aber erst nach dem zwanzigsten Jahre. Der Hengst Sir Herkules aber musste im 26. Lebensjahre noch 23 Stuten decken. Sie warfen 24 Füllen (1 Zwilling) und sämmtliche waren männlichen Geschlechtes. Die Beanspruchung war an und für sich nicht sehr stark, da ein Hengst jährlich 50 bis 60 Deckungen vollziehen kann, aber sie war relativ stark, da in einem so hohen Alter die Leistungsfähigkeit des Genitalsystems schon ausserordentlich abgenommen hat. Die Mehrproduction von Männchen können wir also als eine indirecte Wirkung des Alters betrachten.

Nasse[1]) nahm 1156 Paarungen von Schafen auf der niederländischen Insel Zeeland vor. Aus den Tagebüchern ergab sich, dass, wenn das Alter der Böcke um mehr als ein Jahr das der Schafe übertraf, die Zahl der geworfenen Männchen beträchtlich über den mittleren Wert 50,07 hinausging, und dass, wenn die Mütter älter als die Väter waren, dieser Wert nicht unbeträchtlich sank. Diese allgemeinen Sätze sind vollkommen richtig und stehen in Übereinstimmung mit der Theorie.

---

[1]) Archiv für wissenschaftliche Heilkunde IV. p. 166.
Nasse, Einfluss des Alters der Eltern auf das Geschlecht der Früchte bei Schafen und Rindvieh. Citirt v. Ploss.

Nach Nasse ergaben die Paarungen noch folgendes specielle Resultat.

Zweijährige Schafe lieferten 56,11 % Bocklämmer, wenn sie mit jungen Böcken gepaart wurden. Bei steigendem Alter der Böcke nahm diese Zahl ab.

Dreijährige Schafe produzierten 56,76 % Männchen mit 3—4jährigen Böcken. Bei der Paarung mit ältern Böcken sank die Zahl sehr.

Ganz gleiches Verhältniss zeigten die 4jährigen Schafe, denn mit 5- und dann mit 4jährigen Böcken lieferten sie die grösste Zahl, 58,49 % Männchen.

Indessen ist die Zahl der Thatsachen wohl eine zu geringe, als dass man diese speciellen Ergebnisse verallgemeinern dürfte.

Vor allem aber hat Nasse die Häufigkeit der Begattung ausser Acht gelassen und dies darf namentlich da, wo die Männchen in der Minderzahl sind, nicht vernachlässigt werden. Das allgemeine Resultat dagegen, dass nämlich mehr Männchen geboren werden, wenn die Böcke mehr als ein Jahr älter waren als die Mütter, und mehr Weibchen fielen, wenn die Mütter älter waren, bestätigt die Hofacker-Sadler'sche Theorie.

Auch der französische Tierzüchter Girou de Buzareingues [1]) hat wichtige Versuche hierüber angestellt. Er kam zu dem Resultat, dass eine grosse „Körperkraft" des Sprungwidders die Ausbildung zum weiblichen Geschlecht begünstige. Man sehe davon ab, dass er von der Körperconstitution nicht ohne Weiteres auf die Ernährungsverhältnisse des Genitalsystems schliessen darf. Bei seinen Versuchen vereinigte er den Einfluss der geschlechtlichen Leistungsfähigkeit mit dem des relativen Alters. Um weibliche Schaflämmer zu erhalten, nahm er junge Zuchtwidder von Temperament und schickte sie zuvor auf eine gute Weide. Sollten dagegen männliche Lämmer geworfen werden, so nahm er drei- bis fünfjährige Widder und hielt sie vor dem Springen einige Wochen auf schlechter Weide. Trotz der Unklarheit, welche in seinen Ansichten lag, brachte er es so weit, dass 110 Schafmütter [2]), welche weibliche Junge werfen sollten, 76 Schaf- und nur 35 Bocklämmer produzierten; dass ferner unter 135 Lämmern, welche männlich hatten werden sollen, sich 80 Bock- und nur 55 Schaflämmer befanden.

---

[1]) Citirt von Janke, l. c. pag. 28.

[2]) Im Allgemeinen werden von Schafen gleichviel Männchen und Weibchen geboren.

Diese Versuche beweisen wenigstens, dass die von G i r o u geahnten Ursachen vorhanden sind, wenn auch in etwas anderer Weise, als sich dieser Forscher dachte.

Die Versuche von G i r o u wurden dann bestätigt von seinem Landsmann C o u r n u e j o u l s [1]). Dieser that 40 Mutterschafe zu jungen Bocklämmern auf guter fetter Weide und er erhielt 15 Bock- und 25 Schaflämmer. Ferner liess er 40 Mutterschafe auf dürftiger Weide von alten Widdern bespringen und das Resultat waren 26 Bock- und 14 Schaflämmer. Allerdings sind diese Versuche noch viel weniger rein, aber sie bestätigen doch den Einfluss des relativen Alters.

Beim Menschen und den Tieren, welche eine E h e besitzen, ist die Regulierung des Sexualverhältnisses zum Teil eine Folge des verschiedenen Altersunterschiedes. Bei Mangel an weiblichen Individuen werden auch solche in grösserer Zahl zur Reproduction beitragen, welche ihrem Culminationspunkt ferner stehen. Diese sind in Hinsicht auf ihr Alter stark beansprucht und die Wahrscheinlichkeit einer weiblichen Geburt ist bei ihnen grösser. Die Zahl der Weibchen wächst also wieder — es tritt eine Regulierung ein.

3. Zusammenfassung.

Das E r g e b n i s s d e s e r s t e n T e i l e s der Arbeit ist also, dass d i e T i e r e d u r c h A n p a s s u n g d i e E i g e n s c h a f t e r w o r b e n h a b e n , bei anomalem S e x u a l v e r h ä l t n i s s m e h r I n d i v i d u e n d e s G e s c h l e c h t e s h e r v o r z u b r i n g e n , a n d e n e n e s m a n g e l t. Eine solche M e h r g e b u r t t r i t t a u c h e i n , w e n n i n d i r e c t e U r s a c h e n a u f d a s G e s c h l e c h t s - s y s t e m e i n w i r k e n , welche e i n e m M a n g e l a n I n d i v i - d u e n d e s e i n e n G e s c h l e c h t s a e q u i v a l e n t s i n d.

Und zwar liegen die das Geschlecht bestimmenden Eigenschaften in den Geschlechtsproducten. Bei der Befruchtung setzen sich die gleichen oder entgegengesetzten Tendenzen derselben so zu sagen zu einer Resultierenden zusammen, deren Ausfall die vorläufige Geschlechtsentwickelung bestimmt.

Man könnte nun den Einwurf machen, dass allerdings bei Tieren, welche nur wenig Nachkommen erzeugen, die Tendenz z. B. der Mutter, mehr Junge des einen oder andern Geschlechtes zu erzeugen, sehr leicht in dem Sexualverhältniss der Nachkommen

---

[1]) Citirt von J a n k e, l. c. pag. 29.

zum Ausdruck gelangen kann, dass dies aber nicht der Fall sein kann bei solchen Tieren, welche hundert Tausende von Eiern legen. Unter der Vorraussetzung, dass die Gesammtzahl dieser Tiere sich nicht oder nur wenig verändert, werden von diesen vielen durchschnittlich nur zwei wieder geschlechtsreif werden. Welchen Zufälligkeiten ist es aber anheimgegeben, die Auswahl dieser zwei zu treffen! Daher kann das Sexualverhältniss der vielen gelegten Eier unmöglich wieder gegeben werden durch das der zwei überlebenden.

Es sei gestattet, diesen Einwurf mit Hülfe eines Beispiels zu widerlegen.

Man denke sich, bei einer Lotterie seien unter 100 000 Loosen nur zwei Treffer. Etwas weniger wie die Hälfte werde in der Stadt selbst, etwas mehr aber ausserhalb derselben verkauft, d. h. die Loose haben so zu sagen die Tendenz, nach auswärts zu wandern. Alsdann wird diese Tendenz auch bei den Gewinnen zum Ausdruck gelaugen, wenn auch ihre Zahl eine relativ noch so geringe ist.

Befindet sich zum Beispiel ein Drittel der Loose in der Stadt, zwei Drittel aber im Lande, so wird sich nach der Wahrscheinlichkeitslehre dasselbe Verhältniss auch bei den Gewinnen zeigen, d. h. nach einer genügenden Anzahl von Ziehungen werden zwei Drittel der Treffer auf das Land und ein Drittel auf die Stadt gekommen sein.

Bei einer einzelnen Ziehung ist dies allerdings den grössten Zufälligkeiten ausgesetzt. Es handelt sich aber nicht darum, wie weit die Extreme auseinander fallen können, sondern darum, wie sich der Durchschnitt gestalten wird.

Ebenso verhält es sich bei den in Frage gezogenen Tieren. Wenn von 100 000 Eiern nur 2 am Leben bleiben, so werden diese nicht die Durchschnittstendenz der ursprünglichen wiedergeben können. Aber die Nachkommen eines einzigen Weibchens bestimmen auch nicht das Sexualverhältniss, sondern dies wird gegeben durch die Jungen einer grossen Zahl von Tieren. Mögen die Schwankungen im Einzelnen auch noch so gross sein, so gleichen sich doch auch hier, genau wie bei einer langen Reihe von Ziehungen, alle Zufälligkeiten wieder aus. Wenn im Durchschnitt Mangel an Männchen herrscht, wenn die Weibchen die Tendenz haben, mehr männliche Nachkommen zu produzieren, so wird diese Tendenz auch bei den wenigen überlebenden Jungen in einem Überwiegen der Männchen zum Ausdruck gelangen. — Im Allgemeinen war das Ergebniss des ersten Teiles, dass das Sexualverhältniss die Tendenz hat, sich constant zu erhalten. Wir hatten aber gesehen, dass zu dieser Regulation die verschiedensten Momente zusammen wirken. Man könnte nun glauben, die Natur regle diese Dinge nach weniger Principien, und der Theorie den Vorwurf machen, dass hier die Einwirkung von mehreren Faktoren angenommen wird.

Einer solchen Meinung gegenüber ist aber hervorzuheben, dass durch die Wirkung von einem oder zwei Momenten unmöglich so grosses geleistet werden kann, wie es die Aufrechthaltung des Sexualverhältnisses ist. Nehmen wir z. B. an, nur ein einziger Faktor sei hier massgebend wie die geschlechtliche Beanspruchung. Bei einer Gruppe von Tieren herrsche Mangel an Männchen, so dass die wenigen derselben stark beschäftigt seien. Wenn nun das Moment der Beanspruchung das einzige in Frage kommende wäre, so müssten sämmtliche Junge männlich werden. Es würde alsdann gerade das Gegenteil von dem vorigen Zustand, ein kolossaler Überschuss an Männchen und ein Mangel an Weibchen, eintreten. Später würde alsdann eine starke Beanspruchung dieser letzteren stattfinden und infolge dessen die zweite Generation nur aus Weibchen bestehen.

Trotzdem also hier die Tendenz besteht, das Sexualverhältniss zu regulieren, so bemerken wir hier doch nur ein Schwanken von einem Extrem zum andern. Ein einziger Faktor kann also keine Regulierung zu Stande bringen, weil er in seiner Wirkung stets über das Ziel hinausschiesst. Es müssen also mehrere Momente sein, welche das Geschlecht bestimmen.

Alsdann wird bei der Wirkung eines Momentes immer nur ein mehr oder weniger starker Überschuss des einen Geschlechts geboren werden, wie wir es auch an allen mitgeteilten Tabellen gesehen haben. Auf diese Weise findet eine wirkliche d. h. massvolle Regulierung statt und es tritt nicht etwa statt des früheren Zustandes plötzlich das Gegenteil desselben ein.

Ebenso wie es bei der Körpertemperatur des Menschen verschiedene Momente sind, durch deren Zusammenwirken die Constanz des Wärmezustandes aufrecht erhalten wird, so wird auch hier nur durch die vereinigte Wirkung von vielen Faktoren die so bedeutende Leistung einer Aufrechterhaltung des Sexualverhältnisses zu Stande gebracht.

Es lassen sich nun sämmtliche bis jetzt angeführten Momente zurückführen auf die Wirkung des Alters der Geschlechtsproducte. Da diese Auseinandersetzung doch zu weit führen würde, da ich ferner auch noch nicht alle sich hieraus ergebenden Consequenzen durch Thatsachen beweisen kann, so muss ich es vorläufig mit dieser Andeutung bewenden lassen.

B. Umstände, die beide Erzeuger betreffen.

1. Die Ernährung des Genitalsystems.

a. Einfluss auf die Reproduction überhaupt.

α. Stärke der Reproduction.

Wir gelangen jetzt zu dem zweiten Teil der Arbeit, nämlich zu der Untersuchung der Wirkung von solchen Einflüssen, welche nicht wie die vorigen nur den einen Erzeuger betreffen, während der andere sich in den entgegengesetzten Umständen befindet, sondern welche auf beide Erzeuger in gleicher Weise einwirken.

Hierzu gehört vor allem die stets schwankende Ernährung. Bald leben die Tiere mehr im Überfluss, bald leiden sie Mangel, bald können sehr viele Tiere von der vorhandenen Nahrungsmenge leben, bald reicht diese nur für wenige aus.

Es wird nun eine nützliche Eigenschaft der Tiere sein, sich in der Stärke der Reproduction genau nach den vorhandenen Existenzmitteln zu richten. Ist dies erörtert, so wird sich zeigen, dass diese Regulierung der Vermehrung besonders mit Hülfe einer mehr oder weniger grossen Zahl von Weibchen herbeigeführt werden kann. Endlich wird eine genügende Zahl von Thatsachen beweisen, dass die Organismen wirklich die Eigenschaft haben, im Überfluss mehr Weibchen, im Mangel mehr Männchen zu produzieren.

Ehe jedoch die Regulierung der Vermehrung untersucht werden kann, ist es nötig, die mittlere Grösse derselben einer Betrachtung zu unterziehen.

Ebenso wie das Sexualverhältniss ein ganz bestimmtes ist, ebenso hat auch die Reproduction eine bestimmte Grösse. Während das Geschlechtsverhältniss nur für wenige Tiere bekannt ist, sind die Vermehrungsverhältnisse schon besser erforscht. Sie haben sich für verschiedene Tiere als äusserst verschieden ergeben.

Da man wohl annehmen darf, dass die Zahl der Tiere dieselbe bleibt oder sich wenigstens nur langsam ändert, so findet die Fortpflanzung im Allgemeinen im Verhältniss von 1 zu 1 statt, von jedem Elternpaar kommen also durchschnittlich zwei Junge wieder zur Ausbildung. Wenn also alle geborenen Jungen am Leben blieben, so wäre es für die Fortpflanzung der Tiere unter gleichbleibenden Ernährungsverhältnissen am vorteilhaftesten, wenn jedes Elternpaar wieder nur zwei Junge während des ganzen Lebens produzierte, wenn also die Vermehrung dieselbe Stärke wie die Fortpflanzung hätte.

Dies ist aber bei keinem einzigen Tier der Fall, weil die Zahl der Jungen durch verschiedene Umstände reduziert wird. Letztere sind gegeben durch Krankheiten, Feinde und den Zufall. Die durch diese Einwirkungen reduzierte Vermehrung entspricht der Fortpflanzung. Bei Änderung der Ernährungsverhältnisse wird aber trotzdem die Vermehrung sich der möglichen Fortpflanzung gemäss regulieren, da ja die Reduction der Vermehrung im Allgemeinen dieselbe bleibt.

Angenommen z. B. bei einem Tier ging infolge der Reduction die Hälfte der Nachkommen zu Grunde, so würden bei der Production von 4 Jungen pro Elternpaar nur 2 übrig bleiben. Unter gewöhnlichen Ernährungsverhältnissen würde dies die günstigste Vermehrung sein, trotzdem sie doppelt so stark ist als die Fortpflanzung. — Tritt jetzt ein solcher Nahrungsmangel ein, dass nur etwa die Hälfte der frühern Individuenzahl weiter leben kann, so würde die günstigste Vermehrung für ein Elternpaar gleich 2 Jungen sein, von denen nur eins übrig bleibt, eine Zahl, die den Ernährungsverhältnissen genau entspricht. —

Was nun die Stärke der Vermehrung bei den einzelnen Tieren anbetrifft, so richtet sich dieselbe nach der Stärke der reduzierenden Mittel, d. h. nach Quantität und Qualität der Feinde etc. Diese sind sehr verschieden je nach den Lebensverhältnissen der Tiere. So scheint eine Beziehung zwischen der Reproductionsstärke und der Grösse der Tiere zu bestehen.

Im Allgemeinen kann man wohl sagen, dass bei kleineren Tieren, welche der Verfolgung mehr ausgesetzt sind und die Nahrung für grössere liefern, diese Reduction stärker sein wird als bei grösseren, namentlich bei Raubtieren. Die Vermehrung kleinerer Tiere kann daher stark sein, ohne dass der Fortpflanzung durch Erschwerung des Kampfes ums Dasein geschadet wird, da die Jungen ja sehr bald wieder vertilgt werden.

Die Erscheinung, dass kleinere Tiere sich im Allgemeinen stärker vermehren als grössere, ist schon lange beobachtet worden, man hat sie jedoch falsch gedeutet. Nach Spencer [1] „hängt das Vermehrungsverhältniss viel weniger von der Anzahl der Individuen in jeder Brut als von der Raschheit ab, mit welcher die Reife erreicht und eine neue Generation erzeugt wird." Kleinere Tiere sollen nun rascher geschlechtsreif werden und daher sich stärker vermehren können. Dies wird man wohl kaum für stets zutreffend halten können. Vielmehr wird es sich wohl umgekehrt verhalten.

Diejenigen Tiere, deren Reduction der Vermehrung gering ist, welche also nur geringe Vermehrungsbedürftigkeit haben (wenn dieser Ausdruck gestattet ist), verwenden relativ wenig Stoff auf die Vermehrung, mehr dagegen auf die individuelle Ausbildung und aus diesem Grunde erreichen sie erst später die Geschlechtsreife.

Indessen hat Spencer noch eine andere Erklärung für diese Erscheinung. Er sagt, dass bei kleineren Tieren die assimilierende Fläche relativ grösser ist als bei grössern Tieren, da diese im Quadrat, die Körpergrösse aber im Cubus zunimmt. Folglich können kleinere Tiere mehr Stoff assimilieren, also auch mehr verausgaben und sich damit stärker vermehren.

Dass sie dies können, dass die Möglichkeit vorhanden ist, ist unzweifelhaft richtig. Ja sogar die Wahrscheinlichkeit spricht für die stärkere Vermehrung kleiner Tiere, aber es muss diese nicht unbedingt eintreten; denn es giebt Ausnahmen. Es muss also noch eine andere Ursache vorhanden sein, welche bewirkt, dass diese Möglichkeit bei vielen (nicht bei allen) kleineren Tieren auch wirklich realisiert wird.

Eine dritte, besonders von Leuckart und Bergmann [2] vertretene Theorie will diese Erscheinungen erklären. Bei der Vergleichung zweier gleich gebauter, aber verschieden grosser Tiere ersieht man, dass das Körpergewicht im Cubus, der Querschnitt aber nur im Quadrat wächst. Die Leistungsfähigkeit der

---

[1] Principien der Biologie, übers. v. Vetter, Band 2, pag. 476.
[2] Bergmann und Leuckart, Anat. physiol. Übersicht des Tierreichs. 1852. Auch Spencer hat diese Theorie angenommen. l. c. pag. 496. Ferner: Wagners Handwörterbuch IV. B, Leuckart, über Zeugung, pag. 719.

Muskeln ist aber proportional dem Querschnitt der Muskeln. Diese nimmt also weniger rasch zu als das Gewicht. Bei grösseren Tieren müssen die Muskeln relativ stärker ausgebildet werden als bei kleineren, wenn sie relativ gleiches leisten sollen. Kleinere Tiere können sich daher stärker vermehren, weil sie relativ günstiger in bezug auf Muskelarbeit dastehen, also mehr Stoff für die Reproduction verausgaben können. Dass dies nun aber auch wirklich eintritt, hat noch andere Ursachen.

Schliesslich will ich noch erwähnen, dass man durch eine derartige Überlegung auch zu dem umgekehrten Resultat gelangen kann. Grössere Tiere haben ceteris paribus eine kleinere Oberfläche, kleinere Tiere eine relativ grössere. Letztere werden daher mehr für Wärmeproduction ausgeben müssen als erstere, sie erübrigen also weniger für die Reproduction. Wir wären also zu dem Resultat gelangt, dass sich im Allgemeinen grössere Tiere stärker vermehren als kleinere. Man ersieht also, dass derartige Überlegungen nur geringen Wert beanspruchen können. Sie gelten auch nur unter der Vorraussetzung, dass die Tiere eine relativ gleiche Nahrungsmenge zu sich nehmen. Dies ist aber nicht der Fall, vielmehr nehmen die kleineren meistens relativ mehr Nahrung zu sich als die grösseren, weil sie eben infolge der vielen Feinde viel Stoff für die Reproduction ausgeben müssen.

Wenn die angeführten Theorien eine ausreichende Erklärung böten, so müsste jedes kleinere Tier sich stärker vermehren als jedes grössere. Dies ist aber durchaus nicht der Fall. Es giebt vielmehr auch kleine Tiere, deren Reduction der Vermehrung gering ist, die sich schwach vermehren, ohne dass sich ihre Zahl vermindert. Der Stockfisch legt eine ganze Million Eier auf einmal ab, der kleine Stichling dagegen erzeugt sehr viel weniger Eier. Letzterer ist aber bekannt durch seinen Nestbau und seine Brutpflege. Bei dieser Fürsorge für die Jungen ist daher sehr natürlich, dass die Reduction der Vermehrung durch Feinde etc. eine relativ geringe ist, dass daher die Vermehrung selbst nicht sehr stark zu sein braucht, um die Zahl der Tiere constant zu erhalten.

Dass also kleinere Tiere sich meistens stärker vermehren, ist nicht eine unbedingte Folge ihrer Kleinheit, sondern vielmehr davon, dass ihre Vermehrung stets durch die vielen Feinde wieder reduziert wird, dass sie sich stark vermehren müssen, wenn ihre Zahl constant bleibt. Singvögel haben viel Junge, Raubvögel dagegen nur wenig (der Adler höchstens zwei).

Man könnte hiergegen einwenden, dass die Zahl der Tiere nicht constant bleibt, sondern dass dieselben sehr häufig in der Zunahme oder Abnahme begriffen sind. Unter besonderen Verhältnissen haben allerdings einzelne Tiere eine oft rapide Zunahme ihrer Zahl gezeigt. Indessen handelt es sich hierbei doch nur um Ausnahmen. Im Allgemeinen findet in der Natur ein Schwanken um einen Gleichgewichtszustand statt. Dieser kann sich allerdings ändern, aber dies geschieht so langsam, dass die Differenz bei der Bestimmung der Reproduction einer Generation vernachlässigt werden kann. Der Geburtenüberschuss ist nur in seltenen Fällen andauernd ein bedeutender.

Die Stärke der Reproduction wird also bestimmt durch die Sterblichkeit der Tiere. Letztere ist wieder abhängig von verschiedenen Faktoren wie Krankheit, Feinde und Zufall und hat, wie beim Menschen, eine ganz bestimmte Grösse.

Weit richtiger als die vorgenannten Forscher beurteilte Darwin [1]) die Ursachen, welche die Stärke der Reproduction bestimmen. „Der endliche Zweck der ganzen Blüte mit allen ihren Teilen ist die Production von Samen, und dieser wird von Orchideen in ungeheurer Menge produziert. Eine derartige Menge ist durchaus nichts rühmenswertes; denn das Hervorbringen einer beinahe unendlichen Anzahl von Samenkörnern oder Eiern ist zweifellos ein Zeichen von niederer Organisation. Dass eine nicht einjährige Pflanze überhaupt durch die Production einer ungeheuren Zahl von Samenkörnern oder Sämlingen dem Aussterben entgehen soll, zeigt eine Armut von Einrichtung oder einen Mangel irgend eines passenden Schutzes gegen andere Gefahren." Er sah also bereits, dass, da die Sterblichkeit unter andern auch von der Organisation der Pflanzen abhängig ist, ceteris paribus bei unvollkommener Organisation die Reproduction eine stärkere sein muss, weil ja sonst die Pflanze längst ausgestorben wäre.

Die Verhältnisse liegen also viel einfacher als man früher vermutete. Genau ebensoviel als geboren wird, muss auch wieder sterben. Diese Sterblichkeit ist aber abhängig von den Lebensbedingungen, unter denen sich die Individuen befinden.

Ähnliches wie von den Orchideen lässt sich von den Pilzen sagen. Bei diesen werden unzählige Keime zu Grunde gehen, da sie nur an bestimmten Örtlichkeiten gedeihen können. Wegen

---

[1]) Die Befruchtung der Orchideen, übers. v. Carus, pag. 237.

dieser durch die Lebensverhältnisse gegebenen starken Reduction
der Vermehrung muss die Vermehrung selbst sehr stark sein, da
sonst die Fortpflanzung nicht im Verhältniss von 1 zu 1 stattfinden könnte. In der That erzeugen auch die Pilze eine ungeheuer grosse Zahl von Sporen.

Die Fälle, wo kleinere Tiere sich stärker vermehren als
grössere, sind sehr zahlreich. Dies ist sehr natürlich, da kleinere
Tiere meist stärker verfolgt werden. Der Wurf des grössern Rot-
wildes besteht stets aus einem Jungen, bei dem kleineren Rehe
dagegen finden sich stets zwei auf einem Wurfe. Wenn die Rehe
sich also zweimal so stark vermehren, so folgt hieraus mit Notwendigkeit, dass sie auch eine zweimal so starke Sterblichkeit
zeigen; denn wenn dies nicht der Fall wäre, so würde ihre Zahl
bald ins Unendliche wachsen.

In derselben Weise lassen sich auch Vögel mit einander vergleichen. Nach Spencer[1]) legt der Fasan in einem Sommer
6—10 Eier, das Birkhuhn (Tetrao tetrix) 5—10, das
Schneehuhn (Lagopus scoticus) 8—12, das Rebhuhn
10—15, und die Wachtel bis zu 20. „Die Familie der finkenartigen Vögel zeigt Bruten, die im Durchschnitt fünf an der
Zahl betragen, und gewöhnlich finden sich zwei Bruten im Jahre,
während bei der Familie der Krähenvögel die Zahl einer Brut
im Durchschnitt geringer ist und stets nur eine Brut im Jahre
stattfindet. Steigen wir dann zu noch kleineren Vögeln herab,
wie den Zaunkönigen und Meisen, so finden wir acht, zehn,
zwölf, selbst bis fünfzehn Eier, und oft zwei Bruten im Jahre.
Eine der besten Erläuterungen liefert uns die Familie der Schwalben, da innerhalb derselben nur geringe oder gar keine Verschiedenheit in der Lebensweise oder in der Nahrung vorkommt.
Die Uferschwalbe (Hirundo riparia), weitaus die kleinste
von allen, hat in der Regel sechs Eier, die gewöhnliche Haus-
schwalbe (Chelidon urbica), etwas grösser, hat vier bis fünf,
und der Segler (Cypselus apus), der noch grösser ist, hat
nur zwei." Hieraus folgt unbedingt, dass diese kleineren Tiere
infolge irgend welcher Verhältnisse (Feinde, Zufälligkeiten, Krankheiten) eine grössere Sterblichkeit oder Reduction der Vermehrung
zeigen als die grösseren, und daher auch mehr Junge wieder hervorbringen müssen.

---

[1]) Principien der Biologie, übers. v. Vetter, Band 2, pag. 478,
496.

Wenn man die Reproduction von Tieren vergleichen will, so muss man auch noch andere Dinge in Betracht ziehen als nur die Grösse, wie dies Leuckart und Spencer auch schon gethan haben. Gleich grosse Tiere geben sehr verschiedene Mengen für Muskelarbeit aus. Je mehr Stoff sie hierfür ausgeben, desto weniger werden sie für die Vermehrung erübrigen. Dies darf man wohl im Allgemeinen vermuten, obwohl es nicht unbedingt richtig ist. Vögel haben z. B. eine schwierige Lokomotionsweise. Raubvögel haben stets weniger Junge als Raubsäugetiere von annähernd derselben Grösse. Bei der Vergleichung von Krähen mit Ratten oder von finkenartigen Vögeln mit Mäusen erkennt man ähnliche Verschiedenheiten (Spencer [1]). Namentlich tritt ein solcher Gegensatz hervor zwischen Vögeln, welche das Fliegen teilweise oder ganz aufgegeben haben, und solchen von gleicher Körpergrösse aber beweglicherer Lebensweise. „Das Rebhuhn und die Waldtaube sind annähernd gleich an Körpermasse und nähren sich auch ziemlich von denselben Dingen. Allein während das eine 10—15 Junge hat, bringt die andere nur 2 Junge zweimal des Jahres auf: ihre jährliche Fortpflanzung beträgt daher nur ein Drittel von derjenigen des ersteren [1]." Es ist vollständig richtig, wenn man vermutet, dass das Rebhuhn mehr Stoff für die Reproduction ausgeben kann, weil es weniger für Muskelarbeit ausgiebt als die Waldtaube. Dass indessen diese stärkere Vermehrung auch wirklich eintreten muss, liegt an der grösseren Sterblichkeit der Rebhühner. Ihre Vermehrung wird z. B. durch Feinde stark reduziert; denn wenn dies nicht der Fall wäre, so würde ihre Zahl bald ungeheuer gross werden.

Leuckart [2]) hatte ferner den Satz aufgestellt: „Durch die freie Metamorphose wird die Production einer zahlreicheren Nachkommenschaft ermöglicht. Sie ist ein Mittel die Fruchtbarkeit zu erhöhen." Dieser Satz ist vollkommen richtig; denn wenn die Jungen selbst ihre Nahrung suchen, und nicht von der Mutter ernährt werden, so kann letztere mehr Stoff für Reproduction ausgeben, als wenn dies nicht der Fall wäre.

Aber auch dieser Satz sagt nur, warum eine stärkere Vermeh-

---

[1]) Spencer: Principien der Biologie. Übersetzt v. Vetter, pag. 497.

[2]) Zeitschrift f. wiss. Zool., III, 1851, pag. 180.

Leuckart: Über Metamorphose, ungeschlechtliche Vermehrung, Generationswechsel.

rung eintreten kann, nicht aber, warum sie eintreten muss. Dass die meisten Tiere mit freier Metamorphose eine starke Reproduction zeigen, beruht weniger darauf, dass ihnen die Möglichkeit einer solchen gegeben ist, als vielmehr darauf, dass ihre Sterblichkeit eine weit grössere ist; denn diese Tiere sind auch während ihres ersten Jugendlebens allen Gefahren preisgegeben. Das entgegengesetzte Verhalten zeigen dagegen vivipare Tiere.

Das schlagendste Beispiel für die reduzierende Wirkung einer grösseren Beweglichkeit auf die Vermehrung findet Spencer[1]) bei Vergleichung der Maus und der Fledermaus. „Die Maus bringt auf einmal sehr viele Junge zur Welt, bis 10 oder 12, während die Fledermaus stets nur eins auf einmal gebiert." Zum Schluss fügt er jedoch noch hinzu: „Hier sei im Vorbeigehen noch ein interessantes Beispiel der Art und Weise erwähnt, in welcher eine Species, die kein besonders grosses Selbsterhaltungsvermögen besitzt, während ihr Vermehrungsvermögen ausserordentlich gering ist, nichtsdestoweniger der Vertilgung entgeht, weil sie einer ungewöhnlich niedrigen Summe von artzerstörenden Kräften Widerstand zu leisten hat. Abgesehen von ihren vielen Schmarotzern ist nämlich der einzige Feind der Fledermaus die Eule, und die Eule ist stets nur spärlich verbreitet." Man sieht, dass Spencer sehr nahe daran war das Richtige zu finden.

Überhaupt haben mehrere Forscher bei der Beurteilung der Vermehrung einzelner Tiere sehr treffende Bemerkungen hierüber ausgesprochen, denen nur die Verallgemeinerung fehlte, um zu dem allgemeinen Gesetz von der Beziehung zwischen Sterblichkeit und Vermehrung zu führen. So findet es Born[1]) schwierig eine grössere Zahl von Froscheiern bis zur Metamorphose ohne Verlust aufzuziehen und findet den Grund dafür darin, „das die Natur auf starke Verluste bei der Fortpflanzung der Frösche gerechnet hat. Daher die ungeheure Zahl der Eier, die in einem grossen Weibchen von Rana fusca bis nahe an 4000 steigt, während Jeder sich überzeugen kann, dass die Zahl der metamorphosierten Fröschchen in einem Tümpel, in dem im Frühjahr eine grosse Zahl von Laichballen lagen, nur ein kleiner Procentteil der aus den Eiern zu berechnenden Tierzahl ist. Da von vornherein

---

[1]) l. c. pag. 499.
[2]) Archiv f. Physiol. XXXII Born: Beiträge zur Bastardirung zwischen den einheimischen Anurenarten. pag. 464.

aber auf starken Verlust gerechnet ist, so ist die Widerstands-
fähigkeit der einzelnen Larven nicht besonders hoch gezüchtet."
Einen ähnlichen Ausspruch thut F. Simon[1]): „Nur eine
möglichst grosse Individuenzahl, wie sie hierdurch erzielt wird,
kann diese Protistenclasse vor der Vertilgung durch ungünstige
physikalische Bedingungen oder feindliche Organismen bewahren.
Dieser Fall der Erhaltung der Art durch Production möglichst
zahlreicher Individuen steht in der Lebewelt bekanntlich keines-
wegs vereinzelt da; überall, wo die Organisation es fordert, dass
das Individuum hülflos dem Zufall preisgegeben ist, finden wir
ähnliche Einrichtungen: man erinnere sich nur der Cestoden und
anderer, ihre Wirte wechselnder Parasiten." An einer andern
Stelle[2]) sagt er: „Welche viele Zufälle haben hier unbehindertes
Spiel, ehe die junge Gregarine den Ort ihrer Bestimmung (beim
Wechsel des Wirtes) erreicht? Es kann daher gerade diese Protistenclasse nur durch Production möglichst vieler Individuen vor
dem Aussterben geschützt werden, und so sehen wir im Einklang
mit unserer Theorie die Anzahl der Teilproducte sehr hoch und
die Copulation fast absolut notwendig geworden."

Am klarsten spricht sich Dr. Dönhoff (in Orsoy) in einem
kleinen Aufsatz: „Über die mittlere Lebensdauer der Tiere" aus[3]).
„Aus dem Gesetz von der Constanz der Individuenzahl einer Art
für eine bestimmte Gegend folgt ein zweites Gesetz, welches lautet:
Im Durchschnitt sterben in einem Jahr so viel Individuen einer
Art, als junge Brut im Jahr entsteht. Kennt man nun die Menge
Brut, welche ein Männchen und Weibchen einer Art in einem Jahr
hervorbringen, so kann man die durchschnittliche Lebensdauer der
Art berechnen." Diese Berechnung führt er an vielen Beispielen
durch. Am Schluss der Arbeit, welche sich diese Berechnungen
zum Gegenstand macht, drückt er sich folgendermassen aus: „Da
im Durchschnitt jedes Jahr so viel Tiere sterben, als Junge im
Jahre entstehen, so kann man bei den verschiedenen Arten die
Grösse der Gefahr, von denen ihr Leben umgeben ist, vergleichen.

---

[1]) Dissertation Jena 1883, pag. 27.
[2]) l. c. pag. 32. Verf. stellt hier eine geistreiche Theorie über
den Ursprung der Sexualität auf. Ich kann hierauf nicht eingehen,
da es sich hier nicht um die phylogenetische, sondern ontogenetische Entstehung des Geschlechtes handelt.
[3]) Arch. f. Anat. und Phys. 1881. Phys. Abt. pag. 161. Dieses
kleine nur vier Seiten lange aber gehaltreiche Schriftchen ist unberücksichtigt geblieben; denn nicht einmal Weismann erwähnt es in
seinem Vortrag über die Dauer des Lebens.

Der Hering ist grösseren Gefahren ausgesetzt, als der im Schlamm sich versteckende Aal. Das Schwein wirft zwei mal im Jahr, jedes Mal durchschnittlich acht Junge. Da es in Rudeln zusammen lebt, so wird im Urwald keine Brunst stattfinden, ohne dass es vom Eber besprungen wird. Ein einmaliges Bespringen macht mit seltenen Ausnahmen das Schwein trächtig. Da es im Urwald sich nicht vermehrt, so müssen von 18 Schweinen durchschnittlich 16 umkommen. Es ist also grösseren Gefahren ausgesetzt als das Pferd oder das Rind, die jährlich ein Junges werfen. Die Jungen des Pferdes und des Rindes sind schon bei der Geburt so gross, dass sie nur den grossen Raubtieren zum Opfer fallen können." Aus diesen Worten geht klar hervor, wie Dönhoff bereits wusste, dass die Grösse der Gefahr, der ein Tier ausgesetzt ist, (also die Sterblichkeit der Tiere) in Beziehung steht zu der Vermehrungsstärke dieser Art. Jede Vermehrungsstärke der verschiedenen Organismen ist in Anpassung an bestimmte Lebensverhältnisse (d. h. an eine bestimmte Zahl von Feinden, Krankheiten und Zufälligkeiten) erworben.

Salamandra atra produziert jährlich 2—4 Junge, der Feuersalamander aber 50[1]). S. atra lebt im Hochgebirge und hat wenig Feinde. Bekanntlich wird die dunkle Farbe vieler im Gebirge lebenden Tiere durch die schwächere Zuchtwahl in Folge des weniger starken Kampfs ums Dasein erklärt. In Übereinstimmung mit diesen Verhältnissen muss man annehmen, dass der mehr in niedern Gegenden lebende Feuersalamander weit mehr Feinde besitzt und bei ihm eine bedeutende Reduction der Vermehrung eintritt. Dieser Reduction entspricht aber die grosse anfängliche Stärke der Vermehrung.

Besonders sind es die Pflanzenfresser, welche meist stark verfolgt sind und die Nahrung für eine Reihe von Raubtieren liefern und sich daher stark vermehren. Leuckart[2]) sagt, dass die Pflanzenfresser im Ganzen eine ungleich grössere Menge von Material für die Reproduction erübrigen als die andern Tiere. Er wusste sogar schon, dass Stärke und Reduction der Vermehrung in Beziehung zu einander stehen; denn er sagt: „Je vergänglicher ein Tier ist, desto grössere Nachkommenschaft muss es erzeugen[3])." Als Beispiele für solche Pflanzenfresser mögen das

---

[1]) Nach Siebold, Zeitschrift f. wiss. Zool. IX 1858.

[2]) Wagners Handwörterbuch der Physiologie, Bd. IV, p. 716, 722.

[3]) l. c. pag. 731.

Schaf, Rind, Pferd dienen. Letztere sind grösser als der
Mensch aber dennoch viel fruchtbarer als dieser. Ein Beweis,
dass das Grössenverhältniss nicht allein für massgebend gehalten
werden kann. Die schwache Vermehrung des Menschen hat vielmehr darin seinen Grund, dass die Kinder im Verhältniss zu den
Jungen der Tiere eine geringe Sterblichkeit zeigen. Unter den
verschiedenen Racen und Klassen der Menschen selbst ist leicht
bei einer starken Reproduction auch eine grosse Sterblichkeit nachzuweisen. Jedoch kann ich leider hierauf nicht näher eingehen.
Der Mensch hat sogar eine schwächere Vermehrung als die katzen-
artigen Raubtiere. Der Löwe vermehrt sich z. B. stärker,
trotzdem er grösser ist als der Mensch. Letzterer hat nur wenig
durch Feinde und Zufälligkeiten zu leiden, seine Sterblichkeit
wird meist nur durch Krankheiten bedingt.

Viele Pflanzenfresser sind polygam, wie bereits im Anfang
der Arbeit erläutert wurde. Da sie so stark verfolgt sind, ist
auch eine starke Wiedererzeugung durchaus notwendig. Diese
Vermehrung wird mit Hülfe eines beständigen Weibchenüberschusses erreicht.

Auch die domesticirten Tiere vermehren sich sehr, da
sie in ausserordentlicher Zahl dem Menschen zum Opfer fallen.
Auch bei ihnen trifft man Polygamie. An Nahrung fehlt es ihnen
nicht, wodurch die Möglichkeit einer so starken Vermehrung gegeben ist.

Ausser Feinden können aber auch noch andere Verhältnisse
eine Reduction der Vermehrung herbeiführen, dies ist vor allen
Dingen der Zufall. Der Lebenslauf eines Bandwurmes ist
ein so vom Zufall abhängiger, dass nur äusserst wenig Junge wieder
zur Geschlechtsreife gelangen. „Ein Bandwurm produziert während seiner zweijährigen Lebensdauer 85 Millionen Eier. Bleibt
nun die Zahl der Bandwürmer durchschnittlich die gleiche, wie
wir wohl annehmen dürfen, so entwickelt sich aus den 85 Millionen Eiern nur einer wieder zu einem Bandwurm. Die Wahrscheinlichkeit der vollen Ausbildung ist also für einen Bandwurm
$1/_{85\,000\,000}$ [1]).“ Man sieht also eine wie kolossal starke Reduction der Vermehrung der Zufall herbeiführen kann. Ahnliche
Verhältnisse finden sich bei andern Parasiten, so bringt der Spul-
wurm jährlich 64 Millionen Eier hervor. Man kann die Möglichkeit dieser starken Vermehrung erklären durch die reich-

---

[1]) Leuckart, Parasiten, pag. 108.

liche Ernährung dieser Schmarotzer. Dass diese Möglichkeit aber auch wirklich eintritt, kann nur dadurch erklärt werden, dass diese Tiere sich stark vermehren müssen, wenn die reduzierende Wirkung des Zufalls compensiert wird, wenn sie nicht aussterben, was doch nicht der Fall ist.

Bei solchen Tieren, welche keine Ortsbewegung haben, sondern an bestimmten Stellen festsitzen, ist die Ausbildung eines jungen Tiers ebenfalls sehr vom Zufall abhängig. Auch diese zeigen eine starke Reproduction. Je mehr Individuen produziert werden, desto grösser ist die Wahrscheinlichkeit, dass eins derselben an einen bestimmten Ort kommt. Wenn z. B. bei einer lebenden Art die Wahrscheinlichkeit für einen Embryo zur Ausbildung zu gelangen zehn mal so klein ist als bei einer andern lebenden, so muss erstere unbedingt auch eine zehn mal so starke Reproduction zeigen als letztere; denn sonst existierte sie überhaupt nicht. So werden im Allgemeinen festsitzende oder schwer bewegliche Tiere mehr Nachkommen hervorbringen müssen als solche mit Lokomotion. Es zeigen z. B. Muscheln eine starke Vermehrung. Ostrea cristata produziert 1 Million, Arca Noae 2 Millionen, die Malermuschel 200 000, dagegen die Gartenschnecke nur 30 —70 Nachkommen jährlich [1]). Aus diesen Beispielen geht zugleich hervor, dass die starke Reproduction der oben genannten Parasiten nicht eine unbedingte Folge ihres Parasitismus, sondern nur eine Folge der durch ihre Lebensweise bedingten starken Reduction ihrer Vermehrung ist. Die Muscheln sind keine Parasiten, aber dennoch producieren sie ungeheuer viel Nachkommen, weil eben die Reduction ihrer Vermehrung eine so starke ist.

Als eine Wirkung des Zufalls kann es auch angesehen werden, wenn die Tiere z. B. Frösche ihre Eier an ganz ungeeignete Plätze z. B. seichte Tümpel legen, die an einem einzigen sonnigen Tage austrocknen können. Diese Tiere haben daher auch ein ausserordentlich starkes Vermehrungsvermögen, bei ihnen „ist von vornherein auf starken Verlust gerechnet", um mit Born zu sprechen.

Wir gelangen also zu dem Resultat, dass die Stärke und Reduction der Vermehrung in Beziehung zu einander stehen, dass sie bei ungefähr gleichbleibender Individuenzahl einander direkt proportional sind, d. h. wenn ein Tier noch einmal so viel Junge produziert als ein anderes, so ist die Sterblichkeit der Tiere auch

---

[1]) Wagners Handwörterbuch, Band IV, Leuckart Zeugung, pag. 710.

noch einmal so gross, weil ja nach der Voraussetzung die Zahl derselben ungefähr constant bleibt.

Aus der biologischen Betrachtung der Lebensverhältnisse der Tiere ergiebt sich also die Notwendigkeit einer bestimmten Stärke der Vermehrung. Für die physiologische Frage, wie diese nun ermöglicht wird, kommen die von Leuckart, Bergmann und Spencer aufgestellten Theorien in Betracht. Und zwar kann diese Möglichkeit auf sehr verschiedene Weise herbeigeführt werden, wie die meist mit grossem Scharfsinn aufgestellten Theorien zeigen.

Wenn nun alle lebenden Wesen eine ihren Lebensverhältnissen entsprechende Vermehrung haben, so fragt sich, auf welche Weise die Erwerbung einer solchen Eigenschaft vor sich gegangen ist. Die Beantwortung dieser Frage ist sehr leicht. Zunächst ist es bekannt, dass alle Wesen z. B. die Menschen unter denselben äussern Verhältnissen eine verschieden starke Vermehrung zeigen. Die Variation in dieser Beziehung ist eine sehr grosse. Keine Eigenschaft ist vielleicht so unbeständig als gerade diese.

Es wurde aber auch gezeigt, dass die Vermehrung auch von äussern Einwirkungen sehr abhängig ist. Es giebt keine Eigenschaft, welche so leicht veränderlich ist als die, welche die Stärke der Vermehrung bestimmt. Die Thatsachen lehren, dass im Mangel die Reproduction abnimmt, im Überfluss zunimmt. Findet nun eine zu starke Vermehrung statt, so dass mehr Individuen vorhanden sind, als es den Ernährungsverhältnissen entspricht, so wird durch die zunehmende Nahrungsconcurrenz, also durch die schlechtere Ernährung die Reproduction wieder vermindert.

Wäre umgekehrt die Vermehrung zu schwach, so würde weniger Nahrung im Ganzen consumiert, jedes Individuum könnte sich besser ernähren, seine Reproduction muss zunehmen.

Unter gleichbleibenden äussern Verhältnissen herrscht also in der Reproduction ein Schwanken um einen Gleichgewichtszustand; eine zu starke Vermehrung bewirkt wieder eine Verminderung derselben, es findet also auch unter gleichen Umständen eine Regulierung derselben statt. Durch diese Regulierung werden daher die Schädlichkeiten der Variation wieder aufgehoben.

Die Stärke der Vermehrung schwankt um ein Mittel. Die Tiere, welche hiervon abweichen, schaden, wie bewiesen wurde, ihrer Fortpflanzung. Es werden von der Natur demnach diejenigen ausgelesen, welche eine normale den Verhältnissen entsprechende Reproduction zeigen. Es folgt auch noch hieraus, dass die Eigenschaft, welche die Stärke der Vermehrung bestimmt, eine stärkere Anpassungsfähigkeit als vielleicht irgend eine andere Eigenschaft hat.

β. Die Regulierung der Reproduction.

Bei allen Organismen ist die Vermehrung weit stärker als die Fortpflanzung. Trotz der späteren Reduction der Vermehrung ist es nützlich, wenn die so reduzierte Zahl den Ernährungsverhältnissen entspricht, wenn also — unter der Voraussetzung, dass die Stärke der Fortpflanzung ungefähr dieselbe bleibt, was man wohl annehmen darf — die Vermehrung sich nach der Existenzmöglichkeit richtet.

Man könnte dies bezweifeln und vermuten, dass die Fortpflanzungsstärke der Tiere unabhängig von äussern Umständen also stets proportional der Anzahl der produzierten Nachkommen sei. Man könnte der Theorie folgendes Beispiel entgegenhalten: Es herrscht so grosser Nahrungsmangel, dass 90 ♀ der Tiere zu Grunde gehn. Trotzdem produziert ein Tier hundert Nachkommen, während ein anderes unter diesen Verhältnissen nur zehn erzeugt. Alsdann könnte man glauben, dass in folge der Sterblichkeit von erstern zehn, von letzteren nur eins übrig bleiben würde, dass ersteres Tier sich also doch trotz Nahrungsmangel zehn mal so stark fortpflanzen würde als letzteres. Dieser Entwurf wird durch Folgendes widerlegt.

Es ist zunächst nötig noch einmal den Unterschied hervorzuheben zwischen zwei Worten, welche gewöhnlich als gleichwertig gebraucht werden. Die Vermehrung wird bestimmt durch die Anzahl Junge, welche ein Tier überhaupt hervorbringt, die Fortpflanzung eines Tieres jedoch bemisst sich nur nach der Zahl der Jungen, welche zur Ausbildung und Vermehrung gelangen. So unterscheiden sich die beiden Begriffe leicht.

Ob nun eine grosse Vermehrung mit einer stärkeren Fortpflanzung verknüpft ist, das hängt von den äusseren Umständen ab, in denen sich die Species befindet. Es ist selbstverständlich, dass eine starke Reproduction im Fall eines Ueberflusses von Nutzen ist, da ja diese vielen Nachkommen sich ernähren und vermehren können. — Bei Nahrungsmangel indessen verhält es sich anders. Wenn z. B. ein Weibchen $10a$ Junge produziert, so wird jedes im Allgemeinen von der Mutter viel weniger gut ernährt sein resp. wird weniger Dottermaterial erhalten haben, als wenn es nur a erzeugt hätte. Allerdings können hier in einzelnen Fällen Ausnahmen stattfinden, aber durchschnittlich wird dies

der Fall sein. Bei einer solchen Ueberproduction während des
Mangels werden die Jungen schon von vorn herein schwächlicher
ausgebildet sein als die, von denen nur a geboren wurden. Erstere
werden daher eine weit grössere Sterblichkeit zeigen als letztere.
Aber selbst wenn dies nicht einträte, so werden von ihnen doch
viel mehr zu Grunde gehen als von denen, welche eine geringere
Zahl darstellen. Sie werden sich den Kampf ums Dasein noch
gegenseitig erschweren, sie werden den relativen Mangel, der sich
nach der Nahrungsmenge pro Kopf bemisst, noch vergrössern, z. B.
würde hier die Nahrungsmenge pro Individuum anfangs nur etwa
ein zehntel von der sein, welche den andern Tieren zur Verfügung
steht. Man muss bedenken, dass Geschwistertiere sich von der
Geburtsstätte aus verbreiten, dass sie während ihres Lebens ein
Gebiet durchwandern werden, welches der Wahrscheinlichkeit nach
diesen Ausgangspunkt zum Centrum hat. Dadurch dass diese Geburtsstätte nicht ein Punkt, sondern das ganze oder ein Teil des
Verbreitungsgebietes der Mutter sein kann, wird dies Verhältniss
nicht geändert. Hieraus geht hervor, dass Geschwistertiere sich
am allermeisten den Kampf um's Dasein erschweren werden. Ganz
besonders stark wird dies aber bei Ueberproduction im Nahrungsmangel eintreten. Die Folge von dieser Nahrungsconcurrenz wird
sein, dass die Tiere sich erst recht weniger gut ausbilden werden
als unter normalen Verhältnissen. Die an und für sich schon
grosse Sterblichkeit wird durch diesen zweiten Umstand noch verstärkt. Wenn z. B. von der vorhandenen Nahrung nur a Individuen leben können, so müssen von den $10\,a$ Jungen unbedingt $9\,a$
sterben. Die übrig bleibenden a werden in folge der schlechteren
Ernährung vor der Geburt und nach derselben und endlich deswegen eine grössere Sterblichkeit zeigen, weil auf ihrem Verbreitungsgebiete überhaupt nicht mehr so viel Nahrung vorhanden ist,
als wenn von anfang an nur soviel Tiere dagewesen wären, als
unter diesen Verhältnissen hätten leben und gedeihen können. Es
ist also unzweifelhaft, dass von dem ersten Tier trotz zehnfacher
Vermehrung nicht so viel Junge zur Ausbildung gelangen werden,
als von dem zweiten. — Aber eine Ueberproduction zieht noch
weitere Schäden nach sich. Es werden nämlich auch diese wenigen
Tiere der mangelhafteren Ernährung wegen pro Individuum weniger
Nachkommen erzeugen als die besser genährten Jungen des zweiten
Tieres. Und endlich werden diese wenigen Nachkommen dieser
wenigen Tiere schwächlicher sein und noch eine grössere Sterblichkeit zeigen, weil ihre Erzeuger sich nicht genügend hatten
ausbilden können.

Es ist also zu vermuten, dass ein Tier sich im Ueberfluss stärker, im Mangel aber nur schwächer vermehren wird als unter normalen Verhältnissen, dass es für die Fortpflanzung der Tiere am vorteilhaftesten ist, wenn sich ihre Vermehrung demgemäss reguliert. Die Vermehrung wird also von der Ernährung abhängig sein. Häckel hat daher bereits in seiner generellen Morphologie die Fortpflanzung eine Ernährung und ein Wachstum des Organismus über das individuelle Mass hinaus genannt, welches einen Teil desselben zum Ganzen erhebt.

Trotzdem es ziemlich leicht einzusehen ist, dass die Vermehrung mit der Ernährungsstärke zu- und abnehmen wird, so sind doch einzelne hiergegen sprechende Theorieen aufgestellt worden.

Nach Spencer [1]) hat Doubleday die Lehre aufgestellt, dass „überreichliche Ernährung ein Hinderniss der Vermehrung bildet, während auf der andern Seite eine beschränkte oder mangelhafte Ernährung die letztere begünstigt und steigert." Oder wie er sich an einer andern Stelle ausdrückt: „Mag die Intensität des natürlichen Vermehrungsvermögens bei irgend einer Species sein, welche sie wolle, so wird dieselbe doch stets durch den plethorischen Zustand gedämpft, während der deplethorische Zustand sie unabänderlich steigert, und dies findet genau proportional dem Verhältniss der Intensität und der Vollkommenheit des einen oder andern Zustandes statt, bis jeder Zustand so weit geführt ist, dass er selbst den thatsächlichen Tod des Tieres oder der Pflanze nach sich zieht."

Spencer weist nun nach, dass die von Doubleday citierten Thatsachen unpassend sind, da die Unfruchtbarkeit keine Folge von Prosperität, sondern von unnatürlicher Fettleibigkeit war. Bei den in bezug auf Pflanzen angeführten Thatsachen beachtete Doubleday nicht das Auftreten ungeschlechtlicher Fortpflanzung.

Aber auch in der theoretischen Ableitung Doubledays weist Spencer die stärksten Fehler nach. Dieser argumentiert folgendermassen: „der plethorische Zustand der irgend eine Organismenart bildenden Individuen setzt Lebensbedingungen voraus, welche der Erhaltung günstig sein müssen, so dass die Art keine Gefahr laufen kann und in Folge dessen eine rasche Vermehrung unnötig wird. Umgekehrt soll ein deplethorischer Zustand auf ungünstige Bedingungen hinweisen, welche eine aussergewöhnliche Sterblichkeit nach sich ziehen und damit die Notwendigkeit einer gesteigerten

---

[1]) Principien der Biologie, Übers. von Vetter, pag. 535.

Fruchtbarkeit ergeben, um die Race vor dem Aussterben zu bewahren. — Es lässt sich jedoch mit Leichtigkeit zeigen, dass eine solche Einrichtung das gerade Gegenteil von einer Selbstanpassung wäre. Denken wir uns einmal eine Species, deren Individuen allzu zahlreich für die ihnen gebotene Nahrung wären und in Folge davon sich im deplethorischen Zustande befänden. Die Species wird dann nach Doubleday's Annahme aussergewöhnlich fruchtbar werden und die nächste Generation wird also eher zahlreicher als weniger zahlreich sein. Denn nach seiner Hypothese ist ja die ausserordentliche Fruchtbarkeit, welche auf dem deplethorischen Zustande beruhte, selbst wieder die Ursache einer ungewöhnlich lebhaften Vermehrung der Bevölkerung. Wenn aber die nächste Generation zahlreicher geworden ist, während die zugängliche Nahrungsmenge dieselbe geblieben oder eher noch unter dem Einflusse der lebhafteren Bewerbung um dieselbe abgenommen hat, dann wird sich auch diese nächste Generation in einem noch mehr deplethorischen Zustande befinden und also auch noch fruchtbarer werden. So wird denn eine fortwährende Zunahme des Vermehrungsverhältnisses und eine fortschreitende Abnahme der zugänglichen Nahrungsmenge stattfinden, bis eben die Species verschwunden ist. — Denken wir uns auf der andern Seite, dass die Glieder einer Species sich in aussergewöhnlich plethorischem Zustande befinden. Ihr Vermehrungsverhältniss, das sonst gewöhnlich genügte, um sie so ziemlich auf gleicher Zahl zu erhalten, wird nun diesem Anspruche nicht mehr genügen können. In der nächsten Generation werden wir in Folge dessen weniger Individuen finden, um die bereits reichlich vorhandene Nahrung zu verzehren, und indem diese nun relativ noch reichlicher wird, müssen die wenigen Glieder der Species noch plethorischer und noch weniger fruchtbar werden als ihre Eltern. Denken wir uns aber diese Wirkungen und Rückwirkungen fortgesetzt, so muss die Species sehr bald in Folge absoluter Unfruchtbarkeit aussterben."

Trotzdem diese Worte Spencers nur in einer Anmerkung sich finden, wurden sie doch wiedergegeben, einmal um ähnlichen Behauptungen wie die Doubleday's entgegenzutreten und ferner weil sich hier, wenn auch etwas versteckt, der Gedanke findet, dass bei Bestimmung der Stärke der Reproduction die Nützlichkeit massgebend ist.

In neuerer Zeit hat N u s s b a u m [1]) bei Gelegenheit der Be-

---

[1]) Archiv für mikroscopische Anatomie, 18. Bd., pag. 4. N u s s - b a u m: Zur Differenzierung des Geschlechtes im Tierreich.

schreibung seiner morphologischen Studien eine der Doubleday's nicht unähnlichen Behauptung aufgestellt. Auch hier mögen die Worte des Forschers angegeben werden:

„Im Winter 1877—1878 zog ich zwei Bruten getrennt, von denen die eine gut, die andere nur kümmerlich sich nähren konnte. Untersuchte ich nun die gutgenährten, deren Hinterbeine schon die Anlage der Zehen zeigten, so fand ich in den Geschlechtsdrüsen dasselbe Stadium wie in den schlecht genährten, obwohl die letzteren nichts weiter als jene weisslichen Höckerchen zur Seite des Afters, die erste nur mit der Loupe sichtbare Anlage der Hinterbeine, aufwiesen. Man kann also nicht mit Sicherheit bestimmen, welcher Zustand der Geschlechtsdrüsen bei diesem oder jenem Entwickelungsgrade der Larve wird gefunden werden; man ist dagegen wohl im Stande, anzugeben, welche Veränderung einem bestimmten Zustande voraufgeht oder folgen wird. Zugleich zeigt aber auch der obige Versuch, welche grosse Rolle in der tierischen Oekonomie die Geschlechtsorgane spielen: das Individuum verkümmert wegen mangelnder Ernährung; die Geschlechtsdrüsen entwickeln sich weiter.“

Nussbaum scheint also die Ansicht auszusprechen, dass es vorteilhaft für die Fortpflanzung der Tiere sei, wenn selbst im Mangel vor allen Dingen für die Vermehrung der Individuenzahl gesorgt wird. Nach allen bisherigen Erörterungen wird es wohl nicht nötig sein, noch einmal darauf hinzuweisen, dass es am vorteilhaftesten ist, wenn die Zahl der Tiere genau den Existenzbedingungen entspricht und die Vermehrung letzteren gemäss reguliert wird.

Was nun die Thatsache selbst betrifft, so lässt sich ihr eine grosse Zahl von andern, bessern entgegenstellen, und man wird wohl nicht mehr daran zweifeln, dass diese Ansicht nur auf einen Fehler in der Beobachtung oder auf unrichtiger Deutung beruht.

Es ist also mit genügender Ausführlichkeit gezeigt worden, dass ein Tier, welches trotz Nahrungsmangel sich stark vermehrt, sich schwächer fortpflanzt als ein Tier, welches nur so viel Nachkommen erzeugt, als unter diesen Umständen leben und gedeihen können.

Für die Stärke der Fortpflanzung wird es daher vorteilhaft sein, wenn die Tiere sich in der Stärke ihrer Vermehrung genau den vorhandenen Existenzmitteln anschmiegen, wenn sie die nützliche Eigenschaft haben, ihre Reproduction den Bedingungen gemäss zu regulieren.

Man darf daher wohl vermuten, dass alle organisirten Wesen in folge ihrer Variabilität und mit Hülfe der natürlichen Züchtung nützlicher Eigenschaften die Eigentümlichkeit erlangt haben werden, dass die wechselnde Ernährung erstens überhaupt einen grossen Einfluss auf das Genitalsystem hat, und zweitens, dass diese dahin wirkt, bei Ueberfluss an Nahrung eine stärkere Reproduction und bei Mangel eine schwächere eintreten zu lassen.

Die Erfahrung beweist nun, wie sehr diese Vermutung gerechtfertigt ist.

Es war dem scharfen Beobachtungsgeiste Darwins[1]) wohl bekannt, dass der Genitalapparat der gegen wechselnde Ernährung empfindlichste Theil des ganzen Körpers ist. Er sagt darüber: „Es kann nachgewiesen werden, dass das Reproductionssystem in ausserordentlichem Grade — doch wissen wir nicht warum — für veränderte Lebensweise empfindlich ist." An einer anderen Stelle[2]) sagt er, dass, „wenn Pflanzen und Tiere aus ihren natürlichen Verhältnissen gerissen werden, es vorzugsweise die Fortpflanzungsorgane sind, welche dabei angegriffen werden."

Die Thatsache, dass bei Überfluss die Reproduction stärker ist als bei Mangel, ist schon früher von vielen Forschern beobachtet worden. Diese glaubten die Mehrproduction dadurch genügend erklären zu können, dass sie auf die Möglichkeit derselben bei starker Ernährung hinweisen. Damit ist aber die Nothwendigkeit ihres Eintritts noch nicht erwiesen. Bei vermehrter Nahrungszufuhr könnten auch andere Teile stärker ernährt werden, z. B. die Augen. Dies geschieht aber nicht, weil es nicht nur nicht nützlich, sondern sogar schädlich wäre.

Es ist also eine besondere Eigenschaft der Tiere, dass gerade der Reproductionsapparat so stark durch die Ernährung beeinflusst wird, und zwar eine Eigenschaft, deren Nützlichkeit nachgewiesen wurde.

Gehen wir jetzt dazu über das Vorhandensein dieser nützlichen Eigenschaft durch Thatsachen zu beweisen.

aa. Beim Menschen.

Betrachten wir zunächst die Erscheinungen, wie wir sie beim Menschen beobachten können. Hier bemerken wir, wie sehr

---

[1]) Darwin, Abstammung des Menschen und die geschlechtliche Zuchtwahl. Uebers. v. Carus, pag. 247.

[2]) Darwin, Entstehung der Arten. Uebers. v. Bronn, p. 276.

eine bessere Ernährung und geringere Körperanstrengung, welche
indirect die Wirkung der ersteren unterstützt, die Raschheit der
Ausbildung und die Leistungsfähigkeit der Geschlechtsorgane befördert. Der besser genährte und mehr eine sitzende Lebensweise
führende Städter ist durchschnittlich geschlechtlich eher reif
als der Landbewohner, der sich vielfach schlechter nährt und
weit angestrengter arbeitet[1]). Da seine Muskeln mehr Nahrung
in Anspruch nehmen, von der ihm oft nicht einmal genügend zu
Gebote steht, so kann sein Geschlechtssystem, dessen Ausbildung
ja sehr abhängig ist von der Nahrungszufuhr, erst später zur
Reife gelangen. Es ist bekannt, dass Entbehrungen die Mann-
barkeit verzögern, während wir wiederum sehen, dass sie bei höhern, also besser genährten Klassen der Bevölkerung
früher eintritt als bei niedern. Bei geringer Nahrung nimmt die
Menstruation ab, sie ist stärker bei Städterinnen als bei Bäuerinnen,
stärker bei Müssiggang als bei körperlicher Arbeit[2]).

In Frankreich hat De Boismont[3]) nachgewiesen, dass die
Städterinnen um ein ganzes Jahr früher menstruiren als Bäuerinnen. Auch Szukits[3]) kam zu demselben Resultat, und zwar
fand er in Oesterreich diesen Unterschied gleich einem halben
Jahr. Damit in Übereinstimmung stehen die Untersuchungen von
Schlichting und Hecker[4]). Letzterer fand unter 4186 Fällen,
dass im 16. Jahre bei Städterinnen 19,59 %, auf dem Lande 16,92 %
zum ersten Male menstruirten. Schlichting erhielt aus 10522
Fällen das Resultat, dass im 16. Jahre bei 19,013 % Städterinnen
und bei 18,534 % Bäuerinnen die Menstruation zum ersten Mal
eintrat.

Auch durch die Statistik ist es längst bewiesen worden, wie
sehr die Reproduction von der Ernährung abhängig ist. Nach
fruchtbaren Jahren werden erheblich mehr Kinder geboren
als unter normalen Verhältnissen, während nach einer Hungers-
not das Entgegengesetzte der Fall ist. Statistische Beweise können erst später angeführt werden.

Unter den verschiedenen Rassen des Menschen kann man

[1]) Ploss, Monatsschrift für Geburtskunde, B. XII, pag. 344.
[2]) Burdach, Physiologie.
[3]) Hermann, Physiol.: Hensen, Phys. d. Zeugung, pag. 65.
[4]) Schmidts Jahrbücher d. ges. Med. 187 pag. 154 (Original:
Arch. f. Gynäk. XVI pag. 203. Schlichting, Statistisches über den
Eintritt der ersten Menstruation).

ähnliche Unterschiede bemerken. Nach den von S p e n c e r [1]) ci-
tirten Beobachtungen des Reisenden B a r r o w „sind die B o e r s
am Cap der guten Hoffnung verdrossen zu arbeiten und der Aus-
schweifung hingegeben. Ihre Frauen führen ein Leben der sorg-
losesten Unthätigkeit. Die H o t t e n t o t t e n dagegen müssen, trotzdem sie arm und schlecht genährt sind, alle Arbeit für sie verrichten." Dem entspricht die Vermehrungsfähigkeit dieser Völker.
„Sechs oder sieben Kinder in einer Familie der Boers werden als
eine geringe Zahl betrachtet; ein Dutzend bis zwanzig ist gar
nichts Ungewöhnliches." Die Hottentotten hingegen „haben selten
mehr als drei Kinder; und viele ihrer Frauen sind unfruchtbar."
Im Gegensatz hierzu steht die aussergewöhnliche Fruchtbarkeit
der K a f f e r n, welche reich an Vieh ein sorgloses Leben führen.
„Sie sollen ausserordentlich fruchtbar sein; es wird gesagt, dass
Zwillingsgeburten beinah ebenso häufig vorkommen als einfache."
Wenn diese Behauptungen, wie auch S p e n c e r meint, etwas
über die Wahrheit hinausgehen — denn statistische Angaben von
Reisenden müssen stets mit Vorsicht aufgenommen werden — so
bleibt auch nach einer bedeutenden Reduction der Unterschied
noch sehr gross. —

Auch der Einfluss des K l i m a s ist ein bedeutender. Je weniger der Mensch für Wärmeproduction auszugeben hat, desto
mehr Stoff kann er für die Geschlechtsthätigkeit erübrigen. So
nimmt nach Süden hin die M e n g e d e r M e n s t r u a l b l u t u n g zu.
Sie soll bei Engländerinnen und Norddeutschen 90--105 gr., bei
Süddeutschen 230 gr., bei Spanierinnen 350 gr., bei Negerinnen
sogar bis zu 600 gr. wiegen [2]). L u d w i g selbst bezeichnet diese
Zahlen als unzuverlässig. Sie sind unzweifelhaft übertrieben und
die Unterschiede nicht so bedeutend.

Im wärmeren Klima tritt auch die G e s c h l e c h t s r e i f e frühzeitiger ein. Dies zeigt sich z. B. nach C o r r a d i [3]) bei der Vergleichung von Süd- und Nord-Italien. Die frühere Meinung indessen, dass die Lappinnen nur im Sommer menstruirten, ist falsch.
Ferner sind frühzeitige Ehen nicht immer ein Zeichen früher Geschlechtsreife, da sie auch im Norden vorkommen. Die Moralität
scheint hier einen grösseren Einfluss auszuüben [4]). Endlich hängt

---

[1]) l. c. pag. 533.
[2]) L u d w i g, Physiologie pag. 447.
[3]) Schmidts Jahrb. d. ges. Med. 175 pag. 207. (Original: Dell'
ostetricia in Italia etc.).
[4]) l. c. 43 pag. 97. R o b e r t s o n, Frühzeitige Ehen etc.

der Eintritt der Menstruation von der Rasse ab, z. B. menstruiren die Töchter der Eskimos nach Tilt[1]) ein wenig früher als die der Dänen und Norweger. Als Durchschnitt lässt sich jedoch nach Tilt angeben, dass die Menstruation im heissen Klima mit 13 Jahren $\frac{1}{2}$ Mon., im mittleren mit 14 Jahren 4 Mon. und im kalten Klima mit 15 Jahren 10 Monaten auftritt. Es ist also sicher, dass die Wärme den Eintritt derselben beschleunigt. —

Wie das Klima, so wirken auch die Änderungen der verschiedenen Jahreszeiten auf die Reproduction der Menschen. Im Winter wird bedeutend mehr Material für den individuellen Haushalt verbraucht als im Sommer, wo der Mensch also mehr Stoff für die Reproduction ausgeben kann. Dass er dies auch wirklich thut, beweisen die Thatsachen. Der Überschuss der Einnahmen über die Ausgaben im Sommer wird vielleicht zu Anfang besonders gross sein, weil der Mensch später weniger Nahrung zu sich nimmt, sich also accommodiert. Hierin liegt vielleicht der Grund, warum gerade im Frühling die Zeugungsthätigkeit einen hohen Grad erreicht.

Trefflich illustrirt werden diese Verhältnisse durch die beigefügte Tabelle No. I, welche einem statistischen Werke von Horn entnommen ist[2]). Unter I stehen die absoluten Zahlen der Conceptionen in den einzelnen Monaten. Nach der Grösse derselben kann die Tragweite der aus ihnen abgeleiteten Gesetzmässigkeiten abgeschätzt werden. Man sieht sofort, dass diese Zahlen stark schwanken. Teilweise wird dies aber bewirkt durch die verschiedene Länge der einzelnen Monate. Um diesen Einfluss zu eliminieren, ist es notwendig, die Zahlen für einen Monat von einer bestimmten Anzahl Tage umzurechnen. Zweckmässig ist es ferner, diese corrigierten Grössen auf eine Summe von jährlich 12 000 Geburten zurückzuführen, da alsdann eine directe Vergleichung der einzelnen Zahlen stattfinden kann.

Diese auf einen Monat von 31 Tagen corrigierten und auf 12 000 jährliche Geburten reducierten Zahlen finden sich unter II.

Zunächst ersieht man, dass das Maximum der Conceptionen in die Monate Mai und Juni fällt, wie zu erwarten war. Kleinere Erhebungen zeigen sich noch im Dezember, was zweifellos eine Wirkung der Familienfeste ist.

[1]) Hermann, Physiol. Hensen, Phys. der Zeugung pag. 65.
[2]) Bevölkerungswissenschaftliche Studien aus Belgien von J. C. Horn. Leipzig 1854, pag. 321.

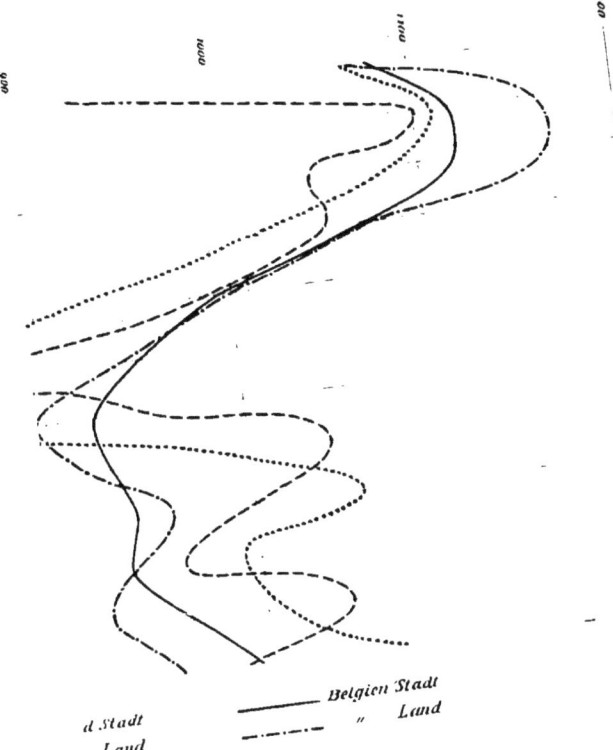

900　　　1000　　　1100　　　1200

Belgien Stadt
" Land

d Stadt
Land

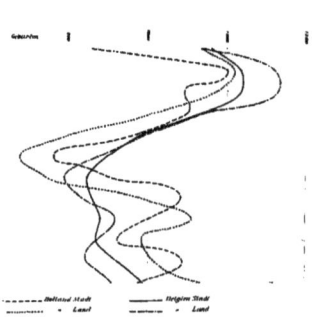

Holland Stadt — — — — — Belgien Stadt ————
Land — · — · — · — " Land —··—··—

Monat der Geburten	Belgien			Holland			Belgien			Holland		
	Überhaupt	Stadt	Land	Überhaupt	Stadt	Land	Überhaupt	Stadt	Land	Überhaupt	Stadt	Land
April												
Mai												
Juni												
Juli												
August												
September												
October												
November												
December												
Januar												
Februar												
März												
Summa												
Mittel												

Monat
der
Conception

April

Mai

Juni

Juli

August

September

October

November

December

Januar

Februar

März

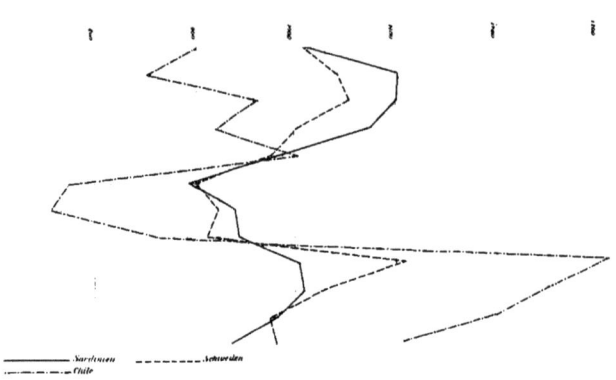

Sardinien — — — — — Schweden

. — . — . — . Chile

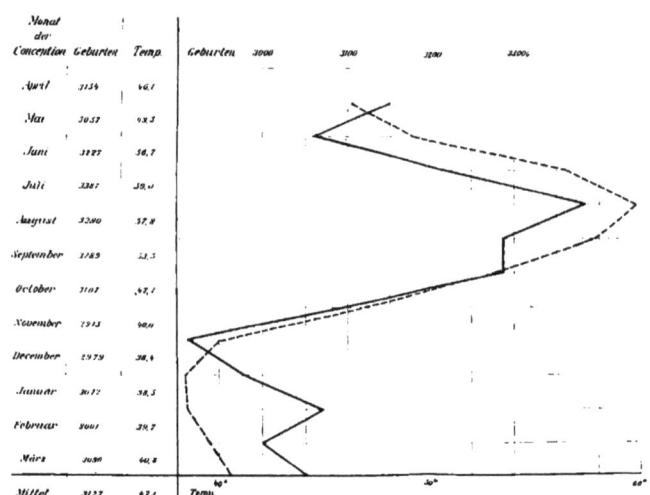

Monat der Conception	Geburten	Temp.
April	3154	46,1
Mai	3057	48,3
Juni	3127	56,7
Juli	3281	59,0
August	3290	57,8
September	2789	53,5
October	3101	47,1
November	2913	40,0
December	2979	38,4
Januar	3017	38,5
Februar	3001	39,7
März	3090	44,8
Mittel	3127	47,1

Je unabhängiger sich der Mensch von der Natur gemacht hat, desto weniger werden auch die Veränderungen der Temperatur auf die Stärke seiner Reproduction von Einfluss sein. Dies finden wir bestätigt, wenn wir die Zahlen betrachten, welche für die Stadt- resp. Landbewohner gelten. Die Zahl der Conceptionen steigt im Frühjahr bei letzteren viel bedeutender und ebenfalls liegt das Minimum bedeutend tiefer als das bei den Städtern. Die Reproductionsstärke der Landbewohner ist also, wie zu erwarten war, weit abhängiger von den Veränderungen in der Natur als die der Stadtbewohner, welche bereits eine grössere Unabhängigkeit erlangt haben.

Eine fernere Tabelle, No. II, welche der Statistik von Wappäus entnommen ist, zeigt, wie das Maximum der Reproduction in andern Klimaten auch in andere Monate fällt als bei uns. Die Zahlen sind bereits auf einen Monat von 30 Tagen corrigiert und auf 12 000 jährliche Geburten reduziert. Im gemässigten Klima fällt die stärkste Conceptionsfrequenz in die Monate Mai und Juni, in Chile dagegen den dortigen Jahreszeiten gemäss in den December, Januar und Februar.

Wie sehr die Conceptionsfrequenz von der Temperatur abhängig ist, wird am besten an der Tabelle No. III ersehen, welche einer Arbeit von Haycraft[1] entnommen ist. Die Zahlen gelten für die acht grossen Städte Schottlands. Man sieht hieraus deutlich, wie mit der Temperatur auch die Zahl der Conceptionen steigt und fällt. Nur der Januar zeigt eine von der Temperatur unabhängige Zunahme, welche nach Haycraft mit der dortigen Feier des Neujahrsfestes in Zusammenhang steht.

Aus den Zahlen lässt sich leicht berechnen, dass eine Temperatursteigerung um 1° F. eine Vermehrung der Conceptionen um 5 % bewirkt. Diese ist nach Haycraft nicht darauf zurückzuführen, dass eine verstärkte Coitusfrequenz stattfindet, sondern darauf, dass die Conceptionsfähigkeit der weiblichen Individuen zunimmt.

Er schliesst nämlich folgendermassen: Das Intervall zwischen Insemination und Entbindung dauert durchschnittlich 275 Tage[2], die Dauer der Schwangerschaft, von der Conception bis zur Ent-

---

[1] John Berry Haycraft, On some physiological Results of Temperature-variations. Transactions of the Royal Society of Edinburgh. Vol. XXIX.

[2] Matthews Duncan, Fertility, Fecundity and Sterility. Citiert von Haycraft.

bindung gerechnet, 272 Tage. Folglich verfliessen durchschnittlich drei Tage von der Insemination bis zur Conception.

Aus den Zahlen geht aber hervor, dass Conceptions- und Temperaturmaximum nur um zwei Tage auseinander fallen, die stärkste Coitusfrequenz müsste also in die Zeit vor dem Maximum der Temperatur fallen, kann mithin keine Folge derselben sein. Der Einfluss der Temperatursteigerung auf die Häufigkeit der Geschlechtsacte ist daher bedeutend kleiner. Vielmehr wirkt die Wärme direct auf die weiblichen Genitalien ein und erhöht die Conceptionsfähigkeit.

Indessen wurde schon darauf hingewiesen, dass es vielleicht weniger die Temperatur selbst, als die Steigerung derselben ist, welche auf die Genitalien einwirkt. Je rascher die Temperatur zunimmt, je mehr der Körper also an Stoffen aufgenommen hat und ausgeben kann, und je weniger er infolge der verminderten Wärmeproduction hiervon wirklich ausgiebt, desto mehr erübrigt er für die Reproduction.

In den meisten Ländern fällt auch in der That das Maximum der Conceptionen in das Frühjahr. Die auf besondere klimatische Verhältnisse zurückzuführende Ausnahme der schottischen Städte kann diese Regel nicht erschüttern. In Preussen fällt das Maximum der Geburten, wie später an sehr grossen Zahlen nachgewiesen werden soll, in die Monate April, Mai und Juni.

Das aber ist an dem Gedankengang Haycrafts jedenfalls richtig, dass es nicht etwa blos die gesteigerte Coitusfrequenz ist, welche die Conceptionen vermehrt, sondern dass die Temperatur auf die weiblichen Genitalien wirkt und eine verstärkte Conceptionscapacität hervorruft.

Wie dies geschieht, darüber liessen sich leicht Vermutungen aussprechen. Indessen wird es besser sein, wenn dies spätern Untersuchungen vorbehalten bleibt.

An diesen Beispielen haben wir also gesehen, wie die Reproduction der Menschen infolge nützlicher Eigenschaften je nach der Gunst oder Ungunst der Verhältnisse verstärkt oder vermindert wird.

bb. Bei Tieren.

Eine sehr grosse Zahl von Thatsachen lässt sich dafür anführen, dass auch bei Tieren der Fortpflanzungsapparat sehr empfindlich gegen äussere Einwirkungen ist. Und zwar wird auch hier die Vermehrung je nach den Existenzbedingungen reguliert.

Unter günstigen Verhältnissen wird sie vermindert, unter ungünstigen verstärkt.

C r a m p e [1]) hatte bei seinen Zuchtversuchen mit der W a n - d e r r a t t e Gelegenheit, den Einfluss der Ernährung auf die Reproduction bei diesem Tiere zu beobachten. Anfangs wurden seine Tiere sehr mangelhaft ernährt, während er später besser für sie sorgen konnte. Er sagt hierüber: „Als die Ratten rationeller ernährt wurden, wurden dieselben früher fortpflanzungsfähig, warfen häufiger und liessen seltener ihre Nachkommen zu Grunde gehen."

An einer andern Stelle sagt er: „Die überaus reichliche Ernährung in der Jugend hat die zahmen Ratten schnellwüchsig und frühe fortpflanzungsfähig gemacht. Die Tiere werden zuweilen schon mit 50 Tagen, jedenfalls viel früher tragend, als dieses die bei weitem nicht hinreichend vorgeschrittene Körperausbildung zuträglich erscheinen lässt." Dies ist wieder ein Zeichen, wie mächtig eine bessere Ernährung besonders auf das Genitalsystem einwirkt, während die übrigen Körperteile viel weniger empfindlich sind.

S p e n c e r [2]) führt folgendes treffende Beispiel an, welches zeigt, wie unter den domesticierten Säugetieren die wohlgenährten fruchtbarer sind als die schlechtgenährten. „Auf den hohen und verhältnissmässig unfruchtbaren Cotswolds kommt es nur selten vor, dass die S c h a f e Zwillinge werfen, während sie sehr gewöhnlich zwei Junge zur Welt bringen in dem benachbarten reichen Thale des Severn. Ebenso werden auf den öden Hügeln des Westens von Schottland zwei Lämmer nur von etwa einem Schafe unter zwanzig zur Welt gebracht, während in England mindestens ein Schaf unter dreien zwei Lämmer bringt. Ja auf reichen Weiden sind Zwillinge viel häufiger als einfache Geburten und gelegentlich kommt es sogar vor, dass nach einem günstigen Herbste und dem dadurch bedingten üppigen Graswuchse eine Schafheerde im nächsten Frühjahr die doppelte Anzahl von Lämmern bringen kann, so dass die dreifachen Geburten den einfachen das Gleichgewicht halten. So unverkennbar ist diese Relation, dass ich einen Pächter versichern hörte, er sei im Stande, aus der guten, mittleren oder schlechten Beschaffenheit eines Mutter-

---

[1]) C r a m p e, Zuchtversuche mit zahmen Wanderratten. Landwirtschaftliche Jahrbücher XII. Band (1883), Heft 3, pag. 395 u. 434.

[2]) Principien der Biologie, übers. v. Vetter, Band 2, pag. 506.

schafes im Herbste vorauszusagen, ob es im nächsten Frühjahr zwei, ein oder kein Junges bringen werde." Unter den niedern Krustern sind besonders die Daphniden für Nahrungsverminderung sehr empfindlich.

Bei den Daphniden hat Weismann[1]) die Wirkung einer Nahrungsverminderung näher erforscht. Er kam zu dem Resultat, „dass die Folgen des Hungers sich zu allererst an den Fortpflanzungskörpern geltend machen." Lässt man diese Tiere näm-. lich hungern, so bemerkt man, wie eine Keimgruppe nach der andern resorbiert wird. Das Tier nährt sich also von den Geschlechtsproducten, die es früher zur Zeit des Überflusses gebildet hatte. Unter ungünstigen Verhältnissen wird also zu allererst die Fortpflanzung vermindert.

Ahnliche Vorgänge wie bei den Daphniden müssen auch bei den Bienen stattfinden. Eine schlecht genährte Königin legt „taube" Eier, d. h. solche, welche sich nicht entwickeln können. Nach den übereinstimmenden Untersuchungen von Claus und Siebold[2]) tritt dies wegen Mangel an Dottermaterial ein. Eine schlecht genährte Königin entzieht ihrem Eierstock Dotter, sie lebt wie die hungernden Daphniden auf Kosten ihrer Geschlechtsproducte. Also auch hier bewirken ungünstige Umstände eine Verminderung der Reproduction.

Natürlich ist die Empfindlichkeit des Reproductionsvermögens auch den niedrigsten Tieren eigen. Trembley bemerkte z. B. bei Süsswasserpolypen, dass bei Überfluss an Nahrung eine kolossale Knospung eintrat, während bei abnehmender Nahrungszufuhr diese sich immer mehr reduzierte bis zum gänzlichen Erlöschen. Ferner hat Marshall[3]) sehr schöne Beobachtungen über Hydra viridis angestellt. Er sagt: „Fütterte ich meine Hydren in dem einen Glase gut, so waren sie fruchtbar und mehrten sich. Liess ich sie in einem andern Behälter darben, so nahm die Selbsterhaltung sie ganz in Anspruch und von Knospung war keine Rede." Bei äusserst starker Nahrungszufuhr kann sogar eine ganz aussergewöhnlich unmässige Vermehrung eintreten. Auch dies beobachtete Marshall: „Während Ehrenberg nie mehr

---

[1]) Zur Naturgeschichte der Daphniden pag. 126.

[2]) Zeitschrift f. wiss. Zool. XXIII, 1873.
Claus und Siebold, Über taube Bienen-Eier.

[3]) William Marshall, Über einige Lebenserscheinungen der Süsswasserpolypen und über eine neue Form von Hydra viridis. Zeitschrift f. wiss. Zool. XXXVII, 4. Heft, pag. 668.

als vier Knospen sah, habe ich bei Hydra vulgaris, allerdings an ganz besonders gut genährten Exemplaren, oft einen ganzen Kranz derselben beobachtet."

Bei hungernden Individuen bilden sich keine neuen Knospen. Die vorhandenen wachsen nicht weiter, sie lösen sich entweder ab, auch wenn sie noch relativ klein sind, oder sie schwinden. Dasselbe was Weismann bei den Daphniden beobachtet hat, dasselbe zeigt sich auch hier bei den Süsswasserpolypen. Das Tier lebt auf Kosten seiner Geschlechtsproducte. Bei Hydra sieht man also recht deutlich, wie ein Tier die Eigenschaft besitzt, sich in der Stärke der Reproduction genau nach den Ernährungsverhältnissen zu richten. Im Überfluss zeigt Hydra eine ganz enorme, oft sogar unnatürlich starke Vermehrung, im Mangel aber hört diese gänzlich auf, ja es kann sogar die zu bessern Zeiten stattgefundene Vermehrung rückgängig gemacht werden, es kann eine Verminderung der Individuenzahl eintreten und zwar zu Gunsten des einen Tieres, welches den Mangel überlebt.

Dasselbe fand Dalyell[1]) bei Hydra tuba. „Es ist wunderbar, wie sehr die Vermehrung durch reichliche Nahrungszufuhr begünstigt wird." Dieser Polyp lässt Junge hervorsprossen mit einer Geschwindigkeit, die genau im Verhältniss zur Nahrungszufuhr steht.

An dem Beispiel der Hydra sieht man recht deutlich, dass die stärkere Vermehrung nicht eine rein physikalische Wirkung der grösseren Nahrungszufuhr ist. Marshall hat die vermehrte Bildung von Knospen als eine mechanisch bewirkte Ausbauchung des Magens erklären wollen. Indessen ist nicht einzusehen, warum z. B. die Tentakeln nicht dasselbe Verhalten zeigen. Bei Hunger könnten ja auch diese schwinden und das Tier auf Kosten derselben leben. Dies wäre aber eine äusserst ungünstige Eigenschaft. Und die Thatsachen beweisen, dass das Tier diese nicht besitzt. Marshall bemerkt sogar ausdrücklich, dass schlecht genährte Individuen mehr Tentakeln haben als gut genährte.

Im Hungerzustande werden also die Geschlechtsproducte reduziert, während die zur Ernährung dienenden Teile sich sogar weiter ausbilden. Dies kann unmöglich die mechanische Wirkung der schwankenden Nahrungszufuhr sein, sondern dies beruht auf

---

[1]) Citiert von Spencer: Principien der Biologie, übers. von Vetter, Band 2, pag. 502.

vererbten nützlichen Eigenschaften, welche bewirken, dass die Vermehrung den Existenzbedingungen gemäss reguliert wird. — Die Domestication wirkt ähnlich wie Überfluss. Die Haustiere sind im Allgemeinen besser genährt als die wilden Formen. Infolge dessen ist bei ihnen eine frühere Geschlechtsreife [1]), eine häufigere Brunst und eine grössere Fruchtbarkeit [2]) eingetreten. So ist der Alexishirsch in Deutschland, wo er nur in Gefangenschaft vorkommt, zu allen Jahreszeiten zur Zeugung bereit. Ferner bemerkt man, dass im Stall gefütterte Kühe oder solche, die mit dem Stiere gemeinsam weiden, sich zu jeder Jahreszeit begatten [3]). Es giebt sogar Hennen, die bei sehr guter Nahrung jährlich 200 Eier legen, die also ihr eigenes Gewicht im Laufe des Jahres etwa zehn mal in Form von Eisubstanz erzeugen [1]), während die Henne des wilden Gallus bankiva nur sechs bis zehn Eier legt. Schon Buffon wusste dies; denn er sagt, dass domesticierte Tiere sich öfter im Jahre paaren, mehr Junge in einem Wurf producieren als wilde Tiere derselben Species; sie pflanzen sich zuweilen in einem früheren Alter fort.

Eine grosse Anzahl von ähnlichen Thatsachen führt Darwin [5]) an. „Das wilde Kaninchen pflanzt sich viermal jährlich fort und soll höchstens sechs Junge produzieren; das zahme pflanzt sich sechs oder siebenmal fort und produziert jedesmal vier bis elf Junge." „Das Frettchen ist fruchtbarer als sein angenommener wilder Urtypus, trotzdem es in so enger Gefangenschaft gehalten wird."

Das Frettchen (Mustela furo) bringt nach Spencer jährlich zweimal 6—9 Junge, das gewöhnliche Wiesel (Mustela erminea) aber wirft jährlich nur einmal 5 Junge. Ein auffallender Gegensatz jedoch ist der zwischen den wilden und zahmen Varietäten des Schweins. Spencer [6]) sagt: „Während die ersteren je nach ihrem Alter 4—8 und selbst 10 Junge einmal des Jahres werfen, bringen die andern manchmal bis zu 17 Junge in

---

[1]) Wagners Handwörterbuch der Physiologie: Leuckart, „Über Zeugung", Band IV, pag. 858.
[2]) Wundt, Physiologie.
[3]) Wagners Handwörterbuch, B. IV, pag. 722.
[4]) Burdach, Physiologie, B. I, pag. 385.
[5]) Das Variiren der Tiere u. Pfl. im Zust. d. Domest. Übers. v. Carus, pag. 97—100.
[6]) Principien der Biologie, B. 2, pag. 506.

— 105 —

einem Wurfe zur Welt oder werfen in andern Fällen sogar fünf mal in 2 Jahren mit je 10 Jungen."

„Bei Gänsen bewirkt gute Ernährung, sorgfältige Pflege und mässige Wärme Neigung zur Fruchtbarkeit, welche in gewissem Masse erblich wird." Die wilde Ente legt 5—10 Eier, die zahme in einem Jahre 80—100. Die wilde Gans legt 5—8 Eier, die zahme 13—18 und zwar legt sie sogar ein zweites Mal."

Nach Spencer besteht der Wurf des Hundes aus 6—10, der des Wolfes und Fuchses aus 5—7 Jungen. Die wilde Katze wirft einmal 4—5 Kätzchen, die zahme aber 5—6 Kätzchen 2—3mal im Jahr. Die gemeine Ratte hat im Jahre mehrere Würfe von 10—12 Jungen, die Wasserratte aber nur 5—6 in einem Wurfe und nur ein bis höchstens zwei Würfe des Jahres. Die bessern Ernährungsverhältnisse scheinen also besonders auf die Vermehrungsfähigkeit eingewirkt zu haben.

Gegen einige dieser Beispiele könnte man einwenden, dass in folge der Höherschätzung der fruchtbareren Individuen durch den Menschen eine künstliche Zuchtwahl stattgefunden habe. Wie Darwin richtig bemerkt, „kann aber bei Hunden, Katzen, Frettchen eine solche Zuchtwahl nur eine untergeordnete Rolle gespielt haben; und die Zunahme ihrer Fruchtbarkeit muss den günstigeren Lebensbedingungen zugeschrieben werden, unter denen sie lange existiert haben."

Nachdem Macgillivray[1]) die Bemerkung gemacht hat, dass die Columba livia (Felstaube) „im Frühjahr, wenn sie reichlich Korn auf den neubesäeten Feldern aufpicken kann, fett zu werden und sich zu paaren beginnt, ebenso abermals im Herbste, wenn das Korn geschnitten worden ist" setzt er hinzu, dass „dasselbe Paar in gezähmtem Zustande gewöhnlich viermal im Jahre brütet."

Ferner erwähnt Spencer[2]), dass der Sperling, der sich durch seine Keckheit mancherlei Futter verschafft, was seinen Verwandten aus der Finkenfamilie nicht zugänglich ist, mehrere Bruten jährlich aufbringt, während keiner von seinen das Feld bewohnenden Verwandten mehr als höchstens zwei und manche nur eine einzige Brut aufweisen. Die Änderung der Nahrungszufuhr wirkt also besonders auf die Thätigkeit der Fortpflanzungsorgane ein.

[1]) Citirt v. Spencer. Principien der Biologie, Band 2, pag. 505.
[2]) l. c. pag. 506.

Aber nicht allein die Verminderung der Nahrungszufuhr, sondern jeder nachteilige Umstand, z. B. das G e f a n g e n h a l t e n wirkt vor allem auf den Reproductionsapparat ein. Allgemein bekannt ist es, dass sich viele Tiere in der Gefangenschaft nur schwach oder gar nicht fortpflanzen. Am stärksten wird dies natürlich bei solchen Tieren hervortreten, welche den Verlust der Freiheit und Selbständigkeit am meisten empfinden werden. Namentlich gefangene R a u b v ö g e l, die sich selbst in den zoologischen Gärten unter den unnatürlichsten Verhältnissen befinden, da ihnen die Raumbeschränkung den Flug nicht gestattet, pflanzen sich fast gar nicht fort. Die Stärke der Einwirkung auf das Reproductionssystem ist bei verschiedenen Tieren verschieden stark. Man kann vielleicht drei Grade unterscheiden. Die Vermehrung findet statt, ist aber schwächer als normal; zweitens die Begattung wird ausgeübt, bleibt aber ohne Befruchtung; endlich es tritt nicht einmal eine Annäherung der Geschlechter ein.

Das bekannteste Beispiel bietet der Elephant, der sich in der Gefangenschaft fast nie fortpflanzt. Füchse, Bären, Hasen, Eichhörnchen zeigen dieselbe Erscheinung, wie Darwin [1]) anführt. Die Feliden pflanzen sich gefangen zwar fort, aber schwächer als normal. Dasselbe gilt für Affen. Wie Darwin von dem Oberaufseher des zoologischen Gartens erfuhr, hat sich die Fruchtbarkeit der Carnivoren gegen früher bedeutend vermehrt, als sie reichlicher der Luft und Kälte ausgesetzt wurden.

Wie schon oben gesagt, pflanzen sich R a u b v ö g e l fast nie in der Gefangenschaft fort. Nur als seltene Ausnahme ist dies beim Condor (Zoolog. Garten zu Dresden) und bei Milvus niger constatiert worden. Einige Eulen sollen sich nach Darwin ebenfalls fortpflanzen. Bei allen übrigen Raubvögeln aber findet dies nicht statt.

Lerchen, Papageien, Schwalben, Birkhühner etc. sind nach Darwin ebenfalls in der Gefangenschaft unfruchtbar. Columba migratoria, die amerikanischen Hoccohühner, der afrikanische Strauss etc. zeigen gefangen eine verminderte Fruchtbarkeit.

Darwin führt sogar einige Thatsachen an, denen zufolge I n - s e k t e n [2]), S p h i n g i d e n, in der Gefangenschaft sich als unfruchtbar erwiesen.

---

[1]) Variiren der Tiere und Pflanzen im Zustande der Domestication. Übers. v. J. V. Carus. pag. 146.
[2]) l. c. pag. 154.

Er sagt ferner [1]): „In Europa hat enge Gefangenschaft eine entschiedene Einwirkung auf die Fruchtbarkeit des Huhnes. Man hat in Frankreich gefunden, dass bei Hühnern, denen man eine beträchtliche Freiheit gestattet, nur zwanzig Procent der Eier fehlschlagen. Gestattet man ihnen weniger Freiheit, so schlagen vierzig Procent fehl, und in enger Gefangenschaft wurden von hundert Eiern sechzig nicht ausgebrütet" [2]).

Die Wirkung ungünstiger Verhältnisse ist also dieselbe, als wenn die Tiere an einem Nahrungsmangel gelitten hätten. So sagt Darwin: „Pflanzt sich ein Tier, welches sonst allgemein in der Gefangenschaft steril ist, zufällig fort, so hat das Junge dies Vermögen nicht. Dr. Broca behauptet selbst, dass viele Tiere im Jardin des Plantes, nachdem sie in drei oder vier aufeinander folgenden Generationen Junge produziert haben, steril wurden" [3]).

Also nicht allein bei schlechter Ernährung, sondern überhaupt unter ungünstigen Verhältnissen tritt eine Verringerung der Vermehrung ein.

Selbst auf die Reproduction der Frösche wirkt die Gefangenschaft nachteilig ein, wie Pflüger beobachtete. Er sagt hierüber [4]): „Endlich weise ich darauf hin, dass man Froschpaare nicht vor der Laichzeit einfangen darf, wenn die meisten Eier noch in den Eierstöcken sind. Solche paaren sich zwar in der Gefangenschaft, laichen aber nicht: die Eier bleiben in den Ovarien und verderben. Weshalb die Ovulation so leicht gestört wird, ist mir ganz räthselhaft und ich will natürlich nicht in Abrede stellen, dass noch die günstigen notwendigen Bedingungen gefunden werden, welche den normalen Ablauf des Generationsgeschäftes in der Gefangenschaft bei den grünen Wasserfröschen ermöglichen". Diese notwendige Bedingung wird wohl die sein, dass der Frosch eben nicht gefangen gehalten wird oder wenigstens, wenn dies doch der Fall ist, diese Verhältnisse nicht auf ihn einwirken, er also so zu sagen nicht weiss, dass er gefangen ist.

Ein anderes Mal fand Pflüger [5]) zufällig ein Männchen,

---

[1]) l. c. pag. 159.
[2]) Entnommen dem Bullet. de la Soc. d. Acclimat. 1862. Tom. IX, pag. 380, 384.
[3]) l. c. pag. 157. entnommen dem Journal de Physiologie. Tom. II, pag. 347.
[4]) E. Pflüger, Über den Einfluss der Schwerkraft auf die Teilung der Zellen. Archiv f. d. ges. Physiologie. Bd. XXXI, p. 318.
[5]) E. Pflüger, Wirkt der Saft der Hoden nicht brünstiger

das sich in den Keller der Privatwohnung und ein Weibchen, das sich in den des Institutes verirrt hatte. Beide mussten sich hier schon lange aufgehalten haben. „Während die übrigen Frösche auf dem Höhepunkt der Brunst standen, zeigte das in ein Gefäss zusammengebrachte Paar nicht die geringste Neigung zur Paarung". Pflüger bemerkt ausdrücklich, dass beide wohl genährt erschienen. Das unnatürliche Lebensverhältniss hatte also seine nachteilige Wirkung nur auf das Genitalsystem ausgeübt, während der übrige Körper sich bei weitem nicht so empfindlich erwies. Auch auf Ratten wirkt die Gefangenschaft nachteilig ein. Crampe[1]), welcher sehr ausgedehnte Zuchtversuche mit der Wanderratte (Mus decumanus) anstellte, sagt hierüber: „Die zahmen Ratten erreichen bei weitem nicht die Länge und Schwere der wilden. Die Ratten verkümmern in Folge der Haltung in engen Käfigen und unzureichender Ernährung. Die Gefangenschaft ist die Ursache des Sinkens der Fruchtbarkeit und des Aussterbens der Familien".

Gehen wir zu weiteren Umständen über, welche auf die Reproduction einwirken.

Jede starke, unvermittelte Änderung der Lebensbedingungen übt ebenfalls einen nachteiligen Einfluss aus, der sich zuerst an den Reproductionsorganen geltend macht. Stuten[2]), welche mit trockenem Futter im Stall aufgezogen und dann auf Grasweiden gebracht wurden, pflanzten sich anfangs nicht fort. Man ersieht hieraus, wie ausserordentlich empfindlich der Genitalapparat ist. —

Die Ernährung des Fortpflanzungsapparates ist aber nicht nur abhängig von äusseren Einflüssen, sondern auch von dem Alter des Individuums. Die Ernährung desselben und damit auch seine Leistungsfähigkeit nimmt zuerst zu, erhält sich dann eine Zeit lang auf seiner Höhe, um dann später wieder abzunehmen. Nach Buffon[3]) bringt eine Sau von weniger als einem

---

Männchen befruchtend? Archiv f. d. ges. Physiologie, Bd. XXIX, Heft 1 u. 2.

[1]) Dr. Crampe, Zuchtversuche mit zahmen Wanderratten. Landwirtschaftliche Jahrbücher. XII. Bd. (1883), Heft 3, pag. 391.

[2]) Citirt von Darwin: Das Varriiren der Tiere und Pflanzen im Zustande der Domestication. Übers. v. J. V. Carus. II. Bd. p. 159. Entnommen aus: J. Mills, Treatise on Cattle 1776, p. 72..

[3]) Citiert von Spencer: Principien der Biologie, Bd. II, pag. 482. Übers. von Vetter.

Jahre Junge hervor. Diese sind aber wenig an Zahl und die einzelnen Tiere sind schwach und selbst unvollkommen ausgebildet. Nach Burdach haben das Elentier, der Bär etc. im Anfang stets nur ein Junges, später aber fast regelmässig zwei und schliesslich wieder nur eins. Der junge Hamster erzeugt blos drei bis höchstens sechs Junge, während er im vorgeschrittenen Alter von acht bis zu sechzehn Jungen wirft. Eine Hündin [1]) bringt, noch bevor ihr Wachstum vollendet ist, in einem Wurfe stets weniger Junge, als wenn sie vollständig ausgewachsen ist. Mit abnehmender Lebenskraft wird die Zahl der in einem Wurfe enthaltenen Jungen immer geringer, bis sie auf eins oder höchstens zwei herabsinkt. Auch beim Menschen finden sich die meisten Mehrgeburten bei einem mittleren Alter der Mutter. Man findet also auch, wenn man das Alter des Muttertieres in betracht zieht, den Satz bestätigt, dass die Stärke der Vermehrung mit der Ernährung des Genitalapparates zu- und abnimmt. —

Auch das Klima scheint auf Tiere eine ähnliche Wirkung zu haben wie auf den Menschen. In wärmere Gegenden gebrachte Tiere sollen eine früher eintretende und häufig wiederkehrende Brunst zeigen. Dies ist an Haustieren beobachtet worden. Jedoch sind die Angaben hierüber noch spärlich.

„Ein hartes Leben verzögert auch die Periode, zu welcher die Tiere empfangen; denn man hat es auf den nördlichen schottischen Inseln für unvorteilhaft gefunden, Kühe zum Tragen zuzulassen, ehe sie vier Jahre alt sind" [2]).

Jedoch sollen die Haustiere in Lappland, wie ein Reisender angiebt, äusserst fruchtbar sein [2]).

„Unter den domesticierten Vögeln ist [2]), mehreren Berichten zufolge, die Pfauenhenne fruchtbarer, wenn sie in ihrer eigentlichen indischen Heimat wild lebt, als wenn sie in Europa domesticiert und unserem viel kälterem Klima ausgesetzt ist."

Darwin führt ferner an [3]), dass Schafe, welche in die heissen Thäler der aequatorialen Cordillera gebracht waren, nicht völlig fruchtbar waren. Aus Spanien eingeführte Merinoschafe sollen anfangs nicht ganz fruchtbar gewesen sein. Lange Zeit hat es

---

[1]) l. c. pag. 500.

[2]) Citiert von Darwin (Das Variiren der Tiere und Pflanzen im Zustande der Domestication, übers. v. J. V. Carus, Bd. II, pag. 98) entnommen aus Hogg, on Sheep, pag. 263 und Acerbi, Reisen nach d. Nord-Cap und Tegetmeiers Poultry Book 1866, pag. 280, 282.

[3]) l. c. pag. 158.

gedauert, bis der Canarienvogel seine vollkommene Fruchtbarkeit
wieder erlangte. „Roulin zufolge legten Gänse, welche auf das
Plateau von Bogota gebracht wurden, zuerst selten und dann nur
wenige Eier; von diesen wurde kaum ein Viertel ausgebrütet und
die Hälfte der jungen Vögel starb. In der zweiten Generation
waren sie fruchtbarer und als Roulin schrieb, wurden sie so
fruchtbar als unsere Gänse in Europa.“ Dasselbe führt Darwin
an für Gänse, welche nach Quito und nach dem Philipinenarchipel
eingeführt wurden, ferner für die Hühner und englischen Kampf-
hühner, welche nach Cusco in Bolivia eingeführt wurden. Sonst
ist das Huhn in allen Teilen der Erde fruchtbar mit Ausnahme
von Grönland und dem nördlichen Sibirien, wo sich dasselbe nach
Darwin nicht mehr fortpflanzt. —
Wie das Klima, so ist auch der Wechsel der Jahreszeiten
von Einfluss auf die Stärke der Reproduction. Spencer[1]) erwähnt folgende Beispiele. „Unser gewöhnliches Geflügel wird
während der kalten Monate gefüttert; allein nichtsdestoweniger
hört es in der Mitte des Winters entweder vollständig zu legen
auf oder legt wenigstens nur spärlich. Dazu kommt die fernere
Thatsache, dass, wenn es spärlich legt, dies doch auch nur unter
der Bedingung geschieht, dass die Wärme sowohl wie die Nahrung
künstlich auf gleichem Niveau erhalten wird. Hennen legen in
kalter Jahreszeit nur, wenn sie warm gehalten werden. Hierzu
mag denn noch die verwandte Thatsache hinzugefügt werden, dass,
wenn Tauben künstliche Wärme erhalten, sie nicht allein bis tief
in den Herbst hinein zu brüten fortfahren, sondern auch im Frühjahr früher damit beginnen, als sie dies sonst thun würden. —
Macgillivray[2]) sagt sogar, dass domesticierte Tauben bei reichlicher Fütterung in jedem Monate des Jahres brütend angetroffen
werden können. Ein entsprechendes Beispiel ist ferner, dass un-
genügend geschützte Kühe im Winter entweder ganz aufhören,
Milch zu geben, oder nur in verringerter Menge solche produzieren.“ Gould[3]) sagt: „Ich darf nicht unterlassen, die ausserordentliche Fruchtbarkeit zu erwähnen, welche bei den Vögeln in
Australien vorliegt, von denen manche kleine Art drei-, selbst
viermal im Jahre brütet; immer aber legen sie im ersten Früh-

---

[1]) Principien der Biologie, übers. v. Vetter, Band II, pag. 493.
[2]) Citiert von Spencer, l. c. pag. 505.
[3]) Citiert von Spencer, l. c. entnommen aus Gould, Die Vögel von Australien.

jahr, so lange das Insectenleben noch wenig ausgebildet ist, nur wenige Eier, eine grosse Zahl dagegen später im Jahre, wenn die Menge der Insectennahrung reichlicher geworden ist. Spencer, welcher dies citiert, ist der Meinung, dass ausser der grösseren Menge der Nahrung auch die zunehmende Wärme eine Teilursache der stärkeren Vermehrung ist. — Steigert man bei demselben Tiere die Stoffausgabe für die Muskelarbeit, so bewirkt dies eine bedeutende Verminderung der Reproduction. Eine Hündin[1]) wirft im Alter immer weniger Junge. „Diese Abnahme findet rasch oder allmählig statt, jenachdem die Grösse der Arbeit, welche ein Hund zu leisten hatte, wechselt, so dass daher eine Hündin, die Jahr für Jahr stark angestrengt wurde, sehr bald unfruchtbar wird und die Verminderung ihrer Jungen entsprechend rasch vor sich geht, während sie dagegen, nur mässig angestrengt und wohlgenährt, ganz allmählig abnimmt und auch die Verminderung der Jungen weniger rasch eintritt." —

Aus dieser grossen Zahl von Thatsachen geht unzweifelhaft hervor, dass die Vermehrung der Tiere durch äussere Einwirkungen beeinflusst wird. Und zwar richtet sie sich in ihrer Stärke nach den jedesmaligen Existenzbedingungen, sie wird diesen entsprechend reguliert. Unter ungünstigen Verhältnissen, wenn also weniger Tiere leben können, werden auch weniger erzeugt. Unter günstigen Umständen, unter denen viele Tiere leben können und eine starke Vermehrung der Fortpflanzung nur nützlich ist, tritt auch eine verstärkte Reproduction ein. Während alle übrigen Organe eine weit grössere Konstanz in der Ernährung zeigen, ist es besonders der Genitalapparat, auf den der Wechsel der Lebensverhältnisse seinen Einfluss ausübt; infolge dessen richtet sich dieser in seiner Thätigkeit genau nach der augenblicklichen Existenzmöglichkeit. —

Nebenbei mag auch Erwähnung finden, dass infolge ungünstiger Einflüsse auch häufig die secundären Geschlechtscharactere stark afficiert werden. Es ist dies sehr natürlich, da sie ja in so enger Beziehung zu dem Reproductionssystem stehen.

[1]) Nach Duncan, citiert von Spencer, Principien der Biologie, übers. v. Vetter, Band 2, pag. 500.

Bei dem gemeinen **Hirschkäfer**[1]) bemerken wir drei Formen. Das Weibchen mit breitem Thorax und Kopf und kurzem, aber kräftig beissendem Kiefer. Im Gegensatz hierzu steht das grosse Männchen. Dies hat einen kleinen Thorax, sehr grossen breiten Kopf und kolossale hirschgeweihähnliche Kiefer, mit denen es wahrscheinlich das Weibchen bei der Begattung festhält. Wesentlich anders ist das kleine Männchen, das dem Weibchen ähnlicher sieht und dessen Kiefer kaum ein Drittel so lang sind als die des grossen Männchens. „Die Entomologen wissen aber, dass die Formen mit grossen Kiefern durch reichliche, die kleinen dagegen durch kümmerliche Ernährung der Larven erzeugt werden."

Darwin[2]) zeigt in einer Anzahl von Fällen, dass selbst in der Gefangenschaft die männlichen Geschlechtscharactere leiden. „So erhält der gemeine **Hänfling** in Käfig gehalten die schöne carmoisinrote Färbung auf der Brust nicht, und die **Ammern** verlieren das Schwarze von ihrem Kopfe. Bei einigen andern Vögeln und auch bei einem **Hirsch** ist ähnliches beobachtet worden. Die Wirkung der ungünstigen Verhältnisse auf den Fortpflanzungsapparat trifft also zugleich die mit diesem in so inniger Beziehung stehenden secundären Geschlechtscharactere.

cc. Bei Pflanzen.

Auch bei **Pflanzen** ist schon häufig beobachtet worden, wie sehr besonders die Reproductionsthätigkeit von der Ernährung abhängig ist.

Hermann Müller[3]) machte folgende Beobachtung an den Blumenköpfen von **Centaurea Jacea**, welche eine sehr starke Variabilität besitzen. Gewöhnlich[4]) „sind sechzig bis über hundert Blüten mit 7—10 mm langer Blumenröhre, $3-4\frac{1}{2}$ mm langem Glöckchen und etwa 5 mm langen, linealen Zipfeln in ein Blütenkörbchen vereinigt, dessen die Röhren umschliessender Teil nur 8—10 mm Durchmesser hat. Indem aber die Röhren mit ihrem

---

[1]) Reichenau, Über den Ursprung der männlichen secundären Geschlechtscharaktere insbesondere bei den Blatthornkäfern. Kosmos, 5. Jahrg., X. Band, pag. 172 resp. 176.

[2]) Das Variiren der Tiere und Pflanzen im Zustande der Domestication, übers. von J. V. Carus, pag. 155.

[3]) Hermann Müller, Befruchtung der Blumen durch Insekten, pag. 382.

[4]) Hermann Müller, Die Vielgestaltigkeit der Blumenköpfe von Centaurea Jacea. Kosmos, 5. Jahrg. 1881—82, X, pag. 334.

oberen Ende sich um so stärker nach aussen biegen, je näher sie
dem Rande stehen, und indem dadurch die aus dem Blütenkörbchen hervorragenden Glöckchen divergieren, stellen die in voller
Blüte befindlichen Körbchen, von oben gesehen, rote kreisförmige
Flächen von 20—30 mm Durchmesser dar." „Dieser Beschreibung
habe ich nur hinzuzufügen, dass auf steilem Haideland an kleinen
Stöcken die Blumengesellschaften nicht selten bis 15, bisweilen
sogar bis 10 mm Durchmesser und bis zu einer Zahl von 40 bis 32
einzelnen Blüten hinabsinken." Durch die schlechtere Ernährung
ist also die Bildung von mehr Blüten verhindert worden.

Darwin [1]) fand, dass zwerghafte Pflanzen von Trifolium
minus und repens, die auf einer oft gemähten und nie ge-
düngten Waldwiese wuchsen, keinen Samen produzierten.

Ferner hatte Heyer [2]) Gelegenheit, die Wirkung der Ernährung auf die Fruchtbarkeit des Bingelkrautes zu beobachten. Er sagt: „Auch im Warmhause hatten sich einige
Pflanzen beiderlei Geschlechts angesiedelt; sie standen im freien
Grunde und hatten sich zu stattlichen Sträuchen von über 1 m
Höhe entwickelt. Zur Vergleichung quantitativer Unterschiede
möge noch erwähnt werden, dass sich im Freien, an der Westseite
einer Mauer, unter der Dachtraufe mehrere Pflanzen beiderlei Geschlechts angesiedelt hatten. Die grössten hatten unter diesen
dürftigen Verhältnissen blos eine Höhe von 2 cm erreicht und
meist blos vier Blättchen gebildet. Die weiblichen Exemplare
dieser Miniaturpflänzchen trugen in den beiden untern Blattwinkeln
je ein Samenkorn und die männlichen einzelne Blüten, während
die Riesenpflanzen im Warmhause Hunderte von Blüten hervorbrachten."

Von der grössten Bedeutung für die Ernährung der Pflanzen
ist es, ob sie dicht gedrängt stehen, oder ob sie frei und ungestört wachsen. Wenn sie sich gegenseitig, oder wenn andere
Pflanzen ihnen die Nahrung streitig machen, so herrscht ein ganz
bedeutender Unterschied in der Nahrungszufuhr. Wenn z. B. an
einer Stelle zweimal so viel Pflanzen wachsen als an einer andern
Stelle, so werden sie auch vielleicht fast nur halbsoviel Nahrung
erhalten können als letztere. Über die Wirkung der Dichtsaat

---

[1]) Das Variiren der Tiere und Pflanzen im Zustande der Domestication, übers. von J. V. Carus, pag. 161.

[2]) Untersuchungen über das Verhältniss des Geschlechtes bei einhäusigen und zweihäusigen Pflanzen etc. Dissertation. Halle 1883.
pag. 41.

sagt Hoffmann[1]): „Die Dichtsaat kann als eine Herabsetzung
der Ernährung, als eine Art Hungerkur aufgefasst werden. Die
stärkste Einwirkung der Kümmerung veranlasst, dass die Pflanzen
überhaupt nicht zum Blühen kommen; eine schwächere: Zwerg-
haftigkeit (Aethusa, Plantago major pygmaea); dann folgt in gewissen Fällen (Spinacia) Praeponderanz des männlichen Geschlechtes." —

Auch die Domestication wirkt auf Pflanzen in derselben
Weise ein wie auf Tiere. Domesticierte Pflanzen sind weit fruchtbarer als ihre wilden Stammformen. Darwin[2]) stellte hierüber
Experimente an. „Bei der Vergleichung ganzer Beete von Möh-
ren, welche in einem Zuchtgarten gezogen wurden, mit wilden
Pflanzen schienen die ersteren ungefähr zweimal so viel Samen zu
ergeben. Cultivierte Kohlsorten ergaben der Messung nach dreimal so viel Schoten als wilder Kohl von den Felsen von South-
Wales. Der Reichtum an Beeren, der von dem cultivierten Spargel
im Vergleich mit der wilden Pflanze produziert wird, ist enorm."
Da diese Pflanzen nicht wegen ihrer Fruchtbarkeit geschätzt
werden, so muss die Steigerung der Reproduction nicht durch
Zuchtwahl, sondern durch die günstigeren Lebensbedingungen herbeigeführt worden sein, wie auch Darwin sagt.

Zu beachten ist aber, dass Domestication nicht unter allen
Umständen günstig auf die Ernährung der Pflanze einwirkt. Topfkulturen z. B. sind sehr vielen Pflanzen schädlich. Wie Hoffmann[3]) fand, brachten Topfkulturen des hochalpinen Dianthus
alpinus, obgleich im Freien stehend, oft weniger, oder gar keine
vollkommenen Früchte, während identische Parallel-Kulturen, im
freien Lande eingepflanzt, reichliche Früchte trugen.

Darwin führt eine grosse Zahl von Thatsachen an, welche
zeigen, dass das Reproductionssystem der Pflanzen besonders
durch plötzliche starke Änderung der Lebensbedingungen
affiziert wird, während die übrigen Teile vollständig normal entwickelt sein können. Bei uns gezogene Alpenpflanzen sind sehr
häufig unfruchtbar oder produzieren nur wenig Samen. Pflanzen,
die auf Torferde wachsen, sind in unsern Gärten vollkommen
steril. Sehr unbedeutende Veränderungen, z. B. ob eine Pflanze

[1]) Botanische Zeitung.
[2]) Das Variiren der Tiere und Pflanzen im Zustande der Domestication, übers. v. J. V. Carus, pag. 99.
[3]) Botanische Zeitung 1881, No. 25, pag. 398. Hoffmann,
Rückblick auf meine Variationsversuche von 1855--1880.

auf einem Hügel oder am Fusse desselben wächst, ob sie in einem Korbe oder in einem feuchteren Topfe gepflanzt wurde, ob man sie des Winters an einem warmen oder kalten, trocknen oder feuchten Ort hält, alle diese scheinbar geringfügigen Unterschiede können die Reproduction der Pflanzen beeinflussen. — Auch das K l i m a wirkt stark auf die Reproduction der Pflanzen ein. Der Tulpenbaum z. B. gedeiht in den Vereinigten Staaten ausgezeichnet, in Zürich aber bringt er keine reifen Früchte mehr hervor, in Norddeutschland, z. B. in Coburg trägt er nur selten Blüten. Die Fortpflanzungsorgane verkümmern also gänzlich. Nach D a r w i n [1]) produzieren der persische und chinesische Hollunder, trotzdem sie völlig kräftig sind, in unserm Clima niemals Samen. Der gemeine Hollunder trägt in England mässig guten Samen, aber in einigen Teilen Deutschlands enthalten die Kapseln niemals Samen [2]).

Jedoch giebt es auch Pflanzen, welche unter den verschiedensten Climaten gedeihen. Es ist dies nicht sehr erstaunlich, da die schädliche Einwirkung im Anfang, also bei der Änderung des Climas stattfindet, während später je nach der Natur der Pflanze und der Stärke des Wechsels verschieden rasch eine Anpassung an die neuen Lebensbedingungen eintreten kann. —

Ebenso wie bei den Tieren infolge der Einwirkung ungünstiger Verhältnisse ausser dem Genitalsystem auch leicht die damit in Beziehung stehenden secundären Geschlechtscharactere affiziert werden können, so werden auch bei Pflanzen nicht nur die eigentlichen Fortpflanzungsorgane, der Fruchtknoten mit Pistill und die Antheren, sondern auch häufig die übrigen Blumenteile verändert. Obgleich diese Erscheinung nichts beiträgt zur Regulierung der Reproduction, so mag sie doch Erwähnung finden.

D a r w i n [3]) führt eine Reihe von Thatsachen auf, welche zeigen, dass Unfruchtbarkeit und M o n s t r ö s i t ä t d e r B l u m e n - k r o n e häufig mit einander verknüpft sind. Letzteres kommt aber auch allein vor. Ob in diesen Fällen die Reproduction die normale Stärke hatte, wurde meist nicht beachtet. So sind z. B. die wunderbar anomalen Blüten von B e g o n i a f r i g i d a steril. Für

---

[1]) Das Variiren der Tiere und Pflanzen im Zustande der Domestication. Übers. v. J. V. Carus. II. Bd., pag. 162.
[2]) G ä r t n e r , Beiträge zur Kenntniss der Befruchtung, p. 560, 564.
[3]) Das Variiren der Tiere und Pflanzen im Zustande der Domestication. Übers. v. J. V. Carus. II. Bd., pag. 165.

die pelorischen Blüten von Li n a r i a v u l g a r i s , C o r y d a l i s
s o l i d a und der Gewächshaus-Pelargonien gilt dasselbe.
Es lässt sich auch häufig eine Beziehung zwischen der anomalen Ausbildung der Blüte und ihrer Stellung nachweisen.
M o q u i n - T a n d o n bemerkt, dass die Blüten, welche auf dem
Gipfel des Hauptstammes oder eines Seitenzweiges stehen, leichter pelorisch werden als die an den Seiten (z. B. bei T e u c r i u m
c a m p a n u l a t u m) [1]. „Bei einer von Darwin gezogenen Labiate
(G a l e o b d o l o n l u t e u m) wurden die pelorischen Blüten stets
am Gipfel des Stammes produziert, wo Blüten gewöhnlich nicht
stehen [1]. M o r r e n beschrieb eine pelorische Blüte der C a l c e o -
l a r i a , die am Gipfel der Pflanze stand. Bei der Orchideengat-
tung P h a l a e n o p s i s hat man gesehen, dass die endständige
Blüte pelorisch wurde. D a r w i n beobachtete an einem L a b u r-
n u m - Baum, dass ungefähr ein Viertel der Blütentrauben termi-
nale Blüten produzierte, was gewöhnlich nicht stattfindet; diese
wurden produziert, nachdem fast alle andern Blüten an denselben
Trauben verwelkt waren. Sie besassen aber keinen Schmetterlingsbau.
Dr. M a s t e n s hat eine andere leguminose Pflanze beschrie-
ben, nämlich eine Species von Klee, bei welcher die obersten und
centralen Blüten regulär waren oder ihren Schmetterlingsbau verloren hatten. Nach N a u d i n sitzen die gespornten pelorischen
Blüten bei L i n a r i a fast unveränderlich am Gipfel der Rispe. —
Auf Grund dieser Thatsachen darf man wohl vermuten, dass die
an der äussersten Spitze wachsenden Blüten unter ungünstigen
Ernährungsverhältnissen stehen. Denn im allgemeinen darf wohl
gesagt werden, dass die Ernährung desto schwächer sein wird,
je grösser der Weg ist, den die Säfte zurückzulegen haben. So
sagt Mr. M a s t e r s in Canterbury, der nach Darwin ein sorg-
fältiger Beobachter und Züchter neuer Varietäten der Erbse ist,
dass bei der blauen Kaisererbse die letzte (oder oberste) Erbse
in der Schote häufig viel kleiner ist als die übrigen.
Auch das Auftreten von g e f ü l l t e n B l ü t e n muss hier besprochen werden. D a r w i n hatte hierüber schon die richtige Ansicht, wenn er sagt [2]: In Bezug auf die Ursache des Gefülltseins,
welches, wie wir sehen, unter so verschiedenen Umständen auftritt,
werde ich sofort zu zeigen versuchen, dass die wahrscheinlichste

---

[1] Die folgenden Beispiele sind entnommen : l. c. p. 371.
[2] l. c. pag. 166.

Ansicht die ist, dass unnatürliche Bedingungen zuerst eine Neigung zur Unfruchtbarkeit veranlassen und dass dann nach dem Principe der Compensation, weil die Reproductionsorgane nicht ihre eigenen Funktionen erfüllen, diese entweder in Kronenblätter entwickelt werden oder dass sich überzählige Kronenblätter bilden." Derartige gefüllte Blüten bemerkte Darwin bei wilden Pflanzen von Gentiana amarella, die auf einem armen kalkigen Boden wuchsen, ferner bei einem Ranunculus, einer Rosskastanie und einer Blasennuss (Staphylea), die unter sehr ungünstigen Bedingungen wuchsen.

Viele Pflanzen produzieren samenlose Früchte. „Dies ist notorisch der Fall bei unsern besten Birnen, Trauben und Feigen, bei der Ananas, der Banane, dem Brodbaum, der Granate, der Azarole, der Dattelpalme und einigen Gliedern der Orangengruppe." Die meisten Züchter betrachten die anomale Entwickelung der Frucht als die Ursache und die Unfruchtbarkeit als das Resultat. Die umgekehrte Ansicht ist aber, wie schon Darwin sagt, wahrscheinlicher. In folge einer übermässigen Nahrungszufuhr oder anderer unnatürlicher Bedingungen wird eine Sterilität hervorgerufen und die Folge davon ist erst, dass das der Blüte zugeführte Material statt zur Reproduction zu irgend welchen andern Leistungen verwendet wird.

An diesem Beispiel zeigt sich wieder, dass die Regulierung der Reproduction nicht rein mechanisch, sondern durch nützliche Eigenschaften bewirkt wird. Denn an Nahrung fehlt es trotz der unnatürlichen Bedingungen nicht und ein mechanisches Hinderniss der Vermehrung ist nicht vorhanden.

Wir haben also gesehen, dass auch bei Pflanzen die Reproduction auf das Empfindlichste abhängig ist von äussern Einwirkungen. Sie steigt unter günstigen Umständen. Unter ungünstigen aber nimmt sie ab bis zur Unfruchtbarkeit.

dd. Nachträgliche Regulierung.

Wie nützlich es ist, wenn die Zahl der Tiere den Ernährungsverhältnissen entspricht, geht auch daraus hervor, dass viele Tiere noch andere Eigentümlichkeiten besitzen, welche die Schädlichkeit einer zu starken Reproduction im Falle eines Mangels zwar nicht gänzlich aufheben, aber doch zu vermindern im Stande sind.

Es besteht diese Eigentümlichkeit in einer nachträglichen Regulierung der Vermehrung. Diese wird erreicht unter anderm durch Geschwisterfrass.

Denken wir uns, ein Tier bringe auch bei Mangel noch immer mehr Junge hervor, als sich später ernähren können, so werden viele zu Grunde gehen müssen.

Die Nahrung aber, welche diese während ihres Lebens zu sich genommen haben, ist für die Ueberlebenden nicht verloren, sondern wird wieder verwertet, indem letztere ihre toten Kameraden auffressen.

Als Beispiel kann der F r o s c h angeführt werden. Das Weibchen ist im Stande, 3000 Eier abzulegen. Durch Austrocknen des Wassers und andere zufällige Verhältnisse geht ein grosser Teil zu Grunde; dennoch sind die übrig bleibenden viel zu zahlreich, um alle zur vollkommenen Ausbildung gelangen zu können. Unter der Voraussetzung nämlich, dass die Zahl der Frösche constant bleibt, gehen nur aus circa $0,06\frac{0}{0}$ der Eier reife Tiere hervor. Diese nutzen die von ihren verstorbenen Geschwistern verbrauchte Nahrung wieder aus, indem sie letztere selbst auffressen.

Ferner kann eine Correction der Vermehrung auch durch K i n d e r f r a s s stattfinden. Dies gilt z. B. für die W a n d e r - r a t t e (Mus decumanus), wie Dr. C r a m p e [1]) beobachtete. Die Weibchen sind im Allgemeinen ausgezeichnete Mütter und pflegen ihre Jungen mit der grössten Sorgfalt. Nicht aber im Mangel, wenn sie selbst unzureichend genährt sind, namentlich, wenn sie in Folge des Mangels das Säugegeschäft nicht verrichten können. Alsdann fressen sie ihre eigenen Jungen. Es ist dies eine entschieden nützliche Eigenschaft, da diese doch zu Grunde gehen oder sich nur schlecht ausbilden würden. Durch diese nachträgliche Correction der Vermehrung wird wenigstens dem überlebenden Teil, der Mutter, genützt.

Auch bei w i l d e n S c h w e i n e n ist Kinderfrass beobachtet worden.

Dass Tiere, z. B. W ö l f e, im Fall eines Mangels ihre eigenen Stammesgenossen verzehren, ist ebenfalls eine solche nützliche Eigenschaft, welche die Zahl der Individuen den Ernährungsverhältnissen gemäss corrigiert.

Es wurde schon nachgewiesen, dass ungünstige Verhältnisse, z. B. Gefangenhalten, im Stande sind, die Reproduction zu vermindern. Aber auch hier kann eine den ungünstigen Umständen entsprechende Regulierung der Vermehrung noch nachträglich durch Kin-

---

[1]) Landwirtschaftl. Jahrbücher, Bd. XII (1883), Heft 3, p. 423. Crampe, Zuchtversuche mit zahmen Wanderratten.

derfrass eintreten. Darwin[1]) war dies bekannt, er sagt hierüber: „Wir können auch der Störung der geschlechtlichen Funktionen das häufige Auftreten jenes monströsen Instinktes zuschreiben, welches die Mutter dazu führt, ihre eigenen Nachkommen zu verzehren, ein mysteriöser Fall von Verkehrtheit seinem ersten Auftreten nach." Man hat diese Erscheinung stets als eine Naturverirrung bezeichnet. Da die Natur indessen kein Ziel und keinen Zweck im Auge hat, so kann sie weder irren noch Verkehrtheiten begehen. Die Eigenschaft ist durchaus nicht mysteriös, sondern erklärt sich sehr einfach und naturgemäss als ein nützlicher Instinkt, die Vermehrung den Existenzbedingungen gemäss zu corrigieren.

Ebenfalls soll Kinderfrass bei Wespen vorkommen. „Wespen stehlen die junge Brut anderer Stöcke, ebenso wie Ameisen; und die solchen beraubten Stöcken angehörigen Weibchen werden dadurch so demoralisiert, dass sie einen Teil ihrer eigenen Jungen töten und an andere verfüttern, oder dass sie dieselben sogar selbst auffressen. Ja nach einigen Angaben von Réaumur[2]) scheint dieses sogar um gewisse Zeiten ganz regelmässig zu geschehen, und es würde sich dann dieser Kindermord der Ermordung der Drohnen im Herbst an die Seite stellen, einer durch Sitte geregelten Barbarei." Hier von Barbarei und Demoralisation zu sprechen dürfte man wohl für Anthropomorphismus halten. Es ist vielmehr eine nützliche, durch natürliche Zuchtwahl erworbene Eigenschaft, dass die Bienen im Herbst die Drohnen töten. Zur Zeit des Mangels liegt es im Interesse des Stockes, dass eine Verminderung der Individuenzahl, eine Reduction der Vermehrung eintritt. Da die Drohnen im Winter gar nichts nützen, so sind sie es gerade, welche getötet werden. Der Kindermord der Wespen scheint aber ebenfalls durch ungünstige Verhältnisse herbeigeführt zu sein. Denn die Thatsache, dass sie die einen Jungen töten, um die andern damit zu füttern oder sie selbst zu fressen, spricht sehr für einen Mangel an Nahrung, namentlich da diese Erscheinung zu gewissen Zeiten regelmässig auftreten soll. Ein Teil der Jungen wird geopfert, um wenigstens den andern zu retten. Wenn die Wespen alle ihre Jungen gleich stark hungern liessen, so würden sie alle zu Grunde gehen oder sich alle nur

---

[1]) Darwin, Das Variiren der Tiere u. Pflanzen im Zustande der Domestication. Übers. v. J. V. Carus. II. Bd., pag. 155.
[2]) Von Rolph citirt: Biologische Probleme, pag. 136.

unvollkommen ausbilden. Es ist zweifellos eine nützliche Eigenschaft, wenn zur Zeit des Mangels eine Reduction der Vermehrung eintritt, wenn ein Teil oder die ganze Nachkommenschaft geopfert wird und den Überlebenden als Nahrung dient. — Es seien noch wenige Worte über die Zeit hinzugefügt, zu der die Vermehrung stattfindet.

Da die Reproduction überhaupt eine so bedeutende Nahrungszufuhr beansprucht, so könnte man vermuten, dass diese wohl zur Zeit des grössten Nahrungsvorrates stattfände. Wie man aber leicht einsieht, wäre dies sehr schädlich; da ja die vielen Nachkommen bei ihrem Aufwachsen weit mehr Nahrung verbrauchen. Wir sehen daher, dass die Vermehrung bei vielen Tieren in den Beginn der stärkeren Ernährung, z. B. in den Frühling fällt. Während des Überflusses kann alsdann die grosse Zahl der Nachkommen reichlich ernährt werden, z. B. bei den Fröschen. Eine solche nützliche Einrichtung in dem Auftreten der Reproduction wird bei sehr vielen Tieren getroffen. Beispiele sind so bekannt, dass wohl keine weiter angeführt zu werden brauchen.

In Bezug auf die Zeugungsthätigkeit der beiden Geschlechter finden wir bei einigen Tieren die überraschende Eigentümlichkeit, dass beide durch eine gewisse Zeit getrennt sind. Es ist dies die Zeit des Mangels. In folge dieser Einrichtung verausgaben Männchen wie Weibchen den Stoff für die Vermehrung zu einer Zeit, wo genügende Nahrungszufuhr möglich ist.

Beim Reh z. B. fällt die Brunstzeit in den August, aber erst im December beginnt die eigentliche Entwickelung des Eies. Ähnliches findet sich bei den Fledermäusen. Im Herbst findet die Begattung statt. Das Sperma bleibt lebensfähig im Uterus bis zum Eintritt wärmerer Witterung. Dann erst beginnt mit dem Platzen des Follikels die Reproductionsthätigkeit des Weibchens [1]. Die Zeit des Mangels ist nicht geeignet zur Stoffausgabe und während derselben findet eine Pause statt.

Bei vielen Tieren zeigt sich, dass sie mit fertigem Vorrat von Geschlechtsproducten in den Winter gehen. Die Erzeugung dieser und das Aufwachsen der Embryonen fällt also in zwei verschie-

[1] Zoologischer Anzeiger 1879, II, pag. 304.
Benecke, Über Reifung und Befruchtung des Eies bei den Fledermäusen.
Fries, Über die Fortpflanzung der einheimischen Chiropteren, pag. 355.
Eimer: Über die Fortpflanzung der Fledermäuse, p. 425.

dene wärmere Jahreszeiten. Unstreitig ist dies für die Reproduction sehr nützlich. So findet man bei Helix pomatia im Januar reife Geschlechtsproducte vor. Auch viele Teleostier und
Batrachier bilden die Geschlechtsstoffe vor der Zeit des Mangels[1]. „Während der Sommer- und Herbstmonate werden die
Geschlechtsproducte der Amphibien für die Begattung des künfti-
gen Jahres bereits vorbereitet" (Triton, Salamandra, Rana, Bombi-
nator, Bufo)[2]. — Auch bei Pflanzen lässt sich vielleicht ähnliches nachweisen, so fällt bei Pinus Bestäubung und Befruchtung
um ein Jahr auseinander. Bei allen höheren Pflanzen findet die
männliche Geschlechtsthätigkeit vor der weiblichen statt, zuerst wird
Pollen, später nach der Befruchtung aber erst Samen gebildet.

So gering die Zahl dieser Beispiele auch noch ist, so scheint
hieraus doch hervorzugehen, dass die Organismen sich auch in
bezug auf das zeitliche Auftreten der Reproduction nach den Lebensverhältnissen richten, dass die hierauf bezüglichen Eigenschaften als Anpassungen aufzufassen sind.

b. Einfluss auf das Sexualverhältniss.

α. Die Ernährungsverhältnisse der Geschlechter.

Es war gezeigt worden, dass die Reproductionsstärke je nach
den Existenzbedingungen eine verschiedene ist; die Organismen
vermehren sich stärker unter günstigen, schwächer unter ungünstigen Verhältnissen. Jetzt muss bewiesen werden, dass infolge
eingetretener Arbeitsteilung sich insofern ein Unterschied zwischen
beiden Geschlechtern ausgebildet hat, als dem Weibchen die
Funktion zukommt, den Stoff für den Aufbau des Embryo zu liefern. Später wird sich alsdann die Folgerung ergeben, dass, da den Weibchen diese Hauptleistung bei der Reproduction zufällt, auch die Stärke der Reproduction besonders von
der relativen Zahl der Weibchen abhängt, dass also eine rasche
Vermehrung besonders mit Hülfe eines Weibchenüberschusses vor
sich gehen kann. Daran wird sich alsdann die Vermutung knüpfen,
dass die Organismen wohl die Eigenschaft erlangt haben können,

[1] Archiv für mikrosk. Anatomie, Bd. 18, pag. 78.
Nussbaum, Zur Differenzierung des Geschlechtes im
Tierreich.
[2] l. c. Bd. 12 pag. 797.
v. la Valette St. George, Über die Genese der Samen-
körper.

im Überfluss, also dann, wenn stärkere Vermehrung nützlich ist, besonders mehr Weibchen zu produzieren, weil alsdann diese Vermehrung erst recht stark von statten gehen kann. — Nach diesem kurzen Überblick soll also mit dem Nachweis begonnen werden, dass infolge einer zwischen dem männlichen und weiblichen Geschlecht eingetretenen Arbeitsteilung den Weibchen die Aufgabe zugefallen ist, den Nährstoff für den Aufbau des Embryo zu liefern. Das Weibchen oder mindestens sein Genitalapparat wird daher mehr Nahrung verbrauchen als das Männchen, resp. dessen Geschlechtsapparat. Dieses ist durch Thatsachen zu beweisen.

Zunächst könnte man einwenden, dass nicht bei allen Tieren das Weibchen ausschliesslich den Stoff zum Aufbau des Embryos schafft, dass die Menge des ejaculierten Sperma z. B. bei Vesperugo pipistrellus so gross wäre, dass sie nach Pagenstecher [1] „einigen Einfluss auf die eigentliche Ernährung der in den Uterus gelangenden Eier üben könnte.“ Indessen wird man wohl zugeben, dass dieser Einfluss nur ein geringer sein kann und dass auch in diesem einen extremen Fall dem Weibchen die Haupternährung obliegt. Auch das Beispiel der Fische liesse sich entgegen halten, da hier die Quantität der Milch der des Rogens oft beinahe gleich kommt. Jedoch ist auch bei diesem Extrem der Unterschied noch ein nicht unbedeutender.

Man könnte vielleicht auch anführen, dass bei einzelnen Tieren das Männchen einen Teil des Brutgeschäftes übernimmt, z. B. beim Strauss. Viele männliche Vögel füttern das Weibchen und die Jungen. Der männliche Stichling (Gasterosteus) und grosse Wels (Silurus glanis) bewachen die Eier. Jedoch ist auch bei diesen Tieren unzweifelhaft, dass die weibliche Fortpflanzungsthätigkeit weit mehr Nahrung in Anspruch nimmt als die männliche.

Was zunächst die stärkere Ernährung des weiblichen Geschlechtes anbetrifft, so ist es nach dem jetzigen Stande der Wissenschaft noch unmöglich, den Beweis für sämtliche Tiere zu bringen. Keine bekannte Thatsache spricht aber gegen diese Behauptung, d. h. bei keinem bekannten Tier gebraucht das männliche Genitalsystem mehr Nahrung als das weibliche. Die beson-

---

[1] Pagenstechers Kritik zu Thurys, La Production des Sexes, pag. 31. Hierbei ist auch zu bedenken, dass der grösste Teil des Sperma im Frühling durch die Vagina wieder entleert wird. Man vergleiche: Zoologischer Anzeiger 1879, II, pag. 304. Benecke, Über Reifung und Befruchtung des Eies bei den Fledermäusen.

ders in die Augen springenden Thatsachen sollen hier kurz angeführt werden.

Schon bei der ersten Differenzierung männlicher und weiblicher Elemente existiert ein solcher Unterschied in bezug auf die Ernährungsverhältnisse der beiden Geschlechter. Bei den Vorticellen sehen wir eine Conjugation ungleich grosser Individuen. Ein kleineres durch viele Teilungen entstandenes Individuum sucht ein grösseres auf, setzt sich am hintern Ende fest und verschmilzt mit ihm. Auch bei Volvox und Verwandten ist ähnliches zu beobachten. Einige grosse Zellen bilden sich zu grossen Eizellen, während andere, weniger grosse, zu Kapseln mit vielen Mikrogonidien werden.

Bei den Orthonectiden besteht ein Hauptunterschied zwischen männlichen und weiblichen Tieren darin, dass die innere Schicht (das Entoderm), welche die Eier resp. Zoospermien liefert, beim Männchen viel kleiner bleibt als bei dem Weibchen [1]). Bei letzterem tritt also die Reproductionsthätigkeit weit mehr in den Vordergrund.

Bei sehr vielen Tieren bemerkt man einen auffallenden Dimorphismus zwischen beiden Geschlechtern, so z. B. bei den Rädertieren. Die Männchen sind sehr viel kleiner als die Weibchen, haben weder Schlundröhre noch Darm. Sie verlassen in vollkommener Ausbildung das Ei, nehmen keine Nahrung auf, leben überhaupt nur kurze Zeit. Die viel grösseren Weibchen sind dagegen mit allem ausgerüstet, was einer guten Ernährung dienen kann, da sie auch sonst die weibliche Reproductionsthätigkeit, die Production von Eiern, nicht zu Wege bringen würden.

Die interessantesten Verhältnisse indessen zeigen sich bei den Insecten. Bei ihnen besitzen die Männchen fast stets eine schlankere Körperform und grössere Beweglichkeit als die Weibchen; diese können sogar ganz flügellos und larvenähnlich bleiben. Unter den Orthopteren tritt dies bei Cladoxerus ein. Bei den Termiten treffen wir Arbeiter und Soldaten beiderlei Geschlechts; indessen ist ihr Genitalapparat infolge unvollkommener Nahrung rudimentär geblieben. Unter den Nymphen finden sich auch Ersatz-Männchen und -Weibchen. Bei Mangel an Geschlechtstieren werden diese besser genährt, so dass sie sich zu fortpflanzungsfähigen Individuen ausbilden können. Nach der Begattung

---

[1]) Zoologischer Anzeiger 1879.
Metschnikoff, Zur Naturgeschichte der Orthonectiden.

wird die Königin stark gefüttert und schwillt zu ganz kolossalen Dimensionen an. Es ist also nur dem Einfluss der Nahrung zuzuschreiben, ob der weibliche Genitalapparat rudimentär bleibt oder sich zu so kolossaler Leistungsfähigkeit entwickelt. — Unter den Rhynchoten bieten uns die Cocciden sehr auffallende Beispiele. Die grossen flügellosen Weibchen sind plump und unsymmetrisch, ungegliedert, sitzen ohne Bewegung in dem Pflanzenparenchym, dem sie ihre Nahrung durch den langen Schnabel entziehen. Die Männchen dagegen sind viel kleiner und metamorphosieren sich zu geflügelten Individuen, die aber weder Rüssel noch Stechwaffen besitzen und gar keine Nahrung aufnehmen. Bei Phylloxera kann man den Eiern ansehen, ob aus ihnen das männliche oder das weibliche Geschlecht hervorgehen wird. Aus den grossen entstehen die Weibchen, aus den kleinen die darmlosen Männchen, die also keine Nahrung zu sich nehmen. Über die Dipteren haben uns die Beobachtungen von Fritz[1]) und Hermann Müller[2]) Aufklärung verschafft. Bei vielen blutsaugenden Dipteren, Bremsen und Stechmücken nehmen die Männchen, welche der Stechwaffe gänzlich entbehren, nur Blumennektar zu sich, während die Weibchen entweder ausschliesslich von Blut oder doch meistens von solchem sich nähren. Der grössern Aufgabe wegen, die ihnen gestellt ist, werden sie mehr stickstoffreiche Nahrung zu sich nehmen müssen. — Unter den Coleopteren finden wir ein verschiedenes Verhalten der zwei Geschlechter bei den Bostrychiden. Diese bohren Gänge in den Nadelhölzern, in denen sie leben. Die Begattung findet bei der Begegnung in den Gängen statt. Aber nur das Weibchen frisst sich alsdann weiter, um später die Eier abzulegen. — Unter den Hymenopteren sehen wir zunächst bei den Ameisen, dass das Weibchen, die Königin, vollständig bedient, gefüttert und beim Ortswechsel selbst getragen wird[3]), so dass sie möglichst wenig Stoff für anderweitiges Arbeiten verbraucht und desto mehr für die Bildung von Eiern erübrigt. Die Männchen gehen dagegen nach der Copulation zu Grunde.

Über die verschiedene Ernährungsweise der Männchen und Weibchen bei den Bienen seien hier die Resultate der Beobach-

[1]) Über Paltostoma. Kosmos, Jahrgang IV, Heft 7.

[2]) Die verschiedene Blumenthätigkeit der Männchen und Weibchen von Insecten. Kosmos, Jahrgang V, Heft 8.

[3]) Burdach, Physiologie, B. II, S. 27.

tungen von Hermann Müller mitgeteilt. Bei ihrer Blumenthätigkeit lassen sich die ersteren weit mehr von dem Wohlge-
schmack und der Bequemlichkeit der Erlangung als von der
Massenhaftigkeit desselben leiten. Sie besuchen daher manche
Honigblumen mit würzigem Duft besonders gern, die von den
Weibchen derselben Art kaum einer Beachtung gewürdigt werden.
Diese, durch die Sorge für die Nachkommen getrieben, sehen nur
darauf, in möglichst kurzer Zeit möglichst viel Futterladungen
einzuheimsen. Meist besuchen sie nur eine oder wenige Blumen-
arten, von denen sie wissen, dass sie die schnellste und ergiebigste
Ausbeute an Nahrung liefern.

Beim Menschen scheinen die Verhältnisse etwas compli-
cierter zu liegen. Der Körper des weiblichen Individuums ver-
braucht an und für sich weniger Nahrung als der des männlichen.
Daher macht man in Gefängnissen die Beobachtung, dass die
Frauen durchschnittlich weniger Nahrung bedürfen als die Männer.
Dies gilt jedoch nur, so lange das weibliche Genitalsystem ausser
Thätigkeit gesetzt ist. Zur Zeit dieser Ruhe wird sogar ein
Überschuss durch die Menstruation beseitigt. Teilweise scheint
er auch aufgespeichert zu werden; denn das Weib ist weit fett-
reicher als der Mann [1]). Während der Schwangerschaft dagegen
verschwinden die rundlichen Formen. Auch repräsentieren zehn
Menstrualblutungen bei weitem nicht das Gewicht des Kindes mit
der Nachgeburt. Dieses wird wohl wenigstens 4000 gr betragen [2]),
während die Menstruationsproducte durchschnittlich 100 bis 200 gr
wiegen. Es geht hieraus deutlich hervor, dass zur Zeit der
Schwangerschaft viel mehr Stoff verbraucht wird als während der
Ruhe des Genitalsystems. Nach Fr. Richarz [3]) ist „jede
Schwangerschaft infolge der grossen Abgaben mit einem gewissen
Grad von Hydraemie und einer Abnahme des Haemoglobins, mit
Veränderungen, wie sie sonst nur den mit Blutarmut einher-
gehenden Krankheiten zukommen, unzertrennlich verbunden." Man
sieht hieraus, wie viel mehr ein weibliches Genitalsystem zu leisten
hat als ein männliches. Der allgemeine Satz gilt also auch für
den Menschen.

---

[1]) Schmidt's Jahrb. d. ges. Med. 183, pag. 116. Pagliani,
Die Entwickelung des Menschen.

[2]) Leuckart, Über Zeugung. Wagners Handwörterb. d. Phys.
IV, pag. 880.

[3]) Fr. Richarz, Über Zeugung und Vererbung, Bonn 1880,
pag. 16.

Da die Weibchen ein so bedeutendes Stoffbedürfniss haben, so sind sie häufig durch Anpassung zu Schmarotzern ausgebildet worden, während ein solcher einseitiger Parasitismus bei den Männchen niemals vorkommt. Auch hier verlohnt es sich, einen Blick auf die so lehrreichen Verhältnisse bei den Arthropoden zu werfen. Bei den Copepoden sehen wir, wie die Weibchen der schmarotzenden Lernaeen, Lernaeopoden, Chondracanthiden infolge des Parasitismus kolossal an Grösse zunehmen. „Das Wachstum des Weibchens ist so enorm, dass es im Stadium der Brutproduction nach mässigem Anschlag eine mehr als 1000 fache Körpermasse besitzt als im Alter der Begattung" [1]. Alle Organe werden rückgebildet, der Körper wird aufgetrieben, zeigt unnatürliche Aussackungen und Auswüchse. Das Männchen hingegen behält sein normales Aussehn und wächst nicht so unmässig. Bei den Lernaeen schmarotzt das Männchen überhaupt gar nicht, sondern nur das befruchtete Weibchen. Auch die männlichen Sapphiriniden schwimmen frei umher, während die Weibchen in Salpen schmarotzend leben. Auch bei der von Claus entdeckten Sepicola longicauda fanden sich unter den an den Kiemen von Sepien parasitierenden Individuen nur weibliche [2].

An den parasitischen Cirripedien finden wir eine nicht minder interessante Gruppe. Sie sind eigentlich Zwitter. Indessen kommen auch Weibchen vor, so bei Scapellum ornatum, Ibla Cumingii, Cryptophialus, Alcippe. Bei diesen treffen wir noch Zwergmännchen, welche im Gegensatz zu den grossen Weibchen resp. Hermaphroditen äusserst klein sind und an diesem haften. Unter den Amphipoden ist vielleicht nur Phronima zu erwähnen. „Die Weibchen sind Parasiten der Pyrosomen, in denen sie Ernährung und Wohnort finden. Bietet das Tönnchen dem wachsenden Tier keine Nahrung mehr, so wird ein grösseres gewählt und zuletzt das Brutgeschäft begonnen. Niemals aber findet man das Männchen im Tönnchen" [3]. Die Isopoden bieten uns mehr Beispiele. Zunächst sehen wir bei den Garneelasseln wieder, wie das weibliche Geschlecht, das in den Kiemenhöhlen von Garneelen „eine schwelgerische Lebensweise führt", unter Reduction

---

[1]) Claus, Beobachtungen über Lernaeocera, Peniculus und Lernaea. Marburg 1868.

[2]) Claus, Beiträge zur Kenntniss der Entomostrakeu. Marburg 1860.

[3]) Claus, Über Phronima sedentaria etc.

der Organe zu einer unbehülflichen unsymmetrischen Scheibe aus-
wächst, während das winzig kleine Männchen seine Beweglichkeit
behält.

Bei den Binnenasseln (Cryptoniscus, Entoniscus, Praniza)
sind die Tiere bis zum Begattungsstadium einander sehr ähnlich.
Das weitere Schicksal der Männchen ist meist unbekannt, vielleicht
gehen sie dann zu Grunde. Das Weibchen jedoch parasitiert und
schwillt infolge des Überflusses zu einem unförmlichen Sack an.
Ebendasselbe finden wir bei der Insectenordnung Strepsiptera,
deren Geschlechtsdimorphismus zuerst Siebold in ein richtiges
Licht gestellt hatte. Das Männchen ist ein fliegendes schönes
Insect von vielleicht kurzer Lebensdauer, das man Wespen und
andere Adlerflügler verfolgen sieht; das Weibchen dagegen lebt
flügellos, fusslos, blind als wurmförmige Made schmarotzend im
Innern dieser Adlerflügler, streckt zuletzt Kopf und Geschlechtsorgane aus dem Hinterleib der Wespen hervor und wartet den
befruchtenden Besuch des Männchens ab, welches nur dieserhalb
die Adlerflügler verfolgt. Endlich wäre unter den Dipteren
noch Pulex penetrans zu erwähnen, dessen Männchen die gewöhnliche Lebensweise der Flöhe beibehält, während das Weibchen
sich in die Haut der Füsse von höhern Tieren einbohrt, um daselbst mit Hülfe reichlicherer und besserer Nahrung die Eierstöcke
mächtig zu entwickeln.

Im Vorhergehenden wurde also gezeigt, wie die Weibchen
im Gegensatz zu ihren Männchen häufig eine para-
sitische Lebensweise führen, was als eine Anpassung
an den grösseren Nahrungsbedarf des weiblichen Geschlechts aufgefasst wurde.

Da die Weibchen aber mehr Nahrung verbrauchen, so folgt,
dass auch bei ihnen mehr Nahrung zu finden ist; und damit
steigt die Wahrscheinlichkeit, dass sie von Parasiten heimgesucht
sind. In der That lassen sich viele Beispiele anführen, wo das
Weibchen mehr Schmarotzer beherbergt als das betreffende Männchen.

Nach Leuckart und Küchenmeister[1]) kommt der Bandwurm bei Frauen etwa zweimal so oft vor als bei Männern. Jedoch könnte sich diese Erscheinung vielleicht auch auf andere
Umstände zurückführen lassen, z. B. auf die Beschäftigung der

---

[1]) Schmidts Jahrbücher 99, pag. 97. Wawruch fand ihn bei
135 Frauen und 71 Männern.

Frauen. Weit besser sind daher die Beispiele, welche uns die Tierwelt bietet.

Bei den Cirripedien und parasitischen Copepoden schmarotzt sogar das eigene Männchen auf dem grossen parasitischen Weibchen resp. Zwitter. Das Männchen ist sehr klein und braucht wenig Nahrung, einigen fehlten sogar Mund und Darm [1]).

Das Geschlecht des Überflusses, wenn wir die Weibchen einmal so bezeichnen wollen, kann aber niemals auf dem des Mangels, den Männchen, schmarotzen. Dieser umgekehrte Fall ist fast undenkbar und seine Möglichkeit kann von vornherein bestritten werden. Wird nun der Parasit durch zu starken Nahrungsentzug gefährlich, so äussert sich dies zuerst beim Genitalsystem, das Weibchen wird unfruchtbar. So geschieht dies mit dem Weibchen der Einsiedlerkrebse, in denen Cryptoniscus resp. Peltogaster schmarotzt. Fraisse [2]) sagt: „Nach meinen Beobachtungen muss ich annehmen, dass Entoniscus Cavolinii nur bei Weibchen schmarotzt und die Unfruchtbarkeit seines Wirtes zur Folge hat.“

Wie weit der Geschlechtsdimorphismus sich steigern kann, zeigt sich bei dem Nematoden Trichosoma crassicauda [3]) und der Gephyrec Bonellia. Hier beherbergt das weibliche Geschlecht das winzig kleine Männchen in den Fortpflanzungsorganen. An diesem extremen Fall sieht man am besten, wie unnatürlich der umgekehrte Fall sein würde. —

Wenn es richtig ist, dass im ganzen Tierreich das Weibchen, da es die Hauptarbeit der Reproduction übernommen hat, stärker ernährt werden muss, so wird auch bei Hermaphroditen notwendigerweise das weibliche Genitalsystem mehr Nahrung beanspruchen als das männliche.

Die Untersuchung dieser Verhältnisse ist mit Schwierigkeiten verknüpft, einmal, weil bei den meisten Hermaphroditen die Ernährungsverhältnisse der einzelnen Körperteile nicht bekannt sind und zweitens, weil häufig die beiden Genitalsysteme so nahe beisammen liegen, dass ein Urteil über ihre Nahrungszufuhr fast unmöglich ist.

---

[1]) Darwin, Cirripedien, pag. 26. Scalpellum.
[2]) Arb. a. d. zool. Inst. zu Würzburg IV B, 1877—78. Fraisse, Entoniscus Cavolinii etc.
[3]) Archiv f. Naturgesch. 39. Jahrg., Bd. II, pag. 542. Leuckart, Jahresbericht für 1872—75.

Einige Hermaphroditen scheinen Ausnahmen von der Regel zu bieten. Bei den Hirudineen z. B. erscheint gerade das männliche Genitalsystem weit mächtiger ausgebildet als das weibliche. Ersteres ist auf alle Segmente verteilt, letzteres findet sich dagegen nur in einem einzigen. So lange also noch nicht genauere Untersuchungen über die Ernährungsverhältnisse dieser Organe vorliegen, muss man annehmen, dass es hier wahrscheinlich der männliche Teil des Genitalsystems ist, welcher mehr Nahrung in Anspruch nimmt. Es würde dann hier eine Ausnahme von der allgemeinen Regel stattfinden, die sich vielleicht auf eine Anpassung an besondere Lebensverhältnisse wird zurückführen lassen.

Unter den Coelenderaten sind für Hydra[1]) diese Verhältnisse genauer studiert. Bei dieser haben wir zwei Tuberkelreihen, eine in der Nähe des Mundes, die andere um die untere Gegend des Magens. Erstere, unzweifelhaft weniger stark ernährten, bilden sich zu Hoden um, letztere aber haben dort ihren Sitz, wo die Verdauung stattgefunden, wo die Ernährungssäfte in grösster Menge vorhanden, und sie bilden sich auch zu Eiern resp. Knospen aus.

Unter den Würmern begegnen uns zunächst die meist hermaphroditischen Turbellarien. Man sieht hier sofort, wie klein die männlichen Geschlechtsdrüsen im Vergleich zu den weiblichen sind. Erstere bestehen nur aus den zwei Hoden, letztere aber aus dem Ovarium, den zwei sehr grossen Dotterstöcken und dem Behälter. Während die Hoden gleich das fertige Sperma liefern, werden die vom Ovarium ausgeschiedenen primitiven Eizellen erst von einem Dottermaterial umgeben, welches die Dotterstöcke liefern, und endlich noch von einer im Eibehälter ausgeschiedenen harten Schale umgeben. Es unterliegt also nicht dem geringsten Zweifel, dass das weibliche Genitalsystem bedeutend mehr Material zu liefern hat als das männliche und infolge dessen auch einer weit stärkern Ernährung bedarf. Noch mehr in die Augen springend aber finden wir dies bei der folgenden Gruppe.

Bei diesen, den Trematoden, scheint ein Übergang stattzufinden vom Hermaphroditismus zum geschlechtlichen Dimorphismus. Bei allen Arten aber sieht man auf den ersten Blick den kolossalen Unterschied zwischen den beiden Geschlechtssystemen.

---

[1]) William Marshall, Über einige Lebenserscheinungen der Süsswasserpolypen und über eine neue Form von Hydra viridis. Z. f. w. Z. XXXVII, 4. Heft, p. 668.

Der männliche Teil beansprucht nur die Ernährung von zwei einfachen oder lappigen Hoden. In dem weiblichen System aber haben wir zunächst das eigentliche Ovarium, ferner die ungeheuer grossen Dotterstöcke, welche in vielfach verzweigten Schläuchen die beiden Seitenteile des Tieres erfüllen, und endlich die Schalendrüse. Von diesen drei Drüsen sondert das Ovarium die Eier, die Dotterstöcke die Dotterballen und die Schalendrüse ein Secret ab, welches Ei und Dotter einhüllt. Man kann sich hiernach wohl vorstellen, welch grosser Ernährungsunterschied zwischen den beiden Systemen stattfindet. Man ist wohl berechtigt, die Absonderung und daher auch die Ernährung einer Drüse nach ihrer Oberfläche zu taxieren. Und dann treten die Hoden gegen die weiblichen Drüsen sehr zurück.

Ein sehr demonstratives Beispiel liefert uns Sagitta. Die beiden Geschlechtssysteme sind hier örtlich von einander getrennt. Der Darm zieht sich durch das ganze zweite Segment. Im ersten Teil desselben wird mehr verdauende Thätigkeit stattfinden, im zweiten dagegen werden die Ernährungsflüssigkeiten durch den Darm durchdringen. Und hier, also am best genährten Teil des ganzen Körpers, bilden sich die weiblichen Geschlechtsproducte. Die männlichen hingegen entstehen da, wo der Darm gar nicht einmal mehr hindringt, im dritten oder Schwanzsegment. Sie werden also nur von Säften ernährt, welche das weibliche Genitalsystem bereits passiert haben.

Bei den hermaphroditischen Gastropoden besteht eine Zwitterdrüse, welche beide Geschlechtsproducte liefert. Untersucht man aber eine solche, so findet man freie Spermatozoen und ferner Eier, welche meist noch im Entstehungszustand begriffen sind. Die Bildung letzterer und ihre Ernährung nimmt viel mehr Zeit in Anspruch, während die Spermatozoen scheinbar noch nebenbei gebildet werden.

Wenn man endlich die grosse Eiweissdrüse in betracht zieht, so wird man zugestehen müssen, dass auch bei den zwittrigen Gastropoden der weibliche Teil des Genitalapparates stärkere Ernährung beansprucht als der männliche.

Als weiteres Beispiel können uns die Thatsachen dienen, auf Grund deren van Beneden seine Theorie von der Geschlechtlichkeit der Keimblätter aufstellte. Er sah, dass bei einzelnen Tieren die männlichen Genitalproducte vom Ectoderm, die weiblichen vom Entoderm abstammten und glaubte, dies bei allen übrigen auch vermuten zu dürfen. Diese Vermutung hat sich indessen als nicht stichhaltig herausgestellt. Bei einigen Tieren trifft der Fall zu, er findet auch leicht seine Erklärung. Denn eine weibliche Zelle kann sich nur da ausbilden, wo sie gut ernährt wird, während Spermazellen sich auch an andern Stellen bilden können.

Bei einem Tier, das nur aus den beiden primären Keimblättern besteht, ist aber das Entoderm unstreitig besser ernährt als das Ectoderm, da letzteres ja seine Nahrung erst vom Entoderm bezieht. Es ist also äusserst wahrscheinlich, dass die nahrungsbedürftige Eizelle im gut genährten Entoderm, die weniger anspruchsvolle Spermazelle im dürftiger versorgten Ectoderm sich ausbilde. Und in der That scheint dies bei vielen niedern Tieren der Fall zu sein. Meist jedoch ist der Bau des Tieres und damit das Ernährungsverhältniss der Keimblätter complicierter. — Häufig tritt es ein, dass Hermaphroditen sich unter wechselnden Ernährungsverhältnissen befinden. Da nun der Mangel mehr der Ausbildung des männlichen Genitalsystems, der Überfluss aber mehr der des weiblichen günstig ist, so tritt häufig der Fall ein, dass nur das eine oder andere System die Funktionsfähigkeit erhält.

Bei solchen Hermaphroditen, bei denen regelmässig eine zeitlich verschieden starke Ernährung der Genitalien stattfindet, können die beiden Geschlechter zu verschiedenen Zeiten zur Ausbildung gelangen. Bei vielen findet in der Jugend, wo das Tier noch das Maximum der Nahrungsstoffe zum Aufbau des eigenen Körpers braucht, eine schwächere Ernährung des Genitalsystems statt, weshalb nur der männliche Teil zur Ausbildung gelangt. Später dagegen, wenn das System mehr Nahrungszufuhr erhalten wird, kann das Tier auch weiblich functionieren.

Von den Isopoden sind die Cymothoideen hermaphroditisch, jedoch mit zeitlicher Trennung der Geschlechtsreife. Im jugendlichen Alter sind dieselben funktionsfähige Männchen. Nach einer spätern Häutung werden die weiblichen Drüsen immer weiter entwickelt, so dass das Tier bald nur als Weibchen fungiert.

Ähnliches scheint beim Süsswasserschwamm (Spongilla) stattzufinden. Keller [1]) fand in kleineren Exemplaren stets nur

---

[1]) Zool. Anz. 1. Jahrg. pag. 314. Spermabildung bei Spongilla.

Spermazellen. Im Anfang erübrigt der Schwamm noch wenig Stoff für die Reproduction und es ist eine Anpassung an diesen Umstand, dass er dann nur männlich functioniert. — Endlich wäre es noch nötig, für Pflanzen zu beweisen, dass das weibliche Geschlecht mehr Nahrung beansprucht als das männliche. Hierüber brauchen wohl nicht viele Worte gesagt zu werden. Es wird Niemand daran zweifeln, dass zur Ausbildung des männlichen Blütenteils weniger Stoffzufuhr nötig ist als zur Entwickelung des weiblichen inclusive der der Frucht.

Als ein Beispiel könnte angeführt werden, was Darwin über die cultivierte Erdbeere [1]) sagt, die in den Vereinigten Staaten eine starke Neigung zur Trennung der Geschlechter zeigt. „Die männlichen tragen grosse, die hermaphroditischen mittelgrosse, und die weiblichen kleine Blüten. Die letzteren Pflanzen producieren wenig Ausläufer, während die zwei anderen Formen deren viele producieren; infolge dessen vermehren sich, wie sowohl in England, als in den Vereinigten Staaten beobachtet worden ist, die Pollen tragenden Formen sehr schnell, und streben danach, die weiblichen zu verdrängen. Wir können daher schliessen, dass viel mehr Lebenskraft auf die Production von Eichen und Früchten verwandt wird, als auf die Production von Pollen."

Ferner sagt Gärtner [2]): „Die männlichen Blüten der Lychnis vespertina sind etwas kleiner und von zarterem Baue als die weiblichen." — „Das Leben der männlichen Blüte ist von kürzerer Dauer als das der weiblichen: es scheint dies ein allgemeines Gesetz bei dem dichogamen Baue der Blumen zu sein; denn alle männlichen Blumen vergehen oder fallen ab nach der Verstäubung des Pollens."

Der Dimorphismus der Geschlechtszellen bei den Volvocineen ist bereits erwähnt worden. Auch bei höheren Algen bemerken wir diese fortschreitende Differenzierung. Die Gameten waren ursprünglich jedenfalls gleich gestaltet. Bei weiter entwickelten sehen wir jedoch, wie die weibliche Geschlechtszelle grösser und weniger beweglich wird als die männliche, sie übernimmt es, die Nahrung für den Aufbau des Embryo zu liefern. Bei den Melanophyceen z. B. lässt sich diese fortschreitende Differenzierung sehr deutlich verfolgen.

---

[1]) Die verschiedenen Blütenformen an Pflanzen der nämlichen Art, übers. v. J. V. Carus, pag. 253.

[2]) Beiträge zur Kenntniss der Befruchtung, I, pag. 44.

Bei vielen Prothallophyten sind die männlichen Pflänzchen kleiner als die weiblichen. Bei den gewöhnlichen Laub-
moosen, Schachtelhalmen und andern kann man sich hiervon überzeugen. Bei den heterosporangiaten Farnen zeigt sich, dass die
männlichen Elemente weniger Nahrung bedürfen als die weiblichen.
Aus allen diesen Beispielen geht wohl auf das Unzweifelhafteste hervor, dass infolge eingetretener Arbeitsteilung dem weiblichen Geschlecht die Aufgabe zugefallen ist, den Stoff für den
Aufbau des Embryo zu liefern. Das weibliche Genitalsystem beansprucht daher im Allgemeinen mehr Nahrung als das männliche. —

Beim weiblichen Geschlecht spielt, wie bewiesen wurde, die
Ernährung eine weit wichtigere Rolle als beim männlichen. Schon
aus diesem Umstand folgt, dass eine Änderung in der Ernährungsstärke beim weiblichen Geschlecht weit grössere Folgen haben
muss als beim männlichen. Eine derartige Einwirkung ist ja
überhaupt von grossem Einfluss auf das Genitalsystem. Und zwar
wirkt eine Verminderung der Ernährung derartig, dass eine Verminderung der Reproduction eintritt. Besonders stark muss die
Einwirkung auf das weibliche Geschlecht sein, da ja von diesem
hauptsächlich die Stärke der Reproduction abhängig ist. Das
weibliche Geschlecht resp. dessen Genitalapparat
wird daher weit empfindlicher gegen Ernährungsschwankungen sein, als dies beim männlichen der
Fall ist.

Die Empfindlichkeit des weiblichen Genitalsystems zeigt sich
z. B. bei vielen Insecten. Bei den Bienen sehen wir, dass die
meisten befruchteten Eier — während die unbefruchteten zu Männchen werden müssen, wie oben gezeigt wurde — infolge unzuläng-
licher Ernährung sich nicht zu vollkommenen Weibchen ausbilden
können, da sich der Mangel zunächst auf die Entwickelung des
weiblichen Geschlechtsapparates geltend macht. Diese Individuen
bilden sich daher nur zu Arbeitern, d. h. verkümmerten Weibchen aus.

Es ist also kein Zufall, dass bei staatenbildenden Insecten es
gerade das weibliche Geschlecht ist, dem die Arbeiter angehören,
sondern es ist dies begründet in der grossen Empfindlichkeit
des weiblichen Genitalapparates gegen verminderten Nahrungszufluss. Soll sich bei Bienen das Geschlecht vollkommen ausbilden, so wird die Larve der zukünftigen Königin in
einer weiten, geräumigen Weiselwiege gepflegt und mit reichlicher

Nahrung und königlicher Kost zum geschlechtsreifen, begattungs-
fähigen Weibchen, zur Königin erzogen, deren Genitalapparat dann
auch eine kolossale Leistungsfähigkeit erreicht, so dass die Königin an einem Tage über 3000 Eier abzusetzen im Stande ist. Wie
empfänglich der weibliche Genitalapparat für Überfluss ist, zeigt
sich durch die Beobachtungen Siebolds und anderer noch auf eine
andere Art. Fehlt dem Stock nämlich eine Königin, so werden
einige der Larven, welche eigentlich zu Arbeitern bestimmt waren,
in Weiselwiegen gebracht und ihnen die bessere königliche Nahrung gereicht. Der weibliche Geschlechtsapparat, dessen Ausbildung eigentlich durch schlechte Nahrung unterdrückt werden sollte,
entwickelt sich dann ausserordentlich, so dass eine solche Königin
in keiner Beziehung einer andern nachsteht. Bei keinem einzigen
Tiere ist dagegen bis jetzt eine solche ausserordentliche Empfindlichkeit des männlichen Genitalsystems gefunden worden.

Auch durch viele andere Beobachtungen ist der grosse Einfluss der Nahrungszufuhr auf das weibliche Genitalsystem hinreichend constatiert. Nach Gaspard entwickeln sich die Eier der
Weinbergschnecke bei warmer Witterung in drei, bei kühler
erst in 4—6 Wochen [1]). Bekannt ist ferner die Beobachtung, dass
gut gefütterte Pferde um 8 Tage eher gebären als schlecht genährte. „Ammon hat sogar bei Durchsicht der preussischen Ge-
stütsregister gefunden, dass eine kräftigere Fütterung des Muttertieres die Tragzeit um 10—14 Tage abkürzt" [2]). Ernst Zeller [3])
beobachtete, dass die Eiproduction von Polystomum integerrimum beim Eintritt der Frühlingswärme vor sich geht. Bei
jüngern Fröschen, in denen solche Würmer schmarotzen, findet
man selbst noch im Mai und Juni Eier im Eiergang. Diese Verzögerung der Eierproduction kann sehr wohl auf den Einfluss einer
weniger reichlichen Nahrung in jüngeren Tieren zurückgeführt
werden.

Auch bei Vögeln scheint der Einfluss der Nahrung auf die
Ausstattung der Eier ein bedeutender zu sein. Baldamus giebt
eine Notiz, „nach welcher in einem sehr günstigen Mäusejahr die

---

[1]) Burdach, Physiologie, Bd. II, S. 76.
[2]) von Dr. Ploss angeführt: Über die das Geschlechtsverhältniss der Kinder bedingenden Ursachen. Monatsschrift für Geburtskunde. 12. B.
[3]) Zeitschrift f. wiss. Zoologie, XXVI, 1876. Dr. E. Zeller,
Weiterer Beitrag zur Kenntniss der Polystomen.

Eier der Sumpfweihen nahezu die doppelte Grösse des Durch-
schnittsmaasses erreichen" [1]).

Ferner „fand His die Keimscheibe der Hühner im Herbst
viel spärlicher mit Dotterkörnchen ausgestattet als im Sommer" [2]).

Eigentlich könnten hier fast alle Beispiele, welche aufgezählt
wurden, um die Empfindlichkeit des Reproductionsapparates überhaupt gegen Ernährungsveränderungen zu zeigen, noch einmal wiederholt werden; denn fast alle betreffen besonders die Thätigkeit
des weiblichen Geschlechtes. Lässt man Daphniden [3]) hungern,
so tritt eine Resorption der weiblichen Geschlechtsproducte ein.
Beim Männchen ist Ähnliches noch nicht beobachtet worden. Auch
Weismann hat daher die Ansicht, dass es das weibliche Geschlecht ist, welches durch ungünstige Verhältnisse am meisten
affiziert wird. Dasselbe lässt sich über Hydra [4]) sagen. Der
untere Tuberkelring liefert die weiblichen Geschlechtsproducte,
Knospen und Eier. Diese Tuberkel sind sehr unbeständig, verschwinden öfter und treten wieder auf, z. B. nach der Ablösung
der Knospe, wenn diese also keine Nahrungszufuhr mehr von der
Mutter erhalten kann, verschwinden sie, um dann später wieder
aufzutreten. Lässt man die Tiere hungern, so werden sie, wie
schon oben erwähnt, resorbiert. Der obere Tuberkelring hingegen,
der die männlichen Geschlechtsproducte liefert, ist weit beständiger
und scheint kaum von der Nahrungszufuhr abhängig zu sein. —

Auch wenn in der Gefangenschaft die Reproduction
vermindert wird, ist es besonders das weibliche Genitalsystem,
welches hiervon affiziert wird; denn bei sehr vielen gefangenen
Tieren wird die Begattung ausgeübt, es werden aber keine oder
nur wenige Junge geworfen. Hieraus geht hervor, dass es weniger
die Production von Sperma als vielmehr besonders die Ablösung
der Eier sein muss, welche in folge der Einwirkung ungünstiger
Verhältnisse reduziert wird.

Im zoologischen Garten zu London wurden nach Darwin [5])

---

[1]) Hensen, Physiologie der Zeugung. p. 19 (Hermann's Handbuch d. Phys.).

[2]) His, Untersuchungen über die erste Anlage des Wirbeltier-
leibes. Leipzig 1868, p. 13. Citiert von Hensen.

[3]) Weismann, Zur Naturgeschichte der Daphniden, p. 126.

[4]) William Marshall, Über einige Lebenserscheinungen der
Süsswasserpolypen und über eine neue Form von Hydra viridis. Z. f.
w. Z. XXXVII, 4. Heft, p. 668.

[5]) Das Variiren der Tiere und Pflanzen im Zustande der Domestication. Übers. v. J. V. Carus, II. Bd., p. 146.

bei Feliden 73 Begattungen gezählt (abgesehen von den vielen,
welche nicht beobachtet wurden) und doch folgten diesen nur 15
Geburten.

Dasselbe gilt für Bären, einige Nagetiere, Affen.

Einige Raubvögel wurden in der Begattung gesehen, produzierten aber keine Eier. —

Auch die Kinder zeigen je nach dem Geschlecht eine verschiedene Empfindlichkeit gegen Veränderungen in der Ernährung.
Bei dem Nahrungswechsel der neugeborenen Kinder werden mehr
Mädchen als Knaben vom Tod ereilt, trotzdem vorher die Knaben
aus andern Gründen eine grössere Sterblichkeit zeigten. Die Besprechung führt hierauf später zurück und eine Tabelle über die
verschiedene Sterblichkeit der Kinder je nach dem Geschlecht soll
alsdann mitgeteilt werden. —

Es muss ferner noch gezeigt werden, dass auch bei Pflanzen es das weibliche Geschlecht ist, welches am empfindlichsten
reagiert auf Veränderungen der Lebensbedingungen.

Heyer[1]) fand durch seine Versuche, bei welchen er Pflanzen
unter den verschiedensten Verhältnissen aufzog, dass weibliche Individuen von Mercurialis annua unter verschiedenen Bedingungen weit stärker in Bezug auf die Bildung von Trockensubstanz
affiziert werden als männliche, wie folgende Tabelle zeigt.

Lufttrockene Trockensubstanz in Prozenten.

Lebensbedingungen		Geschlecht	Trockensubstanz	Differenz
Gartenerde	unbeschattet	♀	12,507	+ 1,062
„	„	♂	11,445	
Sandboden	„	♀	13,331	+ 0,920
„	„	♂	12,411	
Gartenerde	beschattet	♀	9,706	— 0,047
„	„	♂	9,753	
Sandboden	„	♀	8,981	— 0,031
„	„	♂	9,012	

„Während auf den nicht beschatteten Abteilungen die weiblichen Pflanzen eine grössere Menge Trockensubstanz gebildet haben als die männlichen, ist es bei den beschatteten gerade umge-

---

[1]) Untersuchungen über das Verhältniss des Geschlechtes bei
einhäusigen und zweihäusigen Pflanzen. Dissertation, Halle, 1883,
pag. 40.

kehrt," d. h. die weiblichen reagiren so zu sagen weit empfindlicher auf Veränderungen der Lebensbedingungen als die wider-
standsfähigeren männlichen.

Man könnte dem Satz, dass das weibliche Genitalsystem das
empfindlichere sein soll, eine Bemerkung Darwins entgegenhalten, welche sich in seinem Buch über die verschiedenen Blütenformen an Pflanzen der nämlichen Art findet [1]). Er sagt: „Pflanzen im Zustande der Cultur oder unter veränderten Lebensbedingungen werden häufig steril, und die männlichen Organe werden
viel häufiger affiziert als die weiblichen, obschon zuweilen die letzteren allein affiziert werden."

Diese Bemerkung bezieht sich aber ohne Zweifel nicht auf
die Ausbildung der männlichen Elemente, sondern nur auf die
Contabescenz der Antheren, welche er an einer andern Stelle erörtert [2]). Wodurch diese hervorgerufen wird, ist, wie auch Darwin sagt, noch nicht festgestellt. An derselben Pflanze sind alle
Blüten in nahezu demselben Grade affiziert. Die Eigenschaft wird
durch Senker, Ableger und dergl. und vielleicht auch durch Samen
fortgepflanzt. Darwin sagt, dass die Affection auch durch Inzucht
hervorgebracht werden könne. Kölreuter und Wiegmann
glauben, dass die Ursache in ungünstigen Lebensbedingungen zu
suchen sei. Die Sache ist also noch unentschieden und weitere
Versuche müssen abgewartet werden. Die Erscheinung beruht
jedenfalls auf einer Neigung der Pflanze dioecisch zu werden.
Gärtner [3]) stellte ebenfalls viele Versuche an, welche über die
Ursache keinen Aufschluss gaben.

Indessen könnten manche Beobachtungen Darwins für die
Theorie angeführt werden. Er beobachtete z. B. weibliche und
männliche Sträucher von Euonymus europaeus (Celastrineae) [4])
während drei Jahre und fand, dass in dem einen sehr günstigen
Jahre nicht nur die weiblichen Pflanzen eine sehr grosse Menge
von Früchten bildeten, sondern dass sogar auf den Pollen tragenden Pflanzen sich solche, bei einigen sogar in nicht unbeträcht-
licher Menge vorfanden. In folge der günstigeren Lebensbedingungen hatten sich die gewöhnlich functionslosen weiblichen Or-

---

[1]) Übers. v. J. V. Carus pag. 245.
[2]) Das Variiren der Tiere und Pflanzen im Zustande des Domestication. Übers. v. J. V. Carus, pag. 163
[3]) Beiträge zur Kenntniss der Befruchtung, pag. 117 etc.
[4]) l. c. pag. 252.

ganc der männlichen Pflanze doch entwickelt und sogar Früchte produziert.

Ferner sagt Darwin [1]): „Dass die Pflanzen in ihrer Fruchtbarkeit durch unbedeutende Veränderungen der Lebensbedingungen affiziert werden können, ist um so merkwürdiger, als der Pollen, wenn er einmal im Process der Bildung begriffen ist, nicht leicht verletzt wird. Eine Pflanze kann umgesetzt werden oder ein Zweig mit Blütenknospen kann abgeschnitten und in Wasser gesteckt werden und doch wird der Pollen reif. Auch kann der Pollen, wenn er einmal reif ist, Wochen oder selbst Monate lang aufbewahrt werden. Die weiblichen Organe sind weit sensitiver." Bei einigen dicotyledonen Pflanzen fand Gärtner [2]), dass ein Versetzen die weiblichen Organe unfruchtbar gemacht hatte. Bei Crocus fand Herbert [3]) ähnliches. Durch den angeführten Satz entkräftet Darwin selbst seine frühere oben angeführte Bemerkung, die der Theorie Schwierigkeit zu bieten schien.

Gärtner [4]) sagt von Dianthus japonicus, einer Passiflora und von Nicotiana, dass er Pflanzen beobachtete, deren weibliche Organe steril waren, während die männlichen ihre vollkommene Ausbildung erlangt hatten.

Nach Gärtner [5]) blühen die männlichen Rispen von Zea Mays nana 89—107 Tage, die weiblichen 106—125 Tage nach der Aussaat. „In der Regel geht daher die Entwickelung der männlichen Rispe um 18—19 Tage der der weiblichen Organe voraus, und jene ist regelmässiger und weniger variabel als die Erscheinung dieser letzteren; die Entwickelung dieser weiblichen scheint daher mehr von äussern Umständen abzuhängen als die der ersteren."

Aus allen diesen Thatsachen kann man den sichern Schluss ziehen, dass es nicht nur bei Tieren sondern auch bei Pflanzen das weibliche Geschlecht ist, welches gegen eine Änderung der Ernährung besonders empfindlich ist. Es hängt dies zusammen mit dem Umstand, dass bei den Weibchen, da sie den Stoff zum

---

[1]) Das Variiren der Tiere und Pflanzen im Zustande der Domestication. Übers. v. J. V. Carus, II. Bd. p. 162.
[2]) Gärtner, Beiträge zur Kenntniss der Befruchtung, p. 560, 564.
[3]) Citiert von Darwin, l. c. p. 163, entnommen aus dem Journal of Horticult. Soc. 1847, Vol. II, pag. 83.
[4]) Gärtner, Bastarderzeugung, pag. 356.
[5]) Beiträge zur Kenntniss der Befruchtung, pag. 522.

Aufbau des Embryo zu liefern haben, die Ernährung eine weit wichtigere Rolle spielt als bei dem männlichen Geschlecht.

β. Die Regulierung des Sexualverhältnisses.

Es sei gestattet, noch einmal eine flüchtige Übersicht über den Gang des Beweises im zweiten Teil der Arbeit zu halten.

Zunächst wurde gezeigt, dass die durchschnittliche Stärke der Vermehrung bei jedem Tiere eine ganz bestimmte, stets wiederkehrende ist. Unter verschiedenen Ernährungsbedingungen jedoch, überhaupt unter sehr günstigen oder ungünstigen Verhältnissen weicht dieselbe mehr oder weniger von dieser Norm ab. Die Stärke der Reproduction richtet sich also nach den Existenzbedingungen. Es war ferner gezeigt worden, dass den Weibchen die Hauptaufgabe hierbei zukommt, insofern sie den Stoff zum Aufbau des Embryo zu liefern haben. Hieraus folgt, dass die Vermehrungsstärke besonders von der Zahl der Weibchen abhängig ist. Bei einer relativ grossen Anzahl von Weibchen können in derselben Zeit viel mehr Junge produziert werden als bei einem Mangel an Weibchen.

Da es nun vorteilhaft für die Fortpflanzung der Tiere ist, wenn sie sich zur Zeit des Überflusses möglichst stark vermehren, so wird es auch vorteilhaft sein, diese Vermehrung besonders durch eine relativ grosse Zahl von Weibchen zu verstärken.

Daher war bereits die Vermutung ausgesprochen worden, dass die Tiere durch natürliche Züchtung die Fähigkeit erlangt haben möchten, bei eintretendem Überfluss besonders mehr weibliche Individuen hervorzubringen und sich überhaupt in der Zahl der produzierten Weibchen nach den Ernährungsbedingungen zu richten. Diese vorteilhafte Eigentümlichkeit bewirkt, dass mit Hülfe der Weibchen, denen ja die Hauptarbeit bei der Reproduction zufällt, eine ganz besonders starke Vermehrung eintritt und so der Überfluss durch eine möglichst starke Reproduction ausgenutzt wird.

Wenn dies richtig ist, so müssen auch umgekehrt bei eintretendem Mangel relativ mehr Männchen geboren werden, die Zahl der Weibchen muss abnehmen; alsdann tritt eine den ungünstigen Existenzbedingungen entsprechende schwache Vermehrung ein.

Leider ist es durchaus nötig, diese theoretischen Betrachtungen noch etwas weiter zu verfolgen. Es lassen sich nämlich mehrere Bedenken erheben, welche auf den ersten Blick gerechtfertigt erscheinen. Diese müssen besprochen und als nicht zutreffend erwiesen werden.

Zunächst mag an folgendem Beispiel erörtert werden, eine wie starke Vermehrung mit Hülfe eines Weibchenüberschusses herbeigeführt werden kann. Denken wir uns, eine Species, deren Tragzeit vier Monate betrage, produziere bei Eintritt von Überfluss viermal so viel weibliche als männliche Individuen. (Der Veranschaulichung wegen sei diese ungewöhnliche Zahl gestattet). Fragen wir nun, wie gross die Vermehrungsfähigkeit dieser Tiere ist, so ergiebt sich folgendes. Trotzdem alsdann auf je ein Männchen vier Weibchen kommen, können letztere doch fortwährend in Reproductionsthätigkeit gehalten werden. Da nämlich durchschnittlich jeden Monat eins derselben wieder befruchtungsfähig wird, so kann das Männchen dieses sofort wieder befruchten, indem das Sperma in wenigen Tagen wieder ersetzt wird. Fünf Tiere können also pro Monat ein Junges liefern.

Anders verhält es sich aber, wenn die Tiere diese günstige Eigenschaft nicht hätten, wenn sie trotz Eintritt des Überflusses ebenso viel männliche als weibliche Individuen erzeugten. Es werden dann je zwei Tiere (ein männliches und ein weibliches) in vier Monaten ein Junges hervorbringen, zehn Individuen werden demnach in dieser Zeit nur fünf produzieren, während bei den Tieren, welche im Überfluss mehr Weibchen erzeugten, zehn Individuen in vier Monaten acht Junge hervorbringen konnten. Wir sehen also, dass die Reproductionsfähigkeit einer Anzahl Tiere hauptsächlich von der Zahl der Weibchen abhängt, da diesen ja die Hauptfunction hierbei zukommt.

Nun aber kann man der Theorie folgenden Einwand entgegenhalten: Man denke sich eine Abteilung Tiere mit normalem Sexualverhältniss, und diese produzire auch bei Eintritt von Überfluss gleichviel Männchen und Weibchen. Nur ein Tier habe die Eigenschaft, unter diesen Verhältnissen mehr Weibchen hervorzubringen, so wird mit Hülfe derselben die ganze Abteilung allerdings mehr Nachkommen hinterlassen können. Bei diesem Überschuss von Weibchen aber wird eins derselben durchschnittlich weniger Nachkommen haben als die Männchen. Folglich wird ein Tier, welches die Eigenschaft nicht hat, mehr Weibchen bei Nahrungsüberfluss zu produzieren, sondern welches, während alle übrigen Geburten einen Weibchenüberschuss zeigen, mehr Männchen hervorbringt, mehr Nachkommen hinterlassen als die übrigen Tiere. Man

könnte nun glauben, dass die Eigenschaft bei Nahrungsüberfluss
mehr Weibchen zu gebären für die Vermehrung des betreffenden
Individuums eher ungünstig sei und infolge dessen unmöglich von
der Natur gezüchtet werden könnte.

Die Unzulässigkeit dieser Schlüsse geht aus folgender Überlegung hervor. Man denke sich auf dem Verbreitungsgebiet eines
Tieres herrsche Mangel an Nahrung. Dieses Tier habe aber die
Eigenschaft dennoch relativ mehr Weibchen zu gebären, so werden
diese Jungen sich auf einem Gebiet bewegen, welches das Verbreitungsgebiet der Mutter zum wahrscheinlichsten Centrum hat. Die
auf dieser Fläche lebenden Tiere werden mit Hülfe dieser Weibchen relativ viel Nachkommen erzeugen können (wie oben bewiesen wurde). Und zwar stammen, wenn die übrigen Tiere mehr
Männchen produzierten, von jedem Weibchen sogar mehr Nachkommen ab als von jedem Männchen. Da aber der Voraussetzung
nach auf diesem Gebiete Nahrungsmangel herrscht, so wird (wie
bereits gezeigt wurde) eine relativ stärkere Vermehrung eine relativ schwächere Fortpflanzung zur Folge haben. Das Weibchen
also, welches die Eigenschaft hatte, im Mangel mehr weibliche
Individuen zu produzieren, wird nur wenig Nachkommen hinterlassen. Also gerade die stärkere Vermehrung ist es, welche der
Fortpflanzung des Tieres und damit der Vererbung und Ausbreitung
dieser Eigenschaft entgegentritt.

Das Umgekehrte lässt sich von einem Tiere beweisen, welches
bei Nahrungsmangel mehr Männchen hervorbrachte. Diese der
Fortpflanzung günstige Eigenschaft erfährt also eine natürliche
Züchtung.

Für den Fall eines Überflusses gilt das entgegengesetzte.
Hier ist eine starke Production von Weibchen günstig; denn mit
Hülfe derselben tritt eine stärkere Vermehrung ein und diese entspricht einer ebenso starken Fortpflanzung, da die Nachkommen
alle leben und gedeihen können.

Produziert dagegen ein Tier trotz des Überflusses mehr Männchen, so wird dadurch die Vermehrung auf dem betreffenden Verbreitungsgebiete reduziert zu einer Zeit, wo eine starke Vermehrung
auch eine starke Fortpflanzung zur Folge haben würde.

Indessen lässt sich der Einwurf vielleicht besser durch folgendes
Beispiel widerlegen. Er basiert hauptsächlich auf der Ansicht,
dass eine Eigenschaft, welche der Vermehrung der übrigen Tiere
zwar **günstig**, aber der des Tieres selbst ungünstig sei, nicht von
der Natur gezüchtet werden könnte. Wie falsch dies ist, lehren

uns Erscheinungen bei den Bienen und Ameisen. Diese produzieren unfruchtbare Arbeiter, welche zwar durch ihre Thätigkeit
dem Gesammtwesen nützen, aber ihre Eigenschaften selbst nicht
direct vererben können. Dennoch wäre es sehr falsch zu glauben,
dass letztere daher nicht gezüchtet werden könnten. Diejenigen
Ameisen werden nämlich am meisten Nachkommen hervorbringen
können, welche auch solche nützliche Arbeiter produzieren. Wenn
letztere nicht selbst sich vermehren, so nützen sie durch Über-
nahme aller sonstigen Arbeit der Reproduction ihrer Geschwister,
deren nützliche Eigenschaft, solche unfruchtbare Arbeiter hervorzubringen, auf diese Weise gezüchtet wird.

Also selbst angenommen die Eigenschaft, bei Eintritt von
Überfluss, im Gegensatz zu den übrigen Tieren, mehr Männchen
hervorzubringen, sei der Fortpflanzung dieses Tieres vorteilhaft,
so wird dadurch der der übrigen mehr oder weniger verwandten
geschadet. Diejenigen, welche also solche (sei der Ausdruck erlaubt) eigennützige Tiere hervorbringen, werden sich weniger stark
fortpflanzen als solche, deren Nachkommen in bezug auf die Reproduction „uneigennützige" Eigenschaften haben, d. h. solche,
welche dem Gesammtinteresse der Tiere mehr entsprechen als
dem eigenen. — Obige Erörterung stützt sich also auf den bekannten Satz, dass das Interesse aller wichtiger ist als das des
einzelnen.

Wenn nun infolge der eben besprochenen Eigenschaft beim
Überfluss mehr Nachkommen und besonders mehr weibliche produziert sind, so wird mit Hülfe letzterer die zweite Generation
besonders zahlreich ausfallen können. Bei der Production dieser
letzteren herrschte aber schon ein nicht mehr normales Sexualverhältniss der Erzeuger. Der Überschuss an weiblichen Individuen
bewirkt später notwendig eine Mehrgeburt von männlichen Jungen.
Tritt also ein andauernder Nahrungsüberfluss ein, so werden zunächst überhaupt mehr Junge und besonders mehr weibliche erzeugt. Sind diese herangewachsen, so kann eine erst recht starke
Vermehrung stattfinden. Unter den spätern Generationen aber
finden sich wieder relativ viel männliche Individuen, so dass sich
bei anhaltendem Überfluss später das Gleichgewicht im Sexualverhältniss wieder herstellt. In der Natur aber findet stets ein
Wechsel von Überfluss und Mangel statt. Die relative Mehrproduction von weiblichen Individuen dauerte mindestens eine volle
Generation hindurch. Der Überfluss wurde fortwährend durch

starke Vermehrung ausgenutzt, besonders aber während des Heran-
wachsens der zweiten Generation. —

Noch ein Einwurf muss besprochen werden. Man könnte
vielleicht auf den Gedanken kommen, die Behauptung, dass bei
Mangel mehr Männchen geboren werden, stehe im Widerspruch
mit einer früheren Auseinandersetzung, wonach die Weibchen
dann, wenn sie stärker genährt werden, mehr Knaben hervorbringen sollen.

Bei einer genaueren Durchsicht der damaligen Erörterungen
ersieht man aber bald, dass es sich dort um etwas wesentlich
anderes handelt. Es ist eine starke v o r der Befruchtung statt-
findende Ernährung des Weibchens und eine schwache des Männchens, welche die geschlechtliche Leistungsfähigkeit des ersteren
im Gegensatz zu der des letzteren steigert und eine Mehrgeburt
von männlichen Nachkommen bewirkt.

Herrscht indessen Überfluss oder Mangel, so kommt ein
G e g e n s a t z in der Ernährung der beiden Geschlechter überhaupt
nicht zu Stande. Wenn die Genitalproducte des Weibchens bei
der guten Ernährung zum männlichen Geschlecht neigen, so ist
die Tendenz des Sperma unter diesen Umständen die entgegengesetzte, wodurch eine Ausgleichung herbeigeführt wird. Ein
Gegensatz in den Qualitäten (z. B. im Alter) der Geschlechtsproducte bei der Befruchtung kommt hier also nicht in Betracht.
Vielleicht ist es die dem Embryo bei seiner Entwickelung gebotene
Nahrungsmenge, welche die Geschlechtsausbildung beeinflusst.
Jedenfalls wirkt auch sie in dieser Weise, wie sich später zeigen
wird. —

Aus diesen theoretischen Erörterungen geht hervor, dass es
für die Fortpflanzung der Tiere vorteilhaft ist, zur Zeit des
Mangels mehr Männchen und zur Zeit des Überflusses mehr
Weibchen zu produzieren. Man ist also berechtigt zu vermuten,
dass die Organismen eine dem-entsprechende nützliche Eigenschaft
haben. Alle darauf bezüglichen Thatsachen sollen im Folgenden
angeführt werden. Wir werden alsdann sehen, ob die Tiere wirklich solche vorteilhafte Eigenschaften besitzen.

β'. Das Sexualverhältniss unter gleichen Ernährungsverhältnissen.

Ist der Satz richtig, dass die Ernährungsverhältnisse von
Einfluss auf die Geschlechtsausbildung sind, so müssen bei gleicher Nahrungszufuhr sich mehr Tiere gleichen Ge-

schlechtes ausbilden, als unter sonstigen Verhältnissen der Fall sein würde. Einige Thatsachen mögen dies erläutern.

„Insectenlarven, namentlich gewisse Raupen, auch einige Kokkoslarven entwickeln sich an bestimmten Futterplätzen ausschliesslich zu weiblichen, an andern ausschliesslich zu männlichen Tieren, ferner die zu Tierstöcken verbundenen Polypen sind mit nur wenigen Ausnahmen desselben Geschlechts" [1]). Die Rädertiere tragen entweder nur männliche oder nur weibliche Eier, nie aber beides. Auch die Beobachtungen von Léon Dufour [2]) sind hier zu erwähnen. „Dieser zog aus einer gewissen Galle immer nur weibliche Individuen des Hymenopteron Stomoctea, war aber sehr erstaunt, als er aus der Puppe eines Tenthredo nichts als männliche Individuen desselben Hymenopterons erhielt." Der Einfluss der verschiedenen Lebensverhältnisse auf die Ausbildung des Geschlechtes ist bei diesen Beispielen unverkennbar.

Dasselbe zeigt sich bei den Orthonectiden. „Jeder Mutterschlauch erzeugt nur Larven eines Geschlechtes. Gewöhnlich trifft man in einer Ophiuride nur Männchen oder nur Weibchen erzeugende Schläuche, obwohl nicht selten Ausnahmen von dieser Regel vorkommen" [3]). Letzteres lehrt, dass die Ernährung nicht das einzige in Betracht kommende Moment ist, sondern dass auch andere Umstände von Einfluss sind.

An dieser Stelle muss auch die Thatsache besprochen werden, dass Zwillinge mit gemeinsamen Eihäuten und Doppelmissbildungen stets gleiches Geschlecht besitzen. Dasselbe wäre nach Hueter und Ploss auf die Wirkung der gemeinsamen Ernährung zurückzuführen. Indessen fragt es sich, ob solche Zwillinge wirklich gemeinsam oder gleich ernährt werden, so fand Hyrtl, dass bei gemeinsamen Chorion zweier Kinder die Gefässbezirke getrennt waren. K. Mayrhofer [4]) kann

---

[1]) Ploss, Monatsschrift f. Geburtskunde und Frauenkrankheiten, B. 12.

[2]) Recherches anatomiques et physiologiques sur les Orthoptères etc. in den Mémoires présentés par divers savants à l'Acad. roy. d. scienc. de l'Institut de France. T. VII, 1841, p. 528.

[3]) Zoologischer Anzeiger 1879.
Metschnikoff, Zur Naturgeschichte der Orthonectiden.

[4]) Wiener med. Presse No. 36—48: Über die Entstehung des Geschlechtes beim Menschen. Ferner Arch. f. Gynaek. B. IX: Gegen die Hypothese, die menschlichen Eierstöcke enthielten männliche und weibliche Eier.

daher die gemeinsame Ernährung nicht als das geschlechtsbestimmende ansehen. Er sagt: „Man kann bei allen Zwillingen von einer gemeinsamen Ernährung sprechen; denn sie erfolgt ja immer durch denselben mütterlichen Organismus im Allgemeinen und im besonderen durch dieselbe Gebärmutter." Untersuchen wir nun die Geschlechtsverhältnisse der Zwillinge genauer, so finden wir in der That ein stärkeres Überwiegen der Gleichgeschlechtlichkeit, als man dies der Wahrscheinlichkeit nach erwarten sollte. Die Wahrscheinlichkeitsrechnung ergiebt [1]) nämlich, dass 49,96 $\frac{0}{0}$ Zwillingsgeburten von gemischtem Geschlecht sein sollten. Moser selbst aber fand unter 33 556 Zwillingsgeburten nur 36,21 $\frac{0}{0}$, Ploss [2]) in Sachsen von 1831—35 nur 32,37 $\frac{0}{0}$. Berg [3]) erhielt aus der Statistik Schwedens dasselbe Resultat. Unter 19 295 Zwillingsgeburten waren 37,36 $\frac{0}{0}$ von verschiedenem Geschlecht. Neefe [4]) fand ebenfalls nur 36,4 $\frac{0}{0}$ Zwillinge ungleichen Geschlechtes. Nach Meckel von Hemsbach [5]) waren unter 141 715 Zwillingen 36,15 $\frac{0}{0}$, welche verschiedenes Geschlecht hatten.

Zu demselben Resultate führten die Aufzeichnungen der Gebäranstalten. Sickel [6]) fand unter 482 Zwillingsgeburten das Verhältniss der Kinder ungleichen Geschlechts zu denen von gleichem wie 1 : 1$\frac{49}{66}$ (beinahe 2 : 3).

Baillarger [7]) fand 158 Zw.-geb. von gleichem, 98 von ungleichem Geschlecht, Späth [8]) 128 und 56, Elsässer [9]) 62 und

---

[1]) Moser, Die Gesetze der Lebensdauer, 1839. Citiert von Ploss und von Neefe.

[2]) Ploss, Zur Zwillingsstatistik. Monatsbl. f. med. Stat. u. öffentl. Gesundheitspfl. No. 1, 1861. (Beilage zu Göschens deutscher Klinik).

[3]) Schmidts Jahrb. d. ges. Med. 188, pag. 149. Über Geburten mit mehreren Früchten.

[4]) l. c. 179, pag. 187. Neefe, Zur Statistik der Mehrgeburten (Auszug). Ferner in den Jenenser Jahrb. f. Nationalök. u. Stat. XV, pag. 168—195 (Orig.).

[5]) Müllers Arch. f. Phys., Jahrg. 1850, pag. 235. Über die Verhältnisse des Geschlechtes, der Lebensfähigkeit etc.

[6]) Schmidts Jahrb. d. ges. Med. 104, pag. 108: Bericht über Gebäranstalten.

[7]) l. c. 89, pag. 212. Baillarger, Über das Verhältniss der Geschlechter bei mehrf. Geb. (Original: L'Union 142, 1855).

[8]) Wien. Zeitschrift N. F. III 15, 16, 1860. Späth, Studien über Zwillinge.

[9]) Schmidts Jahrbücher 96, pag. 331. Elsässer, Über die

10

20, Levy[1]) 73 und 43, Siebold[2]) 45 und 42. Eine Addition der in Gebärhäusern gewonnenen Zahlen (von Sickel, Baillarger, Späth, Elsässer, Levy, Siebold) ergiebt, dass unter 1207 Zwillingsgeburten nur 452 von ungleichem Geschlecht waren, d. h. 37,4 %. Diese Zahl stimmt gut mit den von Moser, Ploss und Meckel gefundenen. Hak[3]) fand in seinem Dienstbezirk unter 348 Zw.-geburten 128 von ungleichem Geschlecht, d. h. 36 %. Bei Drillingsgeburten zeigt sich dieselbe Erscheinung. Der Wahrscheinlichkeit nach sollte nur ungefähr $\frac{1}{4}$ oder 25 % derselben von gleichem Geschlecht sein (drei Mädchen oder drei Knaben). Es zeigt sich indessen, dass dies weit häufiger der Fall ist. Meckel von Hemsbach fand fast die Hälfte derselben von gleichem Geschlecht (nämlich 719 und 1594 Geburten). Nach Neefe war der Procentsatz der Drillinge von gleichem Geschlecht in Preussen, Oesterreich und Italien 49,6 %; denn er fand 2146 derartige unter 4327 Drillingsgeburten. Stets bemerken wir also ein stärkeres Auftreten der Gleichgeschlechtlichkeit bei den Mehrgeburten, als man dies der Wahrscheinlichkeit nach erwarten sollte.

Für Vierlinge gilt dasselbe. Die Wahrscheinlichkeit, dass alle vier Kinder von gleichem Geschlecht sind, ist etwa 12 %. Es finden sich deren aber weit mehr.

Die umfassendste Arbeit hierüber verdanken wir v. Fricks[4]). Sämmtliche Mehrgeburten in Preussen von 1826 bis zum Schluss des Jahres 1881 sind hier in Rechnung gezogen.

------

mehrfachen Geburten in d. Gebäranst. etc. (Original: Würtemb. Corr. Bl. 31, 1856).

[1]) l. c. 81, pag. 326. Levy, Über Zwillingsgeb. u. ihre Behandlung. (Original: Hosp. Meddelelser, Bd. 5).

[2]) Mon.-Schrift f. Geburtsk. XIV, pag. 401, 1859. Siebold, Zur Statistik der Zwillingsgeburten.

[3]) Schmidts Jahrbücher 108, pag. 50. Hak, Zur Statistik der menschl. Zwillingsgeburten. (Original: Ärztl. Mitteil. a. Baden 13, 1859).

[4]) Zeitschrift des statistischen Bureaus in Berlin 1882. Geburten, Eheschliessungen und Sterbefälle im preussischen Staate während des Jahres 1881.

Unter 1000 Geburten sind:

	Geschlecht	wahrscheinlich	wirklich	Zahl der Fälle
Zwillinge	gleich	500	629	303 459
	ungleich	500	371	179 101
Drillinge	gleich	251	467	2 559
	ungleich	749	533	2 916
Vierlinge	gleich	126	353	30
	ungleich	874	647	55

Diese Zahlen zeigen am besten, wie ausserordentlich die Gleichgeschlechtlichkeit bei den Mehrgeburten überwiegt.

Bei getrennten Placenten fand Siebold 9 gleichgeschlechtliche und 21 ungleichgeschlechtliche Geburten, Späth 32 von gleichem und 16 von ungleichem Geschlecht. Letzterer erhielt ferner bei verwachsenen Placenten (2 Chor.) 26 von gleichem und 20 von verschiedenem Geschlecht; 31 mit einem Chorion waren wie immer von gleichem Geschlecht. — Kehren wir zurück zur Besprechung der Theorien, welche aufgestellt wurden, um dies Überwiegen der Gleichgeschlechtlichkeit zu erklären.

Bei Gefässkommunikation wurde stets Gleichgeschlechtlichkeit gefunden. Die beiden Zwillinge können sogar teilweise Zwitter sein und ihr Genitalapparat ist bei beiden vollkommen gleichartig gebaut. Solche höchst interessante Fälle wurden von Nägele[1]) und Katzky mitgeteilt. Diese Thatsachen scheinen dafür zu sprechen, dass gemeinsame Ernährung die Gleichgeschlechtlichkeit verursacht habe. Mayrhofer indessen erkennt diesen Schluss nicht an, da die Ernährung oft sehr ungleich ist. Sehr häufig zeigt sich nämlich, dass, während die eine Zwilling völlig gesund und wohl ausgebildet ist, der andere sehr schlecht ernährt, erkrankt, ja selbst gestorben sein kann. Späth (Citiert von Mayrhofer) beobachtete einen Fall, wo sich bei einer Placenta und einem Chorion voluminöse Gefässanastomosen zeigten. Und doch war der eine Foetus abgestorben, der andere jedoch vollkommen gesund. Nach Claudius[2]) kann der eine Embryo dem andern das Blut vollständig entziehen, bei dem alsdann Missbildung eintritt. Trotz dieser ungleichen Ernährung haben sie aber gleiches Geschlecht.

---

[1]) Meckels Archiv B. V, pag. 136.
[2]) Entwickelung der herzlosen Missgeburten, Kiel 1859. Citiert von Mayrhofer.

Nun könnte man denken, dass, wenn es nicht die gleich starke Ernährung, d. h. die gleiche Quantität des Blutes ist, welche die Gleichgeschlechtlichkeit bewirkt, dass es dann wohl die gleiche Qualität desselben sein wird. Aber auch diese Auslegung ist unstatthaft. Einmal ist die Mischung des Blutes in der gemeinsamen Placenta so gering, dass eine vollständige Gleichartigkeit der zwei Blutmengen nicht angenommen werden kann, dass trotz Gemeinsamkeit von Placenta und Anastomosen „ein jeder Foetus ein abgeschlossenes und vom Nachbarfoetus unabhängiges Leben führt" (Späth, Credé etc.). Zweitens sprechen gegen die gleiche Beschaffenheit des Blutes alle Fälle von herzlosen Missgeburten. Diese erhalten das Blut, das schon zur Ernährung des gesunden Foetus gedient hat, also jedenfalls von ganz anderer Qualität ist; und doch haben sie stets dasselbe Geschlecht wie der Nachbarfoetus. Also auch die Qualität des Blutes ist unwesentlich.

Schultze und Ahlfeld [1]) stellten zuerst den Satz auf, dass die Gleichgeschlechtlichkeit die Folge der Abstammung aus einem Ei sei. Letzterer ging dann noch weiter und behauptete, dass es männliche und weibliche Eier im Eierstock gebe. Dort müssten also gleichsam genau abgezählt 106 männliche auf 100 weibliche sich vorfinden und dieses Verhältniss dürfte keine Schwankungen zeigen, was, wie wir genügend gesehen haben und noch ferner sehen werden, nicht richtig ist. Die Individualität des Vaters müsste ebenfalls ohne jeden Einfluss auf das Geschlecht der Nachkommen sein. Schon Hecker [2]) wandte sich gegen diese Theorie von Ahlfeld, namentlich da er gezeigt hatte, dass ältere Erstgebärende mehr Knaben gebären, als man erwarten sollte. Die Theorie hat nur den Vorzug, dass sie sehr bequem ist und nicht näher erforscht werden kann. Denn es wird wohl kaum eine Ursache angegeben werden können, warum im Eierstock das eine Ei sich männlich ausbildet, das folgende wieder weiblich und so fort im Verhältniss von 106 zu 100.

Dem Richtigen weit näher scheint die Auslegung von Mayrhofer zu stehn. Er kommt zu dem Resultat: „Bei zwei verschiedenen menschlichen Eiern können die Conceptionen durch einen Zwischenraum von einigen Tagen getrennt sein und so kann

---

[1]) Arch. f. Gynaekologie IX: „Beiträge zur Lehre von den Zwillingen" und IV: „Ursachen der Geschlechtsdifferenz, nachgewiesen durch Beobachtungen an Zwillingen und Drillingen.

[2]) Schmidts Jahrbücher d. ges. Med. 189, pag. 300. Über die Sterblichkeit der Kinder in der Gebäranstalt zu München.

bei Zwillingen, die aus zwei Eiern entstehen, irgend welcher erst nach der Conception wirkender Einfluss das Geschlecht des ersten Eies bestimmen, ehe das zweite befruchtet wird, oder wenigstens ehe für das zweite der Moment nach der Conception gekommen ist, in welchem die Bestimmung des Geschlechts getroffen wird. Zwillinge, welche von einem Chorion umschlossen sind, stammen aber aus einem Ei; es giebt also für solche Zwillinge nur eine Conception, deshalb kommt für beide der Moment, in welchem durch irgend welchen Einfluss (nach der Conception) das Geschlecht bestimmt wird, zur selben Zeit, und daher sind solche Kinder notwendig von gleichem Geschlecht." Für die Gleichgeschlechtlichkeit ein-eiiger Zwillinge ist also eine Erklärung gefunden.

Man könnte nun glauben, das Überwiegen der Gleichgeschlechtlichkeit bei Zwillingen überhaupt liesse sich zurückführen auf das Vorkommen von Zwillingen aus einem Ei, da diese doch stets dasselbe Geschlecht haben. Diese Vermutung ist jedoch falsch, weil die Gleichgeschlechtlichkeit viel häufiger vorkommt, als sich aus dem Procentsatz ein-eiiger Zwillinge ergeben würde, wie schon v. Fircks[1]) gezeigt hat. Nach Ahlfeld kommt nämlich auf 8,15 Zwillingsgeburten eine mit einem Chorion[2]). Wollte man aber das so starke Auftreten gleichgeschlechtlicher Zwillinge aus dem Vorkommen solcher eineiigen Zwillinge erklären, so müsste man annehmen, dass schon auf 3,84 Zwillingsgeburten eine solche mit einem Chorion käme, was nicht der Fall ist. Hieraus folgt, dass nur die Ähnlichkeit der Verhältnisse, unter welchen sich die Zwillinge befinden, das Überwiegen der Gleichgeschlechtlichkeit herbeiführen kann. Die Thatsache also, dass die Früchte, welche unter ähnlichen äussern Umständen gezeugt und ernährt wurden, sehr häufig gleiches Geschlecht haben, spricht klar dafür, dass die äussern Umstände auf die Entstehung des Geschlechtes von Einfluss sind.

Sehr viele äussere Umstände, d. h. viele geschlechtsbestimmende Faktoren sind also bei Zwillingen dieselben, wie das Alter des Vaters, der Mutter, der Ernährungszustand beider, die Stärke der Beanspruchung, die Ernährung des Embryo etc. Sie

---

[1]) Diese Berechnung findet sich in Hermanns Handb. d. Phys. (Hensen, Phys. d. Zeugung), pag. 251.
[2]) Das ist 23 $\frac{0}{0}$ der Gleichgeschlechtlichen.

wirken für beide Zwillinge nach derselben Richtung. Daher tritt
bei ihnen Gleichgeschlechtlichkeit häufiger auf, als man der Wahrscheinlichkeit nach erwarten sollte. Eine Verschiedengeschlecht-
lichkeit kann z. B. durch zeitlich getrennte Befruchtung verursacht sein, indem das Ei, je später es befruchtet wird, desto mehr
zum männlichen Geschlecht hinneigt. Es wird sogar nicht selten
eintreten, dass von zwei Eiern, die sich zugleich losgelöst, das
eine erst infolge eines späteren Geschlechtsactes befruchtet wird.
Bei ein-eiigen Zwillingen hingegen findet nur eine Befruchtung
statt. Der Zustand (z. B. das Alter) des Eies und des Spermatozoen, wenn nur einer eindringt, ist für beide Zwillinge derselbe.
Sollten zwei das Ei befruchten, so werden diese in ihren Eigenschaften nicht sehr von einander abweichen, da sie bei demselben
Geschlechtsact auftreten und zu gleicher Zeit eindringen. Endlich
ist auch die Ernährung der Zwillinge eine meist ungefähr gleich
starke. Der Umstand also, dass bei Mehrgeburten die geschlechtsbestimmenden Factoren häufiger gleichartig als entgegengesetzt
wirken, hat eine überwiegende Gleichgeschlechtlichkeit dieser Kinder zur Folge.

Wir haben also an einigen Beispielen gesehen, dass die Tiere
und Menschen, deren Geschlecht unter gleichen oder ähnlichen
äussern Bedingungen entsteht, häufiger gleiches Geschlecht zeigen,
als unter sonstigen Verhältnissen der Fall ist. Daraus darf man
schliessen, dass die äussern Umstände von Einfluss auf die Entstehung des Geschlechtes sind.

β″. **Das Sexualverhältniss unter ungleichen
Ernährungsverhältnissen.**

aa. Beim Menschen.

Allerdings lassen sich Gründe dafür angeben, dass der Einfluss der Ernährung des Embryo bei höher entwickelten Tieren
nur ein geringer ist. Das Schwanken des Sexualverhältnisses beträgt nur wenige Procent, aber es ist noch immer gross genug,
um auf das unzweifelhafteste nachgewiesen werden zu können.

Beim Menschen sind die fraglichen Erscheinungen am interessantesten und am genauesten studiert, daher sollen diese zuerst
erwähnt werden.

Zunächst muss aber gleich von vorn herein ein Einwurf widerlegt werden, den man der Theorie jedenfalls machen wird. Man
könnte Folgendes einwenden: „Die Behauptung, dass bei schlech-

terer Ernährung sich ein Knabe und bei besserer ein Mädchen ausbildet, steht im Widerspruch mit der Thatsache, dass ein Knabe während seines Embryonal-lebens mehr Nahrung verbraucht als ein Mädchen, da er bekanntlich schwerer ist als letzteres"[1]). Ich glaube nicht zu weit zu gehen, wenn ich sage: Dieser Gedanke ist teleologisch. Die schwächere Ernährung bewirkt auf rein mechanischem Wege die Ausbildung zum männlichen Geschlecht und sie "überlegt" nicht, dass der Knabe den secundären Geschlechtscharacter hat, später, also lange nachdem das Geschlecht entschieden ist, rascher zu wachsen und mehr Nahrung zu beanspruchen. Aus der Thatsache aber, dass dies doch der Fall ist, folgt, dass d i e Knaben, deren Geschlechtsentstehung durch mangelhafte Ernährung verursacht worden ist, sich relativ weniger gut ausbilden können, während bei den Mädchen das Umgekehrte der Fall ist. Die unbedingte Folge dieser relativ schwächeren Ausbildung wird eine grössere Sterblichkeit sein. Es müssen also während des Embryonal-lebens mehr Knaben zu Grunde gehen als Mädchen. Und in der That findet sich unter den Knaben eine grössere Zahl von T o t g e b u r t e n. Als weitere Wirkung der relativ schwächern Ausbilduug zeigt sich auch anfangs eine grössere S t e r b l i c h k e i t der männlichen Kinder.

---

[1]) Nach F r a n k e n h ä u s e r (Mon. Schrift f. Geburtsk. XIII, pag. 170) betrug das Durchschnittsgewicht der neugeborenen Knaben 3484, das der Mädchen 3344 gr. Diese Zahlen wurden aus 1702 Fällen berechnet. Nach V e i t (l. c. VI. 1855) wogen 1312 Knaben durchschnittlich 3545 gr und 1239 Mädchen 3440 gr. Nach I n g e r s - l e v (l. c. 169, pag. 156) war das Gewicht bei 1833 Knaben 3380,9 gr, bei 1617 Mädchen 3279,7 gr. K é z m á r s z k y (l. c. 159, pag. 145) fand das mittlere Gewicht von 34 Knaben zu 3382,8 gr und das von 39 Mädchen zu 3283,7 gr. Von mir wurde aus den Protokollen des Gebärhauses zu Jena (1861—81) das mittlere Gewicht von 732 Knaben zu 3236 und das von 642 Mädchen zu 3126 gr gefunden. Damit in Übereinstimmung steht das G e w i c h t d e r P l a c e n t a. Aus den Protokollen zu Dresden (1878—82) und Jena (1861—81) wurde das Durchschnittsgewicht der Placenta von 3671 Knaben zu 597,3 gr, das von 3398 Mädchen zu 583,5 gr berechnet. Die Zahl der Fälle ist eine so grosse, dass man die Thatsache als gesichert annehmen kann. Hieraus geht hervor, dass die Grösse der Placenta in Beziehung steht zur Grösse des Kindes. Der Knabe wiegt etwa 3 $\frac{0}{0}$ mehr als das Mädchen und seine Placenta ist um etwa $2\frac{1}{2}$ $\frac{0}{0}$ schwerer. Es wird sich später Gelegenheit bieten, auf diese nicht unwichtige Beziehung, welche zwischen der Schwere der Placenta und der Stärke der Ernährung des Embryo besteht, später zurückzukommen.

Wie ausserordentlich viel geringer die Lebensfähigkeit der Knaben ist als die der Mädchen, mag durch folgende Zahlen veranschaulicht werden.

Walser [1]) stellte auf Grund von 14 000 Geburten im Oberamtsbezirk Leutkirch die folgenden Verhältnisse fest:

Im ersten Lebensjahre starben

(inclusive Totgeburten) . . .	154	Knaben auf 100 Mädchen
dito (excl. Totgeb.)	147	„ „ „ „
Totgeburten (incl. unreife Geb.)	266	„ „ „ „
Unreife Geburten	174	„ „ „ „

Sickel [2]) fand unter 107 frühgeborenen Knaben und 110 Mädchen 18 totgeborene Knaben und 21 todgeb. Mädchen. Verfasser fügt aber hinzu, dass diese Zahlen zu klein sind, um Schlüsse zuzulassen. Für Totgeburten indessen führt er grössere Zahlen an. Unter 20 942 Knaben wurden 1039 tot geboren (also 1 : 19,16), ferner wurden von 19 274 Mädchen nur 717 tot geboren (1 : 25,76). Das Verhältniss ist also für Knaben sehr viel ungünstiger. Auch starben in den ersten zwölf Tagen von 4556 Knaben 257 (1 : 17,7), von 4514 Mädchen aber nur 214 (1 : 21,1).

Hecker [3]) fand bei Totgeburten das Verhältniss von 118 Knaben zu 100 Mädchen, erstere waren also stärker betheiligt. Ausserdem sterben auch während der Geburt mehr Knaben; das Verhältniss war hier 139 : 100. Letztere Erscheinung wird indessen nur durch die Grösse der Knaben herbeigeführt und steht in keiner Beziehung zu der relativ schlechteren Ernährung derselben.

Nach Rosen [4]) war der Procentsatz der Totgeburten in Dänemark 1835—49 bei Knaben 5,03 ⁰/₀ und bei Mädchen nur 3,9 ⁰/₀. Wir finden also überall dieselbe Erscheinung wieder.

Die Sterblichkeit im ersten Jahre war (1845—54) folgende:

	Knaben	Mädchen
Kopenhagen . .	28,43 ⁰/₀	25,28 ⁰/₀
Landstädte . .	19,44 „	16,55 „
Land	18,49 „	15,26 „
Dänemark . . .	19,56 ⁰/₀	16,34 ⁰/₀

[1]) Archiv f. Heilkunde v. Wagner I, 1860: Über die Ursachen der Sterblichkeit der Kinder im ersten Lebensjahr.

[2]) Schmidts Jahrb. d. ges. Med. 104, pag. 107: Bericht über Gebäranstalten etc.

[3]) l. c. 189, pag. 300: Über die Sterblichkeit der Kinder etc.

[4]) l. c. 112, pag. 355 (Orig.: Om Afkommet af Syphylitiske 1859).

Nach Ploss[1]) war die Sterblichkeit im ersten Lebensjahr in Sachsen

	Knaben	Mädchen
Tiefland .	16,89	13,74
Gebirgsland .	18,00	14,75
Obergebirge .	19,81	16,38

In Preussen war nach Dr. Engel[2]) 1877 diese Sterblichkeit:

	Knaben	Mädchen
Im ganzen Staat	18,7	16,9
in den Landgemeinden	17,8	16,3
„ „ Stadtgemeinden	19,6	17,6
„ „ Städten unter 20000 Einw.	19,9	17,9
„ „ 64 grösseren Städten . .	19,4	17,2

Granville[3]) fand in England 1838 — 42 unter 377 845 im ersten Lebensjahr gestorbenen Kindern das Verhältniss von 126,7 : 100.

Diese Angaben bestätigen die von Walser.

Abgesehen also von den grösseren Schwierigkeiten, welche die Knaben beim Geburtsact selbst zu bestehen haben, geht aus diesen Zahlen hervor, einer wie grossen Sterblichkeit die Knaben ausgesetzt sind und zwar sowohl während des Foetallebens als auch während der ersten Tage nach der Geburt.

Alsdann befinden sich beide Geschlechter unter gleichen Ernährungsbedingungen und die grössere Sterblichkeit der Knaben nimmt daher ab. Unter diesen gleichen Umständen erweisen sich sogar die Knaben als widerstandsfähiger. Sobald nämlich der Nahrungswechsel eintritt, sterben mehr Mädchen als Knaben, da ja das weibliche Geschlecht empfindlicher gegen Schwankungen in den Ernährungsverhältnissen ist als das männliche. Dies zeigt die von Walser gegebene Tabelle:

---

[1]) l. c. 112, pag. 323: Statistische Untersuchungen über die Kindersterblichkeit.
[2]) l. c. 186, pag. 219: Preussische Statistik (amtlich).
[3]) l. c. 43, pag. 114.

Alter der Kinder	Männl. Geschl.		Weibl. Geschl.		Beide Geschl.	
	Sterblichkeit pro Tag	Anteil nach Procenten d. Sterbl.	Sterblichkeit pro Tag	Anteil nach Procenten d. Sterbl.	Sterblichkeit pro Tag	Anteil nach Procenten d. Sterbl.
0—24 Stund.	333,0	58,5	165,0	52,3	498,0	55,4
1—7 Tage	30,1	5,2	15,9	5,0	46,0	5,1
7—14 „	56,5	10,4	39,0	12,6	95,5	11,5
14—21 „	55,3	9,8	31,2	9,9	86,5	9,9

Aus der Tabelle ersieht man, dass die Sterblichkeit in der zweiten Woche auf das Doppelte steigt, weil alsdann nach dortiger Sitte der Nahrungswechsel bereits eintritt. Beim weiblichen Geschlechte ist dieselbe, wenigstens in dem untersuchten Bezirk, um 2,2 % höher als beim männlichen.

Auch in folgender von B e n t z e n [1]) gegebenen Sterblichkeitstabelle der Kinder tritt dies deutlich hervor:

Alter nach Monaten	Knaben			Mädchen		
	Kopenhagen	Landstädte	Land	Kopenhagen	Landstädte	Land
1	50,8	54,2	59,9	46,3	53,5	57,0
2	8,7	7,9	7,6	9,4	7,5	8,1
3	7,1	6,9	5,9	7,4	7,6	5,8
4, 5, 6	14,6	14,9	12,0	16,5	13,5	12,9
7, 8, 9	9,7	9,4	8,1	11,3	10,4	8,4
10, 11, 12	9,1	6,7	6,5	9,1	7,5	7,8

Auch hier zeigt sich, wie anfangs die Sterblichkeit der Knaben infolge der Nachwirkung der relativ schlechteren Ernährung grösser ist, während später die empfindlicheren weiblichen Individuen unter der Ernährungsänderung stärker leiden.

A n m e r k u n g. K ü t t n e r (Über den Einfluss des Geschlechts auf Kinderkrankheiten, Schmidts Jahrbücher 103) vergleicht auf Grund statistischer Angaben der Dresdener Kinderheilanstalt das Geschlechtsverhältniss bei verschiedenen Krankheiten. Vielleicht muss man aber diese Schlüsse mit Vorsicht hinnehmen, weil nämlich Knaben öfter zum Arzte gebracht werden als Mädchen, da den Eltern an der Erhaltung ersterer weit mehr gelegen ist. Diesen letzteren Umstand

[1]) Schmidts Jahrbücher 108, pag. 53. B e n t z e n, Über die Sterblichkeit im ersten Lebensjahr. (Original: Ugeskrift for Laeger XXVIII, pag. 441).

kann man auch auf folgende Weise nachweisen. Wenn man nämlich das Geschlechtsverhältniss der in den Familiennachrichten der Zeitungen veröffentlichten Geburten statistisch untersucht, so ergiebt sich ein zu grosser Knabenüberschuss. Es ist dies ein Beweis, dass die Geburt eines Knaben die Eltern häufiger zum Annonciren veranlasst als die eines Mädchen, welche weniger zu erfreuen scheint. Auch in der Statistik der Kinderheilanstalten zeigt sich bei fast allen Krankheiten ein bedeutender Knabenüberschuss. Die auf diese Weise gewonnenen Zahlen haben also keinen absoluten, sondern nur relativen Wert. So zeigt sich z. B., dass Knaben Krankheiten am Nervensystem weit mehr ausgesetzt sind als solchen an den Verdauungsorganen. An ersteren litten unter 10 000 Kranken 91 Kn. u. 51 M., an letzteren 1050 Kn. u. 983 M. Dies bestätigt Brünniche (Journal für Kinderkrankheiten XXXIII, citiert von Küttner).

Alle diese sicher festgestellten Thatsachen stehen in Übereinstimmung mit der Theorie und finden durch sie ihre Erklärung.

Bei schlechterer Ernährung entstehen verhältnissmässig mehr Knaben. Im Allgemeinen haben aber die Knaben die Eigenschaft, rascher zu wachsen, also mehr Nahrung zu verbrauchen. Diejenigen Knaben also, deren Geschlechtsbestimmung durch eine schlechtere Ernährung herbeigeführt wurde, werden sich später unter besonders ungünstigen Bedingungen befinden und sich weniger gut ausbilden können. Bei Mädchen wird dies dagegen nicht stattfinden, da sie einmal unter durchschnittlich besseren Ernährungsverhältnissen entstehen und ferner auch weniger Nahrung beanspruchen. Die Folge dieser für die Knaben so ungünstigen Verhältnisse muss sein, dass sie während des Foetallebens häufiger sterben als Mädchen. Die schädliche Wirkung der relativ schlechteren Ernährung ist sogar so nachhaltig, dass auch nach der Geburt die Sterblichkeit der Knaben noch erheblich grösser ist als die der Mädchen.

Wenn die Knaben aber unter durchschnittlich ungünstigeren Ernährungsverhältnissen sich finden, so darf man schon hieraus schliessen, dass letztere zum männlichen Geschlecht bestimmend wirken. Indessen sprechen die directen Beweise weit deutlicher hierfür und wenden wir uns jetzt zu diesen. —

Ploss [1]) machte zuerst darauf aufmerksam, dass bei Prosperität eine Mehrgeburt von Mädchen eintrete, und stellte den Satz auf, „dass auch beim Menschen die besonders gute Ernährung,

---

[1]) Monatsschrift für Geburtskunde, Bd. XII, pag. 321.
Man vergleiche auch: Schmidt's Jahrbücher der Medicin 102, 1859, pag. 285.

welche die Mutter ihrer Frucht gewährt, mehr Aussicht auf ein Mädchen minder gute Nahrung aber Aussicht auf einen Knaben giebt." Die Prosperität eines Volkes ist Schwankungen ausgesetzt. Es ist zweifellos, dass namentlich die untern Klassen sich in guten Jahren besser nähren als in schlechten. Der Theorie zufolge muss man daher in guten Jahren eine grössere Zahl von Mädchengeburten erwarten als in schlechten. Ploss verglich nun das Steigen und Fallen der Preise der Nahrungsmittel mit den Schwankungen des Sexualverhältnisses der Geborenen in Sachsen und fand, wie erwartet, dass der Knabenüberschuss mit den Preisen steigt und fällt. Er wies statistisch nach, dass in ungünstigen Zeiten einige Prozent mehr Knaben geboren wurden als bei billigen Preisen der Nahrungsmittel. Nebenbei mag erwähnt sein, dass der Fleischconsum einen bedeutenderen Einfluss auf die Schwankungen im Geschlechtsverhältniss der Geborenen zu haben scheint als der Verbrauch an Vegetabilien.

Ploss fand ferner, dass selbst in Paris sich in den Jahren 1841—1850 bei einer näheren Betrachtung der Einfluss des wechselnden Steigens und Fallens der Getreidepreise auf die Geschlechtsproduction der geborenen Kinder zeigte; weniger deutlich war ein solcher Einfluss in England von 1838—1847 bemerklich.

Aber gerade diesen Satz bekämpft Wappäus [1]) in seiner allgemeinen Bevölkerungsstatistik und führt als Widerlegung die Statistik Schwedens an, welche trotz vieler Missernten diese Erscheinung in den Jahren von 1770—1790 nicht aufweist. Hiergegen lässt sich indessen zweierlei einwenden. Einmal gehört Schweden zu den Ländern, welche nur wenig empfindlich gegen solche Ereignisse sind. Dass die Länder sich verschieden hierin verhalten, und dass Schweden zu den weniger empfindlichen gehört, sagt Wappäus selbst [2]), wo er von der Abnahme der Heiratsfrequenz nach der Missernte von 1846 spricht. Diese Abnahme betrug in Schweden, Sachsen, England, Holstein, Dänemark, Norwegen, Bayern 9,46—7,42; dagegen in Belgien, Holland, Österreich, Hannover, Frankreich, Preussen 35,07—14,46 [3]). — Ferner ist man aber trotzdem im Stande, selbst in Schweden und zwar mit Hülfe der von Wappäus gegebenen Tabellen die erwähnte

[1]) Band II, Seite 167.
[2]) Band II, Seite 248.
[3]) Man sehe auch Bd. I, S. 225.

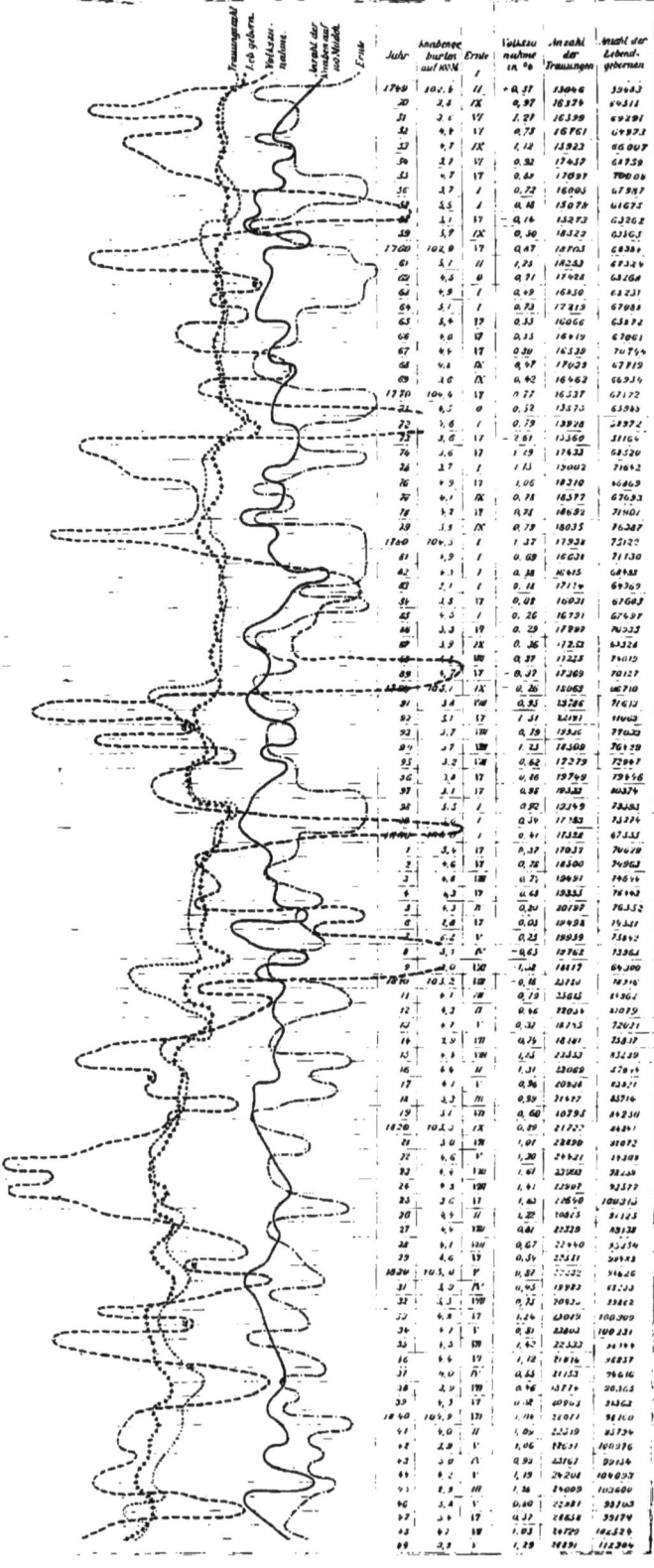

Jahr	Kornver- mehrung auf 100 M.	Ernte	Volkszu- nahme in %	Anzahl der Trauungen	Anzahl der Lebend- geborenen
1749	102,6	II	+ 0,51	13046	59483
50	3,8	IX	0,97	16374	64511
51	3,1	VI	1,29	16399	69291
52	4,7	VI	0,73	16761	64973
53	3,3	IX	1,12	13923	66007
54	3,1	VI	0,91	17432	61759
55	4,7	VI	0,61	17091	70606
56	3,7	I	0,72	16005	67347
57	3,5	I	0,16	15074	61673
58	4,1	VI	0,16	15273	63262
59	3,9	IX	0,50	18322	63565
1760	102,9	VI	0,07	18703	63361
61	5,1	II	1,23	18253	69324
62	4,5	O	0,71	17428	63264
63	4,9	I	0,49	16350	61231
64	5,1	I	0,72	17213	67983
65	5,4	VI	0,53	16066	63672
66	4,0	VI	0,33	16419	67061
67	4,5	VI	0,30	16539	70744
68	4,6	IX	0,97	17023	67919
69	3,6	IX	0,42	16462	66934
1770	104,6	VI	0,77	16537	67172
71	4,5	O	0,52	13573	63965
72	3,6	I	0,79	13878	61972
73	3,6	VI	2,61	13360	51164
74	3,6	VI	1,49	17633	63520
75	3,7	I	1,13	19002	71642
76	4,9	VI	1,06	18310	68463
77	4,1	IX	0,73	18577	67693
78	4,7	VI	0,71	18652	71401
79	3,3	IX	0,73	18035	76307
1780	104,3	I	1,37	17934	73122
81	3,9	I	0,69	16631	71130
82	4,1	I	0,38	16615	68483
83	3,1	I	0,14	17114	69369
84	3,5	VI	0,03	16031	67603
85	4,5	I	0,26	16731	67697
86	3,3	VI	0,29	17897	70333
87	3,9	IX	0,36	17213	63324
88	3,9	VIII	0,37	17225	71019
89	4,1	VI	0,37	17369	70127
1790	103,1	IX	0,26	18063	66710
91	3,4	VII	0,53	13786	71611
92	3,1	VI	1,31	13191	71063
93	3,7	VI	0,79	15336	77033
94	3,7	VII	1,13	18308	76139
95	3,3	VII	0,62	17379	72947
96	3,8	VI	0,16	19749	79656
97	3,1	VI	0,35	19533	80374
98	3,5	VI	0,52	12349	73303
99	3,3	I	0,34	17183	73274
1800	104,9	I	0,61	17328	67333
1	3,4	VI	0,37	17037	74678
2	4,6	VI	0,78	18500	74963
3	4,6	VIII	0,75	13491	74646
4	4,3	VI	0,63	18335	76163
5	4,3	II	0,20	20197	76352
6	4,8	VI	0,03	18498	16411
7	4,4	V	0,25	18939	73342
8	3,1	IV	-0,63	18762	73364
9	4,0	VII	1,42	18117	64300
1810	103,2	VII	-0,16	23719	78318
11	4,1	III	0,79	23564	81364
12	4,3	II	0,96	22034	81079
13	4,7	V	0,32	18135	72621
14	3,9	III	0,74	18101	73817
15	4,3	VIII	1,63	23353	83249
16	4,6	II	1,31	23069	87046
17	4,1	III	0,96	20346	83714
18	3,3	III	0,93	21477	83516
19	3,1	VII	0,60	21727	84641
1820	103,3	VI	0,89	22855	81072
21	3,0	VII	1,01	22839	81072
22	4,6	I	1,30	24621	83801
23	3,6	VII	1,61	23363	90648
24	4,3	I	1,41	23907	92577
25	3,6	II	1,63	22690	100313
26	4,4	II	1,22	10813	91123
27	4,4	VII	0,61	22329	83138
28	4,3	VII	0,67	22640	93234
29	4,6	VI	0,34	22511	94943
1830	103,6	V	0,12	77232	94626
31	4,3	IV	0,93	13983	83303
32	4,3	VII	0,73	20032	83862
33	4,6	VI	1,26	23019	100309
34	4,7	V	0,51	23040	100431
35	4,6	VIII	1,63	22532	96104
36	4,4	III	1,12	12616	94857
37	4,0	IV	0,63	21133	94616
38	3,9	VIII	0,96	13714	90365
39	4,3	VI	0,42	20901	94362
1840	104,7	VII	1,10	24071	94100
41	4,0	II	1,04	22319	83734
42	3,8	V	1,06	19631	100976
43	4,3	IX	0,92	23761	90166
44	4,2	V	1,13	24204	104093
45	3,3	III	1,26	24009	102600
46	3,4	V	0,60	22281	98303
47	3,3	VI	0,37	20656	99174
48	4,7	VI	1,03	20729	104324
49	3,3	I	1,29	24091	112304

Erscheinung auf das unzweideutigste nachzuweisen. Am besten vergleicht man die Mehrgeburt von Knaben nicht allein mit dem Ausfall der Ernten — die ja nicht unbedingt das Mass für die Prosperität abgeben und auch statistisch zu ungenau angegeben sind — sondern diese Folge der Prosperität muss auch mit Erscheinungen verglichen werden, welche ebenfalls eine Folge derselben sind, z. B. mit der absoluten Volkszunahme. Die beigefügte Tafel zeigt nun in Kurven dargestellt:

1) Die Anzahl der Knabengeburten auf 100 Mädchengeburten.

2) Den Ausfall der Ernte, indem O vollständigen Misswachs, X aber äusserst günstige Ernte bedeutet. Ebenso giebt bei I—IX der Zahlenwert den Ausfall derselben an.

3) Die Volkszunahme in Prozenten.

4) Die Trauungszahl. Man sehe davon ab, dass die Kurve im Ganzen der Zunahme der Bevölkerung gemäss steigt.

5) Die Anzahl der Lebendiggebornen. Auch diese Kurve steigt.

Man beachte, dass die Trauungszahl eine directe Folge der Prosperität, die Anzahl der Lebendiggebornen aber eine erst im folgenden Jahr auftretende ist ebenso wie die Anzahl der Knabengeburten, während die Volkszunahme sich zusammensetzt aus der Anzahl der Lebendiggebornen, der Gestorbenen und der Ein- resp. Ausgewanderten. Wenn man dies nicht vernachlässigt, erhält man aus den letzten vier Kurven ein vollständiges Bild über die jederzeitige Prosperität. Man sieht nun, dass diese im Allgemeinen da ein Maximum haben, wo die Kurve der Knabengeburten ein Minimum hat, dass die erstern steigen, wenn die letztere fällt. Je grösser also die Prosperität, desto mehr Mädchen und desto weniger Knaben werden geboren. Nur in den Jahren 1773—1790 zeigen sich grössere Anomalien, die sich auf bestimmte historische Verhältnisse zurückführen lassen. Leider untersuchte Wappäus gerade nur diese Zeit, ein ganzes Jahrhundert wird aber wohl massgebender sein als diese wenigen Jahre. Die Volkszunahme zeigt noch einzelne kleinere Anomalien, die jedenfalls auf zufällig starke Auswanderung oder auf Druckfehler in der Tabelle zurückzuführen sind. Diese Stellen sind mit a bezeichnet. Jedenfalls geht die Richtigkeit des Ploss'schen Satzes aus den Wappäus'schen Tabellen hervor.

Die erwähnten Ausnahmen in dem Zeitabschnitt 1772—1791 lassen sich erklären durch die grillenhafte Regierung von Gustav III. (1771—1792). Er begann mit einem Verfassungsumsturz (1772), der vom Volke freudig gutgeheissen wurde; daher trat 1773 und

1774 starke Zunahme des Volkes, der Trauungen, der Lebendiggebornen und dementsprechend ein schwacher Knabenüberschuss
auf. Dann aber begann er eine Missregierung infolge seiner
Prachtliebe, der Nachahmungssucht französischer Sitten und der
Sympathie für verschwundene Ritterzeiten. Theater, Turniere,
Ringelrennen, versuchte Einführung einer allgemeinen National-
tracht, das Gesetz, welches das Branntweinbrennen für ein könig-
liches Vorrecht erklärte, während dies der Sitte gemäss jede Familie für sich selbst besorgt hatte, das alles verursachte tiefe Un-
zufriedenheit im ganzen Volke. Die Folge davon war sehr schwache
Volkszunahme und dauernd niedriger Stand der Trauungs- und
Geburtszahl, während der Knabenüberschuss unsicher schwankt.
1788—1790 bewirkte der Krieg gegen Russland eine starke Volks-
abnahme. 1791 und 1792 zeigen sich alsdann die gewöhnlichen
Erscheinungen, die nach einem Kriege eintreten: starke Zunahme
der Trauungen, des Volkes, der Lebendiggebornen und ein grosser Knabenüberschuss unter den Gebornen. Von da an nehmen
die Kurven wieder einen regelmässigen Verlauf.

Wir hatten bereits gesehen, dass die Prosperität eines Volkes
sich beurteilen lässt nach der Zahl der Trauungen, der Geborenen,
nach dem Knabenüberschuss und der Volkszunahme. Aber noch
an einem andern Umstande zeigt sich die Wirkung der Prosperität, es ist die Zahl der Mehrgeburten. Je grösser die Zahl der
Geburten ist, desto grösser ist im Allgemeinen der Procentsatz
der Mehrgeburten unter denselben. Folgende Tabelle zeigt die
Schwankungen des Sexualverhältnisses, der Zahl der Mehrlingskinder, ferner der Geborenen überhaupt und der Heiratsfrequenz
in Preussen vom Jahre 1867—1881 [1]).

Im Jahre 1869 bemerken wir ein Prosperitätsmaximum; denn
die Geburten des folgenden Jahres sind bedeutend, unter diesen
sind relativ viel Mehrlingskinder und ihr Knabenüberschuss ist
gering, auch ist die Heiratsziffer desselben Jahres hoch. Im
Jahre 1870 zeigt sich eine Abnahme der Prosperität, wie man aus
sämtlichen vier Zahlen ersieht. 1871 jedoch bemerken wir eine
Ausnahme von dieser Regel, es tritt nämlich ein neues Moment
hinzu. Die Zunahme der Prosperität ist unverkennbar. Trotzdem aber zeigt sich ein bedeutender Knabenüberschuss im folgen-

---

[1]) Zeitschrift d. stat. Bur. in Berlin 1882, pag. 226.
Frh. v. Fircks: Die Geburten, Eheschliessungen u. Sterbefälle im preussischen Staate während des Jahres 1881.

	% Knaben	% Mehr-lingskinder	Geburts-ziffer	Heirats-ziffer
1867	51,42	26,0	38,6	18,7
68	51,54	24,9	38,6	17,7
69	51,55	24,9	39,7	18,0
1870	51,42	25,9	40,2	14,9
71	51,49	23,9	35,3	16,0
72	51,50	25,8	41,5	20,7
73	51,47	25,7	41,5	20,4
74	51,57	24,3	42,1	19,6
1875	51,68	23,8	42,8	18,2
76	51,50	24,0	42,7	17,2
77	51,55	23,9	41,7	16,1
78	51,46	24,6	40,5	15,7
79	51,49	24,9	40,8	15,4
1880	51,55	24,9	39,7	15,4
81	51,45	24,5	38,6	15,3
Mittel	51,51	24,8	40,3	17,3

den Jahre. Es ist dies die Wirkung des Mangels an männlichen Individuen, der sich während des Krieges und bei den Conceptionen kurz nachher geltend macht. Im Jahre 1872 herrscht Prosperität, welche im folgenden Jahre wieder abnimmt. Sie hebt sich wenig in den Jahren 1876 und 1878, um dann wieder zu sinken. —

Bereits früher war darauf hingewiesen worden, dass der Städter sich durchschnittlich besser nährt als der Landbewohner. „Ploss benutzte Ducpetiaux's und Le Play's statistische Arbeiten über die Consumption der arbeitenden Klassen, welche unwiderleglich darthun, dass die Bevölkerung der Stadtgemeinden, namentlich deren zahlreichster Teil, die Arbeiter, sich in besseren physischen und materiellen Verhältnissen befindet als die Bevölkerung der Landgemeinden. Die Frauen in den Städten geniessen bessere Nahrung als die in den Dörfern und jene können daher ihre Frucht durchschnittlich auch besser ernähren. Es verwendet die Arbeiterfamilie in den Städten in ihrem jährlichen Budget nicht nur mehr Geld auf ihre Nahrung als die ackerbautreibende Familie auf dem Lande, sondern es ist namentlich, wie ausführlich nachgewiesen wird, der Consum des Landbewohners ein weit geringerer (in Frankreich um 60 % geringer) als der des Städters." Es lässt sich nun, wie Ploss gezeigt hat, nachweisen, dass der Knabenüberschuss auf dem Lande ein grösserer ist als in den Städten.

Corradi[1]) kam durch statistische Untersuchungen in Italien zu demselben Resultate. Er fand, dass auf dem Lande relativ mehr Knaben geboren werden als in den Städten.

Girou de Buzareingues[2]) stellte fest, dass das Sexualverhältniss bei den Geburten sogar in den einzelnen Departements während eines längeren Zeitraumes (1834—1843) ein bedeutend abweichendes war. Es schwankte zwischen 1000:920 und 1000: 964. Und zwar zeigten die ackerbau-treibenden Departements den grössten, die übrigen den kleinsten Knabenüberschuss. Bereits früher hatte er den Satz aufgestellt, dass da, wo schwere Arbeiten geleistet würden, z. B. auf dem Lande, relativ viel Knaben geboren würden[3]).

Zu demselben Resultat gelangte Horn[4]). Nach ihm war in Paris das Sexualverhältniss 104,7:100, in Frankreich (1841—1850) 106,7 Knaben zu 100 Mädchen. Denselben Unterschied weist er dann für verschiedene Länder nach.

Quetelet führt in seinem berühmten Buche: „Sur l'homme"[5]) verschiedene Thatsachen an, welche zu demselben Resultate führen. Am Cap der guten Hoffnung wurden von 1813—1820 von der freien weissen Bevölkerung 6604 Knaben und 6789 Mädchen, von den Sklaven während dieser Zeit aber 2936 Knaben und 2826 Mädchen geboren. Ersteres entspricht einem Sexualverhältniss von 97,2 Knaben zu 100 Mädchen, letzteres einem solchen von 103,9 zu 100. Die Freien zeigten also dort im Gegensatze zu den arbeitenden Sklaven einen Mädchenüberschuss in den Geburten.

Ferner führt er die Geburten in Belgien von 1815—1829 an, welche zeigen, dass auf dem Lande etwas mehr Knaben geboren wurden als in den Städten. —

Es ist also unzweifelhaft, dass die Lebensweise einen Einfluss auf das Geschlecht der Kinder hat. Dieser lässt sich sogar noch viel weiter verfolgen, wenn man den Stand der Eltern in Betracht zieht. Wir werden also bei besser situirten Leuten etwas mehr Mädchen und bei solchen, die in schlechteren Verhältnissen

---

[1]) Schmidt's Jahrb. d. ges. Med. 175, pag. 207 (Dell' ostetricia in Italia etc.).

[2]) l. c. 56, pag. 95 (Revue med. Juin 1846).

[3]) Rev. med. Juin 1838 und schon früher: Bulletin de M. de Férussac, tome XII, pag. 3. Citiert v. Quetelet.

[4]) Volkswirtschaftliche Studien aus Belgien I, pag. 306.

[5]) Sur l'homme et le développement de ses facultés ou Essay de physique sociale, pag. 44.

leben, etwas mehr Knaben zu erwarten haben. Dies wird durch die Thatsachen bestätigt.

C. Hampe[1]) ordnete die Geburten des Bezirkes Ottenstein nach der Wohlhabenheit der Eltern, wie man aus der Tabelle ersieht. Um die Prosperität dieser Stände besser zu veranschaulichen, wurde noch die Lebenswahrscheinlichkeit im dreissigsten Lebensjahre für beide Geschlechter hinzugefügt, wie sie sich in einer andern Tabelle von Hampe fand.

Stände	Kinder		Sexual-verhältniss	Lebenswahrsch. im 30. Jahre	
	männl.	weibl.		männl.	weibl.
Meierbauern	345	340	101,4	31,7	32,2
Köther	572	545	104,9	33,9	31,8
Gebildete	77	66	106,6		
Wohlhabende	994	951	104,5		
Brinksitzer	406	360	110,3	29,6	28,8
Gewerbetreibende	501	440	136,6	26,2	26,5
Taglöhner	710	606	115,5	27,7	28,4
Ärmere	1617	1406	115,0		
Summe	2611	2357	110,7		

Aus diesen Zahlen geht hervor, dass die Wohlhabenderen länger leben als die Ärmeren. Sie befinden sich in weit günstigeren Verhältnissen als letztere. Infolge dessen ist auch der Knabenüberschuss bei ihnen ein bedeutend geringerer als bei den Ärmeren. An diesem Beispiel tritt der Unterschied besonders stark hervor, im Allgemeinen ist er nicht so bedeutend. Die angeführten Zahlen sind auch etwas klein und die Mitwirkung eines Zufalls ist daher nicht ganz ausgeschlossen.

Um den Einfluss des Standes der Eltern an grösseren Zahlen zu prüfen, wurde eine umfassendere Untersuchung der Frage vorgenommen. Als Material dienten die vom Frhn. v. Fircks zusammengestellten und jährlich in der Zeitschrift des statistischen Bureaus in Berlin veröffentlichten Zahlen. Die Geburten sind hier nach dem Stand und nach dem Erwerbszweig geordnet. Die Resultate seien zunächst in folgender Tabelle mitgeteilt.

---

[1]) Monatsbl. f. med. Stat. u. öff. Gesundheitspfl., Nr. 6, 1862 (Beilage zur deutschen Klinik): Statistische Beiträge zur Frequenz der Geburten und zu d. Ursachen des Sexualverhältnisses der Kinder.

Stand und Erwerbszweig	Kinder männlich	weiblich	Sexual-verhältniss	Totgebur-ten in ⁰/₀	Beobachtuugs-jahre
Landwirtschaft	1390 441	1306 277	106.44	4,054	1875 — 81
Gehülfen, Gesellen, Lehrlinge, Fabrik-arbeiter	667 107	627 128	106,37	3,769	1877 — 81
Tagearbeiter, Lohn-diener, Tagelöhner	931 975	878 246	106,12	4,275	1875 — 81
Öffentliche Beamte	122 695	116 343	105,46	3,371	1877 — 81
Beberbergung und Erquickung	45 776	43 408	105,4	4,287	1877 — 81
Nahrungs- und Genussmittel	97 194	91 886	105,77	3,727	1877 — 81
Handel und Ver-sicherungswesen	150 832	142 020	106,20	3,649	1875 — 81

In diesen Geburtszahlen sind die Totgeburten eingerechnet. Der Procentsatz derselben für die Jahre 1877—1881 ist für jede Gruppe angegeben. Die drei ersten Classen leben unter etwas ungünstigen Verhältnissen und sie zeigen den grösseren Knaben-überschuss. Geringer ist derselbe in den folgenden Gruppen, näm-lich bei den öffentlichen Beamten, d. h. solchen in unkündbarer Stellung, ferner bei denen, welche sich mit Beherbergung und Er-quickung abgeben, und solchen, die in der Industrie der Nahrungs-und Genussmittel beschäftigt sind. Bei letzteren Gruppen kann man im Allgemeinen einen besseren Ernährungstand erwarten, als bei ersteren. Die Handeltreibenden zeigen endlich ein mittleres Sexualverhältniss, welches indessen noch um ein wenig höher ist als das der Tagearbeiter.

Die übrigen in der erwähnten Zeitschrift veröffentlichten Zah-len sind zu wenig umfassend, als dass man Schlüsse daraus zie-hen dürfte. Auch die in der Tabelle angeführte Gruppe „Beher-bergung und Erquickung" enthält eigentlich schon etwas zu kleine Zahlen. Die übrigen Zahlen sind indessen gross genug, um sichere Schlüsse zuzulassen. Aus ihnen geht auf das unzweifelhafteste hervor, dass unter günstigeren persönlichen Verhältnissen etwas mehr Mädchen geboren werden, als unter ungünstigeren. —

Wenn die Ernährung des Embryo von Einfluss auf die Ent-stehung des Geschlechtes ist, so muss sich dies auch an dem Sexualverhältniss der Mehrgeburten zeigen. Denn es ist un-zweifelhaft, dass ein Kind besser ernährt werden kann als mehrere zu gleicher Zeit. Auch aus den Gewichtsverhältnissen und der Sterblichkeit letzterer geht dies hervor. Das Geschlechtsverhält-niss der Mehrgeburten bedarf daher einer genaueren Untersuchung.

Was zunächst das Verhältniss bei den Zwillingen anbetrifft, so fand M o s e r [1]) unter 33 556 Zwillingsgeburten 106,9 Knaben auf 100 Mädchen, M e c k e l v o n H e m s b a c h [2]) giebt an, dass in Preussen von 1826—1848 unter 141 715 Fällen das Geschlechtsverhältniss 105,14 zu 100 war, P l o s s [3]) fand in Sachsen von 1834—1858 bei 23 420 Zwillingsgeburten 106,7 Knaben zu 100 Mädchen, während das Verhältniss bei den Neugeborenen überhaupt 106,5 zu 100 war. H e c k e r [4]) giebt unter 273 Geburten das Verhältniss 116:100, bei 228 Geburten 122:100 an. S i c k e l [5]) fand 510 Zwillingskinder männlichen und 454 weiblichen Geschlechtes, ein Verhältniss wie 112,3:100. H a k [6]) giebt an, dass in seinem Dienstbezirk unter 216 Zwillingsgeburten sich 196 Knaben (45 $\frac{9}{0}$) und 236 Mädchen (55 $\frac{9}{0}$) ferner im Bezirk Wiesloch unter 160 Zw.-geburten sich 143 Kn. (45 $\frac{9}{0}$) und 177 Md. (55 $\frac{9}{0}$) befunden hätten, dass hier also das weibliche Geschlecht stets überwiege. In Hinblick auf die angeführten viel grösseren Zahlen kann diese Meinung als nicht zutreffend angesehen werden. B a i l l a r g e r [7]) fand 298 Zw.-knaben und 214 Zw.-mädchen, S i e b o l d [8]) 99 Knaben und 77 Mädchen, L e v y [9]) 133 Knaben und 99 Mädchen, E l s ä s s e r [10]) 88 Knaben und 76 Mädchen. Die Statistik Schwedens dagegen ergab unter 19 295 Zwillingsgeburten das Verhältniss 104,5 zu 100 [11]). Ebenfalls fand

---

[1]) Die Gesetze der Lebensdauer 1839.
[2]) M ü l l e r s Archiv für Physiologie 1850, pag. 235. M e c k e l v o n H e m s b a c h, Über die Verhältnisse des Geschlechtes, der Lebensfähigkeit und der Eihäute bei einfachen und Mehrgeburten.
[3]) Monatsblatt f. med. Statistik etc. Nr. 1. 1861 (Beilage zur deutschen Klinik). P l o s s, Zur Zwillingsstatistik.
[4]) Arch. f. Gyn. XX, 1882. H e c k e r, Statist. a. d. Geb.-anst. zu München.
[5]) Jahrbücher der ges. Med., 104, pag. 108. S i c k e l, Bericht über Gebäranstalten etc.
[6]) l. c. 108, pag. 50. H a k, Zur Statistik der menschl. Zwillingsgeburten (Original: Ärztl. Mittl. a. Baden 13, 1859).
[7]) l. c. 89, pag. 212 B a i l l a r g e r, Über das Verhältniss der Geschlechter bei mehrf. Geb. (Original: L'Union 142, 1855).
[8]) Mon.Schr. f. Geburtsk. XIV, pag. 401, 1859. S i e b o l d: Zur Statistik der Zwillingsgeburten.
[9]) S c h m i d t s Jahrbücher der ges. Med. 81, pag. 326. L e v y, Über Zwillingsgeburt und ihre Behandlung (Orig.: H o s p. M e d d e l e l s e r, Bd. 5).
[10]) l. c. 96, pag. 331, E l s ä s s e r, Über die mehrfachen Geb. in d. Geburtsanst. etc. (Orig.: Würtemb. Corr.Bl. 31, 1856).
[11]) l. c. 188, p. 149. B e r g, Über Geb. mit mehreren Früchten.

11 *

Neefe [1]) aus einer sehr grossen durch amtliche Statistik gewonnenen Zahl von Zwillingsgeburten das Verhältniss von 104 Knaben zu 100 Mädchen. In Preussen wurden nach meiner Berechnung [2]) in fünfzig Jahren (1824—1874) 400744 männliche und 382 675 weibliche Zwillinge geboren, was einem Sexualverhältniss 104,7 entspricht.

Addiert man sämtliche für Gebärhäuser geltenden Zahlen (von Hecker, Sickel, Baillarger, Siebold, Elsässer, Levy) zusammen, so erhält man 1673 Knaben und 1377 Mädchen oder ein Verhältniss von 121,5 zu 100. Dieser Knabenüberschuss ist bedeutend grösser als der statistisch gewonnene. Die in Gebärhäusern erhaltenen Zahlen sind vielleicht obwohl kleiner, doch zuverlässiger, da im gewöhnlichen Leben zuweilen Früh- und Tot-geburten nicht mitgezählt werden. An diesen sind aber die Knaben erheblich stärker beteiligt als die Mädchen, wie bereits früher erwähnt wurde. Diese Totgeburten kommen aber bei Zwillingen weit häufiger vor als gewöhnlich. Auch ist die S t e r b l i c h k e i t eine weit grössere. Diese Thatsachen sind so bekannt und stehen so unzweifelhaft fest, dass es wohl nicht nötig sein wird, specielle Zahlen hierfür anzuführen [3]).

Es ist unzweifelhaft, dass die grössere Sterblichkeit vor und nach der Geburt auf eine mangelhafte Ernährung der Zwillinge zurückzuführen ist. Damit in Übereinstimmung steht das G e - w i c h t der Zwillingskinder, Levy [4]) fand es zu etwa 2600 Gr. bei 117 Geburten. Ich erhielt ein mittleres Gewicht von 2350 Gr. unter 76 Kindern (Dresden, Jena). Dagegen beträgt das Gewicht der Kinder aus Einzelgeburten erheblich mehr. Ingerslev [5])

---

[1]) l. c. 179, pag. 187, Neefe, Zur Statistik der Mehrgeburten (Auszug), ferner: Jenenser Jahrbücher f. Nationalök. und Stat. XV, pag. 168—195, 1877 (Orig.).

[2]) Zeitschrift d. stat. Bureaus in Berlin 1876, pag. 104.

[3]) Ich verweise auf die Arbeiten von Sickel (l. c.), Berg, Über Geburten mit mehreren Früchten (l. c. 188, pag. 149), Hasse (Vorstand des statistischen Bureaus in Leipzig), Über die Sterblichkeit der Zwillinge (l. c. 179, pag. 189), endlich Vinc. Goehlert in Graz, Die Zwillinge (l. c. 184, pag. 76 und Virchow's Archiv LXXVI, pag. 457).

[4]) l. c.

[5]) l. c. 169, pag. 156, Über die Gewichtsverhältnisse der Neugeborenen (aus dem Gebärhaus zu Kopenhagen) (Orig.: Nord. med. ark. VII, 2, Nr. 7, 1875).

fand es unter 3450 Kindern im Mittel zu 3333,5 Gr., Kez-marsky[1]) unter 73 Kindern zu 3329,8 Gr. Auch das Gewicht der Placenta ist bei Zwillingen ein geringeres. Unter 134 Fällen fand ich das Durchschnittsgewicht derselben pro Foetus zu 477 Gr., während es bei Einzelgeburten im Mittel 590 Gr. beträgt.

Es ist also unzweifelhaft, dass Zwillinge infolge der gegenseitigen Concurrenz verhältnissmässig schlecht ernährt werden. Während der ersten Zeit des Embryonal-lebens, wo noch eine Einwirkung auf die Entstehung des Geschlechtes möglich ist, scheint bei Zwillingen noch keine erhebliche Concurrenz stattzufinden. Der Knabenüberschuss ist daher bei ihnen nicht oder doch nur sehr wenig grösser als der bei Einzelgeburten.

Auch bei Drillingsgeburten scheint dies der Fall zu sein. Meckel von Hemsbach[2]) fand unter 1689 solchen Geburten, welche von 1826—1848 in Preussen eintraten, das Verhältniss 109,55:100, bei 36 Vierlingsgeburten aus derselben Zeit 111,76:100, während wie schon erwähnt, die Zwillingsgeburten jener Zeit nur das Verhältniss 105,14:100 zeigten. 167 Drillingsgeburten in Preussen 1864 ergaben sogar das Verhältniss 133 Knaben zu 100 Mädchen. Neefe[3]) fand in Preussen 1860 bis 1873 dies Verhältniss im allgemeinen zu 104,07:100, bei den Drillingsgeburten zu 104,55:100, in Österreich 1860—1873 erhielt er als allgemeine Verhältnisszahl 105,26, bei den Drillingsgeburten aber 106,10. Bei weniger umfassenden Zahlen anderer Staaten fand er diesen Unterschied nicht. Die angeführten Zahlen sind indessen weit zuverlässiger. — Der Zeitschrift des statistischen Bureaus in Berlin[4]) wurden die Zahlen der Drillingsgeburten von 1824—1874 entnommen. In diesen fünfzig Jahren wurden meiner Berechnung zufolge 6974 männliche und 6549 weibliche Drillinge geboren, was einem Sexualverhältniss 106,4 entspricht. Dieser Knabenüberschuss ist zwar hoch, aber doch nicht so gross, dass man irgend welche Schlüsse daraus ziehen dürfte. Es scheint also, dass die Ernährungsconcurrenz auch bei Drillingen erst ziemlich spät wirksam wird. Indessen ist doch beachtenswert, dass der Knabenüberschuss um beinahe 2 ♀/♀ höher ist als bei den in

[1]) l. c. 159, pag. 145, Über Gewichtsveränderungen der Neugeborenen, auch im Arch. f. Gynäkologie V, 3.
[2]) l. c. pag. 236.
[3]) l. c. pag. 182.
[4]) Jahrgang 1876, pag. 104.

eben dieser Zeit geborenen Zwillingen. Die Nahrungsconcurrenz scheint also auf jeden Fall wirksamer zu sein als wie bei Zwillingen.

Wenn auch der Einfluss der schwächeren Ernährung bei den Drillingen unverkennbar hervortritt, so scheint doch bei den Mehrgeburten noch ein anderes Moment in betracht zu kommen, welches den Knabenüberschuss herabdrückt. Wir hatten gesehen, dass Mehrgeburten besonders dann auftreten, wenn die Prosperität des Volkes eine grosse ist. Wir wissen aber auch, dass unter solchen Umständen die Zahl der Mädchen eine relativ grosse ist. Folglich werden auch unter den Mehrgeburten relativ viel Mädchen sein müssen.

Bei Mehrgeburten scheinen also zwei Momente einander zu bekämpfen. Der Umstand, dass sie besonders zur Zeit der Prosperität geboren werden, lässt mehr Mädchen, der, dass die Kinder sich Nahrungsconcurrenz schaffen, lässt mehr Knaben erwarten. Bei Zwillingen scheint nun das erstere Moment die Oberhand zu haben und infolge dessen ist der Knabenüberschuss etwas gering. Bei Drillingen indessen tritt die Concurrenz früher ein und ist auch bedeutender, so dass hier der Knabenüberschuss höher ist. —

Auch das Alter der Mutter muss einen bedeutenden Einfluss auf die Ernährung des Embryo haben. Ältere Mütter werden diesem eine nicht so gute Ernährung zu Teil werden lassen können, als solche, die auf der Höhe der Reproductionsfähigkeit stehen. Dasselbe gilt für allzu junge Mütter, jedoch ist hier zu beachten, dass für Erstgeburten auch die schon früher erläuterten Umstände in betracht kommen.

Aus den Tabellen von Duncan [1]) geht hervor, dass die Fortpflanzungsfähigkeit bis zum 25. Jahre zunimmt, vom 30. Jahre an aber wieder abnimmt. In Übereinstimmung damit steht die Grösse und das Gewicht der Kinder; denn die zwischen dem 25.—29. Lebensjahre geborenen Kinder sind länger und schwerer als die später oder früher geborenen. Es ist dies ein directer Beweis, dass letztere schwächer ernährt werden. Der Einfluss des absoluten Alters Mehrgebärender auf das Geschlecht des Kindes kann durch folgende von Bidder [2]) gegebene Tabelle erläutert werden.

---

[1]) Citiert von Spencer, Principien der Biologie, Bd. 2, pag. 531.
[2]) Zeitschrift f. Geburtshülfe und Gynaekologie, Bd. II, Heft 2, 1878. Bidder, Über den Einfluss des Alters der Mutter auf das Geschlecht des Kindes.

Alter der Mutter	Anzahl der Fälle	Sexual-verhältniss
17 -19 Jahre	80	122,2
20—21 „	405	130,1
22—23 „	869	109,9
24—25 „	1138	104,6
26- 29 „	2049	105,5
30—31 „	878	112,5
32—35 „	1120	119,6
36—39 „	676	123,1
40 u. mehr „	215	131,5

Bei der Mutter hat man also sorgfältig zu unterscheiden zwischen dem relativen und absoluten Alter. Beim M a n n e dagegen fällt dies fort. Bei ihm wird das absolute Alter wie das relative einem höhern Knabenüberschuss günstig sein; so fand z. B. H o f a c k e r die in unten stehender Tabelle gegebenen allerdings etwas kleinen Zahlen.

Alter des Vaters	Anzahl der Fälle	Sexual-verhältniss
24—36 Jahre	1193	100
36—48 „	683	114
48—60 „	105	169

Bei der Mutter dagegen liegen die Verhältnisse weit complicirter. Je r e l a t i v jünger (d. h. im Vergleich zum Vater) die Mutter ist, desto mehr Kinder werden zum männlichen Geschlecht bestimmt mittelst der Qualitäten des Eies, die schon vor der Befruchtung vorhanden waren. Je a b s o l u t jünger aber die Mutter ist, desto mehr Kinder bilden sich zum weiblichen Geschlecht aus infolge der bessern Ernährung des Embryo (also lange nach der Befruchtung).

Auch hierüber stellte H o f a c k e r Nachforschungen an und fand die in untenstehender Tabelle gegebenen Zahlen. Sie liefern

Alter der Mutter	Anzahl der Fälle	Sexual-verhältniss
16—26 Jahre	363	121
26—36 „	1056	101
36—46 „	567	111
Summa	1986	107,3

dasselbe Resultat wie die von Bidder auch in bezug auf junge
Mütter. Auch die Resultate, welche C. Hampe[1]) aus der Statistik von Ottenstein erhielt, bestätigen diese Regel, wie nebenstehende Tabelle zeigt.

Alter der Mutter	Anzahl der Fälle	Sexual-verhältniss
bis 20 Jahre	56	107,7
20—25 „	871	90,6
25—30 „	1633	114,9
30—35 „	1631	108,3
35—40 „	1185	117,1
40 etc. „	616	124,0
Summa	5992	110,4

Auch von mir wurden die Geburten von Mehrgebärenden, welche
aus den bereits angegebenen Quellen stammen, nach dem Alter
der Mutter geordnet. Wie nebenstehende Tabelle zeigt, stimmen
die Resultate mit denen der genannten Forscher überein.
Wie aus den Tabellen hervorgeht, zeigen sehr junge Mütter ebenfalls einen grösseren Knabenüberschuss. Es ist dies
wahrscheinlich darauf zurückzuführen, dass der Genitalapparat
noch nicht geeignet war, eine normale Ernährung des Embryo zu
stande kommen zu lassen.
Als die Geburten Erstgebärender untersucht wurden, zeigte
sich eine ähnliche Erscheinung und zwar sowohl bei der Zusammenstellung nach dem Lebensalter als auch der Zeit, die seit der
ersten Menstruation vergangen war. Nach dem oben gesagten
erklärt sich dies sehr leicht. Wenn z. B. ein Mädchen gleich
nach dem ersten Auftreten der Menses oder sogar schon vorher
befruchtet wird, so wird das Genitalsystem häufig noch nicht geeignet sein zur Leistung einer vollständig normalen Ernährung
des Foetus.
Junge und alte Mütter werden also ihre Kinder im allgemeinen schlechter ernähren als solche, welche auf der Höhe der Reproductionsfähigkeit stehen. Dies wird bestätigt durch Ingerslev[2]), welcher fand, dass die dritte Frucht der Mutter durch-

[1]) Monatsblatt für med. Statistik u. öff. Gesundheitspflege, Nr. 6,
1862 (Beilage zur Deutschen Klinik).
[2]) Schmidt's Jahrb. d. ges. Med. 169, pag. 156: Über die Ge-

Tabelle der Mehrgebährenden.

Alter	Leipzig	Dresden	Jena	Summa	
15	— — —:	—:	— —	—:	
16	— — —:	: 1	— —	—: 1	
17	1 :—	2 : —	— —	3 : —	
18	3 : 3	4 : 6	1 : 1	8 : 10	574 : 565 =
19	7 : 6	11 : 7	2 : 4	20 : 17	101,6
20	24 : 26	27 : 24	9 : 6	60 : 56	
21	46 : 50	50 : 51	11 : 13	107 : 114	
22	72 : 68	81 : 69	23 : 24	176 : 161	
23	87 : 97	88 : 92	25 : 17	200 : 206	
24	80 : 92	97 : 120	36 : 51	213 : 263	689 : 663 =
25	92 : 89	88 : 94	46 : 24	226 : 207	103,9
26	105 : 88	90 : 70	55 : 35	250 : 193	
27	78 : 6?	85 : 63	42 : 43	205 : 167	
28	63 : 60	73 : 68	50 : 32	186 : 160	737 : 586 =
29	85 : 31	80 : 50	36 : 29	201 : 110	125,7
30	50 : 59	60 : 55	35 : 35	145 : 149	
31	36 : 35	42 : 23	19 : 10	97 : 68	
32	50 : 32	42 : 38	25 : 21	117 : 91	
33	25 : 21	30 : 23	15 : 19	70 : 63	
34	28 : 18	30 : 27	23 : 13	81 : 58	
35	20 : 17	13 : 20	19 : 9	52 : 46	
36	18 : 27	24 : 18	9 : 10	51 : 55	595 : 500 =
37	21 : 13	10 : 13	5 : 8	36 : 34	119,0
38	12 : 4	9 : 15	11 : 4	32 : 23	
39	7 : 11	12 : 5	5 : 3	24 : 19	
40	3 : 3	6 : 7	4 : 3	13 : 13	
41 etc.	6 : 8	13 : 14	3 : 8	22 : 30	

Summa: 4909 Geburten nämlich 2595 : 2314 = 112,1.

schnittlich mehr wiegt als die zweite und diese mehr als die erste. Neefe[1]) stellte ferner fest, dass bei Müttern unter 20 und über 40 Jahren die Totgeburten am häufigsten sind. Beides lässt sich auf eine Wirkung verschieden starker Ernährung zurückführen. Die Frucht einer jungen oder alten Mutter wird schwächer ernährt als die einer solchen, welche etwa in der Mitte der Fruchtbarkeitsperiode steht. —

wichtsverhältnisse der Neugeborenen (Orig. Nord. med. ark. VII, 2, Nr. 7).
[1]) Hildebrands Jahrb. f. Nationalök. und Stat. 24, pag. 186: Statistik der Totgeborenen.

Auch in einzelnen Ländern zeigt der Knabenüberschuss eine bedeutende Differenz, was vielleicht auf eine Verschiedenheit der Lebensweise zurückzuführen ist. Ein grösserer Knabenüberschuss findet sich in solchen Ländern, die der Kultur erst erschlossen werden, in denen eine körperliche Beschäftigung vorherrschend sein wird, z. B. in Australien [1]). Denselben Unterschied im Sexualverhältniss der Geborenen zeigen auch die neueren Staaten Nord-Amerikas im Vergleich zu den älteren, in denen bereits ein bequemeres Culturleben platz gegriffen hat und relativ mehr Mädchen geboren werden [2]). —

Die Wirkung des Klimas ist bis jetzt noch nicht in bezug auf die geographische Breite, sondern nur in bezug auf die Meereshöhe untersucht worden. Ploss [3]) hat nachgewiesen, dass mit der Meereshöhe die Knabengeburten zunehmen. Mit der Rauhigkeit des Klimas tritt auch hier das Symptom des Mangels, ein grösserer Geburtsüberschuss von Knaben auf. In Sachsen (1847—48—49) fand Ploss in einer Höhe bis 500 par. Fuss das Sexualverhältniss 105,9, zwischen 1000 bis 1500 Fuss schon 107,3 und endlich zwischen 1500 bis 2000 Fuss 107,8. Weitere Untersuchungen liegen über diesen Punkt noch nicht vor. —

Wie das Klima, so muss auch der jährliche Wechsel der Temperatur, welchen die Jahreszeiten mit sich bringen, einen Einfluss auf die Entstehung des Geschlechtes haben. Wie bereits früher gezeigt wurde, werden in den warmen Monaten mehr Kinder gezeugt als in den kälteren. Wir werden nun sehen, dass mit der Zunahme der Geburten eine Abnahme des Knabenüberschusses Hand in Hand geht.

Bereits früher ist häufig behauptet worden, dass im Sommer relativ mehr Mädchen gezeugt würden als im Winter. Die Statistiker sprachen sich indessen meist dagegen aus. Hampe [4]) ordnete 5997 Geburten nach den Monaten. Die Sexualverhältnisse zeigen ein regelloses Hin- und Herschwanken. Husemann [5]) verglich bei 138 209 Geburten die Geschlechts-

---

[1]) Wappäus, Bevölkerungsstatistik II, pag. 159 und 195.
[2]) Burdach, Physiologie I, pag. 592.
[3]) Monatsschrift für Geburtskunde B. XII.
[4]) Monatsbl. f. med. Stat. u. öff. Gesundheitspflege, Beilage zur deutschen Klinik No. 6, 1862: Statistische Beiträge zur Frequenz der Geburten u. zu d. Ursachen d. Sexualverhältnisses der Kinder.
[5]) l. c. No. 1, 1861: Die Verhältnisse der Geburten im Canton Zürich 1825—58.

verhältnisse. Er sagt aber sehr richtig, dass auch diese Zahl noch eine zu geringe ist, um irgend welche Schlüsse zuzulassen. Osterlen[1]) führt drei Untersuchungen an, welche ebenfalls zu wenig umfassend sind. Die Schwankungen der Sexualverhältnisse sind hier zu stark und zu unregelmässig.

Es treten hier nämlich so feine Unterschiede auf, dass sie erst bei ganz ausserordentlich grossen Zahlen erkannt und als unzweifelhaft nachgewiesen werden können. Um dies näher zu untersuchen, wurden die in der Zeitschrift des statistischen Bureaus in Berlin gegebenen Geburten für ganz Preussen, so weit sie dort zu finden waren, addiert und das Sexualverhältniss für die einzelnen Monate berechnet. Das Ergebniss dieser Untersuchung ist eine Bestätigung des Gesetzes, dass bei den in den Sommermonaten gezeugten Kindern der Knabenüberschuss etwas geringer ist als bei den in der kälteren Jahreszeit erzeugten.

Die Untersuchung umfasst zehn Jahrgänge, nämlich die von 1872 bis 1881. Auf jedes Jahr fallen über eine Million Geburten. Da es sich hier also um ganz ausserordentlich grosse Zahlen handelt, so darf man das Resultat als gesichert ansehen. Jeder Monat zeigt acht bis neunhundert tausend Geburten und es kann von zufälligen Schwankungen des Sexualverhältnisses keine Rede mehr sein. Zunächst mag das Resultat der Untersuchung mitgeteilt werden.

Geburt	Ganze Jahr	Januar	Februar	März	April	Mai
Knaben	5 499 782	484 443	451 750	484 786	450 272	446 642
Mädchen	5 174 472	455 847	425 091	457 702	424 740	420 867
Summe der Kinder	10 674 254	940 290	876 841	942 488	875 012	867 509
Sexualverhältniss	106,287	106.27	106,27	105,92	106,01	106,12
Conception	Ganze Jahr	April	Mai	Juni	Juli	August

Geburt	Juni	Juli	August	Septmb.	October	Novemb.	Decemb.
Knaben	419 541	439 685	458 385	479 023	468 337	452 894	464 024
Mädchen	392 928	411 888	431 192	452 045	440 447	426 343	435 382
Summe der Kinder	812 469	851 573	889 577	931 068	908 784	879 237	899 406
Sexualverhältniss	106,77	106,75	106,31	105,97	106,33	106,23	106,58
Conception	Septmb.	October	Novemb.	Decemb.	Januar	Februar	März

[1]) Handb. d. med. Statistik, pag. 300.

Aus der Tabelle ersieht man, dass der Knabenüberschuss in den fünf wärmeren Conceptionsmonaten ohne Ausnahme unter dem Mittel (106,287) bleibt. Damit ist das Gesetz bewiesen. Gehen wir etwas näher auf die Zahlen ein, so sehen wir, dass in den sieben übrigen kälteren Monaten der Knabenüberschuss grösser als das Mittel ist mit Ausnahme der Monate December und Februar. Im December nämlich steigt die Zahl der ehelichen Conceptionen aus leicht begreiflichen Gründen ausserordentlich. Es ist die Folge der zunehmenden Prosperität. Denn diese wird nicht allein von der Menge der aufgenommenen Nahrung und der Stärke der Wärme-abgabe, sondern auch von psychischen Zuständen abhängig sein. Die Folge dieser Prosperität ist ein Sinken des Knabenüberschusses.

Dieses Sinken wird noch verstärkt durch die Zunahme der unehelichen Conceptionen, da ja die unehelichen Geburten etwas weniger Knaben aufweisen als die ehelichen, wie bereits gezeigt wurde. Indessen ist diese Zunahme nicht sehr bedeutend, weit stärker ist sie im Februar infolge der Fastnachtsfeier. Die grössere Zahl der unehelichen Conceptionen in diesem Monat bewirkt ein Sinken des Knabenüberschusses. Es wird als bekannt vorausgesetzt, dass die Zahl der ehelichen Conceptionen im December und die der unehelichen im December und Februar zunimmt. Den Beweis hierfür findet man in den von der Zeitschrift des statistischen Bureaus in Berlin veröffentlichten Zahlen.

Wollen wir also die Wirkung der Jahreszeiten beurteilen, so müssen wir die Zahlen für December und Februar ausser Acht lassen. Alsdann sehen wir das Gesetz ausnahmslos bestätigt. In den fünf wärmeren Conceptionsmonaten, nämlich April bis August, bleibt der Knabenüberschuss stets unter dem Mittel, in den fünf kälteren, nämlich September, October, November, Januar und März steigt er stets über das Mittel. Das Minimum fällt in den Juni, das Maximum in den September und October. Es scheint also besonders der Anfang des Winters deprimierend einzuwirken. Es wurde bereits früher darauf hingewiesen, dass wahrscheinlich besonders die Temperaturänderungen von Einfluss sind, während später eine mehr oder weniger starke Accommodation an die neuen Verhältnisse einzutreten scheint. Ausserdem ist hierbei noch zu beachten, dass die Einwirkung einer bessern Ernährung des Embryo erst lange nach der Conception zur Geltung kommt. Beim Menschen ist diese Einwirkung während der ersten drei Monate möglich. Zu welcher Zeit sie durchschnittlich am stärksten ist, darüber werden erst spätere Untersuchungen Aufschluss geben können.

Bereits früher hatten uns statistische Nachweise gelehrt, dass die Zahl der während der warmen Jahreszeit concipierten Kinder grösser ist als die in der kälteren Zeit. Dieser Satz wird durch die Tabelle von neuem bestätigt. Wenn man nun aufmerksam die Zahlen verfolgt, so wird man auch hier finden, dass stets dann, wenn die Zahl der Conceptionen abnimmt, der Knabenüberschuss zunimmt. Wächst umgekehrt die Prosperität und damit die Conceptionsziffer, so nimmt der Knabenüberschuss ab. Nur der Monat Februar macht hiervon eine Ausnahme. Die Zahl der ehelichen Conceptionen nimmt nämlich in diesem Monat ab, die der unehelichen zu. Da erstere aber den Ausschlag geben, so nimmt im Ganzen die Zahl der Conceptionen ab. Aber ein relativ grosser Teil der Conceptionen ist unehelich und es sinkt zugleich auch der Knabenüberschuss. Alle übrigen Monate folgen dem Gesetz.

Die kleinste Zahl der Conceptionen und der höchste Knabenüberschuss zeigt sich im September, die grösste Zahl von Conceptionen und der geringste Knabenüberschuss findet sich im Juni. Und zwar wurden im September auf 100 Mädchen um 0,85 $\frac{0}{0}$ mehr Knaben geboren als im Juni. Es ist klar, dass die früheren Forscher mit ihrem geringen Zahlenmaterial eine solche kleine Differenz nicht auffinden konnten. Der sichere Nachweis dieser Erscheinung war erst mit Hülfe so grosser Zahlen möglich, wie sie angeführt wurden. — Auch hieraus ersieht man wieder, wie ausserordentlich gering der Einfluss der Variation eines einzigen Umstandes ist. Je grösser die Zahl dieser Umstände ist, desto weniger Einfluss hat jeder einzelne.

Beim Menschen sind die Schwankungen des Sexualverhältnisses sehr gering. Bei niedern Tieren sind sie viel bedeutender. Während beim Menschen im Sommer nur etwa 1 $\frac{0}{0}$ mehr Mädchen geboren werden, werden wir später Tiere kennen lernen, welche im sommerlichen Überfluss meist Weibchen, ja sogar nur Weibchen erzeugen. Es ist darum besonders wichtig, dass selbst beim Menschen die Erzeugung einer grösseren Zahl von weiblichen Individuen im Sommer trotz des geringen Unterschiedes dennoch auf das Unzweifelhafteste nachgewiesen werden konnte.

Im ersten Teil der Arbeit bei Gelegenheit der statistischen Untersuchung über den Einfluss einer stärkeren geschlechtlichen Beanspruchung bei Pferden wurde bereits versucht, theoretisch

zu ermitteln, wie stark wohl die Schwankung vom normalen Sexualverhältniss infolge häufigerer Inanspruchnahme sein könnte. Bei
dieser Überlegung war besonders von Wichtigkeit gewesen, wie
rasch das junge Tier geschlechtsreif wird. Da dies bei Pferden
vier Jahre dauert und die Trächtigkeit ein Jahr währt, so besteht fünf Jahre lang ein anomales Sexualverhältniss bei den Erzeugern. Fünf Jahre lang wurden also bei Männchenmangel mehr
männliche Fohlen erzeugt und erst nach dieser Zeit konnte das
Sexualverhältniss der Erzeuger durch die herangewachsenen Jungen
corrigiert werden. Um diese Regulierung herbeizuführen, war
eine bestimmte Anzahl von männlichen Fohlen nötig. Auf je mehr
Jahrgänge sich die Production dieser verteilt, desto geringer ist
der Überschuss bei jedem einzelnen. Je später ein Tier also geschlechtsreif wird, desto geringer sind die Schwankungen des
Sexualverhältnisses.

Dieser Satz wird nicht nur bei der Regulierung eines anomalen Geschlechtsverhältnisses der Erzeuger, sondern auch bei
der Mehrproduction von Weibchen im Überfluss gültig sein. Letztere hatte ja den Nutzen, dass mit ihrer Hülfe eine besonders
starke Vermehrung stattfinden konnte. Je rascher die Weibchen
geschlechtsreif werden und zur Reproduction beitragen können,
desto mehr Nutzen gewährt eine Mehrproduction derselben im
Überfluss. Je länger es aber dauert, bis dieselben herangewachsen
sind, desto grösser ist die Wahrscheinlichkeit, dass die Prosperität nicht mehr andauert. In der wärmeren Jahreszeit haben wir
z. B. einen günstigen Umstand, der sehr rasch wieder verschwindet. Die Mehrproduction von Mädchen wird daher ohne Nutzen
sein, da diese erst lange nach Verschwinden dieses günstigen Umstandes geschlechtsreif werden. Indessen treten auch beim Menschen sehr häufig günstige und ungünstige Verhältnisse ein, welche
sehr lange andauern. Die Mehrproduction des einen Geschlechtes
gewährt also auch dem Menschen einen Nutzen, der allerdings
weniger scharf hervortritt als bei niedern Tieren. Je rascher das
Tier geschlechtsreif wird, desto mehr Weibchen werden zur Zeit
des Überflusses geboren werden. So werden wir später Tiere
kennen lernen, deren Junge schon bei der Geburt trächtig sind.
Bei ihnen werden unter solchen günstigen Umständen fast nur
Weibchen geboren, die sich auf solche Weise enorm vermehren, so
lange der Überfluss andauert. —

Doch kehren wir nach dieser theoretischen Abschweifung zurück zur weiteren Aufzählung der Thatsachen, welche das Schwanken

des Sexualverhältnisses beim Menschen unter günstigen und ungünstigen Verhältnissen beweisen.

In ähnlicher Lage wie Raubtiere, welche zur Unthätigkeit
verurteilt in Käfigen gebannt liegen, befinden sich die wilden
Stämme Amerikas und Oceaniens, welchen in ihrem Urzustand
plötzlich die europäische Cultur aufgedrungen wurde. Die ungemein schnelle Änderung der Lebensweise und Ernährungsart
musste diesen Racen unzuträglich sein. Ein Wechsel, der, wie
Darwin sagt, sich bei den Europäern erst durch Jahrtausende
vollzogen hatte, ging bei ihnen in wenigen Jahren vor sich. Als
Folge dieser so ungünstigen Verhältnisse sehen wir eine ausserordentliche Unfruchtbarkeit eintreten, so dass oft auf hundert oder
mehr Familien nur wenige Kinder kommen und diese sind meist
Knaben, so z. B. bei den Maoris von Neuseeland[1]). Genau
dasselbe findet sich bei den Sandwichs-insulanern, wo die Volkszählung von 1872 an männlichen Individuen 31 650 und an
weiblichen 25 247 ergab (d. h. 125 : 100), während bekanntlich
bei allen übrigen Völkern die Weiber bedeutend überwiegen[2]).
Unter ungünstigen Verhältnissen wird die Vermehrung also immer
schwächer, das weibliche Genitalsystem reagiert auf diese schädliche Einwirkung am stärksten, die Frauen leiden daher an ausserordentlicher Unfruchtbarkeit. Endlich ist der Knabenüberschuss
ein ganz enorm grosser. Hierin ist zugleich ein Beispiel gegeben,
worin die unter abnormen Verhältnissen erzeugten Kinder geschlechtsreif werden und in den Kreis der Erzeuger eintreten,
während diese abnormen Verhältnisse noch immer andauern. —

Schreiten wir zu weiteren Thatsachen.

Die Wirkung einer schwachen Ernährung auf das Geschlecht
wurde ferner auf folgende Weise statistisch untersucht. Es schien
sehr wahrscheinlich, dass die Stärke der Menstruation ein
durchschnittlich zutreffendes Mass für die spätere Ernährung des
Embryo abgäbe. Und es liess sich bei schwacher Regel ein
grösserer Knabenüberschuss voraussehen als bei reichlicher. Es
wurden daher die Geburten nach den in den Protokollen angegebenen Bemerkungen über die Menses geordnet. Wie die Tabelle

---

[1]) Mr. Fenton, Observations on the Aboriginal Inhabitants
of New-Zealand, von der Regierung herausgegeben 1859. Citiert von
Darwin.

[2]) Darwin, Abstammung des Menschen: Aussterben der Racen.
Übersetzung von Carus, pag. 238, 250.

zeigt, fand sich in der That bei spärlicher Menstruation der grössere Knabenüberschuss.

	reichliche M.	spärliche M.
Dresden	902 : 847	495 : 431
Jena	66 : 69	56 : 45
Leipzig	21 : 22	239 : 211
Summa	989 : 938 = 105,4	790 : 687 = 114,7

Um aber sicher zu sein, dass bei spärlicher Regel wirklich der Embryo schwächer ernährt wird, musste eine Berechnung des durchschnittlichen Gewichts der Placenten vorgenommen werden; denn vom mittleren Gewicht des Ernährungsorgans darf man wohl auf die Stärke der Ernährung selbst schliessen. Diese Berechnung des Gewichts wurde für die in Dresden und Jena gesammelten Fälle ausgeführt. Das Resultat bestätigte in

	reichliche M.		spärliche M.	
	♂	♀	♂	♀
Dresden	600,6	588,5	574,9	580,0
Jena	625,6	638,3	602,7	561,5
Durchschnitt	602,3	592,2	577,9	578,2

der That die Vermutung. Das durchschnittliche Gewicht ist, wie die Tabelle zeigt, bei Individuen mit spärlicher Menstruation geringer als bei solchen mit reichlicher. Der grosse Knabenüberschuss bei schwacher Regel ist also durch eine schwächere Ernährung des Embryo hervorgerufen. —

Im ersten Teil der Arbeit wurde bereits darauf hingewiesen, dass Erstgebärende einen grössern Knabenüberschuss zeigen. Bei ältern Erstgebärenden scheint sich der Mangel an männlichen Individuen in irgend einer Weise fühlbar gemacht und Veränderungen am Ei bewirkt zu haben. Indessen lässt sich der grössere Knabenüberschuss bei Erstgebärenden überhaupt vielleicht auch dadurch erklären, dass diese ihre Früchte nicht so gut ernähren wie Mehrgebärende. Hierfür sprechen die Gewichtsverhältnisse der Kinder. Frankenhäuser[1]) bestimmte das Durchschnittsgewicht derselben bei Mehrgebärenden zu 3500 gr bei Erstgebärenden zu 3359 gr. Veit[2]) fand folgende Gewichte:

---

[1]) Mon.-Schrift f. Geburtsk. XIII, pag. 170. Frankenhäuser, Über einige Bedingungen der stärkern oder schwächern Entwickelung der Frucht.

[2]) l. c. VI 1855. Veit, Beiträge zur geburtshilflichen Statistik.

	Knaben	Mädchen
Mehrgebärende	3640 (419)	3530 (440)
Erstgebärende	3500 (893)	3390 (799)

Die Klammern geben die Zahl der Fälle an.

Ingerslev[1]) fand das mittlere Gewicht von 1723 Erstgeburten zu 3254 gr, das von 1727 Kindern von Mehrgebärenden zu 3412 gr, also um 158 gr höher. Er stellte für das 25. bis 29. Lebensjahr der Mutter fest, dass bei gleichem Alter derselben die dritte Frucht etwas schwerer als die zweite, und diese etwas schwerer als die erste ist.

Die Protokolle des Gebärhauses zu Jena (1861 –81) ergaben die Gewichte, wie sie die Tabelle wiedergiebt. Auch hier nennen die eingeklammerten Zahlen die Anzahl der Fälle.

	Knaben	Mädchen
Mehrgeb.	3277 (461)	3174 (353)
Erstgeb.	3166 (271)	3067 (289)

Damit in Übereinstimmung steht das Gewicht der Placenta. Sowohl das Gewicht der Kinder wie das der Placenta ist also bei Mehrgebärenden grösser als bei Erstgebärenden.

	Knaben	Mädchen
Mehrgeb.	608 (401)	567 (298)
Erstgeb.	572 (205)	560 (225)

Diese Erscheinung bestätigt von neuem den Satz, dass die Grösse der Placenta in Beziehung steht zu der Ernährungsstärke des Kindes.

Auch die Sterblichkeit der Kinder von Erstgebärenden ist grösser, was teilweise auf die schwächere Ernährung zurückzuführen ist. Die folgende Übersicht von Veit zeigt dies sehr deutlich. Sie giebt die Sterblichkeit in Procenten an.

Geburts-dauer Stunden	Scheintot		Totgeboren		Nach d. Geburt gestorben	
	Erstgeb.	Mehrgeb.	Erstgeb.	Mehrgeb.	Erstgeb.	Mehrgeb.
12	3,33	1,22	0,65	0,41	1,02	0,48
24	4,87	2,89	1,31	0,55	1,96	0,83
mehr	8,77	3,70	3,13	2,72	1,88	0,77

[1]) Schmidts Jahrb. 169, pag. 156. Über die Gewichtsverhältnisse der Neugeborenen (Nord. med. ark. VII, 2, No. 7).

Auch Hecker[1]) fand unter Erstgeburten relativ viele tote
Früchte. Nach ihm starben in den ersten acht Tagen von Erstgeburten 17,6 %, während diese Sterblichkeit im allgemeinen nur
10 % ist[2]).

Wenn also, wie es scheint, Erstgeburten weniger gut ernährt
werden[3]), so kann das Überwiegen des männlichen Geschlechtes
bei denselben vielleicht hierauf zurückgeführt werden. —
Missbildungen sind meist sehr kräftig gebildet, oft sogar
fett. Man hat bei diesen stets ein Überwiegen des weiblichen
Geschlechts gefunden. H. Meckel von Hemsbach[4]) citiert
folgende Angaben: „In Hinsicht des Geschlechts machte J. F.
Meckel auf die Häufigkeit des weiblichen Geschlechts bei Mon-
strositäten aufmerksam. Otto (Monstr. sexcent. descr. p. XVI)
fand folgende Verhältnisse der Monstra.

	Männlich	Weiblich	Summa
Hemicephalen	22	47	69
Perocephalen	63	110	173
Spaltungen in der Mittellinie	33	17	50
Summe	203	270	473

Sehr allgemein sind Doppelmissbildungen körperlich ungleich gebildet. Das Geschlecht steht hier in bestimmter Beziehung
zur Zwillingsasymmetrie. Doppelbildungen weiblichen Geschlechts
sind nach meinen Erfahrungen weit häufiger zwillingssymmetrisch
als die männlichen Geschlechts; ebenso fand Haller unter 42
symmetrischen Doppelbildungen nur 9 männliche, J. F. Meckel
unter 80 nur 20, Otto unter 142 nur 52 männliche. Burdach
(Physiologie Bd. I, pag. 281) erhielt unter 268 Fällen 181 weibliche
(164 symmetrische und 17 asymmetrische) und 87 männliche (59
symmetrische und 28 asymmetrische).

---

[1]) l. c. 189, pag. 300. Über die Sterblichkeit der Kinder in der
Gebäranstalt zu München.
[2]) l. c. 166, pag. 261. Über die Geburten alter Erstgebärender
(Auszug). Ferner Arch. f. Gynäk. VII, pag. 448 (Orig.).
[3]) Es sei bemerkt, dass auch bei Tieren Ähnliches stattzufinden
scheint. Erstlingskälber, namentlich wenn sie von zu jungen Müttern
abstammen, sollen sich nicht kräftig ausbilden und werden meist nicht
zur Zucht benutzt (Dr. G. May, Das Rind, II, pag. 99).
[4]) Müller, Archiv für Physiologie 1850, pag. 246. Meckel,
Über die Verhältnisse des Geschlechts, der Lebensfähigkeit und der
Eihäute bei einfachen und Mehrgeburten.

Bei den Acephalen ist das männliche Geschlecht überwiegend." Für die letztere Behauptung fehlen Zahlenangaben. Mercer Adam[1]) bestätigt das Vorwiegen des weiblichen Geschlechts namentlich bei Doppelmissbildungen; denn er fand unter 263 Fällen 192 weibliche und 71 männliche. Er fügt hinzu, dass Doppelkinder meist von gleichem Geschlecht seien wie Zwillinge und dass bei ihnen jedoch das männliche Geschlecht überwiege. Es scheint also, dass im Allgemeinen bei Missbildungen das weibliche Geschlecht stärker vertreten ist. Es wird sich dies wahrscheinlich zurückführen lassen auf die relativ gute Ernährung derselben. Nur bei Doppelkindern soll nach Mercer Adam das männliche Geschlecht vorherrschen. Zahlenangaben fehlen indessen hierüber. —

Zum Schluss sei noch auf folgende Thatsache aufmerksam gemacht.

C. v. Hecker[2]) hat statistisch gezeigt, dass durch ungünstige Verhältnisse beim Gebären die Knaben mehr benachteiligt sind als die Mädchen. Allerdings stehen viele Verhältnisse, z. B. eine Becken-verengung in gar keinem Zusammenhang mit der Ernährung des Foetus, also mit der Entstehung des Geschlechtes. Von andern Umständen aber ist dies wahrscheinlich, obgleich es bis jetzt noch nicht statistisch untersucht worden ist. So kann es z. B. für die Ausbildung der Placenta und folglich auch für die Ernährung des Foetus nicht gleichgültig sein, wo diese entsteht, ob sich das Ei an den Stellen ansetzt, welche durch die überwiegende Zahl der Fälle dazu am besten geeignet erscheinen, oder ob es sich ausnahmsweise an dem jedenfalls weniger geeigneten Cervix ansetzt. Wenn auch noch nicht erwiesen, so ist es doch sehr wahrscheinlich, dass unter solchen Verhältnissen eine schwächere Ernährung stattfindet. Sollte sich dies wirklich so verhalten, wie sich vermuten lässt, so steht damit in Übereinstimmung der grosse Knabenüberschuss, den Hecker bei placenta praevia fand. —

Aus allen diesen Thatsachen geht hervor, dass auch beim Menschen unter ungünstigen Verhältnissen mehr Knaben geboren werden als unter günstigen. Da sich indessen der Mensch infolge seiner Civilisation namentlich in jetziger Zeit ziemlich unabhängig

---

[1]) Schmidts Jahrbücher d. ges. Med. 90, pag. 6. Mercer Adam, Zur Lehre von den Missgeburten (Original: Monthly Journ. March, May, Sept., Dec., 1854).

[2]) Hecker, Statistisches aus der Gebäranstalt München. Credé's Archiv für Gynäkologie, Bd. XX, Heft 3, 1882.

von dem Ausfall der Ernte und andern Schwankungen gemacht hat, so werden die Abweichungen im Sexualverhältniss nur ziemlich gering sein können. Indessen haben wir gesehen, dass sie doch gross genug waren, um statistisch nachgewiesen werden zu können. Wir fanden, dass der Knabenüberschuss steigt bei Teuerungen, bei Abnahme der Prosperität eines Volkes überhaupt, namentlich beim Extrem derselben, beim Aussterben von Rassen. Ferner ist der Knabenüberschuss grösser auf dem Lande als in den Städten, im Gebirge grösser als in der Ebene. Dasselbe ist der Fall bei zu jungen oder zu alten Müttern, bei spärlicher Menstruation derselben und unter andern Umständen. Stets ist das Auftreten einer grösseren Zahl von Knaben auf die Wirkung einer schwächeren Ernährung zurückführbar. Die unbedingte Folge hiervon ist eine grössere Sterblichkeit der Knaben während und bald nach dem Foetal-leben. Die Thatsachen lehren also, dass beim Menschen die Zahl der Mädchengeburten mit der Ernährungsstärke steigt und fällt.

bb. Bei Tieren.

Im Gegensatz zu den Tieren lebt der Mensch unter weit gleichmässigeren Ernährungsbedingungen, es treten nur geringe Änderungen hierin ein und diesen entsprechen auch nur geringe Schwankungen im Sexualverhältniss. Weit auffallender treten uns diese bei den Tieren entgegen. Bei ihnen finden wir häufig den extremsten Wechsel von Überfluss und Mangel.

Eine Mehrgeburt von Männchen ist schon früher mit einer Verminderung der Nahrungszufuhr in ursächlichen Zusammenhang gebracht worden, unter andern von Rolph. Er nennt daher die Männchen die „Hungergeneration." Indessen ist ja die Ernährung nicht das einzige in Betracht kommende Moment und darum wird es besser sein, diesen Ausdruck zu vermeiden. — Doch gehen wir über zu den Thatsachen, welche den Einfluss der Ernährung auf die Entstehung des Geschlechtes beweisen.

Zunächst sollen die Arbeiten von M. H. Landois[1]) erwähnt werden, welche wertvoll sind, trotzdem sie einige offenbare Irrtümer enthalten. Er wendet sich gegen die allgemein angenommene Ansicht von der parthenogenetischen Fortpflanzung der

---

[1]) Zeitschrift f. wiss. Zool. XVIII, 1867.
Dr. H. Landois, „Über des Gesetz der Entwickelung der Geschlechter bei den Insecten."

Bienen und behauptet, dass das Geschlecht der Bienenlarven nur durch die Nahrung bestimmt würde. Er macht darauf aufmerksam, dass die Eier, aus denen Arbeiter auskriechen, in andern Zellen und mit anderer Nahrung auferzogen werden als die Drohneneier. Um zu prüfen, ob diese Verschiedenheit der Ernährungsverhältnisse die eigentliche geschlechtsbestimmende Ursache sei, brachte er Eier, die von der Königin in Arbeiterzellen gelegt waren, in Drohnenzellen, wo der Embryo von den Bienen mit Drohnennahrung gefüttert wurde. Alsdann schlüpften nachher Drohnen aus Arbeiter-eiern aus und umgekehrt.

Trotzdem nun die Beobachtungen von Siebold und Andern zweifellos richtig sind, so scheinen doch obige Angaben, die in Deutschland fast gänzlich unberücksichtigt geblieben sind, beachtet werden zu müssen. Es ist ja sehr wahrscheinlich, dass bei den Bieneneiern die Befruchtung und ihr Ausfall nicht die alleinige Ursache der Entstehung des betreffenden Geschlechtes ist, dass vielmehr auch die Ernährung hierzu mitwirkt. Der Ausfall der Befruchtung kann vielleicht gänzlich aufgehoben werden durch die andere geschlechtsbestimmende Ursache, welche durch eine frühzeitige reichliche Ernährung gegeben ist.

Den Einfluss der Nahrungszufuhr beobachtete Landois besonders an Vanessa urticae. Aus Tausenden von ganz jungen Räupchen zog er willkürlich Männchen oder Weibchen, je nachdem er sie schlecht oder gut nährte. Siebold und Klein [1]) halten mit Unrecht Landois als einen Einwurf entgegen, dass das Geschlecht in der Raupe schon ziemlich bald ausgebildet wird. Die Experimente von Landois stehen vielmehr hiermit in Übereinstimmung; denn Landois sagt, dass die den Larven anfangs gegebene Nahrung das Geschlecht bestimmt. Er fütterte junge Raupen von Vanessa urticae anfangs sehr reichlich, nach einer gewissen Zeit spärlich und alle entwickelten sich zu Weibchen mit verkümmerten Ovarien. Es zeigt uns dies, dass die Ausbildung des weiblichen Geschlechtes durch Überfluss an Nahrung begünstigt wird und ferner, wie empfindlich der weibliche Genitalapparat gegen Veränderung der Ernährung ist.

Ebenso verhält es sich nach Landois bei den Bienen. Arbeiter - und Königinnenlarven erhalten anfangs gleich reich-

---

[1]) l. c. Siebold, Zusatz zu Landois' vorläufiger Mitteilung. Kleine, Über das Gesetz der Entwickelung der Geschlechter bei den Insecten.

liches Futter, wodurch sich bei ihnen das weibliche Geschlecht ausbildet. „Nach einiger Zeit aber bekommen die Arbeiterlarven schlechteres Futter und ihr Geschlecht bleibt daher unentwickelt. Die Drohnenlarven erhalten im Anfang weit schlechteres Futter, wodurch sie sich zum männlichen Geschlecht ausbilden." Eine so im Anfang infolge schlechter Nahrung männlich gewordene Larve kann sich natürlich später durch bessere nicht wieder zum weiblichen Geschlecht umbilden. Es ist unrichtig, wenn S i e b o l d [1]) sagt, es wäre dies eine Consequenz der Landois'schen Theorie. Nach L a n d o i s bleibt das im A n f a n g [2]) durch die verschiedene Nahrung bestimmte Geschlecht bestehen, und nur beim weiblichen kann sich der Genitalapparat, wenn später Mangel eintritt, nicht vollkommen ausbilden — weil er sehr empfindlich gegen Schwankungen in der Ernährung ist.

Im Irrtum ist aber L a n d o i s unzweifelhaft, wenn er glaubt, die primäre und secundäre D r o h n e n b r ü t i g k e i t durch seine Theorie erklären zu können; denn diese ist, wie sicher feststeht, die Folge eines Mangels an Männchen, respective des Ausfalls der Befruchtung.

Bei den Bienen scheinen also zwei Momente in Betracht gezogen werden zu müssen, nämlich die einem Mangel an Männchen entsprechende Nichtbefruchtung und die Verschiedenheit der Ernährung. Beide können unter Umständen einander entgegen wirken. Von den Bienen werden sie wahrscheinlich gemeinsam zur Erziehung ihrer Larven benutzt. —

Da F r ö s c h e ein sehr geeignetes Object zu bieten schienen, den Einfluss der Ernährung auf die Geschlechtsentstehung zu prüfen, so unternahm es B o r n [3]), eine grosse Zahl von Froschlarven aus künstlich befruchteten Eiern aufzuziehen. Die Tiere wurden in einigen Aquarien mit rein pflanzlicher Nahrung, in den übrigen mit gemischter aufgezogen. Die Sterblichkeit war eine ausserordentlich grosse; denn aus beinahe 9000 Eiern erhielt er nur 1443 Tiere, deren Geschlecht er bestimmte. Es fanden sich hierunter nur $5\frac{0}{0}$ Männchen.

Es ist möglich, dass dieser Überschuss des weiblichen Geschlechtes durch eine grössere Sterblichkeit des männlichen herbei-

---

[1]) l. c. pag. 530.
[2]) Auch Dr. K l e i n e scheint dies Wort übersehen zu haben.
[3]) G. B o r n, Experimentelle Untersuchungen über die Entstehung der Geschlechtsunterschiede. Sep.-Abd. aus d. Breslauer ärztlichen Zeitschrift, 1881.

geführt wurde, wie schon Pflüger[1]) hervorhob. — Bei den Versuchen von Born kann auch eine Befruchtung von noch jungen Eiern stattgefunden haben. Er entnahm diese dem Uterus von Froschweibchen zur Laichzeit. Pflüger dagegen verwandte nur die Eier von in brünstiger Umarmung befindlichen Weibchen, also wahrscheinlich ältere Eier. Er erhielt unter 806 Individuen 288 Männchen. — Auf den Einfluss der Nahrung lassen sich keine Schlüsse ziehen, da die rein pflanzlich ernährten bis auf wenige starben, denn sie waren in der Grössen-entwickelung sehr zurückgeblieben.

Später stellte Yung[2]) ähnliche Experimente an. Er fand, wie Born, dass die rein pflanzlich ernährten Larven an Grösse erheblich zurückblieben gegen die mit Fleisch und Eiweiss ernährten. Er fand bei letzteren 70—75 $\frac{0}{0}$ Weibchen. Diejenigen, denen nur Pflanzen zur Verfügung standen, starben fast alle. Das Resultat ist also ähnlich dem der Experimente von Born. Ein bestimmter Schluss lässt sich nicht daraus ziehen.

Wahrscheinlich liegt die Erklärung darin, dass, wie Pflüger[3]) nachwies, sich bei den jungen Fröschen sehr viele Zwitter finden, welche sehr leicht für Weibchen gehalten werden können. Aus diesen gehen aber später sowohl Weibchen wie Männchen hervor. —

Bei viviparen Tieren hängt die Ernährung sehr von der der Mutter ab. Nach Martegoute besassen die Mutterschafe, welche weibliche Tiere geboren hatten, durchschnittlich ein grösseres Gewicht als die, welche Bocklämmer geworfen hatten[4]). Ploss schliesst von diesem grösseren Gewicht der Mutter auf einen bessern Ernährungszustand derselben und von diesem auf eine bessere Ernährung des Foetus, was im Allgemeinen wohl zulässig ist. Es wäre also das weibliche Geschlecht der Theorie entsprechend durch eine reichlichere Nahrungszufuhr bestimmt worden. —

Darwin machte an 6878 Fällen die Beobachtung, dass bei Windspielen die männlichen Geburten zu den weiblichen sich verhalten wie 110,1 : 100. Dieser bedeutende Überschuss erklärt sich vielleicht daraus, dass die Tiere weniger gut genährt sind,

[1]) Zur Frage über die das Geschlecht bestimmenden Ursachen. Arch. f. Phys. 1881, pag. 249.

[2]) Comptes rendus 92, 1881, pag. 1525 u. 93, pag. 854.

[3]) Über die das Geschlecht bestimmenden Ursachen etc. Arch. f. Phys. 1882, pag. 32.

[4]) Von Ploss citiert, Monatsschrift für Geburtskunde, Band XII.

als ihre Stammeltern es waren [1]). Jedoch kann hierauf nicht viel
Gewicht gelegt werden. — Bei Besprechung des Einflusses der Nahrung auf das Geschlecht überhaupt wurden die infolge von Nahrungsmangel entstandenen rudimentären Missbildungen beim männlichen Hirschkäfer [2]) erwähnt. Hier erst ist der Ort, zu sagen, warum diese
niemals beim weiblichen Geschlecht vorkommen. Die Larven nämlich, welche Mangel leiden, werden durch diesen zum männlichen
Geschlecht bestimmt. Wenn dieser Mangel stark ist, so bilden
sich die secundären Geschlechtscharactere nur unvollkommen aus.
Unter den Weibchen finden sich aber keine Individuen, die als
Larve so starken Mangel gelitten hätten. — Bei eier-legenden Tieren hängt die Stärke der Ernährung des
Embryo von der Grösse des Eies resp. des Nahrungsdotters ab.
Diese ist variabel. Bei Hennen sollen die später gelegten Eier
kleiner sein und meist Hähne liefern [3]). Die Nahrungszufuhr ist
bei der schon erschöpften Mutter eine mangelhafte, es entsteht
ein kleineres Ei, der Embryo erhält also weniger Nahrungszufuhr
und bildet sich zum männlichen Geschlecht aus. Bei andern
Vögeln, z. B. bei Kanarienvögeln, soll das zuerst gelegte Ei
sehr klein sein und fast stets einen männlichen Vogel liefern. — Auch bei niedern Tieren zeigt sich dieselbe Erscheinung.
Phylloxera legt im Herbst verschiedene Eier, grosse und kleine.
Aus ersteren gehen Weibchen hervor, aus letzteren, den kleineren, aber Männchen. Bei den Orthonectiden entstehen in
den Mutterschläuchen entweder Männchen oder Weibchen. „Die
grössern Embryonen gestalten sich zu weiblichen Larven oder zur
„forme ovoïde" von Giard, während die kleinern zu Männchen
oder zur „forme allongée" werden" [4]). — Dass Domestication ähnlich wie Überfluss wirkt, war schon
oben erwähnt. Es zeigt sich, dass in Folge des Überflusses bei
künstlich gepflegten Tieren eine stärkere Reproduction eintritt.

---

[1]) Darwin, Geschlechtliche Zuchtwahl, pag. 282.
[2]) Kosmos, 5. Jahrg., 1881—82, X, pag. 172.
    Reichenau, Über den Ursprung der secundären männ-
       lichen Geschlechtscharactere, insbesondere bei den Blatt-
       hornkäfern.
[3]) Thury, La Production des Sexes, p. 22; Pagenstechers Kritik, p. 37.
[4]) Zoologischer Anzeiger 1879, pag. 547.
    Metschnikoff, Zur Naturgeschichte der Orthonectiden.

Es ist aber auch constatiert worden, dass unter solchen Verhältnissen besonders das weibliche Geschlecht sich numerisch stärker
ausbildet. Schon Giron [1]) beobachtete, dass die weiblichen Nachkommen desto mehr überwiegen, je üppiger die Nahrung ist und
je mehr Ruhe die Tiere geniessen. Umgekehrt bemerkte Giron aber
auch, dass je grösser die Anstrengung und je kärglicher die Nahrung, desto mehr männliche Junge geworfen wurden. Auch fand
er, dass eine Schafherde, die im vorigen Jahr nicht getragen
hatte, sich also in dieser Beziehung nicht angestrengt hatte, viel
mehr weibliche Junge warf (100:67), während eine andere, die
im vorigen Jahre getragen hatte, mehr männliche produzierte
(100:104 [2]). —

Für Pferde wurde durch Goehlert [3]) nachgewiesen, dass
im allgemeinen etwas mehr Weibchen geboren werden; das Sexualverhältniss war nämlich 100:96,57, was sehr wohl mit dem aus
den preussischen Abfohlungstabellen gefundenen Verhältniss von
100:98,03 übereinstimmt. Bei den Tot-geborenen dagegen verhält
es sich umgekehrt, das Verhältniss ist hier 100:106—107. Wie
beim Menschen so sterben also auch hier während der Embryonal-
zeit mehr männliche Individuen. Beim Menschen wurde diese
Erscheinung auf die anfänglich schwächere Ernährung der männlichen Embryonen zurückgeführt. Auch beim Pferd wird dies der
Fall sein. Und es wäre interessant, zu erforschen, ob sich ein
ähnliches Verhältniss auch bei andern Tieren zeigt. Bei Pferden
wird also die Zahl der männlichen Tiere, die schon bei der Entstehung des Geschlechtes schwächer vertreten waren, durch die
Sterblichkeit während des Foetal-lebens noch mehr reduciert. Es
steht zu vermuten, dass infolge der relativ schlechteren Ernährung die Sterblichkeit des männlichen Geschlechtes auch nach der
Geburt grösser sein wird als beim weiblichen. Untersuchungen
liegen hierüber noch nicht vor. Wenn sich dies so verhält, wie
sehr wahrscheinlich ist, so wird sich die Zahl der Hengste noch
mehr vermindern und auf diese Weise ist es vielleicht zu erklären,
warum später die Anzahl der Stuten eine weit grössere ist, als
die der Hengste. Auch bei andern polygamen Tieren wird das
zur Zeit der Reproduction herrschende Sexualverhältniss vielleicht
ebenfalls durch eine grössere Sterblichkeit des männlichen Geschlechtes herbeigeführt. —

[1]) Wagners Handwörterbuch der Physiologie, Bd. IV, p. 773.
[2]) Burdach, Physiologie, Bd. I, p. 591.
[3]) Zeitschrift für Ethnologie, 1882.

Auch das Klima muss von Einfluss auf die Entstehung des Geschlechtes sein. Bringt man Tiere von wärmern Gegenden in kältere, so werden sie unter diesen Umständen mehr Männchen produzieren. Es fragt sich, ob ein Tier, welches sowohl in kältern wie wärmern Gegenden vorkommt, je nach dem Klima ein verschiedenes Sexualverhältniss zeigt. Pflüger [1]) hat hierüber folgende Thatsachen festgestellt. Das Geschlechtsverhältniss der erwachsenen Frösche ist in Utrecht, Bonn und Königsberg dasselbe, nämlich 1:1, worauf bei Besprechung der Constanz des Sexualverhältnisses bereits aufmerksam gemacht wurde. Das Verhältniss bei den Fröschen, welche noch im ersten Lebensjahre stehen, ist jedoch ein nach der Herkunft verschiedenes. Pflüger fand bei solchen aus Utrechter Eiern gezüchteten Tieren nur 12 bis 14 % Männchen, bei den aus Königsberg stammenden dagegen 48 %, während die Bonner Fröschchen sowol in den Aquarien wie in der Natur 35—36 % Männchen aufwiesen. Da Pflüger wiederholt viele hundert Tiere untersuchte, so können diese Zahlen als gesichert angesehen werden. In einigen Aquarien hatte er Frösche von verschiedener Abkunft aufgezogen und das Geschlechtsverhältniss entsprach genau dem arithmetischen Mittel, wie Pflüger berechnete. Endlich wiesen noch junge aus Glarus stammende Frösche 22,6 % Männchen auf. Jedoch betrifft dieses Verhältniss nur eine geringe Zahl.

Sollten sich diese Verhältnisse auch bei andern Tieren zeigen, so wird man wohl berechtigt sein, dem Klima einen Einfluss auf das Sexualverhältniss zuzuschreiben. Danach müsste also das Klima und die Beschaffenheit der Umgegend von Utrecht den Fröschen am günstigsten sein. Am wenigsten würden sie in Ostpreussen prosperieren, während die Gegend von Bonn eine mittlere Stellung einnimmt. Dies steht in Übereinstimmung mit folgender Bemerkung Pflüger's [2]): „Dabei zeigten sich gerade die

---

[1]) Griesheim, Über die Zahlenverhältnisse der Geschlechter bei Rana fusca, Pflüger's Archiv, 1881, pag. 237.
Pflüger, Zur Frage über d. d. Geschlecht bestimmenden Ursachen, l. c. 1881, pag. 254.
Hat die Concentration des Samens Einfluss auf das Geschlecht? l. c. 1882, pag. 1.
Über die das Geschlecht bestimmenden Ursachen u. d. Geschlechtsverhältniss der Frösche, l. c. 1882, pag. 13.
[2]) l. c. pag. 34.

Utrechter aus der Natur bezogenen jungen Fröschchen viel besser
und kräftiger genährt als die Königsberger." Zum teil wurde dies
Verhältniss dadurch hervorgerufen, dass die Utrechter am meisten
und die Königsberger am wenigsten Hermaphroditen aufwiesen.
Durch die Umwandelung dieser und vielleicht auch durch eine
verschiedene Sterblichkeit der Geschlechter wird sich das Sexualverhältniss so ändern, dass es später bei den erwachsenen Fröschen
1 : 1 beträgt. —

Der Einfluss des absoluten Alters der Mutter auf die
Ernährung und damit auf das Geschlecht des Foetus wird sich
auch bei Tieren zeigen. Einzelne Beobachtungen liegen hierüber
schon vor. In der von Goehlert[1]) gegebenen und bereits oben
mitgeteilten Tabelle zeigt sich, dass bei Stuten unter 10 Jahren
das Sexualverhältniss der Fohlen 89,8, bei solchen über 10 Jahren
93,9 : 100 war. Der Unterschied ist natürlich nicht gross, weil
diesem der Einfluss des relativen Alters entgegenwirkt. Aber es
ist doch ersichtlich, dass ältere Stuten etwas mehr Männchen
producieren. Bei Schafen ist der Einfluss des Alters ebenfalls
beobachtet worden. Morel de Viade fand, dass Schafe im
besten Alter von 4½ Jahren eine gleiche Zahl von Bock- und
Zibbelämmern werfen, dass sie dagegen im frühern oder spätern
Alter mehr männliche Junge producieren.

Auch Girou de Buzareingues stellte hierüber Versuche
an, die aber an Unklarheit leiden. Er paarte noch sehr junge
Mutterschafe mit ebenfalls sehr jungen Widdern und es brachten
alsdann die zwei Jahre alten Schafe 14 männliche und 26 weibliche Lämmer zur Welt, die drei Jahre alten 16 männliche und
29 weibliche. Die vier Jahre alten aber, die mit alten Widdern
gepaart und vorher auf magere Weide gelassen wurden, warfen
33 Bock- und nur 14 Schaflämmer. Der Einfluss des relativen
Alters und der der Ernährung des Embryo ging hier Hand in
Hand. —

Wie Ploss[2]) erwähnt, gilt es bei Leder- und Pelzhändlern
als feststehende Annahme, dass fruchtbare Gegenden mit guten
Weideplätzen vorzugsweise Häute von weiblichen Tieren, unfruchtbare Länderstriche aber mehr solche von männlichen Tieren liefern. Indessen dürfen solche Angaben nur mit Vorsicht aufgenommen werden. —

---

[1]) Zeitschrift für Ethnologie, Heft IV, 1882.
[2]) Schmidt's Jahrbücher der Medicin, 102, 1859, pag. 285.

Auch die Jahreszeiten sind von dem grössten Einfluss auf das Geschlecht der produzierten Tiere. Da für die meisten der grösste Nahrungsüberfluss in den Sommer fällt, so müssen im Herbst mehr Männchen erscheinen. Bei vielen, namentlich solchen von kurzer Lebensdauer findet sich im Herbst und Winter die relativ grösste Zahl von Männchen. Zenker [1]) fand „von vielen Arten der Cypriden die Männchen am reichlichsten im Winter, wie bei den meisten Entomostraceen."

Siebold fand, dass bei Nematus ventricosus sowohl aus befruchteten wie aus unbefruchteten im Sommer die meisten Weibchen hervorgingen, während im Herbst und Frühling mehr Männchen auftraten. Dieses ist ersichtlich aus der Tabelle, welche bei Gelegenheit der Besprechung der Arrenotokie gegeben wurde. —

Es wurde oben erwähnt, dass Domestication im allgemeinen die Prosperität der Tiere hebt. Ganz anders verhält es sich jedoch mit den in Menagerien gefangen gehaltenen Raubtieren. Ihnen ist eine starke Bewegung ein Bedürfniss, der Zustand, in dem sie sich befinden, kann durchaus nicht als ein Wohlbefinden bezeichnet werden. Gefangene Raubvögel, die den Mangel an Bewegung am allermeisten empfinden werden, begatten sich fast nie, nicht ganz gezähmte Raubsäugetiere nur selten und die Jungen sind meist männlich. Geoffroy St. Hilaire [2]) sagt in bezug auf Acclimatisation ausländischer Tiere, dass die in Menagerien geborenen Individuen häufiger männlichen Geschlechtes seien, während die in den Museen aufgestellten häufiger weiblich seien, und dass die Acclimatisation exotischer und die Domestication (namentlich die vergebliche) von wilden Tieren denselben Erfolg habe.

Über die Art und Weise, wie der Zustand der Gefangenschaft auf das Reproductionssystem wirken kann, sagt Darwin [3]): „Wir fühlen uns zuerst natürlich geneigt, dieses Resultat einem Verlust an Gesundheit oder mindestens einem Verluste an Kraft zuzuschreiben. Diese Ansicht kann aber kaum aufrecht erhalten bleiben, wenn wir überlegen, wie gesund, langlebig und kräftig viele Tiere in der Gefangenschaft sind, so z. B. Papageien, Habichte, wenn sie zur Falkenbeize, Cheetahs, wenn sie zum Jagen

---

[1]) Müller's Archiv für Physiologie, 1850, pag. 194.
Zenker, Über die Geschlechtsverhältnisse der Gattung Cypris.

[2]) Ann. d. scienc. nat. 1839, T. XII, p. 174

[3]) Variiren der Tiere und Pflanzen im Zustande der Domestication. Übers. v. J. V. Carus, pag. 155.

benutzt werden, und Elephanten. Die Fortpflanzungsorgane selbst
sind nicht erkrankt und die Krankheiten, an denen die Tiere in
den Menagerieen gewöhnlich umkommen, sind nicht solche, welche
in irgend einer Weise ihre Fruchtbarkeit affizieren. Kein Haus-
tier ist Krankheiten so ausgesetzt wie das Schaf und doch ist es
merkwürdig fruchtbar. Dass diese Tiere sich in der Gefangenschaft
nicht fortpflanzen, ist zuweilen ausschliesslich einem Ausbleiben
ihrer sexuellen Instincte zugeschrieben worden. Dies mag gelegentlich mit ins Spiel kommen. Doch liegt kein Grund vor, warum
dieser Instinct, so besonders bei vollständig gezähmten Tieren,
affiziert werden sollte, allerdings mit Ausnahme einer indirecten
Affection infolge einer Störung der Reproductionssysteme selbst.
Überdies sind zahlreiche Fälle angeführt worden, dass sich verschiedene Tiere in der Gefangenschaft reichlich begatten, dass die
Weibchen aber niemals empfangen; oder, wenn sie empfangen und
Junge producieren, dass sie in geringerer Zahl produziert werden,
als es der Species eigen ist."

Damals hatte man noch nicht erkannt, dass das weibliche
Genitalsystem weit empfindlicher gegen ungünstige Einwirkungen
ist als das männliche. Dass also bei vielen Tieren trotz stattge-
fundenem Coitus keine Befruchtung eintritt, erklärt sich dadurch,
dass die Ovulation stärker beeinträchtigt wird als die Production
von Sperma. Es bleibt keine andere Erklärungsmöglichkeit, als
dass diese Einwirkung mit Hülfe des Nervensystems geschieht,
dass also doch der geschlechtliche Instinkt leidet und zwar besonders beim weiblichen Geschlecht und oft nur bei diesem.

Der Einfluss der Nerventhätigkeit auf die Reproductionsvor-
gänge scheint überhaupt ein grosser zu sein und die Sterilität in
der Gefangenschaft ist wohl nur durch diesen erklärbar. Wie
gross derselbe sein muss, geht auch aus folgendem Beispiel hervor: „Zwei Pärchen brünstiger Olme wurden zwei Stunden lang
aus dem gewohnten in einen andern Behälter gethan. Und diese
kurze Zeit genügte, um bei allen ein derartiges Zusammenfallen
der Anschwellungen zu bewirken, dass die Tiere nicht mehr brünstig erschienen, und erst nach Verlauf von 12 Stunden stellten
sich diese Merkmale wieder ein" [1]).

Jedoch werden diese Verhältnisse erst später vollständig aufgeklärt werden können. Für die Theorie genügt es, nachgewiesen

---

[1]) Zeitschrift f. wiss. Zool., 1883, 38, pag. 673.
Chauvin: Die Art der Fortpflanzung des Proteus anguineus.

zu haben, dass die Tiere unter unnatürlichen Verhältnissen in ihrer Reproductionsthätigkeit erheblich beeinträchtigt werden, während alle übrigen Funktionen wenig oder gar nicht affiziert werden. Schon aus den bis jetzt angeführten Thatsachen geht auf das unzweifelhafteste hervor, dass die Tiere unter günstigen Umständen mehr Weibchen, unter ungünstigen mehr Männchen produzieren. Wenden wir uns nun zu weiteren Thatsachen.

cc. Thelytokie.

Wir hatten gesehen, dass bei Tieren im Überfluss eine Mehrproduction von Weibchen stattfindet. Bei vielen niedern Tieren tritt zur Zeit des grössten Nahrungsüberflusses sogar das äusserste Extrem dieser Erscheinung auf, d. h. es werden nur Weibchen geboren, welche wieder nur Weibchen produzieren, und sofort, solange als der Überfluss vorhanden ist. Bei dieser denkbar stärksten Vermehrung, welche im allgemeinen zur Zeit des sommerlichen Überflusses stattfindet, fehlen die Männchen überhaupt gänzlich. Jedes Tier gebärt als Weibchen, wenn möglich vivipar, Junge, die wieder weiblich und oft sogar schon bei der Geburt wieder trächtig sind und so fort in kolossaler Vermehrung. Diese kann natürlich nur bei Nahrungsüberfluss nützlich sein und ist auch durch denselben herbeigeführt — vermittelst der Eigenschaft der Tiere, sich in der Stärke der Reproduction den Ernährungsverhältnissen anzuschmiegen. Der Überfluss ist also die Bedingung und die Ursache der thelytokischen Parthenogenesis.

Im Herbst, wo infolge des Mangels eine so starke Vermehrung im Interesse der Fortpflanzung nicht erwünscht ist, bemerken wir das Auftreten der Männchen. Sobald alsdann die Fortpflanzung durch geschlechtliche Mischung vermittelt wird, gehören ja schon a priori stets zwei Individuen zur Reproduction; das Erscheinen der Männchen bewirkt also eine Reduction der Vermehrung und diese ist unter solchen Umständen für die Fortpflanzung der Tiere nützlich.

Die thelytokische Parthenogenesis, bei der sich infolge von Überfluss die Weibchen, ohne der Befruchtung zu bedürfen, zur Hervorbringung einer möglichst zahlreichen Nachkommenschaft parthenogenetisch reproduzieren, unterscheidet sich also gänzlich in Ursache und Wirkung von der arrenotokischen, bei der infolge des anomalen Ausfalls der Befruchtung bei einem befruchtungsbedürftigen Weibchen, also bei Mangel an Männchen, eben solche, an denen es fehlt, aus den unbefruchteten Eiern hervorgehn. Die Eigenschaft der Bienen und Wespen, sich ungeschlechtlich fortpflanzen zu können, ist eine vorbeugende und dient nur dazu, den Mangel an Männchen wieder auszugleichen. Die Thelytokie aber tritt bei jedem sommerlichen Überfluss auf und ist von diesem abhängig. Die Männchen fehlen bei ihnen nicht ausnahmsweise, wie bei den Wespen, trotzdem diese befruchtungsbedürftig sind, sondern sie fehlen, weil sie gänzlich überflüssig sind. Die geschlechtliche Mischung ist unnötig, ja sogar schädlich, weil sie eine nicht so starke Vermehrung gestattet als die Thelytokie.

Es bleibt nun noch ein Bedenken zu beseitigen. Man könnte einwenden, dass nach der Theorie sich alle Übergänge finden müssten zwischen einer immer stärkeren Production von Weibchen bis zur vollkommenen Herrschaft derselben. Statt dessen zeigt sich wenigstens bei den meisten Arten ein unmittelbarer Übergang von reiner Parthenogenesis zur geschlechtlichen Fortpflanzung. Und zwar sind beiderlei Weibchen sogar verschieden, indem erstere überhaupt nicht befruchtet werden können.

Um diesen scheinbar sehr gerechtfertigten Einwurf zu erledigen, ist es nötig, noch einmal auf das zurückzugreifen, was im Anfang dieses Kapitels gesagt wurde. Bei Besprechung des Einflusses der Nahrungszufuhr auf das Sexualverhältniss der Nachkommen gelangten wir zu dem Resultat, dass bei eintretendem Überfluss eine stärkere absolute Reproduction und zugleich eine relativ grössere von weiblichen Jungen stattfindet. Mit Hülfe letzterer tritt dann eine noch grössere Vermehrung ein. Später aber werden infolge des Weibchenüberschusses wieder mehr männliche Individuen geboren. Das Sexualverhältniss wird also wieder das normale. Von einem immer stärker werdenden Überwiegen des weiblichen Geschlechtes oder gar von einem Übergang zur völligen Alleinherrschaft desselben, davon zeigt sich keine Spur.

Dennoch muss es einen Weg geben, auf dem die Natur zu diesem Extrem des Sexualverhältnisses gelangt. Fragen wir uns, wodurch bei einem Mangel an Männchen eine Mehrgeburt von männlichen Jungen wieder herbeigeführt wird. Der erste Teil der Arbeit giebt hierauf die Antwort, dass die stärkere geschlechtliche Beanspruchung der Männchen dies bewirkt. — Giebt es denn kein Mittel, diese trotz factischem Mangel an männlichen Tieren nicht eintreten zu lassen? Gewiss, die ungeschlechtliche Fort-

pflanzung! Der unvermittelte Übergang zur Parthenogenesis! Sobald nämlich Weibchen geboren werden, deren Eier sich unbefruchtet entwickeln können, kann eine kolossale Vermehrung
stattfinden, ohne dass die etwa noch vorhandenen Männchen stärker geschlechtlich beansprucht würden.

Jetzt wird es auch begreiflich, warum viele von diesen
Jungfernweibchen sogar ihre Befruchtungsfähigkeit
eingebüsst haben. Bei einem Weibchen, welches diese noch
besitzt, kann das Sperma, das bei der geringen Anzahl und starken Beanspruchung der Männchen stark zum männlichen Geschlecht bestimmend sein muss, diese Wirkung noch immer ausüben. Die Tendenz des Samens, das normale Sexualverhältniss
wiederherzustellen, kann aber nicht zur Geltung gebracht werden
bei einem nicht befruchtungsfähigen Weibchen, welches also, un-
beeinflusst von der grossen oder geringen Anzahl der Männchen,
Individuen seines eigenen Geschlechts produzieren muss, die sich
abermals wieder thelytokisch stark vermehren werden und so
fort, so lange dies durch das Vorhandensein des Überflusses gestattet ist.

Auf diese Weise kann der Überfluss im Interesse der Vermehrung der Tiere viele Generationen hindurch ausgenützt werden,
ohne dass sich, wie dies für gonochoristisch sich fortpflanzende
Tiere gezeigt wurde, in den spätern Generationen das Gleichgewicht im Sexualverhältniss wiederherstellt.

Eine solche Anpassung an die Parthenogenesis findet sich
aber niemals bei arrenotokischen Weibchen. Diese sind befruchtungsfähig und werden auch unter normalen Verhältnissen stets
befruchtet.

So fand Siebold bei der Zergliederung der jungfräulichen
aber eierlegenden Polistesweibchen[1]) nicht nur, „dass die
sechs Eierstöcke vollkommen entwickelt waren und Eier von verschiedenen Graden der Ausbildung enthielten, sondern dass auch
das Receptaculum seminis in vollkommener Entwickelung vorhanden, aber durchaus leer war."

Bei der Thelytokie hingegen trifft man es sehr häufig (z. B.
bei den Daphniden), dass die Sommer-Weibchen ihre Befruchtungsfähigkeit aufgegeben haben, was nach den angestellten Erörterungen für eine fortgesetzt starke Vermehrung nützlich ist.

---

[1]) Siebold, Über die Parthenogenesis der Polistes gallica.
Zeitschrift f. wiss. Zool. Bd. XX, 1870.

Unterziehen wir die Erscheinung der Thelytokie einer näheren Betrachtung.

Es mag mit den so lehrreichen Arthropoden begonnen werden. Die Phyllopoden bieten uns eine Fülle von Beispielen. So tritt uns das Verhalten von Artemia entgegen. Im Sommer legt sie parthenogenetisch Sommereier, aus denen sich sofort wieder Weibchen entwickeln. Bei Eintritt des Mangels im Herbst aber erscheinen auch die Männchen, und es werden dann befruchtete Wintereier gelegt. Zenker[1]) fand bei der Beobachtung von Artemia salina in der Greifswalder Saline im Frühling auf 100 Weibchen nur 3 Männchen, im Sommer aber unter Tausenden nicht ein einziges. Danach scheint also auch im Frühling, wenn der Überfluss noch nicht so stark ist, das männliche Geschlecht aufzutreten. Siebold[2]) beobachtete dieses Tier ebenfalls. Jedesmal, wenn die Behälter infolge von Fäulniss des Schlammes oder infolge verkehrter Nahrung, z. B. bei Anwendung von Süsswasserschlamm statt Meeresschlamm, oder infolge von unrichtigem Salzgehalt des Wassers den Tieren ungünstige Lebensverhältnisse boten, wurden von den Weibchen Wintereier gelegt, während die andern günstiger situierten Sommereier hervorbrachten. Ferner sagt W. E. Schmankewitsch[3]) über das Auftreten der Männchen bei Artemia: „Bei schneller Veränderung des Salzwassers wird dasselbe zu einem für das Leben der Art unvorteil-

---

[1]) Wiegmanns Archiv 1854, B. I, p. 111.
[2]) Sitzungsberichte d. math. phys. Cl. d. Münchener Akad. III, 1873.
Siebold, Über die Parthenogenesis der Artemia salina.
[3]) Zeitschrift f. wiss. Zool., Suppl.-B. zum XXV. B., 1875. Schmankewitsch macht hierzu folgende Bemerkung, pag. 112. „Schwer ist zu sagen, welches die mittlere Concentration des Salzwassers für eine Art von Artemia ist, und zwar deshalb, weil eine etwas verringerte Concentration dem Wachstum des Individuums zwar günstig ist, dessen Vermehrung aber abschwächt, während eine erhöhte Concentration das Gegenteil bewirkt."
Hiergegen könnte eingewendet werden, dass diese Vergrösserung oder Verkleinerung der Individuen weniger in einem verstärkten oder verzögerten Wachstum ihren Grund hat, als vielmehr auf Endosmose resp. Exosmose des zu verdünnten resp. zu concentrierten Mediums zurückzuführen ist. Es ist schwer denkbar, dass ein Tier rascher wächst, also scheinbar prosperiert und sich dennoch schwächer vermehrt. Von dem besseren Wachstum castrierter Tiere sehe ich natürlich ab. Das raschere Wachstum in einem ungeeigneteren, dünneren Medium ist wohl auf diese Weise zu erklären.

13

haften Element, welches die Ernährungsweise der Tiere verändert und zugleich in freier Natur das Erscheinen der Männchen bei Formen bewirkt, welchen die Parthenogenesis eigen ist."

Bei A p u s ist bis jetzt die verschiedene Wirkung von Überfluss und Mangel auf die Art der Reproduction noch nicht nachgewiesen, da die Männchen erst seit kurzem entdeckt wurden. Wir gelangen jetzt zu den so wichtigen Fortpflanzungserscheinungen bei den C l a d o c e r e n. Von diesen findet man im Frühjahr und Sommer gewöhnlich nur weibliche Tiere, die sich in zahlreichen auseinander hervorgehenden Generationen parthenogenetisch durch sogenannte Sommer- oder Subitan-eier fortpflanzen. Bei Eintritt des Mangels im Herbst entstehen die Männchen und dann legen die befruchteten Weibchen und nur diese dunkelkörnige, hartschalige Dauer- oder Latenz-eier, von denen jedes nur eine geringe Zahl erzeugen kann. Denn hier kommt es nicht auf Quantität, sondern Qualität derselben an, da sie den Winter überdauern müssen. Schon durch das Auftreten der Männchen wird die Zahl der durchschnittlich vom Individuum erzeugten Eier vermindert. Die parthenogenetische Vermehrung dagegen bewirkte eine möglichst starke Ausnutzung des augenblicklich herrschenden Überflusses.

Bei allen Daphniden wird das Sommer-ei durch Vermittelung eines blasigen Gewebes, welches Blut ansaugt und dem Ei überführt, stark und rasch ernährt[1]), wie um eine möglichst starke Reproduction herbeizuführen. Bei P o l y p h e m u s[2]) sind die Sommereier fast dotterlos und bei ihrer Ernährung im Brut-raum wachsen sie auf das zehnfache ihrer frühern Grösse. Wie stark die Vermehrungsfähigkeit solcher Jungferweibchen[3]) ist, geht aus den Beobachtungen R a m d o h r s[4]) hervor. „Ein Weibchen von D a p h n i a l o n g i s p i n a, welches isoliert gehalten wurde, lieferte in 19 Tagen etwa 190 Junge, und R a m d o h r berechnete daraus die gesammte Nachkommenschaft einer einzigen Daphnia für den Zeitraum von 60 Tagen auf 1 291 370 075 Individuen, eine Zahl, die ich (d. h. W e i s m a n n) bei den sehr mässigen Voraussetzungen Ramdohrs mit Gerstäcker eher für zu niedrig halte. R a m d o h r

---

[1]) W e i s m a n n, Zur Naturgeschichte der Daphniden, pag. 82.
[2]) l. c. pag. 130.
[3]) Dieser Ausdruck ist von W e i s m a u n eingeführt.
[4]) Mikrographische Beiträge zur Entomologie und Helminthologie. 1. Beiträge zur Naturgeschichte einiger deutschen Monoclus-Arten. Halle 1805. Citiert von W e i s m a u n, l. c. p. 187.

zeigte auch durch Versuche, in denen stets ein einzelnes Tier jeder
Generation von Geburt an isoliert gehalten wurde, dass von Juni
bis in den September zehn auseinander hervorgehende Generationen rein weiblich waren, dass aber die elfte auch Männchen
enthielt."
Die Wintereier, an Zahl gering, bilden sich viel langsamer
und unter viel tiefer greifenden Resorptionsvorgängen im Ovarium
(Leptodora, Moina). Sie sind weit vollkommener, erhalten keine
solche Nahrungszufuhr von aussen, wie dies bei den zartwandigen
Sommereiern der Fall ist. Ihr Dotter ist bedeutender, wie auch
die Schale, welche bei vielen noch durch ein von der Mutter ab-
gesondertes Ephippium verstärkt wird.
Bei Moina[1]) z. B. „geht das Sommerei aus einer einzelnen
Keimgruppe hervor, das Winterei aber bedarf einer grossen Anzahl von Keimgruppen, von denen eine die Eizelle enthält, welche
durch alle übrigen ernährt wird. Es sind hierzu 48 Keimzellen
nötig." Bei Daphnella[2]) besitzt das Winterei eine kolossale
Grösse, da es 0,7 mm in der Länge misst, während das Tier 1,0 mm
lang ist. Daher wird auch stets nur ein Ei in dem einen Eierstock ausgebildet, während der andere die Anlage eines solchen
enthält. An Sommereiern hingegen werden in jedem Ovarium bis
zu drei gleichzeitig gebildet, da sie bedeutend kleiner sind.
Die Sommereier werden also in grösserer Zahl produziert und
bilden sich weit rascher aus. Alles dies sind nützliche Einrichtungen, welche die Vermehrung während des Überflusses noch
verstärken helfen.
Es war bereits früher theoretisch erörtert worden, dass eine
Mehrproduction von Weibchen besonders für solche Tiere nützlich
ist, welche rasch geschlechtsreif werden, bei denen also diese
Weibchen zur Verstärkung der Vermehrung beitragen können, so
lange der Überfluss noch andauert. Bei den Daphniden und den
später zu besprechenden Tieren sehen wir nun, dass die Sommer-
generationen die Eigenschaft erlangt haben, rascher geschlechtsreif zu werden. Bei Evadne sind z. B. die noch im Brutraum
befindlichen Jungen vor der Geburt schon trächtig (Claus).
Spencer[3]) macht darauf aufmerksam, dass, wie die geringere Zahl der befruchtungsfähigen Eier zeigt, die Nahrungs-

[1]) l. c. pag. 98.
[2]) l. c. pag. 108.
[3]) Principien der Biologie. Übers. v. Vetter, pag. 249.

13 *

menge, welche während einer gegebenen Periode auf die Gamogenesis verwendet wird, bedeutend geringer ist als die Masse,
welche während der gleichen Periode zur Agamogenesis verwendet
wird. „Wir sehen, dass die Agamogenesis durch die grosse Menge
ihrer Producte einen beträchtlichen Überschuss der Ernährung
erfordert, während die Gamogenesis nur eines kleinen Überschusses
der Ernährung bedarf; und somit können wir kaum daran zweifeln,
dass die eine oder andere Fortpflanzungsweise eintritt, jenachdem
die äussern Bedingungen für die Ernährung günstig sind oder
nicht." Obwohl S p e n c e r zu dem richtigen Resultat gekommen
ist, so war doch wohl die Art und Weise, wie er schloss, nicht
ganz zutreffend. Bei besserer Ernährung k a n n eine stärkere Vermehrung eintreten. Aber es wurde schon früher darauf hingewiesen, dass ja auch alle übrigen Teile des Körpers, z. B. die
Sinnesorgane, auf Ernährungsschwankungen reagieren könnten.
Dies thun sie aber nicht. Es ist vielmehr eine besondere nützliche Eigenschaft, dass gerade der Genitalapparat so empfindlich
gegen Veränderungen der Ernährung ist, dass die Reproduction
also den Existenzbedingungen gemäss reguliert wird.

Beobachtungen über Entstehung des Geschlechtes bei den
Cladoceren sind schon sehr viele angestellt worden. Nach Z e n k e r
finden sich auch im Frühjahr einzelne Männchen, wie bei Artemia.
Der eigentliche Überfluss fällt ja erst in den Sommer. W. K u r z [1]),
der eine grosse Menge Cladoceren Böhmens untersuchte, bemerkte,
dass die Männchen nicht blos im Herbst, sondern auch zuweilen
im Frühjahr, im April, auftreten. Selbst mitten im Sommer fand
er Männchen, aber nur in Tümpeln, die dem Austrocknen nahe
waren. Dies brachte ihn auf die Idee, den Vorgang des Aus-
trocknens künstlich nachzumachen, was ihm auch vollständig gelang. Er kam zu dem Schluss, dass erst dann Männchen produziert werden, wenn das Wasser „zum Lebensunterhalt quantitativ
oder qualitativ unzureichend wird. Dieses tritt ein, wenn 1. das
Wasser austrocknet, 2. sich chemisch ändert, 3. einen unzuträg-
lichen Temperaturgrad erreicht" oder allgemein ausgedrückt, wenn
die Prosperität abnimmt. Auf diese Weise erhielt er über 40 bis
dahin unbekannte Männchen [2]). Beim ersten Auftreten der Männ-

---

[1]) Sitzungsberichte d. k. Ak. d. Wiss. Wien 1874, LXIX.
[2]) Sitzungsberichte d. k. Ak. d. Wiss., Wien 1875, LXX, pag. 7.
K u r z , Dodekas neue Cladoceren nebst einer kurzen Übersicht der
Cladocerenfauna Böhmens.

chen fand er auch Zwitter, worauf die Besprechung weiter unten
noch einmal zurückkommen wird. Auch Schmankewitsch [1])
kam bei der künstlichen Züchtung nicht isolierter Weibchen von
Daphnien zu dem Resultat, dass die Männchen erst an den äussersten Grenzen der für das Leben der Art günstigen Beschaffenheit
des umgebenden Elementes erscheinen, z. B. sowohl bei zu niederer als zu hoher Temperatur.

„Züchtet man die Süsswasserart Daphnia magna
Leydig in schwach salzigem Wasser, welches dieselbe gut
verträgt, so erscheinen bei dieser nach verhältnissmässig schneller
Erhöhung der Concentration des Salzwassers die Männchen und
befruchtete Eier.

Die Daphnia rectirostris hört mitten im Sommer bei
zu starker Concentration des Salzwassers auf, sich parthenogenetisch zu vermehren und trägt wie vor dem Winter befruchtete
Eier.

Überhaupt rief ich während der küustlichen Zucht bei der
Daphnia das Erscheinen der Männchen sowohl durch rasche Verstärkung der Concentration, als auch durch schnelle Erhöhung
der Temperatur hervor.“

Soweit Schmankewitsch; etwas hinzuzufügen, dürfte wohl
unnötig sein; diese Experimente sind beweisend. Die Versuche
von Weismann können erst später besprochen werden.

Ein weiteres treffendes Beispiel bieten uns die Aphiden.
Im sommerlichen Überfluss pflanzen sich diese parthenogenetisch
fort. Die Weibchen entbehren sogar des Receptaculums. Es ist
also bereits eine vollständige Anpassung an den Ausfall der Befruchtung eingetreten. Die Eier entwickeln sich in den langen
Eileitern und die Jungen werden lebendig geboren. Bei eintretendem Mangel entstehen Männchen und begattungsfähige Weibchen. Auch hier sollen Männchen im Frühjahr nachgewiesen
worden sein, nämlich durch Derbès für Pemphigus terebinthi. Wir
sehen also die grösste Ähnlichkeit mit den Vorgängen bei den
Daphniden. Dass die Thelytokie bei den Aphiden nur durch den
Überfluss hervorgerufen ist, mit ihm entsteht und vergeht, ist
durch verschiedenfache Experimente bewiesen worden.[2]). Bonnet
(1732) sah neun Sommer-Generationen einander folgen. Kyber
hielt Kolonien von Aphis Rosae und Dianthi in einem ge-

---

[1]) Zeitschrift f. wiss. Zool., Suppl.-B. z. XXV. B. 1875.
[2]) Kosmos, B. VII, p. 309.

heizten Zimmer und sah sie während vier Jahre sich fortpflanzen, ohne dass sie eine einzige geschlechtliche Generation hervorbrachten. „Die Geschwindigkeit der agamischen Vermehrung während der ganzen Periode aber war direct proportional der Summe von Wärme und Nahrung, welche ihnen zugeführt wurde"[1]). Ebenso wie man mittelst der künstlichen Verlängerung des Überflusses die parthenogenetische Fortpflanzung verlängern kann, so kann man sie auch durch künstlich herbeigeführten Mangel abkürzen.

Landois[2]) gelang es, durch allmählich herbeigeführte Kälte und künstliches Absterbenlassen der Nahrungspflanzen die lebendig gebärenden Blattläuse zum Verschwinden und dafür die geschlechtliche Generation zum Auftreten zu bringen.

Ähnlich liegen die Verhältnisse bei Phylloxera. Im Frühling und Sommer sehen wir 5 bis 8 parthenogenetisch sich fortpflanzende Generationen. Im Herbst aber werden Eier gelegt, grosse und kleine. Aus ersteren gehen Weibchen hervor, aus letzteren darmlose Männchen. Nach der Begattung legen die Weibchen nur ein einziges Winterei ab. Experimente sind noch nicht angestellt worden der grossen Schädlichkeit der Tiere wegen.

Ein besonders bemerkenswertes Verhalten zeigt sich uns unter den Schmetterlingen bei Bombyx mori. Die Eier können sich parthenogenetisch entwickeln und liefern Junge, deren Geschlecht ungefähr gleich verteilt ist. Hierzu eignen sich aber nur die im Sommer gelegten Eier. Diese zeigen auch kein Latenzstadium, sondern entwickeln sich sofort, sie können daher wohl auf den Namen Sommer- oder Subitan-eier Anspruch machen[3]). Zur Überdauerung des Winters eignen sich nur solche Eier, die aus geschlechtlicher Vermischung hervorgegangen sind, aus unbefruchteten entwickelt sich im Winter niemals eine Raupe. Wir haben also hier die erste Entstehung der thelytokischen Parthenogenesis. Befruchtungsfähige, aber nicht befruchtete Eier

---

[1]) Citiert von Spencer, Principien der Biologie, übers. v. Vetter, Band 2, pag. 502.

[2]) Zeitschrift f. wiss. Zool. XVII, 1867.
    Landois, Über das Gesetz der Entwickelung der Geschlechter bei den Insecten.
    Siebold, Zusatz hierzu, pag. 529.

[3]) Hensen, Phys. d. Zeugung, pag. 164 (Hermanns Handb. d. Phys.). Annales d. sc. nat., T. XII, 1859, p. 312. Barthélémy, „Études et Considérations générales sur la Parthénogenèse".

entwickeln sich entweder gar nicht oder nur zu Männchen; hört aber die Befruchtungsbedürftigkeit infolge des Eintritts von Überfluss allmählich auf, wie es bei Bombyx im Sommer der Fall ist, so entstehen auch Weibchen; denken wir uns den Überfluss gesteigert, so würden immer mehr Weibchen auftreten, bis wir zuletzt zu einer vollständig thelytokischen Parthenogenesis gelangen würden.

Dieselbe Erscheinung zeigt auch die Geschlechtsproduction von Nematus ventricosus. Wenn bei einem künstlichen Mangel an Männchen die Eier sich unbefruchtet entwickeln, so entstehen fast nur Männchen. Aber es treten doch auch einige Weibchen auf und zwar nur während des Überflusses, im Frühling und Herbst nicht. Es ist dies also die erste Neigung der Arrenotokie, in Thelytokie überzugehen, bewirkt durch Nahrungsüberfluss. Die Tabelle, welche bei Besprechung der Arrenotokie gegeben wurde und welche die Resultate der Experimente Siebolds wiedergiebt, zeigt dies sehr deutlich.

Den umgekehrten Process haben wir im Herbst bei den Aphiden, Daphnien und verwandten Tieren gesehen. Im Sommer war infolge des Überflusses keine Befruchtungsbedürftigkeit vorhanden, vielmehr vermehrten sich die Tiere mittelst fortgesetzter Parthenogenesis. Im Herbst aber ist dies nicht mehr möglich und wir sehen daher die Tiere in die Fortpflanzungsart von Bombyx eintreten, sie produzieren parthenogenetisch beide Geschlechter.

Bei Liparis dispar, ebenfalls zu den Bombycinen gehörig, soll dieselbe Art der Parthenogenesis wie bei Bombyx beobachtet sein.

Von Psyche wurde das Männchen erst vor kurzem in den Alpen aufgefunden [1]). Letzteres ist auffallend kleiner, so dass Claus [2]) an den Raupen die Geschlechter bereits erkennen konnte. Auf die Ernährungsverhältnisse hat man bis jetzt nicht geachtet.

Von Solenobia triquestrella, zu den Tineiden [3]) gehörig, wurde das Männchen lange vergeblich gesucht. Alle künstlich gepflegten Generationen lieferten nur Weibchen, bis endlich die

---

[1]) Siebold, Beiträge zur Parthenogenesis der Arthropoden. Leipzig 1871. IV. Zur Parthenogenesis der Psyche Helix, pag. 132.

[2]) Zeitschrift f. wiss. Zool., XVII. B., 1867. Claus, „Über das Männchen von Psyche Helix", pag. 475.

[3]) Siebold l. c. V. Zur Parthenogenesis der Solenobia triquestrella und Lichenella, pag. 148.

Männchen in der Natur gefunden wurden und zwar alle in demselben Landstrich, im Reichswald bei Erlangen und Nürnberg.

Die Weibchen dieser Tiere sind noch befruchtungsfähig und zwar erweist sich die Befruchtung ohne Einfluss auf das Geschlecht; denn, wie Rolph [1]) erwähnt, schlüpften aus 14 befruchteten Eiern einer Solenobia 14 Weibchen aus. Es geht hieraus also klar hervor, dass es nicht das Ausbleiben der Befruchtung ist, welches die Thelytokie herbeiführt.

Eine Zeit lang war man nämlich der Ansicht, dass bei einigen Tieren die Nichtbefruchtung zum männlichen, die Befruchtung zum weiblichen Geschlecht bestimme, dass bei andern aber umgekehrt die Nichtbefruchtung zum weiblichen, die Befruchtung zum männlichen Geschlecht bestimme. Die erstere Ansicht ist richtig, da die Nichtbefruchtung, die einem Mangel an Männchen entspricht, zum männlichen Geschlecht bestimmt und umgekehrt. Die zweite Ansicht indessen wird durch die Thatsachen widerlegt. Wenn die thelytokischen Weibchen erst der Befruchtung bedürften, um männliche Tiere hervorzubringen, so könnten, wenn kein Männchen im Sommer z. B. bei den Aphiden mehr vorhanden ist, auch im Herbst keine wieder produziert werden, was doch geschieht.

Bei der Thelytokie ist es also im Gegensatz zur Arrenotokie nicht der Ausfall der Befruchtung, sondern ein ganz anderes Moment, welches die Bestimmung des Geschlechtes bedingt. Und zwar ist es, wie gezeigt wurde, die schwankende Ernährung. Während bei der Arrenotokie es sich nur um Befruchtung oder Nichtbefruchtung bei der Entstehung des Geschlechtes handelt, ist bei der Thelytokie ein anderer Umstand massgebend; denn aus den unbefruchteten Eiern gehen je nach der Ernährung nur Weibchen oder beide Geschlechter hervor. In dieser Verschiedenheit der Ursachen liegt der fundamentale Unterschied von Thelytokie und Arrenotokie.

Von den Cynipiden züchtete Hartig [2]) durch künstliche Pflege von einer Art gegen 10000, von einer andern gegen 400 Individuen, ohne ein Männchen zu erhalten. Die jedenfalls sehr gut genährten Weibchen machten sich gleich nach dem Ausschlüpfen daran, schon wieder Eier zu legen, die sich wieder zu Weibchen entwickelten und sofort in ausserordentlicher Vermehrung. Dasselbe bestätigen andere Forscher.

[1]) Rolph, Biologische Probleme, pag. 112.
[2]) Seidlitz, Die Parthenogenesis und ihr Verhältniss zu den übrigen Zeugungsarten im Tierreich. Leipzig 1872, p. 23.

Die weiblichen Gallwespen Spathegaster baccarum[1]) legen im Herbst befruchtete Eier, aus denen im Frühjahr andere Weibchen hervorgehen, die sich infolge des sommerlichen Überflusses parthenogenetisch vermehren. Dass nun diese continuirliche Weibchenproduction nur eine Folge des Überflusses ist, geht daraus hervor, dass man durch künstliche Mittel eine scheinbar unbegrenzte Zahl von Generationen viviparer Weibchen aufeinander folgen lassen kann, indem man einfach den Überfluss durch Zufuhr von Wärme und Nahrung beliebig lang unterhält. Im Freien dagegen erzeugen die viviparen Weibchen im Herbst bei eintretendem Mangel Männchen und Weibchen, die alsdann überwinternde Eier ablegen.

Mit Hülfe der folgenden Beobachtungen von Adler[2]) mag noch einmal der Unterschied zwischen Arrenotokie und Thelytokie erläutert werden.

„Pteromalus puparum legt seine Eier in die Puppen verschiedener Tagfalter, wie Vanessa Io, polychloros, urticae, Pieris rapae etc. Eine einzige Puppe liefert oft hundert und mehr dieser kleinen Wespen, so dass es nicht schwer ist, sie in genügender Zahl zu ziehen. Da bei diesen Zuchten die Männchen regelmässig zuerst erscheinen, ausserdem leicht von den Weibchen zu unterscheiden sind, so kann man ohne Schwierigkeit die Geschlechter trennen und eine Copula verhindern. Bringt man dann die unbefruchteten Weibchen auf Tagfalter-Puppen, so beginnen sie gewöhnlich bald dieselben anzustechen. Ich habe diese Versuche mehrfach angestellt und dabei im Allgemeinen das Resultat erhalten, dass von den unbefruchteten Weibchen vorzugsweise nur Männchen erzeugt werden. Ich lasse die Resultate eines Versuches folgen.

Im Frühjahr 1876 hatte ich eine Anzahl Puppen von Pieris Brassicae eingesammelt, welche von Pteromalus puparum angestochen waren. Gleichzeitig hatte ich Raupen von Vanessa urticae gezogen, welche sich im Juni verpuppten. Diese Puppen wurden von unbefruchteten Weibchen angestochen. Um ganz sicher zu sein, hatte ich nachher noch das Receptaculum seminis untersucht und wusste desshalb mit Bestimmtheit, dass eine Copula

---

[1]) Handbuch d. vergl. Embryologie v. Fr. M. Balfour, 1. B., 2. Hälfte, p. 406.

[2]) Zeitschrift für wiss. Zool. XXXV, 1881, pag. 241. Adler, Über den Generationswechsel der Eichen-Gallwespen.

nicht stattgefunden hatte. Die angestochenen Puppen lieferten folgendes Resultat:

1. Puppe: 124 ♂　　　3. Puppe: 75 ♂ und 5 ♀
2. Puppe: 62 ♂　　　4. Puppe: 45 ♂ und 4 ♀

Ich habe mit beiden Arten Rhodites rosae und Eglanteriae Zuchtversuche angestellt. Erstere Art habe ich zu hunderten gezogen und dabei auch das von andern erzielte Resultat erhalten, dass Männchen in sehr geringer Zahl vorkommen etwa 2 auf 100. Bei dieser grossen Seltenheit der Männchen bleiben die Weibchen regelmässig unbefruchtet. Zuchtversuche bestätigen dies, denn alle Wespen beginnen bald nach dem Verlassen der Gallen ihre Eier abzusetzen. Die wenigen noch immer vorkommenden Männchen sind überflüssig geworden und man kann wohl mit einiger Wahrscheinlichkeit annehmen, dass sie im Laufe der Zeit vollständig eingehen werden. Bei einer andern Art Rhodites Eglanteriae sind ebenfalls noch einzelne Männchen beobachtet worden. Ich habe bei wiederholten Zuchten nur Weibchen erhalten."

Bei Rhodites findet demnach meistens keine Befruchtung statt. Wenn diese also ausbleibt, so handelt es sich nicht um einen anomalen Mangel an Männchen, denn es sind ja stets nur verschwindend wenig derselben vorhanden. Daher tritt auch keine Mehrgeburt von Männchen ein.

Ganz anders verhält sich dagegen Pteromalus. Bei dieser Wespe sind normaler Weise stets Männchen und Weibchen vorhanden. Wenn man nun künstlich eine Copulation dadurch verhindert, dass man die früher erscheinenden Männchen von den später erscheinenden Weibchen trennt, so stellt man damit einen anomalen Mangel an Männchen her. Die Folge dieses Mangels an Männchen ist die Arrenotokie, d. h. die ausschliessliche oder fast ausschliessliche Production von Männchen aus unbefruchteten Eiern.

Auch das verschiedene Verhalten zweier Nematusarten kann zur Erläuterung dienen. Bei Nematus ventricosus kommen normal Männchen und Weibchen in ungefähr gleicher Zahl vor. Verhindert man aber die Befruchtung, so gehen, nach Siebold[1], bei diesem künstlichen anomalen Mangel an Männchen fast nur Männchen aus den Eiern hervor. Dasselbe soll nach Bertkau

[1] Siebold, Beiträge zur Parthenogenesis der Arthropoden. III. Parthenogenesis bei Nematus ventricosus, pag. 106—130.
[2] Archiv für Naturg., 41. Jahrg., II, p. 200.

für Nematus pavidus gelten. Ganz anders verhält sich aber Nematus Vallisnierii nach Adler[1]).

„Im Herbste 1876 war eine grössere Anzahl der bekannten bohnenförmigen Gallen dieser Art, welche sich oft in grosser Menge auf Salix amygdalina finden, eingesammelt worden. Im Mai 1877 erzog ich die Wespen und überzeugte mich, dass es nur Weibchen waren. Zur weiteren Beobachtung brachte ich sie auf kleine Weidenschösslinge, welche in Töpfe gesetzt waren. Die Wespen begannen auch sehr bald in die zarten Blättchen der Spitzentriebe zu sägen und ihre Eier hineinzulegen. Anfangs Juli enthielten die Gallen bereits die ausgewachsenen Larven, die sich zum Verpuppen in die Erde begaben. Nach sehr kurzem Puppenstadium erschienen bereits am 27. Juli die ersten Wespen. Es waren wieder nur Weibchen, die auch bald anfingen, ihre Eier abzusetzen." Wenn also wirklich, wie es hier der Fall zu sein scheint, jährlich zwei Generationen erscheinen, die sich ohne oder nur selten mit Begattung fortpflanzen, so kann, wenn eine Copulation nicht stattfindet, von einem anomalen Mangel an Männchen nicht die Rede sein. Wohl aber ist dies der Fall bei N. ventricosus und pavidus, wo der Mangel an Männchen auf künstliche Wege hervorgerufen wird und Arrenotokie zur Folge hat.

Einen eigentümlichen Wechsel von Parthenogenesis und geschlechtlicher Fortpflanzung treffen wir bei den Eichen-Gallwespen. Die umfassenden und sorgfältigen Untersuchungen von Adler[2]) haben hierüber die nötige Aufklärung geschafft. Der Lebenslauf dieser Tiere ist im allgemeinen kurz folgender. Im Frühling, nämlich Mai und Juni bemerkt man an den Eichen Gallen, aus denen im Juli Wespen ausschlüpfen. Diese sind geschlechtlich und legen befruchtete Eier in die Eichenblätter. Die Gallen, die sich infolge dessen bilden, findet man im Juli, August, September. Aus diesen geht eine ungeschlechtliche Generation hervor, welche in der abgefallenen Galle selbst oder in der Erde überwintert. Im Frühling legen diese Weibchen ihre unbefruchteten Eier ab, aus denen im Sommer wieder die geschlechtliche Generation hervorgeht.

Zunächst ist hier festzustellen, wann das Geschlecht durch die Ernährung dieser Tiere beeinflusst wird. Dies kann nur während des Larvenzustandes in der Galle stattfinden, aus dem Grunde,

---

[1]) l. c. pag. 240.
[2]) Zeitschrift f. wiss. Zool. XXXV, 1881, pag. 151.

weil alle diese Wespen im ausgebildeten Zustande überhaupt keine Nahrung mehr, sondern nur noch Wasser zu sich nehmen. Es fragt sich nun, welche Larven besser genährt sein werden, die im Frühling oder die im Herbst lebenden. Es scheint, als ob dies bei letzteren der Fall wäre; denn sie bilden sich weit kräftiger aus. Infolge der besseren Ernährung werden diese Tiere zu Weibchen. Sie zeigen auch noch sonstige Eigenschaften, welche auf eine reichliche Ernährung schliessen lassen. Sie haben im allgemeinen mehr Eier, und zwar ist die Zahl der Eifächer sowohl wie die der in jedem Fache enthaltenen Eier eine grössere als dies bei der andern Generation der Fall ist. Wir dürfen also wohl annehmen, dass die bessere Ernährung im Herbst die Larven zum weiblichen Geschlecht bestimmt. Die Ernährung im Frühling ist, wie man aus diesen Verhältnissen schliessen kann, eine weniger gute und daher ist die Sommergeneration aus Männchen und Weibchen zusammengesetzt.

Indessen kommt hier die Ernährung nicht allein in betracht, sondern es sind zwei Momente, welche hier gemeinsam nach derselben Richtung wirken. Dieser zweite Umstand ist der, ob das Ei befruchtet ist oder nicht. Wir wissen, dass unter normalen Ernährungsverhältnissen aus unbefruchteten Eiern mehr Männchen hervorgehen als aus befruchteten. Und hier sehen wir, dass aus den befruchteten nur Weibchen, aus den unbefruchteten Männchen und Weibchen hervorgehen. Wir haben es hier also nicht etwa mit reiner Thelytokie, sondern mit einer Parthenogenesis zu thun, die sich schon mehr der Arrenotokie nähert. Dies wird bestätigt durch die anatomische Untersuchung der Weibchen. Wir hatten früher gesehen, wie die thelytokischen Weibchen ihre Befruchtungsfähigkeit aufgeben, da die Männchen für sie überflüssig geworden sind. Die arrenotokischen dagegen sind stets befruchtungsfähig und werden unter normalen Verhältnissen stets befruchtet; nur bei einem anomalen Männchenmangel unterbleibt die Befruchtung und es gehen aus den unbefruchteten Eiern nur Männchen hervor. Dass wir es hier mit einem Übergang von Arrenotokie zur Thelytokie zu thun haben, wird durch die anatomischen Verhältnisse bestätigt; denn auch bei den parthenogenetischen Wespen kommt das Receptaculum seminis vor, aber es zeigt bereits eine gewisse Atrophie. Auch das Verhalten der Wespen spricht hierfür, wie aus den Beobachtungen Adlers hervorgeht. Die geschlechtlichen Weibchen nämlich schieben bald nach dem Verlassen der Galle ihren ganzen Stachelapparat hervor, und warten auf diese Weise die Copula ab. Genau ebenso benimmt sich die ungeschlechtliche Generation. Auch diese Weibchen schieben ihren Stachelapparat hervor und verbleiben eine Zeit lang in dieser Stellung, wie wenn sie die Copula abwarteten. Infolge des Mangels an Männchen tritt aber keine Befruchtung ein und aus den Eiern gehen mehr Männchen hervor als aus den befruchteten, die sich ja sämmtlich weiblich entwickelten. Es wirken also hier zwei Momente nach derselben Richtung. Aus den befruchteten Eiern gehen gut ernährte Larven hervor und bilden sich zu Weibchen aus. Die infolge von Mangel an Männchen unbefruchtet gebliebenen Eier liefern Larven, die weniger gut ernährt werden. Aus ihnen gehen Männchen und Weibchen hervor.

Dies sind die allgemeinen Lebensverhältnisse, wie sie für folgende Wespen gelten: Neuroterus lenticularis und Spathegaster baccarum, N. laeviusculus und S. albipes, N. numismatis und S. vesicatrix, N. fumipennis und S. tricolor; Aphilotrix radicis und Andricus noduli, Aph. Sieboldii und An. testaceipes, Aph. corticis und An. gemmatus, Aph. globuli und An. inflator, Aph. collaris und An. curvator, Aph. fecundatrix und An. pilosus, Aph. collidoma und An. cirratus, Aph. Malphigii und An. nudus, Aph. autumnalis und An. ramuli, Diophanta scuttelaris und Spathegaster Taschenbergi, D. longiventris und S. similis, D. divisa und S. verrucosus, Biorhiza aptera und Teras terminalis, B. renum und Trigonaspis crustalis, Neuroterus ostreus und Spathegaster aprilinus. Der erste Name bedeutet die parthenogenetische, der zweite die geschlechtliche Generation. Dieser Generationswechsel dauert bei einigen ein Jahr, bei andern zwei bis drei Jahre. Von Aphilotrix seminationis, A. marginalis, A. quadrilineatus, A. albopunctata ist bis jetzt nur die ungeschlechtliche Fortpflanzung bekannt.

Trotzdem nun bei den übrigen Tierclassen die geschlechtlichen Verhältnisse noch wenig aufgeklärt sind, so bemerken wir doch eine grosse Übereinstimmung mit den besprochenen Erscheinungen bei den Arthropoden. Unter den Würmern sehen wir bei den Rhabdocoelen Turbellarien [1]) die Einrichtung von Sommer- und Wintereiern. Die im Überfluss produzierten Sommereier sind durchsichtig, von einer zarten Hülle umgeben und entwickeln sich bereits im mütterlichen Körper; es liegt also die grösste Analogie mit den Vorgängen bei den Daphniden und andern vor. Die

---

[1]) 14. Jahresbericht der Oberhess. Ges. f. Natur- u. Heilkunde.
Schneider, Untersuchungen über Plathelminthen.

Wintereier dagegen sind hartschalig und werden nach geschlecht-
licher Mischung produziert. Experimente über den Einfluss der
Nahrung auf die Art der Reproduction sind noch nicht angestellt.
Die Reproductionsverhältnisse bei den Rädertieren sind
bereits besser bekannt. Im sommerlichen Überfluss pflanzen sie
sich parthenogenetisch mittelst dünnschaliger Sommereier fort.
Bei Eintritt des Mangels geht aus ihnen auch das Geschlecht des
Mangels, die Männchen, hervor, welche sehr viel kleiner sind, keine
Nahrung aufnehmen und nur kurze Zeit leben. Alsdann legen die
befruchteten Weibchen dickschalige, oft dunkler gefärbte Wintereier, die noch mit einer zweiten äusseren Schale umgeben sind.
Bei Hydatina Senta kann gleich an der Form der Eier erkannt
werden, welches Geschlecht sich hieraus entwickeln wird. Die
weiblichen sind bedeutend grösser als die kleinen männlichen.
Ehrenberg hielt daher die beiden Geschlechtstiere für ganz verschiedene Tiere. Nach Cohn [1]) findet man die Männchen im Frühling und besonders im Herbst, die Weibchen im Frühling und besonders im Sommer. Wintereier werden daher auch während des
Mangels im Frühling erzeugt, obwohl spärlicher als im Herbst.
Merkwürdig ist, dass eine Mutter stets nur einerlei Eier produziert, in einem Tier scheinen also alle vorhandenen Eier gleich
stark ernährt zu werden. Von den Wintereiern werden, wie man
erwarten konnte, auch weniger erzeugt, von Conochilus Volvox
z. B. stets nur eins [2]). Cohn [3]) stellte auch Versuche an durch
Isolieren der Kolonien: er sagt darüber: „Ohne Zweifel erleiden
die Kolonien durch die Kultur im kleinen Raume eine Veränderung vermutlich durch Mangel an hinreichender Nahrung, welche
sich zunächst dadurch äussert, dass die Kolonien weniger zahlreich, die Tiere bedeutend kleiner werden und meist unentwickelte
Eierstöcke enthalten. Dabei vermehrt sich die Zahl der Wintereier auffallend; dazwischen werden einzelne männliche bemerkt;
doch fehlen die Sommereier nicht gänzlich. Frisch gefangen trugen die Conochilus-Weibchen dagegen der Mehrzahl nach nur weibliche Sommereier, doch auch dazwischen fanden sich vereinzelte
Tiere mit männlichen Eiern." Diese Experimente sind sehr über-

---

[1]) Zeitschrift f. wiss. Zool., 7, 1856. Cohn, Über die Fortpflanzung der Rädertiere.

[2]) Zeitschrift f. wiss. Zool., XII, 1863. Cohn, Bemerkungen
über Rädertiere.

[3]) Zeitschrift f. wiss. Zool., XII, 1863. Cohn, Bemerkungen
über Rädertiere.

zeugend. Bei höhlenbewohnenden Rädertieren fand sich kein Unterschied zwischen Winter- und Sommereiern. Es lässt sich dies wohl darauf zurückführen, dass für sie ein Wechsel der Jahreszeiten gar nicht oder nur wenig hervortritt [1]).

Bei Generationswechsel finden wir häufig eine frei lebende und eine parasitirende Generation. Zeigt sich nun Parthenogenesis, so wird sich diese bei den besser genährten Parasiten finden. Ein Beispiel für diese Heterogonie bietet uns Ascaris nigrovenosa. Die geschlechtliche Rhabditisgeneration lebt im schlammigen Wasser. Aus der befruchteten Mutter entwickeln sich 2—4 Embryonen, welche später durch den Mund in die Lunge des Frosches gelangen. Hier in der Lunge inmitten des Blutes eines höheren Tieres herrscht jedenfalls ein grösserer Überfluss an Nahrung als im schlammigen Wasser. Es darf uns daher nicht wundern, dass das Tier hier parthenogenetische Brut erzeugt; diese gelangt später durch den Darm wieder nach aussen.

Aus alle den angeführten Thatsachen geht folgendes als unzweifelhaft hervor. Bei der Parthenogenesis sind hauptsächlich zwei Momente von Einfluss auf die Entstehung des Geschlechtes. Der Ausfall der Befruchtung bei einem anomalen Mangel an Männchen und bei ungefähr gleichbleibenden Ernährungsverhältnissen bewirkt eine fast ausschliessliche Production von Männchen (Arrenotokie). Diese gewährt den Nutzen, den Mangel an Männchen sofort wieder auszugleichen. Der Überfluss dagegen führt wie immer so auch hier eine Mehrgeburt von Weibchen herbei. Bei einigen Tieren sehen wir daher, wie unter normalen Ernährungsverhältnissen und einem Ausfall der Befruchtung fast nur Männchen erzeugt werden. Unter günstigen Bedingungen treten dagegen auch Weibchen auf, und zwar desto mehr, je günstiger die Existenzbedingungen beschaffen sind. Denken wir uns die Wirkung des Überflusses immer stärker werdend, so haben wir den Übergang zur Thelytokie. Es werden nur Weibchen geboren und eine kolossale Vermehrung tritt ein. Dies findet jedoch nur so lange statt, als die Ursache dazu, nämlich der Überfluss, andauert. Hört dieser auf, so verschwindet auch seine Wirkung. Aus den unbefruchteten Eiern gehen nicht mehr ausschliesslich Weibchen, sondern auch Männchen hervor. Unter ungünstigeren Verhältnissen, wenn die Wirkung des Überflusses ausfällt, beginnt

---

[1]) Zool. Anzeiger, 1879. Joseph, Zur Kenntniss der in den Krainer Tropfsteingrotten einheimischen Rädertiere, p. 61.

die Wirkung des Ausfalls der Befruchtung, die einem Mangel an
Männchen entspricht, wieder hervorzutreten. Mit dem Überfluss
verschwindet die Thelytokie und es finden Männchengeburten statt.
Denken wir uns diese immer weiter gehend, so würden wir zur
Arrenotokie gelangen. Arrenotokische wie thelytokische Parthenogenesis sowie auch die Übergänge von der einen zur andern haben
wir in der Natur vorgefunden. Und gerade diese Übergänge zeigten uns unzweifelhaft, dass es der Überfluss ist, welcher die Thelytokie, und der anomale Mangel an Männchen, der die Arrenotokie herbeiführt.

dd. Knospung und Teilung.

An die Erörterung der Thelytokie soll sich die der Knospung
und Teilung anschliessen; denn auch sie ist eine ungeschlechtliche
Vermehrung und als solche von den Ernährungsverhältnissen abhängig.

Auch in bezug auf die Zahl der Männchen herrschen dieselben Verhältnisse wie bei der Thelytokie. Es kann eine starke
Vermehrung stattfinden, ohne dass die Männchen stärker geschlechtlich beansprucht würden und hierdurch das normale Sexualverhältniss wiederherstellen könnten. Der anomale Weibchenüberschuss kann also bestehen bleiben. Und mit Hülfe desselben findet
während des Überflusses eine ausserordentlich starke Vermehrung
statt.

Bei den Chaetopoden findet geschlechtliche sowohl wie
ungeschlechtliche Fortpflanzung statt; indessen sind die Ernährungsverhältnisse noch vollständig unaufgeklärt. Nach einigen
Autoren soll bei den Naiden die ungeschlechtliche Knospung im
Frühling und Sommer stattfinden, im Herbst dagegen das Geschlechtssystem sich ausbilden. Nach Semper [1] sollen jedoch
beide Fortpflanzungsarten das ganze Jahr hindurch nebeneinander
vorkommen. Auch bei Chaetogaster fand er dies. Indessen
scheint die Knospung im Sommer stärker zu sein, er fand nämlich im August und September fast nur Zooïde mit 4 Rumpfseg-
menten, im October meist solche mit 3, im Frühjahr wieder solche
mit 4 und im Juni sogar eins mit 5 Segmenten.

Experimente über ungeschlechtliche Fortpflanzung sind mit
Hydra vielfach angestellt. In der Natur findet diese, die Knos-

---

[1] Arb. a. d. Zool. Inst. zu Würzburg. IV. B., 1877—1878.
Semper, Beiträge zur Biologie der Oligochaeten.

pung, nur im Frühling und Sommer statt, im Herbst aber zur
Zeit des Mangels tritt die geschlechtliche Fortpflanzung auf. Die
Knospenbildung hört auf und an Stelle derselben entstehen Eier.
Schon oben wurde erwähnt, wie sehr die Stärke der Knospung
von der Nahrungszufuhr abhängig ist. Marshall[1]) hat gezeigt,
dass bei sehr gut ernährten Individuen sogar eine unnatürlich
starke Knospung eintritt. Lässt man die Tiere dagegen hungern,
so hört diese sofort auf und die schon gebildeten Knospen können
sogar wieder resorbiert werden. Bei guter Ernährung findet stets
ungeschlechtliche, niemals aber geschlechtliche Fortpflanzung durch
Eier statt. Erst im Herbst tritt diese ein, wenn die Süsswasser-
krebschen, die ihr Futter bilden, anfangen weniger häufig zu
werden.

Knospung verbunden mit Generationswechsel findet sich bei den Salpen. Die eine Generation vermehrt sich
ungeschlechtlich, die andere aber mittelst Geschlechtsproducte.
Es drängt sich die Vermutung auf, dass die beiden Generationen
unter verschiedenen Ernährungsbedingungen leben. Und in der
That ist ein solcher Schluss gerechtfertigt.

Wenn man ein solitär lebendes Individuum mit einer
Gruppe von solchen in bezug auf die Ernährungsverhältnisse
vergleicht, so ergiebt sich, dass infolge der Concurrenz, die sich
letztere gegenseitig machen, jedes einzelne Tier viel weniger
Nahrung erhalten kann, als wenn es für sich allein lebte. Bei
den Salpen scheint auch die Grösse der Tiere dadurch bedingt
zu sein. Die schlechter genährten Kettensalpen sind bedeutend
kleiner als die wohlgenährten grossen solitären Tiere.

Damit in Übereinstimmung steht auch die Art der Reproduction. Die prosperierende solitäre Generation vermehrt sich auf
ungeschlechtlichem Wege, die weniger gutgenährten Kettensalpen
dagegen erzeugen die beiden Geschlechtsproducte. Es sind dies
also dieselben Erscheinungen, wie wir sie bereits bei Ascaris nigrovenosa kennen gelernt hatten. Die im Überfluss lebende
Generation vermehrt sich parthenogenetisch, die
weniger gut genährte dagegen pflanzt sich geschlechtlich fort.

Noch bei einer grossen Menge von Tieren ist ein Wechsel

[1]) William Marshall, Über einige Lebenserscheinungen der
Süsswasserpolypen und über eine neue Form von Hydra viridis.
Z. f. w. Z. XXXVII, 4. Heft, p. 668.

14

von ungeschlechtlicher und geschlechtlicher Fortpflanzung bekannt, z. B. bei den Coelenteraten, aber über ihre Ernährungsverhältnisse wissen wir so viel wie nichts. Bis jetzt hat die Morphologie allein die Forscher so in Anspruch genommen, dass sie den Lebensverhältnissen der Tiere nur wenig Beachtung schenken konnten.

Indessen tritt uns bei einem Teil der Coelenteraten eine sehr interessante Erscheinung entgegen. Bei den Hydroidmedusen haben wir Polypenstöcke, welche sich ungeschlechtlich durch Knospung vermehren. Diese ungeschlechtlich erzeugten Individuen bleiben also an derselben Örtlichkeit. Ausserdem entstehen aber auch Geschlechtstiere (Gonophoren), welche sich ablösen und die Geschlechtsproducte fort an andere Örtlichkeiten tragen. Der Theorie nach findet die ungeschlechtliche Fortpflanzung dann statt, wenn an dieser Stelle Überfluss herrscht. Damit in Übereinstimmung steht die Erscheinung, dass diese ungeschlechtlich erzeugten Individuen auch in der That an diesem Orte bleiben, wo sie dann leben und gedeihen werden. Der Theorie nach muss dagegen geschlechtliche Fortpflanzung eintreten, wenn die Örtlichkeit weniger günstig ist zur Ernährung von noch mehr Individuen. Dies steht in Übereinstimmung mit der Erscheinung, dass die geschlechtlich erzeugten Individuen an ganz andere Stellen getragen werden und dort aufwachsen. Diese Tiere fliehen also so zu sagen die ungünstigen Örtlichkeiten. Bei den meisten wird die eine oder andere Fortpflanzungsart nicht ausschliesslich auftreten, sondern beide nebeneinander stattfinden. Je nach den Verhältnissen wird alsdann bald mehr die eine, bald mehr die andere in den Vordergrund treten. — Wir werden später dieselbe Erscheinung auch bei den Pflanzen wiederfinden.

Der Gegensatz zwischen Teilung und geschlechtlicher Fortpflanzung tritt uns bei den Protisten entgegen, wenn die Conjugation als eine solche angesehen werden kann. Für die niedern Algen wenigstens, von denen besonders die Rede sein wird, ist dies als ganz unzweifelhaft festgestellt.

Wenn es also richtig ist, dass die Conjugation der geschlechtlichen Verbindung entspricht, so wird sie unter ungünstigen, die Teilung aber unter günstigen Verhältnissen eintreten.

Experimente sind bereits angestellt und sprechen zu Gunsten dieser Ansicht. Strassburger [1] beobachtete, dass Schwärm-

---

[1] von Rolph citiert, Biologische Probleme, pag. 52, 98.

sporen, obwohl sie auf sehr verschiedene Lichtstärken abgestimmt sind, doch alle die Dunkelheit fliehen. Im Hellen setzen sie sich fest, teilen und conjugieren sich. Im Dunkeln bleiben sie in steter Bewegung, magern zum Erbarmen ab und werden so kraftlos, dass sie auf den Boden sinken und zu Grunde gehn. Nur solche Schwärmer, welche geschlechtlich differenziert sind und sich conjugieren, kommen zur Ruhe. Hieraus geht hervor, dass die geschlechtliche Verbindung im Zustande des Mangels für die Fortpflanzung nützlich und in diesem Falle sogar notwendig ist.

Ulothrix zonata pflanzt sich mittelst Schwärmsporen fort, die sich festsetzen und zur Alge werden. Nur im Frühjahr, wo doch jedenfalls noch Mangel herrscht, werden statt vier Sporen deren mehrere aber kleinere geliefert, welche nur dann zu einer normalen Alge auswachsen können, wenn sie sich geschlechtlich verbunden haben. Später zur Zeit des Überflusses werden vier grössere Sporen gebildet, die sich festsetzen und zur Alge werden. Im Überfluss ist also ungeschlechtliche Fortpflanzung eingetreten.

Everts[1]) stellte Beobachtungen über Vorticella nebulifera an. „Bei einem Versuche nämlich, zu erfahren, wie sich Vorticellen unter allmählichem Austrocknen des Wassers, in dem sie leben, verhielten, erstaunte ich nicht wenig, als ein äusserst lebhaftes Conjugieren eintrat, nachdem bereits ein Teil des Wassers verdunstet war.

Ich prüfte sogleich das Wasser, aus welchem meine Versuchstiere genommen waren, fand aber dort keine Spur von Conjugationsvorgängen; so lag nun die Vermutung nahe, dass die Verdunstung des Wassers einen Anstoss zur Conjugation gegeben habe. Wiederholte Versuche ergaben stets das nämliche Resultat, und es wurde dadurch meine Vermutung, dass Wassermangel zu einer Conjugation Veranlassung gebe, ausreichend bestätigt.“

Es scheint also, als ob auch bei diesen niedern Organismen unter günstigen Verhältnissen meist eine ungeschlechtliche Vermehrung, unter ungünstigen dagegen häufiger Conjugation stattfindet. Für die niedern Algen scheint dies ziemlich sicher zu sein, für die niedersten Tiere sind die Beobachtungen allerdings noch sehr vereinzelt.

---

[1]) Zeitschrift f. wiss. Zool. XXIII, 1873, pag. 610.
Everts, Untersuchungen an Vorticella nebulifera.

cc. Paedogenesis.

Eine ungeschlechtliche Vermehrung sogar von Jugendformen ist für einzelne Tiere festgestellt worden. Eine solche wird der Theorie zufolge nur dann eintreten können, wenn sie bei grossem Überfluss der Fortpflanzung der Tiere von Nutzen ist. Leider ist auf die Ernährungsverhältnisse so wenig geachtet worden, dass sich dieser Überfluss nur bei einzelnen mit Sicherheit nachweisen lässt.

Ein solches Beispiel ist folgendes. Die Larve von Polystemum integerrimum [1]) wandert bekanntlich in die Kiemen von Kaulquappen. Bei eintretender Rückbildung der letzteren kriecht sie durch den Darm zur Harnblase des Wirtes, wo sich nach circa drei Jahren die hermaphroditischen Individuen begatten. Gerät aber eine Larve auf die zarten Kiemen von ganz jungen Kaulquappen, so tritt eine äusserst rasche Entwickelung ein. Nach Zeller „wird dies bewirkt durch die ganz ausserordentlich erleichterte Nahrungsaufnahme, da die Kiemen von jungen Kaulquappen in ungleich höherm Grade als die bereits weiter entwickelten blutdurchlässig sind. Infolge dieses Überflusses von Nahrung wachsen einesteils die Polystomenlarven sehr schnell und produzieren neben den Ausgaben für ihr Wachstum auch noch überschüssiges Bildungsmaterial zur Herbeiführung der Fortpflanzung" [2]). Man ersieht hieraus, dass die Paedogenesis, die ungeschlechtliche Vermehrung von Larven, nur durch den Überfluss herbeigeführt wurde, und nicht eintritt, wenn dieser nicht vorhanden ist.

Als ein ferneres Beispiel ist zu erwähnen, dass nach Chun die Jugendform von Eucharis multicornis (Rippenqualle) bei Eintritt der heissen Jahreszeit, Juni, ebenfalls solche Jugendformen wieder hervorbringen kann [3]).

Paedogenesis ist auch bei Dipteren beobachtet (Heteropeza, Miastor). An den Cecidomyidenlarven wurde sie von N. Wagner [4]) entdeckt. Über die Ernährungsverhältnisse

---

[1]) Zeitschrift f. wiss. Zool. XXVII, 268—271. Zeller, Weiterer Beitrag zur Kenntniss der Polystomeen.

[2]) Gustav Dilling, Über die verschiedenen Arten der Fortpflanzung im Tierreich. Hamburg 1880.

[3]) Mitt. a. d. zool. Stat. zu Neapel I, 1879, pag. 201.

[4]) Zeitschrift f. wiss. Zool. XIII, 1863. Wagner, Beitrag zur Lehre von der Fortpflanzung der Insectenlarven. l. c. XIV, 1865. Abhandlungen von Fr. Meinert und von Pagenstecher.

lässt sich noch nichts bestimmtes sagen. Es fehlt sowohl an Experimenten, als auch an ausreichenden Beobachtungen. Dasselbe gilt von Chironomus. Die Betrachtung aller dieser Thatsachen hat uns also zu folgendem Resultat geführt. Die ungeschlechtliche Vermehrung, welche in Form von Thelytokie, Knospung, Teilung und Paedogenesis auftritt, wird durch Überfluss herbeigeführt. Sie bewirkt eine möglichst starke Vermehrung, was im Überfluss von Vorteil für die Fortpflanzung der Tiere ist. Die Männchen sind hierbei vollständig überflüssig. Ja sie sind sogar schädlich, da sie bei einer ausserordentlich grossen Zahl von Weibchen sehr stark beansprucht sein würden und da das infolge dessen junge Sperma die Eier wieder zum männlichen Geschlecht bestimmen könnte. Wir sehen daher, dass die Weibchen ihre Befruchtungsfähigkeit aufgeben. Solange der Überfluss dauert, werden immer wieder Weibchen hervorgebracht, die sich auf gleiche Weise weiter vermehren. Mit dem Überfluss verschwindet aber auch die ungeschlechtliche Vermehrung und es treten Männchen auf.

ff. Bei Pflanzen.

Auch für Pflanzen gilt der Satz, dass Nahrungsüberfluss die Ausbildung des weiblichen, Mangel dagegen die des männlichen Geschlechtes begünstigt. Es sei erlaubt, die Nützlichkeit dieser Eigenschaft speciell für Pflanzen klarzulegen. Denken wir uns zwei Pflanzen, die eine auf gutem, die andere auf schlechtem Boden. Nun bildet die erstere besser genährte mehr weibliche Blüten und natürlich später auch mehr Samen. Der Samen aber fällt auf ein Gebiet, dessen Mittelpunkt der Standpunkt der Pflanze selbst ist. Auf diesen oder wenigstens in seine Nähe fällt der Wahrscheinlichkeit nach der grösste Teil des Samens. Er fällt hier also auf guten Boden, die Nachkommenschaft wird gedeihen. — Träte aber der umgekehrte Fall ein, würde die schlechter genährte Pflanze mehr Samen bilden, so müsste dieser grösstenteils zu Grunde gehen; eine so verderbliche Eigenschaft wird die Natur schwerlich züchten. — Die Pflanze, welche infolge der Variabilität zuerst diese Eigenschaft erworben hatte, konnte sich auch bei gleich grosser Reproduction stärker fortpflanzen, da ihre Nachkommen einer geringeren Sterblichkeit ausgesetzt waren. Ihre nützliche Eigenschaft vererbte sie daher auf sehr viele Individuen, d. h. es trat eine natürliche Züchtung derselben ein.

Ferner würde es der schlecht genährten Pflanze nur sehr

schwer fallen, die weibliche Geschlechtsthätigkeit zu übernehmen, da diese, die Production von Samen, mehr Nahrungsmaterial beansprucht als die männliche. Sie würde also nur wenig oder schlechter ausgebildeten Samen hervorbringen, was der Fortpflanzung sehr schädlich sein würde. Weit vorteilhafter ist es dagegen, wenn die Pflanze, der mehr Nahrung zur Verfügung steht, auch die Geschlechtsfunction übernimmt, welche mehr Nahrung erfordert. Der schlechter genährten Pflanze wird alsdann der männliche Teil der Geschlechtsthätigkeit nicht schwer fallen. — Wir werden nun sehen, dass in der That derartige nützliche Eigenschaften bestehen, welche infolge natürlicher Zuchtwahl zur Ausbildung gelangt sein können.

Die ersten Experimente hierüber wurden von Knight[1]) angestellt. Er setzte verschiedene Pflanzen einer hohen Temperatur aus. Bei Melonen bemerkte er alsdann, dass nur männliche Blüten produziert wurden. Bei niederer Temperatur zeugten Gurken nur weibliche Blüten.

Dies erklärt sich sehr leicht. Wärme und Licht befördern die Entwickelung. Je rascher sich nun eine Pflanze infolge äusserer Einwirkungen entwickeln muss, desto weniger Nahrung wird dem einzelnen Teile zugeführt, selbst wenn die gesammte Nahrungsaufnahme etwas gestiegen sein sollte. Wärme und Licht wirken daher wie verminderte Nahrungsaufnahme. Düngung ist Überfluss an Nahrung, sie darf jedoch nicht zu stark sein. Feuchtigkeit wirkt ebenso, da sie die Nahrungsaufnahme befördert. — Man wird also bei hoher Wärme, starkem Licht, Trockenheit und Mangel an Düngung männliche Blüten, bei niedriger Temperatur, Schatten, Feuchtigkeit und guter Düngung mehr weibliche Blüten zu erwarten haben. Während über die Wirkung der Wärme kein Zweifel besteht, muss jedoch über die des Lichtes bemerkt werden, dass dieses die Assimilation, also die Zuführung von stickstofffreien Nährsubstanzen verstärkt. Bei der Bildung der Generationsproducte aber scheint es besonders auf die Zufuhr von stickstoffhaltigen Stoffen anzukommen.

Knight's Versuche wurden bestätigt durch die von Mauz[2]).

---

[1]) Transactions of the horticultural Society of London III, pag. 459.
[2]) 4. Beilage zur Flora 1822, Bd. V, 2 und
Correspondenzblatt des würtemb. landw. Vereins, Bd. I. Citiert v. Heyer. ·

Auch Preussner erhielt dasselbe Resultat. Er pflanzte auf „einem trockenen und mageren und sehr sonnigen Standort" fünfzig Gurkenpflanzen und fast sämmtliche Blüten wurden männlich. Auch ist die Beobachtung gemacht worden, dass Pflanzen, solange sie ihre Nahrung noch meist zum Wachstum verwenden, mehr männliche Blüten produzieren als später, wenn der Baum oder Strauch weniger Stoff verbraucht zum individuellen Haushalt, hingegen mehr für die Fortpflanzung erübrigt. „Namentlich tritt dies bei den monoecischen Coniferen hervor, welche im jugendlichen Alter vorzugsweise männliche Blüten treiben und dioecisch erscheinen" [1]. Normal ist dieser Geschlechtswechsel auch bei Aesculus Hippocastanum; diese Pflanze ist in der Jugend männlich und erst später, wenn sie genügende Stärke erlangt hat, erzeugt sie Zwitterblüten.

In neuester Zeit hat Heyer [2] eine von grossem Fleisse zeugende Arbeit veröffentlicht, welche sich zum Gegenstand gemacht hat, den Einfluss äusserer Lebensbedingungen auf das Geschlecht der Pflanzen zu untersuchen. Das Resultat seiner Arbeit ist, dass das Sexualverhältniss auch bei Pflanzen ein ganz bestimmtes ist, welches nicht durch äussere Einwirkungen abgeändert werden kann. Da letzteres der hier wiedergegebenen Theorie direct widerspricht, so ist es durchaus nötig, auf diese Arbeit etwas näher einzugehen.

Wie schon im Beginn der Arbeit erwähnt wurde, hat Heyer die wichtige Entdeckung gemacht, dass auch bei Pflanzen, ähnlich wie es bereits für Menschen und einige Tiere festgestellt war, das Verhältniss der Geschlechter ein ganz bestimmtes ist. Allerdings war für Zwitterblüten selbstverständlich längst bekannt, dass hier das Verhältniss das von 1 zu 1 sei, indessen ist es doch im höchsten Grade bedeutungsvoll, dass eine solche bestimmte Relation auch bei einer dioecischen Pflanze nachgewiesen wurde. Wie aus der Tabelle hervorgeht, fand er unter 21 000 Pflanzen vom Bingelkraut (Mercurialis annua) 10 201 weibliche und 10 799 männliche Individuen, d. h. das Verhältniss 100 : 105,86. Wie viele Forscher, welche eine bedeutende Entdeckung gemacht haben, so ging auch Heyer zu weit in der Ab-

[1]) C. L. Preussner, Über die geschlechtsbestimmenden Ursachen. Diss., Göttingen 1860.
[2]) Untersuchungen über das Verhältniss des Geschlechtes bei einhäusigen und zweihäusigen Pflanzen etc. Dissertation, Halle 1883.

schätzung der Tragweite derselben. Weil er fand, dass auch bei
dioecischen Pflanzen das Sexualverhältniss ein ganz bestimmtes
ist, so glaubte er, dass dieses auch stets unter allen Umständen
vorhanden sei, dass also äussere Einwirkungen ohne jeden Einfluss
auf die Bestimmung des Geschlechtes seien. Er hat Versuche
angestellt, um dies zu beweisen; zu diesen wollen wir uns jetzt
wenden.

Zunächst handelt es sich um das Material, an welchem er
seine Untersuchungen anstellte.

Was das Geschlecht der Pflanzen im allgemeinen anbetrifft,
so scheint ein tiefgreifender Unterschied zwischen monöcischen
und diöcischen Pflanzen zu bestehen. Bei letzteren hat die ganze
Pflanze ein bestimmtes Geschlecht. Bei vielen Arten sind sogar
secundäre Geschlechtscharactere nachgewiesen. Und zwar erscheinen diese früher, als die Anlage der Geschlechtsorgane erfolgt. Daraus darf man wohl folgern, dass bei diesen Pflanzen
das Geschlecht schon sehr frühzeitig bestimmt ist, dass also eine
nachträgliche stärkere oder schwächere Ernährung der jungen
Pflanzen nur wenig Einfluss auf die Geschlechtsbestimmung haben
kann. Bei monöcischen Pflanzen scheinen die Verhältnisse anders
zu liegen, da jede Pflanze später sowohl weibliche als auch männliche Blüten erzeugen kann.

Heyer hat nun seine Experimente und Beobachtungen hauptsächlich an Mercurialis annua angestellt. Dies ist aber eine
diöcische Pflanze. Und zwar ist sie so streng diöcisch, dass männliche Individuen mit einer oder mehr weiblichen Blüten und umgekehrt zu den seltenen Ausnahmen gehören; denn Heyer fand
unter 21 000 Pflanzen nur einige wenige[1]). Wie Heyer selbst
sagt, ist der Geschlechtscharacter dem ganzen Individuum vom
Anfang an aufgeprägt. „Bei den statistischen Erhebungen[2]) gelangte ich ferner zu dem Resultate, dass bei Mercurialis annua
schon im Beginne der Blütezeit der Sexualcharacter an der ganzen
Pflanze wahrzunehmen ist. Die weiblichen Pflanzen sind nämlich
unter sonst gleichen Verhältnissen bereits um diese Zeit intensiver
grün gefärbt 'als die männlichen." Auch besitzen sie ein gedrunge-
neres Wachstum.

„Die beiden Geschlechter unterscheiden sich ferner durch das
Gewicht. Die weiblichen Pflanzen sind ceteris paribus bereits im

---

[1]) l. c. pag. 33.
[2]) l. c. pag. 29.

Beginne der Blütezeit, wo also noch keine oder nur vereinzelte
Samen angesetzt sind, stets schwerer als die männlichen." — Wenn
man das Gewicht einer bestimmten Zahl Männchen zu 100 setzt,
so wog dieselbe Anzahl von Weibchen 111,9. Dieses Verhältniss
trat mit ziemlicher Constanz auf und kann mit Recht als Sexualcharacter angesehen werden. Auch später, wenn bereits Samen
angesetzt worden sind, ist das Gewichtsverhältniss ein bestimmtes
und ziemlich constantes, nämlich 100 : 126 [1]).

Von der wesentlichsten Bedeutung ist aber, dass jedes Individuum durch das Erscheinen der secundären Geschlechtscharactere
sich bereits sehr frühzeitig als männlich oder weiblich documen-
tiert. Daraus geht aber hervor, dass eine stärkere oder schwächere Ernährung des Keimlings bei diesen Pflanzen nur einen
geringen Einfluss auf Bestimmung des Geschlechtes haben kann.
Schon an und für sich ist die Wahl von Mercurialis eine sehr
unglückliche, denn man kann nicht erwarten, dass hier der Einfluss der Ernährung frappant zu Tage tritt.

So pflanzte er z. B. je drei Pflanzen in einige Blumentöpfe,
welche mit verschiedenen Bodenarten gefüllt waren, und stellte
sie in das Warmhaus. Er erwartete natürlich, dass in einigen
Töpfen sich lauter Weibchen, in andern sich nur Männchen entwickeln würden, und war sehr erstaunt, als dies nicht eintrat [2]).
Angenommen, selbst in den verschiedenen Töpfen hätte wirklich
eine verschieden starke Ernährung der Pflanzen stattgefunden,
was man bezweifeln darf, wie später erörtert wird, so kann unmöglich bei einer so geringen Zahl von Individuen (drei in jedem
Topf) und bei einer Pflanze, deren Geschlecht so frühzeitig bestimmt ist, eine verschiedene Verteilung der Geschlechter frappant
in die Augen treten. Und so fand auch H e y e r, dass das Geschlecht dieser Pflanzen scheinbar regellos hin- und herschwankte.

Die Versuche, bei denen er eine geradezu staunenswerte Zahl
von Pflanzen zählte, können daher ebenfalls nur als wenig massgebend betrachtet werden, selbst wenn wirklich die Ernährungs-
unterschiede der Pflanzenabteilungen bedeutende gewesen wären.
Bei Mercurialis kann der Einfluss der Ernährung auf das Geschlecht des Individuums nur ein geringer sein, ähnlich wie man
ja auch bei einem Tier nicht erwarten kann, dass ein Weibchen

[1]) l. c. pag. 31.
[2]) l. c. pag. 41.

bei schlechter Ernährung zu einem Männchen wird. Dies ist nur in der allerersten Zeit des Embryonallebens möglich. Bei Mercurialis aber fällt dieser Zustand in die Zeit der Ausbildung als Samen. Später ist bei diöcischen Pflanzen, bei denen jedes Individuum, wie beim Tiere, ein ganz bestimmtes Geschlecht hat, eine Umänderung des Geschlechtes gar nicht oder nur sehr schwer möglich.

Wie aber die Ernährung der Mutter von Einfluss auf die des Foetus und damit auf das Geschlecht desselben ist, so ist auch die Ernährung des Samens abhängig von der der Mutterpflanze. Also hat letztere Einfluss auf das Geschlecht der Nachkommen, d. h. der aus dem Samen hervorgehenden Pflanzen. Wenn Heyer also wirklich verschiedene Ernährungsbedingungen hergestellt hätte, so hätte vor allem das Geschlecht der Nachkommen von verschieden stark ernährten Mutterpflanzen geprüft werden müssen. Dies that er aber nicht, sondern begnügte sich damit, das Geschlecht der erzeugenden Pflanzen zu beobachten.

Zum Schluss könnte auch bemerkt werden, dass das Bingelkraut auch deshalb eine ungeeignete Pflanze zu sein scheint, weil es ein Unkraut ist, unter sehr verschiedenen Lebensbedingungen wächst und dennoch gedeiht. Eine Änderung der Verhältnisse scheint also nur wenig Einfluss auf die Pflanze zu haben.

Aber nicht nur das Material, an welchem er seine Untersuchungen anstellte, war ein äusserst ungünstiges Object, sondern auch die Art und Weise, wie er diese vornahm, war nicht die beste.

Er legte zuviel Gewicht darauf, welche Agentien auf das Wachstum einwirken. Auch vor Heyer wurde vielfach behauptet, dass die Wärme an und für sich die Ausbildung von Männchen bewirke. Es kommt vielmehr auf die relative Ernährungsstärke an. Dünger wirkt deshalb vorteilhaft für die Erzeugung von weiblichen Blüten, weil bei guter (natürlich nicht zu starker) Düngung die Pflanze einen Überfluss von Nahrung erhält. Ebenso wirkt Feuchtigkeit, wobei indessen eine ungewöhnlich starke Wasserzufuhr der Pflanze je nach ihrer Lebensgewohnheit schädlich sein kann. Das Licht wirkt, wie schon erwähnt, fördernd auf die Entwickelung ein und dasselbe gilt für die Wärme. Durch die Einwirkung dieser Agentien wird daher die Ernährung relativ herabgesetzt; denn wenn in der Zeiteinheit mehr Organe gebildet werden, so können diese bei gleichbleibender Gesammternährung nur

weniger Nahrung erhalten, als wenn die Bildung langsamer vor
sich ginge. Licht und Wärme wirken also auf die einzelnen Organe wie eine Nahrungsentziehung, begünstigen darum das Auftreten des männlichen Geschlechtes.

Wenn es also darauf ankommt, auf die Geschlechtsausbildung
der Pflanzen einzuwirken, so werden am besten mehrere nach
derselben Richtung wirkende Momente vereinigt. Mehrere Lebensbedingungen müssen sämmtlich entweder Mangel oder Überfluss
an Nahrung bewirken, nicht aber darf man den Versuch so ein-
richten, dass die Wirkung des einen durch die des andern wieder
aufgehoben wird. Ersteres that Preussner, als er seine Pflanzen auf einen trockenen, sandigen und sonnigen Ort pflanzte.
Letzteres war aber bei Heyers Untersuchungen der Fall.
Unter den 21 000 Pflanzen von Mercurialis befanden sich 10 000,
deren Beleuchtung „sehr sonnig" und deren Nährboden „gut
gedüngt" war. Das erstere Moment bewirkt eine zu rasche Entwickelung, d. h. relativen Mangel, das letztere aber veranlasst
eine überflüssige Nahrungszufuhr und hebt den Mangel wieder
auf. Umgekehrt waren die meisten sehr schattig gestellten Pflanzen nicht gedüngt.

Heyer glaubte, es käme nur auf die Verschiedenheit der
Lebensbedingungen an. Allerdings leben Pflanzen im Schatten
und ohne Düngung unter ganz andern Verhältnissen als solche
im Sonnenschein und mit Düngung. Heyer erwartete eine enorme
Verschiedenheit des Sexualverhältnisses. Aber doch nur die relative Ernährungsstärke ist das Massgebende.

Bei den meisten von Heyer angestellten Versuchen hoben
sich die zwei variierten Momente, Bestrahlung und Düngung, in
ihrer Wirkung wieder auf, und das Sexualverhältniss schwankte
daher auch aus diesem Grunde nur wenig.

Heyer hatte vielleicht die Behauptungen seiner Vorgänger
nicht genügend beachtet. Mauz[1] z. B. sagt ausdrücklich: „Sowohl bei monöcischen als bei diöcischen Pflanzen wird die Entwickelung des männlichen Geschlechts begünstigt durch Trockenheit, freien Einfluss von Licht und Luft; dagegen die des weiblichen durch Feuchtigkeit, guten Dünger, Mangel an Licht."
Auch Preussner hatte, wie schon angeführt, die Gurken, welche

[1] l. c. pag. 50.

später fast nur männliche Blüten trugen, auf einen sandigen, trockenen und sehr sonnigen Platz gepflanzt. Denn es ist zu beachten, dass bei alle diesen Versuchen Licht und Wärme gleichartig sich ändern und dass die Zunahme beider eine Abnahme der stickstoffhaltigen Nahrungszufuhr bewirkt.

Heyer stellte auch Versuche an, um die Wirkung verschiedener Bodenarten zu prüfen. Er nennt allerdings diese Bodenarten extrem-verschieden [1]), was indessen nicht der Fall gewesen zu sein scheint. „Für die Cultur der Pflanzen", so sagt er in der Beschreibung seiner Versuche, „war mir eine nach allen Seiten hin freiliegende Bodenfläche von 11,4 m Länge und 5,82 m Breite zur Verfügung gestellt worden. Dieselbe wurde in zwei gleich grosse Beete geteilt. Bei dem einen wurde der Boden bis zu einer Tiefe von 22 cm ausgehoben und dann mit Sandboden angefüllt. Dieser Sandboden bestand aus einer Mischung von 3 Teilen Flusssand (aus der Saale) und 1 Teil Composterde von geringer Qualität. Diese Composterde wurde deshalb beigemischt, um dem rein ausgewaschenen Flusssande die nötigen Nährstoffe einzuverleiben. In dem andern Beete wurde der schwere thonige Gartenboden belassen. Es waren somit zwei ganz verschiedene Bodenarten geschaffen."

Dass diese Bodenarten sehr verschieden waren, ist allerdings richtig. Dass sie aber in bezug auf die Ernährung der Pflanzen nicht extrem-verschieden waren, das geht aus den eigenen Worten des Experimentators hervor; denn er sagt [2]): „Es ergiebt sich zunächst, dass das Gewicht der vom Sandboden geernteten Pflanzen durchgehends das höhere ist. Die Pflanzen hatten sich also im Sandboden massiger entwickelt als im Gartenboden, was wohl einerseits dem Umstande zuzuschreiben ist, dass der Sandboden, wegen seiner geringen specifischen Wärme, sich schon frühzeitig mehr erwärmte als der Gartenboden, wodurch die Vegetation gesteigert wurde. Anderseits soll der Saalesand, trotzdem er ziemlich rein ausgewaschen ist, wenn er mit anderm Boden vermischt ist, das Wachstum sehr begünstigen." Es ist klar, dass ein Unkraut in einem solchen Boden sehr gut prosperieren wird. Es kommt nicht darauf an, dass der Boden nach physikalischer Beschaffenheit oder Ursprung verschieden ist, sondern es kommt

---

[1]) pag. 12.
[2]) pag. 39.

darauf an, wieviel Nährstoffe er der Pflanze zuzuführen im
Stande ist.

Endlich hat er noch ein Moment vollständig unberücksichtigt
gelassen, nämlich den Umstand, ob die Pflanzen dicht gedrängt
wuchsen und sich heftige Ernährungsconcurrenz machten, oder ob
dies nicht der Fall war. Dass dieser Umstand von der grössten
Wichtigkeit ist, geht aus den eigenen Worten Heyer's hervor [1]):
„Dass das absolute Gewicht der einzelnen Tausende ein sehr verschiedenes ist, selbst wenn die Pflanzen von demselben Standort
stammen, kommt davon, dass an manchen Stellen die Pflanzen
sehr dicht standen und daher in ihrer Entwickelung mehr gehemmt waren als andere, denen mehr Raum vergönnt war." Bei
jenen fand unstreitig eine schwächere Ernährung statt als bei
diesen, welche ungestört wuchsen.

Dass Heyer diesem Umstand nicht die geringste Berücksichtigung geschenkt hat, erklärt sich leicht, da er an den Einfluss der Ernährung gar nicht gedacht zu haben scheint, sondern
von der Annahme ausging, das Licht oder die Bodenart als solche
müsse einen directen Einfluss auf das Geschlecht der Pflanzen
haben.

Indessen ganz vergeblich scheinen die mit so grossem Fleiss
angestellten Versuche Heyers doch nicht vorgenommen zu sein.
Trotzdem er unzweifelhaft eine sehr ungünstige Species gewählt
hatte, trotzdem er bei Anstellung seiner Beobachtungen und Versuche von teilweise falschen Voraussetzungen ausging, so zeigt doch
das Sexualverhältniss Schwankungen, welche, wie sich zeigen wird,
einen directen Beweis für die Theorie liefern.

Damit man sieht, dass ich nicht etwa willkürlich vorgehe,
ist es durchaus nötig, dass zunächst die von Heyer aufgestellte
Tabelle der Resultate hier wiedergegeben wird. Zur Erläuterung
mag dienen, dass Heyer von verschiedenen Standorten je Tausend Pflanzen ausraufte und dann das Sexualverhältniss durch
Zählen derselben bestimmte.

---

[1]) l. c. pag. 30.

Geschlechtsverhältniss bei Mercurialis annua auf verschiedenen Standorten.

No. des Tausend	♀	♂	Auf 1000 Weibchen kommen Männchen	Beleuchtung	Düngungszustand
				des Standortes	
1	483	517	1070	sehr schattig	nicht gedüngt
2	505	495	980	,,	,,
3	462	538	1164	halb schattig	,,
4	450	550	1222	sehr sonnig	mässig gedüngt
5	487	513	1053	,,	,,
6	512	488	953	halb schattig	,,
7	451	549	1217	,,	,,
8	480	520	1083	,,	,,
9	482	518	1075	,,	,,
10	492	508	1032	sehr schattig	nicht gedüngt
11	491	509	1037	sehr sonnig	gut gedüngt
12	505	495	980	,,	,,
13	482	518	1075	,,	,,
14	518	482	930	,,	,,
15	491	509	1037	,,	,,
16	490	510	1041	,,	,,
17	491	509	1037	,,	,,
18	493	507	1028	,,	,,
19	473	527	1114	,,	,,
20	488	512	1049	,,	,,
21	475	525	1105	,,	mässig gedüngt

Wie man sieht, variieren hier zwei Umstände, Beleuchtung und Düngungszustand. Wenn man den Einfluss des einen Momentes prüfen will, so ist es durchaus nötig, dass alle übrigen Verhältnisse dieselben bleiben. Bei den Pflanzen z. B., welche auf mässig gedüngtem Standort sich fanden, war die Beleuchtung vieler sehr sonnig, anderer aber halbschattig. Hier bietet sich also die Gelegenheit, den gemeinsamen Einfluss des Lichtes und der Wärme zu ermitteln. Dasselbe gilt von den Pflanzen, welche auf nicht gedüngtem Boden und entweder sehr schattig oder halbschattig standen.

Einfluss des Lichtes.

mässig gedüngt				nicht gedüngt			
sehr sonnig		halbschattig		halbschattig		sehr schattig	
No. des Tausend	Sexualverhältniss	No des Taus.	Sexualverhältniss	No. des Tausend	Sexualverhältniss	No. des Tausend	Sexualverhältniss
4	1105	6	953	3	1164	1	1070
5	1222	7	1217			2	980
21	1053	8	1083			10	1032
		9	1075	Mittel:	1164	Mittel:	1027
Mittel:	1127	Mittel:	1082				

Man ersieht aus diesen Zahlen die Thatsache, dass die stärkere Einwirkung von Licht und Wärme eine Mehrproduction von Männchen bewirkt hat, wie es der Theorie entspricht. Die Gründe, warum dieser Überschuss ein verhältnissmässig geringer ist, wurden bereits oben mitgeteilt.

Auch die Einwirkung einer verschieden starken Düngung lässt sich auf diese Weise ermitteln, wie die folgende Zusammenstellung zeigt.

Einfluss der Düngung.

sehr sonnig				halbschattig			
mässig gedüngt		gut gedüngt		nicht gedüngt		mässig gedüngt	
No. des Tausend	Sexualverhältniss	No. des Taus.	Sexualverhältniss	No. des Tausend	Sexualverhältniss	No. des Tausend	Sexualverhältniss
4	1222	11	1037	3	1164	6	953
5	1053	12	980			7	1217
21	1105	13	1075			8	1083
		14	930			9	1075
		15	1037	Mittel:	1164	Mittel:	1082
		16	1041				
		17	1037				
		18	1028				
		19	1114				
		20	1049				
Mittel:	1127	Mittel:	1033				

„Sexualverhältniss" bedeutet hier:

$$n\,\male : 1000\,\female$$

Man sieht aus diesen Zusammenstellungen, dass eine bessere Düngung eine Mehrproduction von weiblichen Individuen bewirkt, wie es die Theorie verlangt. Also selbst bei Mercurialis annua ist die Ernährung des Keimlings noch von, wenn auch nur geringem, Einfluss auf die Geschlechtsausbildung.

Die Resultate Heyers können daher als positive Beweise für die Theorie verwendet werden. Die Schwankungen im Sexualverhältniss entsprechen derselben, obgleich sie aus den früher angeführten Gründen gering sind.

Hoffmann[1]) prüfte ebenfalls den Einfluss der Ernährung auf das Geschlecht bei Mercurialis, fand aber keine Einwirkung, weil er mit zu wenig Pflanzen experimentierte.

Die geringe geschlechtsbestimmende Wirkung einer verschieden starken Ernährung des Keimlings bei einer so ungünstig gewählten Pflanze, wie Mercurialis, ist eine so geringe, dass sie nur durch eine Beobachtung so grosser Massen erkannt werden konnte, wie sie Heyer vornahm.

Das Resultat, welches Heyer aus seinen Experimenten glaubte folgern zu können, ist folgendes[2]):

„Die Verteilung der Geschlechter bei Mercurialis annua ist keine zufällige, sondern das Verhältniss der männlichen zu den weiblichen Individuen ist an allen Standorten eine constante Grösse. Die Entstehung der Geschlechter ist demnach unabhängig von äussern Einflüssen und erfolgt nach einem innern Gesetz.“ „Das Geschlecht der zukünftigen Pflanze ist bereits im Samenkorn entschieden und kann durch äussere Einflüsse nicht mehr abgeändert werden.“

Der erste Satz spricht die Entdeckung aus, welche Heyer gemacht hat, nämlich die, dass das Sexualverhältniss auch bei diöcischen Pflanzen ein ganz bestimmtes ist. Wie schon früher erwähnt, geht der Entdecker in der Abschätzung der Gültigkeit seines Satzes zu weit. Das Verhältniss ist nicht unbedingt constant, sondern wird durch äussere Einflüsse der Theorie entsprechend abgeändert. Der dritte Satz ist also auch nicht ganz richtig. Allerdings wird bei Mercurialis annua das Geschlecht schon sehr frühzeitig bestimmt, aber dennoch ist die Ernährung des Keimlings noch von Einfluss auf das Geschlecht der Pflanzen, wie aus den Versuchen von Heyer hervorgeht.

Abgesehen von diesen negativen Behauptungen stellt Heyer auch einen positiven Satz auf. Er sagt: „Die Entstehung des Geschlechtes erfolgt nach einem innern Gesetz.“ Aber man wird wohl kaum im Stande sein, sich vorzustellen, wie die Entstehung des Geschlechtes nach einem „innern Gesetz“

---

[1]) Botanische Zeitung 1881, pag. 381.
[2]) l. c. pag. 43.

erfolgen könnte. Die Annahme eines innern, mystischen und jedenfalls auch unerforschbaren Gesetzes kann nicht wissenschaftlich genannt werden.

Hoffmann[1]) stellte Versuche dergestalt an, dass er Spinatpflanzen in freies Land, wo sie genügend Raum und Nahrung hatten, resp. in einen Topf dicht gedrängt pflanzte, wo sie sich gegenseitig die Nahrung streitig machten. Der Erfolg war, dass im letzteren Falle, also bei Dichtsaat, eine bedeutende Vermehrung der Männchen eintrat.

Auch mit Mercurialis annua[1]) nahm Hoffmann Versuche vor und diese bestätigen, was über den Einfluss der Nahrung überhaupt und besonders bei Mercurialis gesagt wurde. Er erhielt nämlich ein negatives Resultat, wenn er die Keimlinge einem Überfluss resp. Mangel aussetzte. Da diese späte Einwirkung der Ernährung von nur geringem Erfolg sein kann, so konnte dieser bei der sehr kleinen Zahl von Individuen, die Hoffmann benutzte, nicht zum Vorschein kommen.

Die Experimente[2]) indessen, welche Hoffmann mit Mercurialis anstellte, um die Wirkung einer frühen resp. späten Befruchtung zu untersuchen, ergaben stets einen kolossalen Überschuss an Weibchen. Das normale Sexualverhältniss ist bei dieser Pflanze wie 106 ♀ zu 100 ♂. Sämmtliche Zahlen von Hoffmann geben addiert das Resultat nebenstehender Tabelle.

		♂	♀
Frühe Befruchtung	I	282	1025
	II	26	34
Späte „	I	87	484
	II	59	57
Selbst befruchtet 1864—65		5	27
1866–67		60	64
1866—67		12	42
1867—68		10	14
Summe		541	1747

Es handelt sich also hier um ein kolossales Überwiegen von weiblichen Individuen. Diese Erscheinung kann sehr wohl auf die gute Ernährung zurückgeführt werden, welche Hoffmann den mütterlichen Pflanzen zu Teil werden liess, indem er dieses

[1]) Botanische Zeitung 1881, pag. 381.
[2]) Botanische Zeitung 1871, pag. 81 etc.

Unkraut in Blumentöpfe und zwar in geringer Zahl beisammen pflanzte.

Die meisten zog er im Gewächshaus auf. Daher waren die Blumen auch ausserordentlich fruchtbar, wie Hoffmann [1]) selbst angiebt. Wenn auch das Sexualverhältniss dieser Pflanzen selbst durch den Überfluss kaum beeinflusst worden ist, so musste diese Wirkung indessen bei den Nachkommen hervortreten, d. h. die Kinder der im Überfluss lebenden Eltern-pflanzen mussten sich überwiegend zu Weibchen ausbilden. Und in der That ging aus den während ihres Embryonallebens gut ernährten Samen ein grosser Überschuss von Weibchen hervor, wie die Tabelle zeigt. Alle von Hoffmann beobachteten Keimlinge hatten also eine starke Tendenz, sich weiblich auszubilden. Daher ist es auch leicht erklärlich, warum Hoffmann bei Erforschung des Einflusses früher oder später Befruchtung teilweise verwischte resp. negative Resultate erhielt. Diese Tendenz war so stark, dass alle übrigen Momente in ihrer Wirkung zurückgedrängt wurden. —

Auch zwischen der Stellung der Blüten und dem Geschlecht derselben lassen sich bei vielen Pflanzen Beziehungen nicht verkennen. Im allgemeinen darf man wohl annehmen, dass ein Teil desto schwächer ernährt wird, je mehr er peripher liegt, d. h. je länger der Weg ist, den die Ernährungsflüssigkeit zurückzulegen hat.

So beobachtete Giron de Buzareingues an den feinsten Zweigen mehr männliche Blüten, namentlich bei Hanf und Spinat [2]). Auch ist beachtenswert, dass nach Thos. Meehan [3]) bei schlecht genährten Pflanzen von Ambrosia artemisiaefolia sich nur an der Basis der Ahre weibliche Blüten bilden konnten, während die übrigen männlich waren. Die weiblichen Blüten nahmen also den für die Zufuhr der Stickstoffverbindungen und der Salze günstigsten Platz ein. Jedoch werden jedenfalls bei den einzelnen Pflanzen noch besondere Anpassungen in betracht kommen. Diese Verhältnisse werden noch genauer erforscht werden müssen.

---

[1]) l. c. pag. 106.
[2]) Citiert von Thury, La Production des Sexes, pag. 20.
[3]) Referat von Hermann Müller-Lippstadt, botanischer Jahresbericht f. 1881. (Orig.: Proc. Ac. Nat. Sc. Philadelphia 1880, pag. 351—354).

Wie bereits gezeigt wurde, kommt es nicht darauf an, was für Agentien wirken, ob Licht, Luft, Wärme etc., sondern darauf, ob diese auf eine bestimmte Pflanze günstig oder ungünstig einwirken. Die Wirkung desselben Factors kann je nach der Lebensweise der Pflanze eine sehr verschiedene sein. Dieselbe Menge Dünger kann beider einen Absterben, bei der andern aber äusserste Üppigkeit verursachen. Darwin[1]) sagt, „dass Pflanzen vieler Arten, wenn sie auf einem übermässig reichen Boden wachsen, wie auf einem Misthaufen, steril werden." „Ohne Zweifel sind viele hochcultivierte Pflanzen, wie Birnen, Ananas, Bananen nahezu oder vollständig steril; und ich bin geneigt, diese Sterilität einem Übermasse von Nahrung oder andern unnatürlichen Bedingungen zuzuschreiben."

Bekannt ist, wie unzuträglich z. B. den Insekten fressenden Pflanzen ein Übermass von Nahrungszufuhr ist. Füttert man sie zu oft oder mit zu grossen Insekten oder mit zu viel Eiweiss, so sieht man, wie die Blätter alsbald absterben.

Schon Knight[2]) beobachtete, dass hohe Temperatur sehr verschieden auf verschiedene Pflanzen einwirkt. Bei der einen bewirkt sie mangelhaftes Wachstum, bei der andern üppigste Entwickelung und grosse Fruchtbarkeit. Die Wirkung äusserer Einflüsse auf eine Pflanze muss daher mit Vorsicht beurteilt werden. Während das Wachsen im Garten für die meisten Pflanzen ein Überfluss sein muss, prosperieren Alpenpflanzen hingegen weniger. Bei uns sind viele vollkommen oder teilweise unfruchtbar, wie bereits oben angeführt wurde. Dass sie unter solchen Umständen mehr männliche Blüten erzeugen, wie es die Theorie verlangt, hat Hermann Müller an folgenden Pflanzen beobachtet. „Astrantia minor[3]) hat, wie manche andere Umbelliferen, neben den proterandrischen Zwitterblüten rein männliche mit mehr oder weniger verkümmerten weiblichen Befruchtungsorganen. Je schwächlicher die Pflänzchen sind, um so geringer ist die Zahl der zweigeschlechtlichen Blüten; die schwächlichsten Exemplare produzieren ausschliesslich rein männliche. Es findet also hier der allmähliche Übergang von Andromonöcie zu Androdiöcie statt, und auch hier ist ein

---

[1]) Das Variieren der Tiere und Pflanzen im Zustande der Domestication, übers. v. J. V. Carus, pag. 98, 99.
[2]) Transactions of the horticultural Society of London III, p. 459.
[3]) Hermann Müller, Alpenblumen und ihre Befruchtung durch Insekten und ihre Anpassungen an dieselben, pag. 542.

Zusammenhang zwischen Schwächlichkeit oder verringertem Nahrungszufluss und Verkümmerung des weiblichen Geschlechts unverkennbar."

„Aber auch in vielen Fällen [1]), wo ein Herabsinken der Blumengrösse und der Zahl der Blütenteile nur in geringem Grade stattgefunden hat, scheint ein Verkümmern der weiblichen Befruchtungsorgane durch verminderten Nahrungszufluss bedingt zu sein. Anemone alpina, Geum reptans und montanum, Dryas octopetala bieten alle Abstufungen der Verkümmerung der Stempel bis zu völligem Schwinden derselben und somit den vollständigen Übergang von Zwitterblütigkeit zu Androdiöcie dar. Bei ihnen allen findet ein durchgreifender Unterschied der Blumengrösse zwischen rein männlichen und zweigeschlechtlichen Blüten zwar nicht statt, aber durchschnittlich sind doch die männlichen merklich kleiner. Veratrum album hat 1) rein zwitterblütige Stöcke, 2) andere, deren spätere schwächlichere Seitenzweige etwas kleinere, rein männliche Blüten mit stark verkümmerten Stempeln tragen und ausserdem 3) schwächliche Stöcke, die überhaupt nur solche männliche Blüten hervorbringen, so dass hier der Übergang von Zwitterblütigkeit zur Andromonöcie und von dieser zur Androdiöcie vorliegt." Ebenso beweisend ist folgende Beobachtung.

„Von Aquilegia atrata[2]) zog ich in meinem Garten aus Samen des berliner botanischen Gartens zahlreiche Stöcke, von denen die schwächlichsten lauter rein männliche Blüten hervorbrachten, während die kräftigeren, ebenso wie alle auf den Alpen von mir beobachteten Exemplare nur ausgeprägt proterandrische Zwitterblüten trugen."

Einige Varietäten der Gartenerdbeere besitzen die Neigung zur Trennung der Geschlechter. Darwin[3]) sagt, dass dies besonders bei den in reichen Bodenarten im Clima von Nord-Amerika stattfindet. „So hat man in den Vereinigten Staaten einen ganzen Acker von „Keen's Seedling's beobachtet, der wegen des Mangels männlicher Blüten fast steril war; aber die allgemeinere Regel ist, dass die männlichen Pflanzen die weiblichen an Zahl übertreffen." Diese Erscheinung wird sich auf eine Wirkung der dort so günstigen Vegetationsbedingungen zurückführen lassen. —

---

[1]) l. c. pag. 541.   [2]) l. c. pag. 542.
[3]) Das Variiren der Tiere u. Pflanzen, I. Bd. Übers. v. Carus, pag. 392.

„Die wilden Weinstöcke, sowohl der europäischen als der
amerikanischen Arten (Vitis Labrusca, riparia, cordifolia
etc.) bringen constant ausser zweigeschlechtlichen zahlreiche ein-
geschlechtliche, und zwar männliche Blüten hervor, die cultivirten
nur zweigeschlechtliche"[1]), wie Delpino und Ottavi beobachteten. Sollte hier nicht die weniger reichliche Ernährung im un-
kultivirten Zustande von Einwirkung sein? Vielleicht bieten diese
Pflanzen günstige Objecte, um die Einwirkung der Ernährung zu
prüfen. Auch die Beobachtungen von Thos. Meehan und Isaac
C. Martindale[2]) müssen hier erwähnt werden. Ersterer zieht
aus denselben den Schluss, dass die Geschlechtsentstehung von
der Ernährung abhängig ist, und dass unter günstigen Umständen sich mehr weibliche, unter ungünstigen mehr männliche bilden. Er beobachtete, dass Castanea americana bei Beginn
der Vegetationsperiode Blütenstände mit lauter rein männlichen
Blüten zeigt, die nach dem Verblühen abfallen. Zehn Tage später entwickeln sich neue Stände, an denen die unteren Blüten
weiblich sind. Jedenfalls ist alsdann die Ernährung besser als
im Anfang bei Entstehung der rein männlichen Blütenstände.
Martindale beobachtete zwei Kastanienbäume, welche später
nur weibliche Blüten zeigten. Meehan führt dies zurück auf
eine gute Ernährung, auf die man wegen der ausserordentlichen
Fülle der Früchte schliessen muss. Auch bei Hanf, Spinat,
Croton und Ambrosia artemisiaefolia tritt der Einfluss
der Ernährung auf das Geschlecht deutlich hervor. Wenn letztere Pflanze dicht steht und sie also um die Nahrung kämpfen
muss, so erzeugt sie fast ausschliesslich männliche Blüten. Die
wenigen weiblichen können sich nur an der Basis der Ahren bilden, weil diese der Ernährungsquelle näher ist.

Auf gutem Boden dagegen soll diese Pflanze überwiegend oder
ausschliesslich weibliche Blüten bilden. Ferner mag erwähnt werden, dass derselbe Forscher aus einigen Samen von Croton mo-
nanthogynum vier Pflanzen und zwar zwei rein weibliche und
zwei rein männliche aber nur halb so grosse Individuen erhielt.
Diese Pflanze gilt sonst als monöcisch. Vielleicht bietet sie ein
geeignetes Object zu fernern Experimenten.

[1]) Referat v. Herm. Müller-Lippstadt, botanischer Jahresbericht. f. 1881. (Orig.: Rivista Bot. dell' anno 1880 und Estratto
del Giorn vinic. Ital. No. 13, 1880).
[2]) l. c. (Orig.: Proc. Ac. Nat. Sc. Philadelphia. 1880, pag. 351
bis 354.)

Prantl[1]) stellte directe Experimente über die Wirkung verschiedener Nährlösungen auf Farnprothallien an. Er fand zunächst, dass eine Meristembildung nur auf normaler Nährlösung eintritt und unterbleibt, wenn der Pflanze Stickstoff fehlt, wenn sie also hungert[2]). „Mit der je nach den Ernährungsverhältnissen verschiedenen Entwickelung der Prothallien geht die Verteilung der Sexualorgane Hand in Hand. Ameristische Prothallien können nur Antheridien, niemals Archegonien tragen; letztere sind an die Gegenwart eines Meristems gebunden. Das Auftreten von Antheridien an den ameristischen Prothallien hängt aber begreiflicherweise wiederum von der Anwesenheit geeigneten stofflichen Materials ab. Die mit reichlicher stickstofflicher Reservenahrung in Verbindung stehenden ameristischen Prothallien von Ceratopteris waren dicht mit Antheridien bedeckt, während die ameritischen Prothallien von Osmunda nur vereinzelte Antheridien trugen, einige Individuen derselben auch völlig entbehrten. Wenn indess genügende Stickstoffzufuhr stattfindet, oder wie bei Ceratopteris die vorhandenen Stickstoffverbindungen umgesetzt werden, tritt die Bildung von Antheridien in den Hintergrund oder kann ganz unterbleiben. — Wir dürfen uns dann nicht wundern, wenn bei ungenügender Stickstoffzufuhr, wie dies für dichtgesäte Prothallien auf Torf zutrifft, ameristische Formen auftreten, welche reichlicher Antheridien tragen, als jene Prothallien, welche in der Wasserkultur gar keinen Stickstoff erhielten.

Besonderes Gewicht möchte ich auf die Resultate jener Versuche legen, bei welchen die nämlichen Objecte zu verschiedenen Zeiten verschiedenen Ernährungsbedingungen ausgesetzt wurden. Jene ameristischen Prothallien von Osmunda, welche vereinzelte Antheridien getragen hatten, entwickelten nach Zufuhr von Stickstoff reichlich Archegonien, wobei ausser diesen meist noch Antheridien auftraten. Es wurden hier zwar nicht die nämlichen Individuen zu verschiedenen Zeiten untersucht; allein das Resultat, dass Kulturen, in welchen vorher nur männliche Prothallien anzutreffen waren, in solche mit weiblichen oder zwitterigen Prothallien übergeführt wurden, spricht entschieden gegen die ziemlich

---

[1]) Bot. Zeitung 1881, pag. 753. Prantl, Beobachtungen über die Ernährung der Farnprothallien und die Verteilung der Sexualorgane.

[2]) Da diese Versuche so lehrreich sind, so sind hier die eigenen Worte des Experimentators wiedergegeben.

verbreitete Ansicht, dass gewisse Prothallien, und namentlich jene von Osmunda eine Neigung zur Diöcie besitzen sollen, eine Ansicht, welche stillschweigend eine Praedestination des Geschlechts in der Spore zu involvieren scheint."

Die Entstehung des Geschlechtes scheint sich also hier nur nach den Ernährungsverhältnissen zu richten. Auch K n y [1]) fand, dass die im Wasser wachsenden Vorkeime von Ceratopteris Antheridien, die auf feuchtem Sande oder Torf erwachsenen Archegonien erzeugen. Joukman [2]) fand auch bei den Marattiaceen, dass einzelne Prothallien nur geringe Grösse erreichen und nur Antheridien tragen.

Aus diesen Thatsachen geht also hervor, dass sich bei der schlechtesten Ernährung gar keine Geschlechtsproducte bilden, bei mangelhafter nur männliche, bei besserer auch weibliche, bei der besten endlich nur weibliche.

Durch die Zurückführung der Entstehung des Geschlechtes auf verschiedene Ernährungsverhältnisse ist auch eine Anknüpfung zwischen den heterosporen und isosporen Pteridophyten gewonnen, wie Prantl zeigt. „Bei den meisten Farnen ist die Reservenahrung der Sporen ausserordentlich gering, die Entwickelung des Prothalliums zu einer normalen Höhe mit weiblichen oder beiderlei Sexualorganen einerseits oder zu einem ameristischen männlichen Rudiment ist lediglich durch die Nahrungsaufnahme bedingt und kann mit dem Wechsel der äusseren Bedingungen ebenfalls wechseln. Nur bei Ceratopteris ist die Reservenahrung relativ reichlich; sie genügt indess nicht, um die Bildung von Archegonien zu ermöglichen, wohl aber um reichliche Antheridien zu produzieren. Den Prothallien der Rhizocarpeen, einer Gruppe, welche zunächst mit den Farnen verglichen werden kann, fehlen nun alle Organe zur Nahrungsaufnahme aus dem Substrat.......
Es hängt also der ganze Ernährungsprocess dieser Prothallien nur von der Reservenahrung ab, und hierin finden wir nun Übereinstimmung mit den Farnen, dass hier wie dort die Antheridien eine minder reichliche Ernährung voraussetzen, die Archegonien eine reichliche..... Da nun die weiblichen Prothallien der Rhizocarpeen niemals und unter keinen Umständen Antheridien erzeu-

---

[1]) Von Prantl citiert l. c. pag. 774, entnommen aus K n y, Die Entwickelung der Parkeriaceen, pag. 10, 14.
[2]) Von Prantl citiert l. c., entnommen aus: Extrait des Actes du Congrès international. Amsterdam 1877, pag. 8 d. S. A.

gen, so finden wir den ersten Schritt einer Annäherung zwischen isosporen und heterosporen Filicinen in jenen Farnprothallien, welche ausschliesslich Archegonien, aber keine Antheridien tragen." — Auch folgende Beobachtungen mögen noch erwähnt sein. „Nach Pfeffer und Borodin ergaben Aussaaten von Equisetum-Sporen bei mangelhafter Beleuchtung männliche, bei reichlicher überwiegend weibliche Prothallien. Schacht erhielt, wie Magnus hervorhebt, beim Aussäen von Equisetum Telmateja auf eine Wasserfläche unter Hunderten von Prothallien nur zwei oder drei Archegonien. Magnus sah bei seinen Culturen von Equisetum-Prothallien an sog. männlichen Vorkeimen, die zahlreiche Antheridien bildeten, später Sprosse auftreten, die Archegonien anlegten" [1]). Der Vollständigkeit wegen habe ich auch die letzteren weniger umfangreichen und teilweise noch näher zu untersuchenden Beobachtungen mitgeteilt.

Endlich sei noch erwähnt, dass Herr Professor Hoffmann in Giessen mir freundlichst mitgeteilt hat, dass auch seine noch nicht alle veröffentlichten Züchtungsversuche mit Pflanzen die Theorie bestätigen. Bei kümmerlicher Ernährung zeigte sich Praeponderanz der männlichen Samenpflanzen. Nur bei Cannabis scheint das Geschlecht schon sehr frühzeitig, nämlich schon im Samen entschieden zu werden. Die spätere Ernährung hat also ähnlich wie bei Mercurialis annua nur noch wenig Einfluss. Die ausführliche Veröffentlichung dieser Ergebnisse wird unzweifelhaft das grösste Interesse erregen. Ich ergreife diese Gelegenheit, um Herrn Professor Hoffmann meinen Dank für seine freundlichen Mitteilungen auszusprechen. —

Auch bei Pflanzen bemerken wir ungeschlechtliche Fortpflanzung. Viele Pflanzen zeigen in der That, dass sie bei Eintritt von Überfluss sich vorzugsweise auf diese Art verbreiten und die geschlechtliche Fortpflanzung teilweise oder gänzlich aufgeben, d. h. also in dieser Beziehung unfruchtbar werden. Dass eine Pflanze durch Überfluss steril werden kann, hätte auf den ersten Blick als der Theorie widersprechend angesehen werden können, aber man muss bedenken, dass die ungeschlechtliche Vermehrung an Stelle der geschlechtlichen getreten ist. Bei Hydra haben wir ja dasselbe. Im Überfluss werden nur Knospen produziert, dagegen keine Eier. Auch bei diesem Coelenteraten

---

[1]) Nach dem Referat von Hermann Müller-Lippstadt, botanischer Jahresbericht f. 1881.

hätte man daher sagen können, dass er im Überfluss (in bezug auf die geschlechtliche Fortpflanzung) unfruchtbar geworden sei. Derselben Ansicht ist Spencer [1]). Er hat die geschlechtliche Vermehrung Gamogenesis und die ungeschlechtliche Agamogenesis genannt. Erstere tritt bei Mangel, letztere bei Überfluss auf.

Darwin [2]) führt eine grosse Zahl von Thatsachen an, welche dies bestätigen. Hier soll nur auf einige derselben aufmerksam gemacht werden. Er sagt: „Pflanzen, welche aus irgend welcher Ursache zu üppig wachsen und Blätter, Stämme, Ausläufer, Ableger, Knollen, Zwiebeln etc. im Excess produzieren, blühen zuweilen nicht, oder ergeben, wenn sie blühen keinen Samen. Um europäische Gemüsearten unter dem heissen Clima Indiens dazu zu bringen, Samen zu tragen, ist es notwendig, ihr Wachstum aufzuhalten; wenn sie ein Drittel hoch gewachsen sind, werden sie herausgenommen und ihr Stamm und ihre Pfahlwurzeln werden durchschnitten oder verstümmelt [3]). Das Zuckerrohr, welches kräftig wächst und eine grosse Zahl saftiger Stämme produziert, trägt doch verschiedener Beobachtungen zufolge niemals Samen. Pflanzen, welche eine grosse Anzahl von Knollen produzieren, sind gern steril, wie es in einer gewissen Ausdehnung bei der gemeinen Kartoffel eintritt, und Mr. Fortune teilt mir (d. h. Darwin) mit, dass die süsse Kartoffel in China, soviel er gesehen hat, niemals Samen ergiebt."

Dr. Royle [4]) bemerkt, dass in Indien die Agave vivipara, wenn sie in reichem Boden wächst, unveränderlich Zwiebeln aber keinen Samen produziert, während ein armer Boden und ein trockenes Clima zum entgegengesetzten Resultate führen.

Wir sehen also, dass auch bei Pflanzen ungeschlechtliche Vermehrung unter günstigeren, geschlechtliche unter ungünstigeren Verhältnissen eintritt. Hierbei tritt uns noch eine sehr interessante Erscheinung entgegen, welche wir bereits bei vielen Pflanzentieren gefunden haben. Wir sehen auch hier, dass im allgemeinen die ungeschlechtlich erzeugten Individuen an Ort und Stelle bleiben,

---

[1]) Principien der Biologie. Übers. v Vetter, Bd. I, pag. 245.

[2]) Das Variieren der Tiere und Pflanzen im Zustande der Domestication. Übers. v. Carus, pag. 167.

[3]) Citiert von Darwin, entnommen aus: Ingledew, Transact. of Agricult. and Horticult. Soc. of India. Vol. II.

[4]) Citiert von Darwin, entnommen aus Transact. Linn. Soc. Vol. XVII, pag. 563.

wo die Mutterpflanze wächst. Günstige Verhältnisse waren die
Ursache ihres Auftretens; infolge dieser Eigenschaft bleiben sie
unter diesen hier herrschenden günstigen Verhältnissen, sie sind
für den Überfluss bestimmt. Die geschlechtlich erzeugten Individuen wachsen aber an ganz andern Orten auf. Die Samen zeigen
eine grosse Zahl von Einrichtungen, die eine möglichst weite Ver-
breitung herbeizuführen im Stande sind [1]). Die geschlechtliche
Fortpflanzung tritt unter weniger günstigen Verhältnissen auf und
die unter diesen Umständen erzeugten Individuen haben die unzweifelhaft nützliche Eigenschaft an andere Örtlichkeiten getragen
zu werden und dort aufzuwachsen. — Bei vielen Pflanzen werden
beide Fortpflanzungsarten nebeneinander stattfinden. Je nach den
Verhältnissen wird alsdann bald mehr die eine, bald mehr die
andere vorwiegen.

Auch für kleistogame Blüten, z. B. beim Veilchen, gelten dieselben Verhältnisse. Diese Blüten, welche ohne Befruchtung,
also auf ungeschlechtlichem Wege Samen erzeugen, befinden sich
unten am Boden und die Nachkommen wachsen an derselben Stelle
wieder auf. Ob eine verschieden starke Ernährung von Einfluss
auf die Häufigkeit ihres Auftretens ist, wurde noch nicht untersucht.

Dem gegenüber stehen aber einige Beobachtungen, die sich
scheinbar nicht mit der Theorie vereinigen lassen. Darwin sagt,
dass viele alpine Pflanzen an den Bergen über die Höhe hinaus
steigen, über welche sie Samen produzieren können. Diese sind
aber wohl aus Samen entstanden, die von tiefer stehenden Pflanzen hervorgebracht und durch den Wind dahin getragen wurden,
wo die Pflanzen nicht mehr prosperieren können. Ferner bedürfen viele der Insektenhülfe, um befruchtet zu werden. In Gegenden, wo diese fehlt, sind die Pflanzen unfruchtbar, und wenn eine
Vermehrung stattfindet, so muss dies die ungeschlechtliche sein.
Dies gilt nach Darwin für das Immergrün.

Viele Pflanzen prosperieren in bestimmten Gegenden sehr und
pflanzen sich nur ungeschlechtlich aber sehr stark fort. Dieses
gilt nach Kalm für mehrere amerikanische Bäume, für Hyperi-
cum calycinum nach Darwin, für Lysimachia nummu-
laria nach Decaisne, vielleicht auch für das Immergrün, für
Jussiaea grandiflora nach Planchon, endlich für das Löf-
felkraut (Cochlearia armoracia) und Ranunculus fica-

---

[1]) Man vergleiche Hildebrand, Verbreitungsmittel.

ria¹). Alle diese Pflanzen wuchern sehr stark, produzieren dagegen nur wenig oder gar keinen Samen. Auch für einige andere Pflanzen gilt dasselbe. Die starke ungeschlechtliche Fortpflanzung beweist, dass die Existenzbedingungen dieser Pflanzen ausserordentlich günstige sein müssen und dass daher die geschlechtliche Vermehrung unterbleibt. Wir bemerken auch diese ungeschlechtliche Reproduction besonders bei solchen Pflanzen, welche sich rasch über eine Gegend ausbreiten, z. B. bei der Wasserpest (Elodea canadense) und Azolla coroliniana.

Über das Auftreten der ungeschlechtlichen Fortpflanzung bei niederen Pflanzen seien noch folgende Beobachtungen von Strasburger¹) angeführt:

„Erwähnen will ich noch, dass die Marchantia polymorpha L. in Verhältnissen, die ihrer vegetativen Entwickelung sehr günstig sind, so namentlich bei hinreichender Feuchtigkeit, nur sehr wenig Geschlechtsorgane erzeugt, sondern sich meist nur auf ungeschlechtlichem Wege durch Brutknospen zu vermehren pflegt. Geschlechtsorgane werden dagegen in grosser Menge gebildet, sobald der Pflanze der Tod durch Austrocknen zu drohen beginnt. Sehr schön konnte ich mich von dem Obengesagten in diesem Sommer an Exemplaren überzeugen, welche auf den Steinen in den Treibhäusern des hiesigen botanischen Gartens wachsen; so lange die Treibhäuser mit Pflanzen gefüllt waren, also bedeutende Feuchtigkeit in denselben herrschte, sah ich nur Brutknospen, aber keine Geschlechtsorgane an der Marchantia erscheinen, sobald aber die Häuser entleert wurden und die Steine auszutrocknen begannen, fingen auch dieselben Marchantien an, reichlich Geschlechtsorgane zu entwickeln und gingen dann alsbald durch völliges Austrocknen zu Grunde. Es kehren also hier ähnliche Einrichtungen wie bei den Algen wieder, die auch unter den günstigsten Verhältnissen sich gewöhnlich nur auf ungeschlechtlichem Wege vermehren, meist aber reichlich Geschlechtsorgane erzeugen, sobald ihnen der Tod zu drohen beginnt."

Bei niedern Tieren hatten wir gesehen, wie die Schwankungen in der Stärke der Reproduction, als auch im Sexualverhältniss ausserordentlich gross sind. Dasselbe Verhältniss zeigt sich bei

¹) Das Genauere sehe man l. c. pag. 167.
²) Jahrbücher für Bot. 7, pag. 420.
Strasburger, Die Geschlechtsorgane und die Befruchtung bei Marchantia polymorpha L.

den niedern Pflanzen. Auch hier sind die Schwankungen ausserordentlich gross. So bei den Algen und Pilzen, die sich meist unter äusserst schwankenden Ernährungsverhältnissen befinden. Geraten Pilze auf einen günstigen, nährenden Gegenstand, z. B. Dünger, so tritt eine äusserst starke ungeschlechtliche Vermehrung ein. Ist das Substrat aber aufgezehrt, tritt also Nahrungsmangel ein, so beginnt die Bildung der Geschlechtsproducte. Diese Erscheinungen sind . also vollständig übereinstimmend mit denen, welche wir bei niedern Tieren, z. B. bei den Aphiden etc. fanden. Sogar durch Verhinderung der Sauerstoffzufuhr kann man bei gewissen Pilzen (Mucor) die geschlechtliche Fortpflanzung herbeiführen. —

Wir sind also zu dem Resultat gelangt, dass auch bei Pflanzen die Ernährung denselben geschlechtsbestimmenden Einfluss hat, wie wir ihn bei den Tieren gefunden hatten. Überfluss bestimmt den Samen zum weiblichen Geschlecht. Auch später ist die Ernährung noch von Einfluss auf die Entstehung des Geschlechtes selbst bei diöcischen Pflanzen, bei denen doch die ganze Pflanze schon frühzeitig ein bestimmtes Geschlecht hat. Bei monöcischen beeinflusst die Ernährung nicht nur die Samenkörner, sondern auch die Pflanze selbst, und es bilden sich im Überfluss mehr weibliche, im Mangel mehr männliche Blüten. — Auch für die ungeschlechtliche Vermehrung gelten dieselben Gesetze wie bei den Tieren. Sie tritt im Überfluss auf und durch sie wird eine besonders starke Vermehrung herbeigeführt.

Das Ergebniss aller Untersuchungen über die Wirkung günstiger und ungünstiger Lebensverhältnisse auf die Reproduction der Organismen lässt sich vielleicht kurz in folgenden Sätzen zusammenfassen.

Die Vermehrung, welche für jedes Tier seinen Lebensverhältnissen gemäss eine ganz bestimmte Grösse hat, schwankt je nach den augenblicklichen günstigen oder ungünstigen Bedingungen um dieses Mittel. Im Überfluss z. B. tritt eine verstärkte Vermehrung ein. Da nun infolge eingetretener Arbeitsteilung dem Weibchen die Aufgabe zugefallen ist, den Stoff zum Aufbau des Embryo zu liefern, so hängt die Stärke der Vermehrung besonders von der Zahl der Weibchen ab. Unter günstigen Umständen steigert sich aber nicht nur die Reproduction überhaupt, sondern besonders die Erzeugung von Weibchen. Mit hülfe einer grossen Zahl von Weibchen kann daher die Vermehrung erst recht stark

von statten gehen. Das Extrem dieser Erscheinung ist die thelytokische Parthenogenesis, bei der nur Weibchen hervorgebracht
werden und in kurzer Zeit eine ungeheuer starke Vermehrung
stattfinden kann. Ähnliches gilt im Allgemeinen auch von den
übrigen Arten der ungeschlechtlichen Fortpflanzung wie Knospung,
Teilung und Paedogenesis. Unter ungünstigen Verhältnissen tritt
dagegen wieder geschlechtliche Fortpflanzung ein. Wir fanden
diese Gesetze beim Menschen, bei Tieren und bei Pflanzen als
allgemein gültig bestätigt.

. 2. Inzucht.

Wir hatten gesehen, dass infolge von Arbeitsteilung dem weiblichen Geschlecht die Aufgabe zukommt, den Stoff zum Aufbau
des Embryo zu liefern. Daraus hatte sich ergeben, dass es eine
nützliche Eigenschaft ist, unter gewissen Verhältnissen (nämlich
im Überfluss) mehr Weibchen zu produzieren. Und die Thatsachen
zeigten, dass die Organismen diese nützliche Eigenschaft besitzen.
Es handelt sich aber jetzt darum, zu untersuchen, welche Aufgabe infolge der Arbeitsteilung im Reproductionsgeschäft dem
Männchen zugefallen ist, ob es daher nützlich ist, unter gewissen
Verhältnissen mehr Männchen hervorzubringen und ob das Vorhandensein dieser nützlichen Eigenschaft auch wirklich durch Thatsachen nachgewiesen werden kann.

Während das Weibchen mehr den Stoff zum Aufbau des Embryo zu liefern hat, fällt dem Männchen die Aufgabe zu,
das Weibchen aufzusuchen, das geduldig der Befruchtung
harrt. Es liegt diesem also ob, die geschlechtliche Mischung möglichst differenter Individuen herzufüh-
ren, d. h. Inzucht zu vermeiden.

Ebenso wie früher gefunden wurde, dass das Weibchen die
Eigenschaften besitzt, welche es besonders dazu befähigen, die Ernährung des Embryo zu besorgen, dass es nämlich mehr Nahrung
zu sich nimmt als das Männchen und gegen Schwankungen in der
Nahrungszufuhr weit empfindlicher ist — ebenso muss auch jetzt
gezeigt werden, dass das Männchen durch geschlechtliche
Zuchtwahl Eigenschaften erlangt hat, welche ihm
bei der Aufsuchung des Weibchens nützlich sind.

Beim ersten Auftreten von männlichen und weiblichen Elementen im Tierreich sehen wir den charakteristischen Unterchied zwischen den grossen schwer beweglichen Eiern und den vielen kleinen, sehr leicht beweglichen männlichen Elementen.

Schon bei den Protozoen herrschen ähnliche Verhältnisse zwischen den Makrogonidien und den beweglichen Mikrogonidien z. B. des Volvox.

F. Simon[1]) hat darauf hingewiesen, dass es von Vorteil sein muss, wenn die beiden Geschlechtsproducte sich nicht gegenseitig aufsuchen, sondern wenn dies nur von dem einen geschieht, und wenn dieses möglichst klein ist, da alsdann am wenigsten Arbeit zu der Näherung verbraucht wird. Während daher bei den niedrigsten Organismen die Gameten noch ziemlich gleich sind, tritt später in Folge natürlicher Züchtung dieser Grössenunterschied immer deutlicher auf. Durch viele Beispiele stützt er diesen unzweifelhaft richtigen Gedanken.

Aber nicht nur bei den Geschlechtsproducten, sondern auch bei den Tieren selbst lässt sich dieser fundamentale Unterschied nachweisen. Am deutlichsten tritt dieser beim Geschlechtsdimorphismus zu Tage, wie teilweise schon oben gezeigt wurde.

Stets ist es das Männchen, welches eine schlankere Körperform und grössere Beweglichkeit, eine bessere Ausstattung mit Sinnes- und Bewegungswerkzeugen aufweist als das Weibchen, das weniger weit ausgebildet ist, oft ohne Extremitäten und larvenähnlich bleibt, dagegen desto mehr seinem Geschäft, der Production der Jungen, obliegt.

Bei den Cocciden z. B. finden wir kleine geflügelte Männchen und grosse, plumpe, unbewegliche Weibchen. Bei den Aphiden sind ebenfalls die Männchen geflügelt, die Weibchen nicht. (Nur die vipiparen Weibchen einiger Arten sind geflügelt). Dasselbe gilt für den Leuchtkäfer oder das Johanniswürmchen (Lampyris), ferner für die Psychiden. Bei dem sog. Dachdecker (Aglia Tau)[2]), der den Nachtpfauenaugen nah verwandt ist, fliegt nur das Männchen. Das Weibchen fliegt nicht und legt die Eier alle auf einen Fleck, also auf denselben Baum, auf dem es selbst als Raupe aufgewachsen ist. Bei diesen sorgen also nur allein die Männchen für eine Verhütung der Inzucht. Diese leben länger als die Weibchen. Infolge dessen können sie sich auch weiter von ihrer Geburtsstätte entfernen.

Namentlich bei solchen Tieren, bei denen das Weibchen schmarotzt, ist der Geschlechtsdimorphismus besonders auffallend, z. B. bei den Sapphiriniden, den Garneelasseln, den Strep-

---

[1]) Dissertation, Jena, 1883, pag. 43.

[2]) Über die Dauer des Lebens. Weismann, Jena 1882.

sipteren etc. Auch bei einer Eichengallenwespe, Biorhiza
aptera resp. Teras terminalis (sie tritt in zwei verschiedenen Generationen auf) sind die Männchen geflügelt, die Weibchen nicht.
Zuweilen sind die Weibchen festsitzend oder zu schwimmen-
den Colonien vereinigt, während die Männchen frei umherschwim-
men, so z. B. bei Conochilus (Rotiferi).

Es wird wohl nicht nötig sein, ausser diesen und den schon
früher mitgeteilten noch weitere Thatsachen anzuführen, so bekannt
sind diese Verhältnisse.

Das Männchen hat also im allgemeinen bessere Lokomotions-
und Sinnesorgane, welche ihm beim Aufsuchen des Weibchens
nützlich sind. Während beim weiblichen Geschlecht die vegetative
Thätigkeit mehr in den Vordergrund tritt, spielt die animale beim
Männchen die grössere Rolle.

Dieses ist auch im allgemeinen das intelligentere, wie z. B.
beim Menschen.

Die Nerventhätigkeit tritt bei dem männlichen Geschlecht
weit mehr hervor. Gross ist diese z. B. bei der Ejaculation. Daher ist es vielleicht begreiflich, dass nach Preyer die Männchen
leichter durch Curare affiziert werden als die Weibchen (namentlich die trächtigen). Frauen sollen auch bei Operationen geringeres Schmerzgefühl zeigen [1]), während die Männer meist allerdings
grössere Selbstbeherrschung besitzen.

Es ist unbestreitbar, dass während des Aufsuchens des Weibchens eine gewisse Zeit vergeht. Je eher die Männchen ausgebildet sind, je länger sie sich auf der Suche befinden, desto weiter
werden sie sich durchschnittlich von ihrem früheren Aufenthalt
entfernen, desto mehr wird die Inzucht vermieden.

Eine derartige nützliche Proterandrie lässt sich für sehr viele
Tiere nachweisen. Für eine grosse Zahl von Bienenarten ist
dies von W. H. Müller [2]) gezeigt worden. Die ersten Tiere,
welche er im Frühling fing, waren überwiegend Männchen. Bei
vielen Cynipiden erscheinen die Männchen zuerst [3]). Für Vögel
gilt dasselbe, die Männchen sind im Frühling zuerst am Platze.
Fische zeigen dieselbe Erscheinung, denn die männlichen Tiere

[1]) Dr. H. M. Cohen in Hamburg, Das Gesetz der Vererbung
und Befruchtung. Nördlingen 1875, pag. 35.

[2]) W. H. Müller, Proterandrie der Bienen; Dissertation, Jena
1882.

[3]) Adler, Über den Generationswechsel der Eichengallwespen.
Zeitschrift f. w. Z. 1881, XXXV.

treffen zuerst auf den Laichplätzen ein. Bei den Pyrosomen werden anfangs nur männliche Geschlechtsproducte gebildet.

Ebenso lässt sich für viele festsitzende hermaphroditische Tiere zeigen, dass die männlichen Genitalproducte frühzeitiger reif sind als die weiblichen. Dies gilt z. B. für die Spongie Aplysilla. „Aplysilla violacea ist hermaphroditisch [1]). Jedoch wird einer Selbstbefruchtung dadurch vorgebeugt, dass in den Krusten die männlichen und weiblichen Genitalorgane nicht zu gleicher Zeit, sondern die ersteren um 14 Tage früher zur Reife gelangen als die letzteren. Man findet neben reifen Spermaballen gewöhnlich junge Eier, neben reifen Eiern jedoch niemals Spermaballen." Vielleicht liesse sich auch das Beispiel der Hydra hier anführen, welche während des ganzen Jahres Sperma bildet, während die Eier nur im Herbst erscheinen.

Selbst bei Pflanzen findet sich da, wo die Geschlechtsreife zeitlich getrennt ist, meist Proterandrie. Nur einige sind proterogyn, was mit speciellen Befruchtungserscheinungen zusammenhängt, z. B. Aristolochia. Hierauf kann jedoch nicht näher eingegangen werden.

Aus den verschiedenen angeführten Thatsachen geht als unzweifelhaft hervor, dass in bezug auf die Fortpflanzung eine Arbeitsteilung zwischen beiden Geschlechtern eingetreten ist und dass den Männchen die Aufgabe zugefallen ist, das Weibchen aufzusuchen, während letzteres, wie bereits früher gezeigt, den Stoff zum Aufbau des Embryo liefert. Daraus folgt zugleich, dass fast allein dem Männchen die Aufgabe zukommt, Inzucht zu vermeiden.

Es tritt nun die Aufgabe an uns heran, zu untersuchen, ob die Stärke der geschlechtlichen Mischung[2]) besonders von der Zahl der Männchen abhängt.

Für das Extrem eines Mangels an Männchen, für die Parthenogenesis ist es am leichtesten, dies einzusehen. Wenn ein Weibchen ohne jede Befruchtung Junge hervorbringt, so ist dies das Extrem der Inzucht. Dasselbe gilt für jede ungeschlechtliche Fortpflanzung, Teilung, Knospung.

---

[1]) R. v. Lendenfeld, Über Coelenteraten der Südsee, II. Z. f. w. Z. XXXVIII. B. (1883) 2. Heft, pag. 261.

[2]) Es sei gestattet, diesen Ausdruck zu gebrauchen. Es ist hierunter die geschlechtliche Verbindung von mehr oder minder differenten Individuen zu verstehen.

Auch für alle übrigen Sexualverhältnisse lässt sich die Abhängigkeit der geschlechtlichen Mischung von der Zahl der Männchen leicht nachweisen. Je weniger Männchen bei einem grossen Überschuss von Weibchen vorhanden sind, desto weniger weit brauchen erstere die Weibchen aufzusuchen, desto eher werden sie solche finden und befruchten. Je weniger weit ein Männchen aber geht, desto grösser ist die Wahrscheinlichkeit, dass es ein ihm mehr oder minder verwandtes Weibchen befruchtet.

Man könnte dies bezweifeln und es ist daher nötig, es mit einigen kurzen Worten zu erläutern. Man beachte, dass, wie schon früher angeführt wurde, Geschwistertiere sich von ihrer Geburtsstätte aus verbreiten. Auf ihrem Verbreitungsgebiet liegen aber die Geburtsstätten ihrer Jungen, welche von hier aus ihren Ausgangspunkt nehmen werden. Hieraus folgt, dass die Verbreitungsgebiete zweier Tiere einander desto näher liegen, je näher die Tiere verwandt sind. Der Wahrscheinlichkeit nach wird also ein Tier desto eher ein verwandtes treffen, je weniger weit es sich entfernt. Es kann natürlich auch ein oder mehrere Male das Entgegengesetzte eintreffen; aber es handelt sich nicht darum, was sein kann, sondern darum, was durchschnittlich der Fall ist.

Bei Mangel an Männchen ist also die Wahrscheinlichkeit gross, dass ein verwandtes Weibchen befruchtet wird, d. h. die Stärke der geschlechtlichen Mischung ist gering, es findet mehr oder minder Inzucht statt.

Leicht lässt sich nachweisen, dass bei Überschuss von Männchen das Gegenteil, nämlich starke geschlechtliche Mischung eintritt. Bei Mangel an Weibchen wird das Männchen weit gehen müssen, ehe es ein solches findet. Die Wahrscheinlichkeit, dass es ein ihm verwandtes befruchtet, ist also sehr gering.

Hieraus folgt also, dass die Stärke der geschlechtlichen Mischung, die Vermeidung der Inzucht, besonders von der Zahl der Männchen abhängt. Es ist dies das Analogon zu dem früher bewiesenen Satze, dass die Stärke der Vermehrung besonders von der Zahl der Weibchen abhängt, weil diesen die Lieferung des Stoffes obliegt.

Wenn nun die Männchen die Aufgabe haben, Inzucht zu vermeiden, so folgt hieraus, dass es eine nützliche Eigenschaft ist, unter solchen Verhältnissen mehr Männchen zu produzieren, unter welchen eine stärkere geschlechtliche Mischung von Nutzen für die Fortpflanzung der Tiere ist.

Worin die schädlichen Wirkungen der Inzucht bestehen, wird weiter unten erläutert. Dass sie überhaupt nachteilig ist, lässt sich nicht bestreiten. Schon die vielen Einrichtungen zur Verhütung derselben könnten als Beweis dienen.

Wird also ein Tier oder eine Pflanze durch irgend welche Verhältnisse zur Inzucht gezwungen, so ist dies schädlich für ihre Fortpflanzung. Es wäre also für letztere nützlicher, wenn eine stärkere geschlechtliche Mischung einträte. Letztere kann aber durch eine Mehrproduction von Männchen erzielt werden.

Folglich ist es eine nützliche Eigenschaft, bei Inzucht ceteris paribus mehr Männchen zu produzieren.

Einige Thatsachen sind hierüber bereits bekannt und sie mögen hier angeführt werden. Nach Nagel[1]) tragen die Gräser nach wiederholter Aussaat nur männliche Blüten; ferner soll die monöcische Dattelpalme, nachdem sie durch mehrere Jahrgänge Früchte getragen hat, in einem nächstfolgenden zum Ärger des Besitzers nur männliche Blüten hervorbringen. Nach demselben Autor degeneriert auch der Hanf, wenn nicht für frischen Anbau gesorgt wird, und es nehmen alsdann die grobfaserigen männlichen Individuen überhand.

Goehlert[2]) hat sehr eingehende Untersuchungen über die Vererbung der Haarfarbe der Pferde angestellt. In bezug auf das Sexualverhältniss der Fohlen teilt er folgende Zahlen mit:

	Summa	Fohlen münnl.	weibl.	Sex.-verh.
Gleichfarbige Elterntiere warfen	1150	549	601	91,3 : 100
Ungleichfarbige „ „	1145	499	646	77,2 : 100

Diese Zahlen besagen, dass, wenn Hengst und Stute gleiche Farbe haben, mehr Männchen geworfen werden, als wenn sie ungleichfarbig sind. Zu dem Begriff der Inzucht aber gehört durchaus nicht unbedingt die Notwendigkeit naher Verwandtschaft, sondern besonders die Ähnlichkeit der Eigenschaften bei den Elterntieren.

---

[1]) Ausland, No. 19, 1879, Prof. Dr. E. Nagel, Das Propagationsgesetz in der Tierwelt.

[2]) Zeitschrift f. Ethnologie, XIV, 1882, pag. 145. Über die Vererbung der Haarfarben bei den Pferden.

Bei der Verbindung von gleichfarbigen Tieren herrscht also mehr
oder weniger Inzucht und dem-gemäss werden mehr Männchen
produziert. Bei der Kreuzung der verschiedenfarbigen Varietäten
entstehen jedoch mehr weibliche Individuen.

Goehlert hat diese Erscheinung nicht näher verfolgt, jedoch
giebt er eine sehr genaue Tabelle, aus der sich noch folgende
Thatsachen feststellen lassen. Die Hauptfarben-varietäten der
Pferde sind: Schimmel, Fuchs, Braun, Rappe. Diese Reihenfolge
giebt zugleich den Grad ihrer Ähnlichkeit an. Am entferntesten
stehen Schimmel und Rappe, eine Kreuzung zwischen diesen lässt
also die meisten weiblichen Fohlen erwarten (IV.). Weniger wird
dies bei einer Kreuzung z. B. von Schimmel und Braun der Fall
sein (III.). Eine solche von Schimmel und Fuchs nähert sich
schon der Inzucht und die Zahl der Hengstfohlen muss zunehmen (II.). Bei einer Verbindung endlich von Schimmel mit
Schimmel wird sich dies am stärksten zeigen (I.). Dies findet
seine Bestätigung durch folgende Zusammenstellung.

	Summe	männl.	weibl.	Sex.-verh.
I. Verbindung derselben Farbe	1150	549	601	91,3 : 100
II. Verbindung d. nächst-stehenden Farben . .	878	407	471	86,2 : 100
III. Verbindung der zweit-nächsten Farben . .	237	85	152	56 : 100
IV. Verbindung der ent-ferntesten Farben . .	30	7	23	30 : 100

Je unähnlicher sich also Vater- und Muttertier sind, desto
mehr weibliche Individuen werden geboren, je näher sie jedoch
einander stehen, desto mehr nimmt die Zahl der Männchen bei
den Geburten zu. Es geht also hieraus hervor, dass Inzucht eine
Mehrgeburt von Männchen herbeizuführen im stande ist. Indessen
ist wohl zu beachten, dass diese Zahlen noch zu klein sind, um
als definitiv beweisend betrachtet werden zu können. Die Differenz der Sexualverhältnisse aber ist eine bedeutende.

Auch bei den Menschen ist die Stärke der geschlechtlichen Vermischung unter verschiedenen Umständen eine sehr verschiedene.

Die Juden sind stets bestrebt gewesen, sich unvermischt zu
erhalten, auch kommen bei ihnen relativ die meisten Verwandten-
heiraten vor. In der That ist auch der Knabenüberschuss bei

16*

denselben der höchste, der von einem Volke erreicht wird. Indessen hatten wir bereits früher gesehen [1]), dass sich diese Erscheinung auf eine verzögerte Befruchtung des Eies zurückführen lässt. Ob nun die eine von diesen Ursachen die alleinig wirksame ist, oder ob vielleicht beide zusammenwirken, darüber ist es noch unmöglich, zu entscheiden.

Bei einer Vergleichung der ehelichen und unehelichen Geburten in bezug auf die geschlechtliche Mischung wird man zu dem Resultat kommen, dass bei ersteren weit mehr Inzucht herrscht. In der That findet sich auch bei den ehelichen Kindern ein weit grösserer Knabenüberschuss als bei den unehelichen. Die beweisenden Thatsachen wurden bereits früher mitgeteilt. Wie wir dort sahen, lässt sich diese Erscheinung auch auf frühzeitigere und stärkere Beanspruchung des weiblichen Teiles zurückführen, es scheinen also hier zwei Momente nach derselben Richtung zu wirken. Es sei noch erwähnt, dass Quetelet [2]) in seinem Werke „Sur l'homme" die Resultate einer statistischen Untersuchung von Bickes anführt, welche bestätigt, dass der Knabenüberschuss bei den unehelichen Kindern geringer ist als bei den ehelichen. Wenn man noch die früher angeführten Thatsachen in betracht zieht, so kann an der Richtigkeit dieses Satzes kein Zweifel mehr übrig bleiben.

Ferner darf man einen ebensolchen Unterschied in der Stärke der geschlechtlichen Mischung annehmen zwischen den Geburten auf dem Lande und denen in der Stadt. Je vereinzelter die Leute wohnen, desto mehr Inzucht wird im allgemeinen stattfinden. Viel weniger wird dies in einer Stadt der Fall sein; denn einmal wohnen hier sehr viele Menschen zusammengedrängt und ferner findet stets ein Zuzug aus entfernteren Gegenden statt, so dass die geschlechtliche Vermischung hier ziemlich stark ist. Dem-entsprechend findet sich auf dem Lande ein grösserer Knabenüberschuss als in der Stadt, wie bereits früher statistisch erwiesen wurde. Indessen lässt sich diese Erscheinung auch auf die Verschiedenheit der Ernährung zurückführen. Beide Momente wirken jedenfalls zusammen, und zwar erscheint der Einfluss der Inzucht hierbei ziemlich wesentlich. Denn in Fabrikstädten, wo doch die stärkste Vermischung auch von ganz verschiedenen Nationalitäten stattfindet, ist selbst beim unteren Volke der Knabenüber-

---

[1]) Dort finden sich nähere Zahlenangaben.
[2]) Sur l'homme etc., pag. 46.

schuss kein bedeutender. Die schlechte Ernährung wird zum
männlichen Geschlecht bestimmend wirken, trotzdem findet keine
so bedeutende Mehrgeburt von Knaben statt wie auf dem Lande,
weil hier eine sehr starke Mischung, auf dem Lande aber etwas
mehr Inzucht stattfindet.

Ebenso wie Mangel im stande ist, die ungeschlechtliche Ver-
mehrung in geschlechtliche zu verwandeln, also die Production
von Männchen herbeizuführen, ebenso zeigt auch die Inzucht diese
Wirkung. Die ungeschlechtliche Vermehrung ist aber bereits das
Extrem der Inzucht und daher kann dieselbe bei gleichbleibenden
Ernährungsverhältnissen nicht dauernd fortgesetzt werden. Die
Natur schreckt gleichsam vor beständiger Inzucht zurück.

Indessen ist n i c h t j e d e ungeschlechtliche Vermehrung unter
allen Umständen als Inzucht zu betrachten. D a r w i n hat bewiesen, dass ein Wechsel des Bodens oder des Klimas bei Pflanzen
dieselbe kräftigende Wirkung besitzt wie die geschlechtliche Mischung des Protoplasmas.

Unter gleichbleibenden Lebensbedingungen aber kann die ungeschlechtliche Vermehrung nicht dauernd stattfinden, sondern die
gehäufte Wirkung der Inzucht veranlasst eine geschlechtliche
Mischung. Kultiviert man z. B. die Alge V a u c h e r i a in einem
Glase mit Wasser, so bemerkt man zunächst nur ungeschlechtliche Reproduction mittelst Schwärmsporen. Erst wenn zahlreiche
Generationen entstanden sind, bilden sich auch Sexualorgane.
Auf die Erscheinungen bei der Parthenogenesis wird die Untersuchung noch einmal zurückkommen. —

Wollen wir nun weiter wissen, unter welchen Verhältnissen
eine stärkere geschlechtliche Mischung von Nutzen für die Fortpflanzung ist, so muss zunächst untersucht werden, welche S c h ä d -
l i c h k e i t e n die Inzucht mit sich bringt. Daraus wird sich ergeben,
unter welchen Umständen diese schwächer und wann sie stärker
hervortreten, d. h. wann die Inzucht unschädlich und wann sie
besonders schädlich ist. In letzterem Falle wird dann eine Mehrgeburt von Männchen sehr nützlich sein.

Durch diese Untersuchungen werden wir zugleich eine merkwürdige Beziehung zwischen der Wirkung der verschieden starken
geschlechtlichen Mischung und der der verschieden starken Ernährung finden.

Was die Schädlichkeit der Inzucht anbelangt, so lieferten

die ausgedehnten Zuchtversuche, welche C r a m p e [1]) mit zahmen
W a n d e r r a t t e n (Mus decumanus) anstellte, folgendes Resultat.
Inzucht liefert kleine, leichte Tiere.

Ihre Sterblichkeit ist grösser, denn
von 153 Würfen aus Verwandtschaftsehen starben 39 = 25,5 %
„ 299 „ „ Mischehen „ 28 = 8,4 %
Ferner nimmt ihre Fruchtbarkeit ab; denn „die Kreuzungs-
producte der Familien waren mit ihren Brüdern, Vätern, Gross-
vätern und Mestizen viel fruchtbarer, als die in Blutschande gezogenen Familien unter denselben Verhältnissen."

Wenn man diese Wirkungen der Inzucht betrachtet, kann
man sich nicht verhehlen, dass sie genau dieselben sind, als wenn
die Tiere im Zustande eines mehr oder weniger starken Nahrungsmangels gelebt hätten; d i e W i r k u n g e n e i n e r z u s c h w a c h e n
g e s c h l e c h t l i c h e n M i s c h u n g s i n d a l s o d i e s e l b e n w i e
d i e e i n e r z u s c h w a c h e n E r n ä h r u n g.

Dass dieser Satz auch für die Einwirkung auf die Geschlechtsentstehung gilt, wurde bereits an Thatsachen gezeigt.

R o l p h [2]) hat daher einen geistreichen Vergleich gezogen
zwischen der Ernährung und der Conjugation. Er hält letztere
gleichsam für die Stillung eines Hungers. Er unterscheidet daher
von der gewöhnlichen Ernährung mit Ungleichartigem, d. h. mit
andern Tieren oder Pflanzen, Heterophagie, die Ernährung mit
Gleichartigem, Isophagie, wie sie bei der Conjugation zweier
Zellen oder beim Eindringen des Spermatozoen in das Ei stattfindet. So geistreich dieser Vergleich genannt werden muss und
so vorzüglich er auch eine ganze Reihe von Erscheinungen erklärt,
so haben sich doch bedeutende Forscher gegen eine solche Ansicht
ausgesprochen. Namentlich S a c h s [3]) wendet sich gegen diese
Deutung, wie aus folgenden Worten hervorgeht: „Dass es auf
eine blosse Vermehrung der Substanz der Fortpflanzungszelle nicht
ankommt, zeigen alle diejenigen Fälle, wo eine verhältnissmässig
grosse Eizelle durch ein winzig kleines Spermatozoid befruchtet
wird, dessen gesammte Substanz kaum den tausendsten Teil ihrer
eigenen Masse beträgt und dieselbe Betrachtung ergiebt sich un-

---

[1]) C r a m p e, Zuchtversuche mit zahmen Wanderratten. 1. Resultate der Zucht in Verwandtschaft.
Landwirtschaftliche Jahrbücher, Bd. XII (1883), Heft 3, pag. 402,
409, 418.
[2]) Biologische Probleme.
[3]) S a c h s, Vorlesungen, pag. 940.

gezwungen aus allen Beobachtungen über das Verhalten des Pollen-
schlauches, wenn derselbe die Eizelle einer samenbildenden Pflanze
befruchtet." Auch im Tierreich lässt sich ebenso zeigen, dass es
nicht nur auf die Quantität, sondern auch auf die Qualität des
Protoplasmas ankommt. Nur so lässt sich erklären, dass auch
die Eigenschaften des männlichen Teiles vererbt werden, dass
zwei Spermatozoiden von gleicher Grösse verschiedene Wirkung
haben können, was doch nicht der Fall sein dürfte, wenn es bloss
auf eine Ernährung des Eies ankäme.

Gegen die Ansicht, dass es bei der geschlechtlichen Mischung
nur allein auf Vermehrung des Protoplasmas ankommt, lassen
sich noch mehr schwerwiegende Bedenken aufstellen. Viele Algen
zeigen z. B. die bemerkenswerte Eigentümlichkeit, dass Ge-
schwister-schwärmer, d. h. solche, welche in derselben
Mutterzelle entstanden sind, sich nicht unter einander, sondern nur mit andern copulieren. Sie vermeiden die Inzucht. Der Qualität des Protoplasmas muss also wohl eine bedeutende Rolle hierbei zukommen.

Rolph[1]) sagt unter anderm: „Wir verstehen, wie eine Vorticelle unter weniger guten Ernährungsverhältnissen eine kleine
Knospe, ein Männchen liefert, während sie unter sehr günstigen
Verhältnissen sich dichotomiert, das heisst, ein Weibchen liefert.
Jetzt sehen wir ein, warum das kleine Männchen sich der Isophagie ergiebt und zu Grunde geht, falls es nicht congeniale
Nahrung findet, und warum auch zuweilen zwei Weibchen sich
conjugieren." — Man denke sich nun zwei gleich grosse Vorticellen, beide mögen kleinere Männchen absondern. Beide Männchen begeben sich zu der anderen Vorticelle und verschmelzen
mit ihr. Während vorher alle Individuen nach Rolph Hunger
empfanden, sind sie nach der Conjugation gesättigt. Es drängt
sich aber unwillkürlich die Frage auf: Wenn es bloss darauf an-
kam, sich zu sättigen, warum blieben dann die Männchen nicht
da, wo sie waren? Eine Vermehrung des Protoplasmas hat nicht
stattgefunden, also kann auch gegen früher keine Sättigung eingetreten sein. Es ist vielmehr eine Vermischung des Protoplasmas, welche stattgefunden hat. Wenn ferner das Männchen Hunger empfindet, warum frisst es dann nichts anderes,
warum treibt der Hunger hier gerade zur Isophagie und nicht
zur Heterophagie?

---

[1]) l. c. pag. 101.

Diese Einwürfe werden wenigstens in so weit gerechtfertigt
sein, dass man daraus schliessen darf, die geschlechtliche Mischung
finde nicht lediglich der Vermehrung des Protoplasmas wegen
statt, sondern auch die Qualität des Protoplasmas komme in
betracht. Und zwar gleichen die Wirkungen der Inzucht, d. h.
der Vermischung von zu nah verwandtem (zu ähnlichem) Proto-
plasma denen einer mangelhaften Ernährung.

Auch Darwin [1]) führt eine grosse Zahl von Thatsachen an,
welche zu demselben Resultat führen. „Die Folgen einer eine
Zeit lang fortgesetzten Inzucht sind, wie gewöhnlich angenommen
wird, Verlust an Grösse, constitutioneller Kraft und Fruchtbarkeit,
zuweilen in Begleitung von einer Neigung zu Missbildungen."
Viele der bedeutendsten Züchter sprechen sogar die stärkste Über-
zeugung aus, dass eine lange fortgesetzte nahe Inzucht unmöglich
sei. Darwin zeigt an sehr vielen Beispielen, dass beim Rinde,
Schafe, Hunde, Schweine eine Kreuzung verschiedener Racen
grosse, kräftige Individuen mit starker Fortpflanzungsfähigkeit
liefert, während die in Inzucht erzeugten schwächlich, wenig re-
productionsfähig, oft sogar verkrüppelt und häufig unfruchtbar
waren.

Für Hühner und Tauben weist er dasselbe nach.

Bei Bienen hat nach ihm der Hochzeitsflug den Nutzen,
eine Inzucht zu umgehen, welche fast unvermeidlich wäre, wenn
die Begattung im Stock stattfände. Auch Siebold [2]) sah nie
ein Polistespärchen auf dem Neste in Copula.

Es scheint sogar, als wenn die Tiere die Inzucht instink-
tiv vermieden. Darwin [3]) erzählt, dass eine in Inzucht produzierte Sau sich nicht von dem ihr verwandten Eber begatten
lassen wollte, dass sie sich aber beim ersten Versuch mit einem
Eber begattete, der ihrem Blute fremd war. Ferner sollen männliche Hirschhunde mehr zu fremden Weibchen hingezogen werden [4]), während die Weibchen Hunde vorziehen, mit denen sie
sich eingewöhnt haben. Dass gerade die Männchen diesen Instinkt besitzen, steht in Übereinstimmung damit, dass sie es

[1]) Darwin, Das Variieren der Tiere und Pflanzen im Zustande
der Domestication. Übers. v. J. V. Carus, II. Band, pag. 102 etc.

[2]) Siebold, Beiträge zur Parthenogenesis der Arthropoden.
Leipzig 1871, pag. 71.

[3]) l. c. pag. 111.

[4]) Citiert von Darwin, l. c. pag. 114, entnommen aus Cupples,
Abstammung des Menschen, 3. Aufl. Übers., Bd. 2, pag. 253.

sind, welchen eine möglichst starke geschlechtliche Vermischung obliegt.

Auch die Wilden von Australien und Süd-Amerika verabscheuen das Verbrechen des Incestes [1]. Wie bekannt, existieren bei den verschiedensten Völkern der Erde Verbote dagegen. Wenn nun die Wirkungen der Inzucht dieselben sind wie die des Mangels, so folgt hieraus, dass sie wieder compensiert werden können durch die des Überflusses. In der That zeigen die Versuche von Crampe, dass Inzucht bei gleichzeitigem Überfluss unschädlich oder viel weniger schädlich ist als unter sonstigen Verhältnissen. Die Resultate seien in seinen eigenen Worten wiedergegeben [2]: „Die in Blutschande gezogenen Individuen sind anspruchsvoller, schwerer zu ernähren und zu erziehen als die Producte nicht verwandter Eltern desselben Stammes, und verkümmern, wenn ihren Ansprüchen nicht Genüge geschieht." Ferner [3]: „Indem den von Generation zu Generation steigenden Ansprüchen der in Blutschande gezogenen Individuen Rechnung getragen wurde, erhält sich die Leistungsfähigkeit der Zucht auf befriedigender Höhe." Ferner [4]: „Von Bedeutung ist nun die Thatsache, dass die in Blutschande gezogenen Generationen der zahmen Ratten der Regel nach schnellwüchsig sind. Daran wird voraussichtlich die ausserordentlich reichliche Ernährung der Ratten in der Jugend schuld sein. Dieselbe ist aber schlechterdings notwendig, denn sonst wird aus den Tieren überhaupt nichts. Die in Blutschande gezogenen Ratten verlangen somit ausserordentlich reiche Ernährung und ganz besonders sorgfältige Wartung und Pflege. Sie sind schwer ernährbar und schwer zu erziehen. Die Ausbildung der Tiere gerät ins Stocken, dieselben verkümmern, wenn ihre vielfachen und grossen Ansprüche nicht befriedigt werden. Und in der That, die Erhaltung der Zucht und die Steigerung der Leistungsfähigkeit derselben ist nur dadurch gelungen, dass den von Generation zu Generation steigenden Ansprüchen derselben genügt wurde."

[1] Citiert von Darwin, l. c. pag. 113, entnommen aus Sir. G. Grey, Journal of Expeditions into Australia, Vol. II, pag. 243 und Dobrizhoffer, On the Abipones of South America.

[2] l. c. pag. 394.

[3] l. c. pag. 395.

[4] l. c. pag. 401.

Die ungeschlechtliche Vermehrung, z. B. die Parthenogenesis muss, wie wir gesehen haben, als das Extrem der Inzucht betrachtet werden. Die Thatsache, dass unter normalen Ernährungsverhältnissen aus unbefruchteten Eiern Männchen hervorgehen, kann also ebensowohl als eine Wirkung der Inzucht aufgefasst werden. Die des Überflusses aber hebt die der Inzucht wieder auf und verursacht sogar ein Überwiegen der Weibchenproduction. Wie schon früher erwähnt, sehen wir diesen Übergang bei Nematus ventricosus. Bei Verhinderung der Befruchtung tritt vollständige Arrenotokie nur im Frühling und Herbst ein, im Sommer wird die Wirkung der Inzucht durch den Überfluss wenigstens teilweise aufgehoben und es entstehen auch einige Weibchen aus unbefruchteten Eiern. Es muss auf die bereits früher hierüber mitgeteilten Thatsachen verwiesen werden. Bei andern Tieren, z. B. den Aphiden, werden während des Überflusses sogar ausschliesslich Weibchen geboren. Wir sehen also, dass die Wirkung der verzögerten Befruchtung und die der Inzucht in ihren Extremen zusammenfallen und als identisch zu betrachten sind. Es drängt sich der Gedanke auf, dass beide eine gemeinsame Ursache haben müssen und es wäre leicht, eine solche theoretisch zu vermuten. Indessen wird es besser sein, dies einer späteren Weiterentwickelung der Theorie vorzubehalten.

Die Schädlichkeit der Inzucht beim Menschen ist oft behauptet und oft bestritten worden. Eine sorgfältige und mühevolle Arbeit hat George Darwin[1] hierüber angestellt. Auf einem sehr umständlichen Wege stellte er den Procentsatz der Ehen zwischen Geschwisterkindern bei besser situierten Leuten fest. Alsdann suchte er in Irrenhäusern die Procentzahl derjenigen Irren auf, welche aus solchen Ehen stammten. Beide Zahlen fand er ziemlich gleich und er schloss daraus, dass die Folgen solcher Ehen wahrscheinlich keine ernstlichen sein könnten. Hiergegen lässt sich jedoch eine Reihe von Einwänden erheben. Der Procentsatz der Geschwisterkinder-ehen ist ein sehr verschiedener und schwankt von $1\frac{1}{2}$ % in London bis $4\frac{1}{2}$ % unter der Aristokratie. Das in betracht kommende Mittel wurde nicht festgestellt; er vermutet, dass 3 % die obere Grenze desselben für die ganze Bevölkerung ist. In den Irren- und Idioten-Anstalten sind nach Darwin wahrscheinlich zwischen 3 und 4 % der Kranken Ab-

---

[1] Die Ehen zwischen Geschwisterkindern und ihre Folgen von George Darwin. Leipzig 1876.

kömmlinge von Geschwisterkindern. Indessen scheint es, als ob
das gesuchte Resultat bei dieser Methode innerhalb der Beobach-
tungsgrenzen fällt. Wenn z. B. $2\frac{1}{2}$ % Geschwisterkinder-ehen durchschnittlich vorkommen, und die hieraus entspringenden Kinder
wären dem Irrsinn $1\frac{1}{2}$ mal so stark ausgesetzt als andere, so
müssten sich $3\frac{3}{4}$ % in den Irrenhäusern finden. Nach den von
Darwin gegebenen Zahlen kann dies sehr wohl möglich sein. —
Zweitens lassen sich diese Zahlen nicht direct vergleichen, weil in
solchen Ehen wahrscheinlich etwas weniger Kinder geboren werden.
Wenn dies richtig ist, und es lassen sich viele Gründe hierfür
angeben, so kann die Zahl der Irren auch nicht den Procentsatz
erreichen, der ihr eigentlich zukäme. Auch die Sterblichkeit der
Kinder ist in diesen Ehen etwas grösser als gewöhnlich, wie so-
gar G. Darwin[1]) angiebt. — Ferner hat Darwin die Zahl der
Geschwisterkinder-ehen bei besser situierten Leuten festgestellt.
Diese ist aber weit höher als beim gewöhnlichen Volk. Unter
Arbeitern konnte sogar kein einziger Fall gefunden werden[2]).
Die Zahl dieser Ehen wurde also jedenfalls zu hoch taxiert. —
Für Tiere wurde bereits gezeigt, dass eine gute Ernährung
die Folgen der Inzucht kompensieren kann. Auch für den Menschen scheint dieses Gesetz gültig zu sein. Dr. Eduard Reich[3])
sagt, dass die Wirkung der Ehen zwischen Blutsverwandten desto
mehr hervortrete, je schlimmer die äussern Umstände des Daseins
dieser Menschen seien. Dr. Mitchell[4]) kam bei seinen Untersuchungen zu dem Resultat, dass unter günstigen Lebensbedingungen die sichtbaren üblen Wirkungen häufig fast Null wären, während schlechte Ernährung, Kleidung und Wohnung das Übel sehr
hervortreten liessen. Man ist daher berechtigt, gegen die von
Darwin angewandte Methode einzuwenden, dass die Erhebungen
nicht bei gut situierten Leuten, sondern beim weniger gut ernährten Volke hätten stattfinden müssen, da bei ersteren die schädlichen
Folgen wenig oder gar nicht hervortreten werden. — Ferner darf
nicht unerwähnt bleiben, dass andere Forscher, welche einen weit
einfacheren Weg der Untersuchung einschlugen, zu einem entgegengesetzten Resultate gelangt sind. Die Forscher auf diesem Gebiete, welche Darwin selbst citiert, sind zum weitaus grössten Teil

[1]) l. c. pag. 56.
[2]) l. c. pag. 20.
[3]) Studien über die Volksseele. Jena 1876, pag. 101, citirt von
G. Darwin.
[4]) Von G. Darwin erwähnt. l. c. pag. 41.

von der Schädlichkeit der Verwandten-ehen überzeugt. Vor allem sind hier zu nennen Dr. Mitchell, Buxton, Mantegazza und andere.

Später als die Arbeit Darwins ist eine Untersuchung von Dr. Stieda[3]) in Dorpat erschienen. Er weist nach, dass in den Departements von Frankreich, in denen am häufigsten Ehen zwischen Blutsverwandten vorkommen, auch die Zahl der körperlich und geistig Gebrechlichen die grösste ist. Beides wird daher wohl in ursächlichem Zusammenhang stehen. — Noch ein höchst interessanter Parallelismus zwischen Nahrungsmangel und Inzucht ist hier zu erwähnen. Unter ungünstigen Umständen tritt bei vielen Tieren eine eigentümliche Reduction der Vermehrung ein, indem die Erzeuger ihre Jungen töten oder fressen. Auch der Inzucht schreibt man dieselbe Wirkung zu. Prof. Preyer führt dieses Auffressen und das Anfressen der Jungen durch die Alten auf den Instinkt zurück, den Jungen den Nabelstrang abzubeissen, indem er oft bei Kaninchen nur die Beine abgebissen fand. Auch bei Meerschweinchen fand ich oft die Extremitäten abgebissen. Bei diesen Tieren frisst die Mutter die Placenta auf. Bei Kaninchen fand ich auch häufig die verschiedensten Körperstellen angebissen, sogar den ganzen Kopf aufgefressen, ohne dass eine Extremität verletzt gewesen wäre. Da diese Erscheinung nicht immer, sondern besonders unter ungünstigen Verhältnissen, z. B. bei fortgesetzter Inzucht bei Stalltieren eintritt, so wird in letzteren auch wohl wenigstens eine ihrer Ursachen zu suchen sein.

Es ist also klar, dass Inzucht unter gewöhnlichen Ernährungsbedingungen die Ausbildung und Fortpflanzung der Tiere beeinträchtigt, wie dies auch der Mangel thut, dass ferner diese Wirkungen durch gleichzeitigen Überfluss wieder aufgehoben werden können, dass also im Überfluss Inzucht unschädlich ist.

Wenn bei sehr guter Ernährung mehr Weibchen geboren werden, wie dies früher gezeigt wurde, so findet infolge der Verringerung der Zahl der Männchen mehr oder minder Inzucht statt. Diese schadet aber der Fortpflanzung der Tiere nicht, da Überfluss herrscht. Mit Hülfe der vielen Weibchen findet eine starke Vermehrung statt. Die zahlreichen Jungen, welche infolge der weniger starken geschlechtlichen Mischung weniger widerstands-

---

[3]) Schmidts Jahrb. d. g. Med., 186, pag. 89. Über Ehen zwischen Blutsverwandten.

fähig sind, gehen nicht etwa zu Grunde, sondern werden unter den erleichterten Existenzbedingungen sich ausbilden und fortpflanzen.

Sowie aber Mangel eintritt, werden mehr Männchen geboren, es tritt also stärkere geschlechtliche Mischung ein. Die Mehrgeburt von Männchen ist nicht nur deshalb nützlich, weil dadurch die zu starke Vermehrung beschränkt wird, sondern auch deswegen, weil die starke geschlechtliche Mischung widerstandsfähigere Tiere erzeugt, wie sie für den gesteigerten Kampf ums Dasein notwendig sind. —

Bei Pflanzen sind zur Verhütung der Selbstbefruchtung die erstaunlichsten Einrichtungen getroffen; nur ausnahmsweise kann diese eintreten, wenn die Fremdbefruchtung ausbleibt. Bei ihnen ist die Schädlichkeit der Inzucht und Selbstbefruchtung sehr eingehend untersucht worden. Schon Knight, Herbert, Gärtner hatten derartige Beobachtungen angestellt. Darwin aber stellte sorgfältige Untersuchungen an namentlich über die verminderte Reproductionsfähigkeit der durch Inzucht erhaltenen Individuen.

Bei Ipomea purpurea, Mimulus luteus wurden die aus Kreuzung erhaltenen Pflanzen grösser, sie blühten früher und trugen zahlreichere Samenkapseln als die aus Selbstbefruchtung hervorgegangenen. Erstere waren auch weit lebenskräftiger, sie hatten günstigere Chancen in dem Kampf ums Dasein gegen andere Concurrenten und waren widerstandsfähiger gegen ungünstige Witterung [1]).

„Ferner ergeben in einem gewissen Grade verwandte Pflanzen, welche während mehrerer Generationen unter einander gekreuzt worden waren, wenn sie mit Pollen von einem frischen Stamme befruchtet werden, Sämlinge, welche den Sämlingen der untereinander gekreuzten Generationen ebenso überlegen waren, wie es diese letzteren den selbstbefruchteten Pflanzen der entsprechenden Generationen gegenüber waren" [2]).

---

[1]) Die Wirkungen der Kreuz- und Selbstbefruchtung im Pflanzenreich. Übers. v. J. V. Carus, pag. 25—74 und
Das Variiren der Tiere und Pflanzen im Zustande der Domestication. Übers. v. J. V. Carus. II. Bd., pag. 119.
Annals and Magazine of Natural History, III Series, Vol. II, 1858, pag. 459: On the Agency of Bees in the Fertilization of Papilionaceous Flowers, and on the Crossing of Kidney Beans.

[2]) Die Wirkungen etc., pag. 43.

Dasselbe wies er durch zahlreiche Experimente auch für viele andere Pflanzen nach.

Bei einigen kommt ein Dimorphismus und Trimorphismus vor, insofern Griffel und Staubfäden der einzelnen Blüten verschiedene Länge besitzen. Die Befruchtung ungleich gebauter Blüten (die legitime Kreuzung nach Darwin) liefert normale und völlig fruchtbare Individuen, die gleichgebauter Blüten (die illegitime Kreuzung nach Darwin) dagegen liefert Pflanzen von schwachem Wuchs, von verminderter Fruchtbarkeit, ja sogar mit Unfruchtbarkeit.

Er experimentierte mit einer grossen Anzahl von Pflanzen, namentlich mit Lythrum salicaria[1]). „Hier erreichten mehrere illegitime Pflanzen niemals die halbe gehörige Höhe. Dieselben Pflanzen blüten nicht in einem so frühen Alter oder zu einer so frühen Periode im Jahre, wie sie gethan haben sollten." „Einige der unfruchtbarsten Pflanzen ergaben nicht einmal ein einziges Samenkorn, wenn sie legitim mit Pollen von legitimen Pflanzen befruchtet wurden."

Ferner führt Darwin eine grosse Zahl von Experimenten anderer Forscher an, welche das Gesagte bestätigen. Namentlich Hildebrand[2]) und andere haben die Zahl der Versuche noch bedeutend vermehrt. —

Oft sind indessen die durch Inzucht erhaltenen Samen schwerer als die durch Kreuzung erhaltenen. Dies tritt dann ein, wenn nur wenige gebildet werden. Darwin sagt hierüber[3]): „Wenn wenig Samenkörner producirt werden, scheinen diese häufig besser genährt und schwerer zu sein, als wenn viele produciert werden". Das Gesammtgewicht der durch Inzucht erhaltenen Samen war natürlich dennoch viel geringer als das der durch Kreuzung erhaltenen. Unter zehn von sechzehn Fällen wogen die selbstbefruchteten Samenkörner ebenso viel oder mehr pro Stück als die gekreuzten.

Auch bei Tieren sind ähnliche Beobachtungen gemacht worden. Preyer liess Meerschweinchen sich in der stärksten

---

[1]) Die verschiedenen Blütenformen an Pflanzen der nämlichen Art, pag. 181 etc.

[2]) Jahrbücher f. wiss. Bot., 7, pag. 423. Hildebrand: Über die Bestäubungsvorrichtung bei den Fumariaceen.

Bot. Zeitung, 1871, pag. 415: Hildebrand: Experimente und Beobachtungen an einigen trimorphen Oxalis-Arten.

[3]) l. c. pag. 91, besonders pag. 343.

Verwandten-Inzucht fortpflanzen. Die Fruchtbarkeit nahm bedeutend ab, bis zuletzt nur ein einziges Tier geboren wurde. Dieses aber war sehr gross, äusserst wohl genährt und ungemein kräftig [1]). Dasselbe zeigte sich bei den Zuchtversuchen von W r i g h t [2]). Die in der stärksten Inzucht producierten Schweine waren idiotisch und ohne Instinkt zum Saugen. „Dem Ansehen nach die beste Sau, welche während der ganzen sieben Generationen produziert wurde, war eine von der letzten Descendenzstufe, aber der ganze Wurf bestand nur aus dieser einzigen Sau." —

Bei seinen Untersuchungen lag Darwin nur daran, zu constatieren, dass Inzucht überhaupt schädlich sei. Daher ging er nicht noch einen Schritt weiter, nämlich zu untersuchen, ob diese schädlichen Wirkungen nicht durch die günstigen eines Nahrungsüberflusses wieder aufgehoben werden könnten.

Einige Umstände aber zeigen, dass er der Sache nahe war. Er pflanzte nämlich die durch Selbstbefruchtung und die durch Kreuzung erhaltenen Samen in denselben Topf, aber auf entgegengesetzte Seiten. Die Pflanzen mussten also einfach um ihre Existenz kämpfen und bei einzelnen Töpfen bemerkt er sogar ausdrücklich, dass „die Pflanzen, weil sie so dicht gedrängt standen, ärmliche Exemplare waren" (z. B. Topf III Ipomoea purpurea) [3]).

Das Resultat war natürlich, dass die gekreuzten Pflanzen viel grösser und kräftiger wurden, früher blühten und viel mehr Samen trugen als die durch Selbstbefruchtung erhaltenen. Darwin sagt aber: „Es ist von Wichtigkeit, dass die beiden Samenpartien auf entgegengesetzten Seiten eines und desselben Topfes gesät oder gepflanzt werden, so dass die Sämlinge gegen einander anzukämpfen haben. Denn wenn sie getrennt in s e h r r e i c h l i c h e m und g u t e m B o d e n gesät w e r d e n, ist oft nur s e h r w e n i g V e r s c h i e d e n h e i t i n i h r e m W a c h s t u m zu bemerken" [4]). Er hatte also wohl die compensierende Wirkung eines starken Nahrungszuflusses beobachtet, ohne aber diese Erscheinung weiter zu verfolgen.

---

[1]) P r e y e r, Specielle Physiol. d. Embryo, 1883, pag. 8.

[2]) Von D a r w i n citiert: Das Variieren der Tiere u. Pflanzen, II. Bd., pag. 111, entnommen aus: Journal Royal Agricultur. Soc. of England, 1846, Vol. VII, pag. 205.

[3]) Die Wirkungen der Kreuz- und Selbstbefruchtung im Pflanzenreich. Übers. v. J. V. Carus.

[4]) Das Variieren der Tiere und Pflanzen im Zustande der Domestication. Übers. v. J. V. Carus. II. Bd., pag. 119. Man sehe z. B. pag. 195, Tabelle LXXXIV, Nicotiana tabacum.

Ferner ist sehr bemerkenswert, dass er bei der Beschreibung
fast jeden Topfes ausdrücklich sagt, dass zwischen den durch
Selbstbefruchtung und den durch Kreuzung erhaltenen Pflanzen
anfangs kein Unterschied gewesen sei. Im Anfang also, wo
noch kein Kampf um die Nahrung herrschte und die jungen Pflänzchen noch überflüssigen Raum und Stoff im Boden fanden, konnten die Wirkungen der Inzucht infolge der Compensation durch
den Überfluss nicht zum Ausdruck gelangen. Erst später als
Mangel eintrat, machten sie sich um so schärfer geltend [1]).
Darwin vermied bei seinen Experimenten einen Nahrungsüberfluss. Er säete die Samen dicht in Töpfe oder zwischen Unkraut oder sonstige Pflanzen, kurz er gestaltete ihre Lebensverhältnisse so ungünstig wie möglich. Pflanzte er die zu untersuchenden Individuen teils in Töpfe, teils ins freie Land, „wo sie
besser genährt wurden als in den Töpfen und zu einer bedeutenderen Höhe heranwuchsen", so war der Unterschied zwischen der
Lebenskräftigkeit der durch Selbstbefruchtung und der durch Kreuzung erhaltenen Pflanzen bei den besser genährten lange nicht so
gross als bei den in Töpfen wachsenden. Schon Darwin erkannte,
dass dies eine Folge der heftigeren gegenseitigen Concurrenz, also
der schwächeren Ernährung sei [2]). Dasselbe war der Fall, wenn
alle Pflanzen frühzeitig abstarben bis auf zwei concurrierende [3]).

Jedoch kann, wenn der Beweis noch zwingender gestaltet
werden soll, statistisch mit Hülfe der von Darwin gegebenen Tabellen nachgewiesen werden, wie Nahrungsüberfluss die Wirkung
der Inzucht compensiert. Darwin hat nämlich stets mit pein-
licher Genauigkeit angeführt, unter welchen Verhältnissen seine
Pflanzen aufwuchsen. Bei sehr vielen seiner Experimente pflanzte
er manche Individuen sehr dicht gedrängt in einen Topf, andere
weniger gedrängt in Töpfe, so dass sie sich keine bedeutende Concurrenz machten, und endlich einige ins freie Land, wo sie ohne
jede Störung wachsen konnten. Erstere waren am schlechtesten,
letztere am besten genährt. Bei ersteren zeigte sich die Wirkung
der Inzucht am stärksten, bei letzteren am schwächsten. Verglei-

[1]) Z. B. l. c. pag. 35. Hier waren die durch Selbstbefruchtung
erhaltenen Pflanzen anfangs sogar grösser als ihre Gegner.
[2]) Z. B. l c. pag. 111. Reseda lutea. Ferner l. c. pag. 113.
Reseda odorata. Unter den günstigen Umständen erreichten die durch
Selbstbefruchtung erhaltenen Pflanzen eine etwas grössere Höhe als
die von gekreuzter Abkunft.
[3]) l. c. pag. 182.

chen wir nun bei jeder Tabelle die dichtgedrängt wachsenden mit
dem von Darwin gegebenen Gesammtresultat. Dadurch tritt der
Unterschied zwischen den dicht gedrängt und den freier wachsenden nicht so scharf hervor. Aber ich verfahre absichtlich so, um
unnötige Rechnungen zu vermeiden, um eine Controle der Zahlen
zu erleichtern, und um mich möglichst an die von Darwin gegebenen Zahlen zu halten. Die Numerierung der Tabellen ist dieselbe wie in Darwins Werk. Die Höhen sind natürlich wie bei
Darwin in Zollen gegeben. Das Resultat ist das Verhältniss der
Gesammthöhe der durch Kreuzung zu der durch Selbstbefruchtung erhalten; die der Gekreuzten ist hierbei gleich 100 gesetzt.
Je kleiner also die in der letzten Columne angegebene Zahl ist,
desto mehr hatten die durch Selbstbefruchtung erhaltenen Individuen gelitten. Dies ist im allgemeinen bei den unter ungünstigen Verhältnissen wachsenden der Fall.

Ipomea purpurea. Tabelle I.

	Gekreuzt		Selbstbefr.		Höhenver-hältniss wie 100 zu
	Zahl	Höhe	Zahl	Höhe	
Dicht gedrängt	1	77	1	57	74
Total	6	516	6	394	76

Ipomea purpurea. Tabelle X.

	Gekreuzt		Selbstbefr.		Höhenver-hältniss wie 100 zu
	Zahl	Höhe	Zahl	Höhe	
Dicht gedrängt	3	$274\frac{4}{8}$	3	$211\frac{2}{8}$	77
Total	14	1139,5	14	897,0	79

Ipomea purpurea. Tabelle XII.

	Gekreuzt		Selbstbefr.		Höhenver-hältniss wie 100 zu
	Zahl	Höhe	Zahl	Höhe	
Dicht gedrängt	4	$271\frac{6}{8}$	4	261	97
Total	31	2270,25	31	2399,75	105,7

17

Ipomea purpurea. Tabelle XIII.

	Colchester-gekreuzt		Unter sich gekreuzt		Höhenverhältniss wie 100 zu
	Zahl	Höhe	Zahl	Höhe	
Dicht gedrängt	6	$448\frac{2}{8}$	6	$301\frac{2}{8}$	67
Total	19	1596,50	19	1249,75	78

Mimulus luteus. Tabelle XIX.

	Gekreuzt		Selbstbefr.		Höhenverhältniss wie 100 zu
	Zahl	Höhe	Zahl	Höhe	
Dicht gedrängt	3	$25\frac{7}{8}$	3	$28\frac{7}{8}$	111,6
Total	16	159,38	16	175,50	110

Mimulus luteus. Tabelle XX.

	Chelsea-gekreuzt		Selbstbefr.		Höhenverhältniss wie 100 zu
	Zahl	Höhe	Zahl	Höhe	
Dicht gedrängt	3	$52\frac{2}{8}$	3	$29\frac{6}{8}$	56,9
Mittel des Totalen	28	21,62	19	10,44	52

Mimulus luteus. Tabelle XXI.

	Gekreuzt		Selbstbefr.		Höhenverhältniss wie 100 zu
	Zahl	Höhe	Zahl	Höhe	
Dicht gedrängt	3	$44\frac{1}{8}$	3	$37\frac{3}{8}$	83
Total	15	210,88	15	140,75	66,7

Mimulus luteus. Tabelle XXII.

	Gekreuzt		Selbstbefr.		Höhenverhältniss wie 100 zu
	Zahl	Höhe	Zahl	Höhe	
Dicht gedrängt	4	$65\frac{6}{8}$	4	$68\frac{6}{8}$	104,6
Total	22	370,88	22	353,63	95

Digitalis purpurea. Tabelle XXIV.

	Gekreuzt		Selbstbefr.		Höhenverhältniss wie 100 zu
	Zahl	Höhe	Zahl	Höhe	
Mittel der Dichtgedrängten	9	39,86	9	35,88	90
Mittel des Totalen	25	43,2	25	39,82	92

Reseda lutea. Tabellen XXXV und XXXVI.

	Gekreuzt		Selbstbefr.		Höhenverhältniss wie 100 zu
	Zahl	Höhe	Zahl	Höhe	
In Töpfen wachsend	24	412,25	24	350,86	85
Im freien Lande wachsend	8	224,75	8	185,13	82

Reseda odorata. Tabellen XXXVII und XXXVIII.

	Gekreuzt		Selbstbefr.		Höhenverhältniss wie 100 zu
	Zahl	Höhe	Zahl	Höhe	
In Töpfen wachsend	19	522,25	19	428,50	82
Im freien Lande wachsend	8	206,13	8	216,75	105

Reseda odorata. Tabellen XXXIX und XL.

	Gekreuzt		Selbstbefr.		Höhenverhältniss wie 100 zu
	Zahl	Höhe	Zahl	Höhe	
In Töpfen wachsend	20	599,75	20	554,25	92
Im freien Lande wachsend	8	207,38	8	188,38	90

17*

Viscaria oculata. Tabelle XLV.

	Gekreuzt		Selbstbefr.		Höhenverhältniss wie 100 zu
	Zahl	Höhe	Zahl	Höhe	
Dicht gedrängt	1	$30\frac{2}{8}$	1	32	107
Total	15	517,63	15	503,36	97

Petunia violacea. Tabelle LXXX.

	Gekreuzt		Selbstbefr.		Höhenverhältniss wie 100 zu
	Zahl	Höhe	Zahl	Höhe	
Dicht gedrängt	4	$188\frac{7}{8}$	4	$101\frac{3}{8}$	53
Mittel des Totalen	15	46,79	15	32,39	69

Petunia violacea. Tabelle LXXXI.

	Gekreuzt		Selbstbefr.		Höhenverhältniss wie 100 zu
	Zahl	Höhe	Zahl	Höhe	
Dicht gedrängt	3	$141\frac{6}{8}$	3	$76\frac{3}{8}$	54
Total	13	581,63	13	349,36	60

Petunia violacea. Tabelle LXXXII.

	Gekreuzt		Selbstbefr.		Höhenverhältniss wie 100 zu
	Zahl	Höhe	Zahl	Höhe	
Dicht gedrängt	2	$83\frac{2}{8}$	2	$36\frac{3}{8}$	43,6
Total, in Töpfen wachsend	22	1190,50	21	697,88	61
In freiem Lande wachsend	10	382,75	10	233,13	61

Nicotiana tabacum. Tabelle LXXXIV.

	20 Mai 1868					6. December 1868				
	Gekreuzt		Selbstbefr.		Höhenverhältniss	Gekreuzt		Selbstbefr.		Höhenverhältniss
	Zahl	Höhe	Zahl	Höhe		Zahl	Höhe	Zahl	Höhe	
Dicht gedrängt	1	5	1	5	100	1	$11\frac{4}{8}$	1	11	95
Total	4	31,5	4	59,5	188	4	74,0	4	131,0	177

Nicotiana tabacum. Tabellen LXXXVIII, LXXXIX, XC.

	Aus Topf II. Tab. LXXXVII.					Aus Topf V. Tabelle LXXXVIII.				
	Kew-gekreuzt		Selbstbefr.		Höhenverhältniss	Kew-gekreuzt		Selbstbefr.		Höhenverhältniss
	Zahl	Höhe	Zahl	Höhe		Zahl	Höhe	Zahl	Höhe	
Dicht gedrängt im Topf w.	6	175,63	6	101,50	57,7	6	202,75	6	105,13	51,8
In Töpfen wachsend	14	902,63	14	636,13	70,4	12	743,13	12	447,38	60,2
Im freien Lande wachsend	10	478,75	10	286,86	59,9	10	496,13	10	417,25	84,1

Beta vulgaris. Tabelle XCVI.

	Gekreuzt		Selbstbefr.		Höhenverhältniss wie 100 zu
	Zahl	Höhe	Zahl	Höhe	
In Töpfen wachs.	4	272,75	4	238,50	87
Im freien Lande wachsend	8	30,92	8	30,7	99

Phalaris canariensis. Tabellen XCVIII u. XCIX.

	Gekreuzt		Selbstbefr.		Höhenverhältniss wie 100 zu
	Zahl	Höhe	Zahl	Höhe	
In Töpfen wachs.	11	428,00	11	392,63	92
Im freien Lande wachsend	12	429,5	12	402,0	93

Fast bei allen Zahlen zeigt sich, dass der Höhenunterschied desto grösser ist, je mehr die Pflanzen dem Nahrungsmangel ausgesetzt waren. Nur einzelne bieten eine Ausnahme und bei diesen handelt es sich meist um eine kleine Zahl von Individuen. Um das Gesamtresultat besser überschauen zu können, habe ich aus sämtlichen Zahlen das mittlere Höhenverhältniss berechnet, wie folgende Übersicht zeigt.

Dicht gedrängt		In Töpfen wachsend	
Zahl der Individuen	Mittleres Höhenverhältniss wie 100 zu	Zahl der Individuen	Mittleres Höhenverhältniss wie 100 zu
60	74,9	270	83,13

In Töpfen wachsend		Im freien Lande wachsend	
Zahl der Individuen	Mittleres Höhenverhältniss wie 100 zu	Zahl der Individuen	Mittleres Höhenverhältniss wie 100 zu
126	78,16	74	83,43

Bei Dichtsaat also zeigen die gekreuzten Individuen die stärkste Überlegenheit über die durch Selbstbefruchtung erhaltenen, während dieser Unterschied viel geringer ist zwischen solchen, die im freien Lande wuchsen und denen der betreffenden Versuchsreihe, welche in Töpfen wuchsen.

Hiermit ist auf das Bestimmteste nachgewiesen, dass die gekreuzten Individuen unter günstigen Umständen nicht so sehr überlegen sind als unter ungünstigen, dass also die Wirkungen der Selbstbefruchtung durch Überfluss compensiert werden können. Es ist nötig, noch einen hierher gehörigen Versuch zu erwähnen, welcher in obigen Tabellen nicht enthalten ist. Ich führe die Worte Darwins an [1]):

„Petunia violacea. Acht gekreuzte Pflanzen verhielten sich zu acht selbstbefruchteten der dritten Generation in mittlerer Höhe wie 100 zu 131, und in einem frühen Alter waren die gekreuzten selbst in einem noch höheren Grade niedriger. Es ist aber eine merkwürdige Thatsache, dass in einem Topfe, in welchem Pflanzen beider Sätze äusserst gedrängt wuchsen, die gekreuzten drei mal so hoch waren, wie die selbstbefruchteten." Ähnliches beobachtete er bei Iberis. Die durch Selbstbefruchtung erhaltenen behaupteten ihren Vorrang vor den gekreuzten. „Einige von diesen selben Samenkörnern von Iberis wurden auf die entgegengesetzten Seiten von Töpfen gesäet, welche mit gebrannter Erde und reinem Sande, die also keinerlei organische Substanz enthielten, gefüllt waren, und nun wuchsen die jungen gekreuzten Sämlinge während ihres kurzen Lebens bis zur doppelten Höhe der selbstbefruchteten heran in derselben Weise, wie es mit den beiden obigen Sätzen von Sämlingen der Petunia eintrat, welche sehr zusammengedrängt und daher sehr ungünstigen Bedingungen ausgesetzt waren."

Wir haben also gesehen, dass auch bei Pflanzen die Wirkung der Inzucht übereinstimmt mit der eines Nahrungsmangels. Und

[1]) l. c. pag. 267.

zwar ist dies auch in sofern der Fall, als diese Wirkung wieder aufgehoben werden kann durch Überfluss an Nahrung.

Es muss noch auf eine äusserst interessante, vielleicht allgemeine Eigenschaft der durch Inzucht erhaltenen Individuen hingewiesen werden. Diese zeigen nämlich in ihrem Verhalten, dass sie für die Ausnutzung eines augenblicklichen Überflusses angepasst sind, wofür folgende Thatsachen sprechen. Während Darwin erwartete, dass die gekreuzten eher keimen und auch anfangs sich rascher entwickeln sollten, erhielt er sehr häufig das entgegengesetzte Resultat [1]). Unter einundzwanzig Fällen keimten zweimal beide Sätze gleichzeitig. Unter den neunzehn übrigen keimten in zehn Fällen die selbstbefruchteten eher als die gekreuzten und nur in neun Fällen entsprach das Verhalten den Erwartungen Darwins. Die durch Inzucht erhaltenen entwickelten sich also überraschend schnell.

Mehr oder weniger Inzucht findet, wie früher gezeigt wurde, dann statt, wenn im Überfluss eine stärkere Vermehrung mit Hülfe einer grösseren Zahl von Weibchen eintritt. Unter diesen Umständen ist diese Inzucht unschädlich. Aber es scheint auch, als wenn die durch Inzucht erzeugten Individuen, welche in der Natur meist nur dann auftreten, wenn Überfluss herrscht, die Eigenschaft erworben hätten, möglichst rasch sich zu entwickeln. Hierdurch erlangen sie die Fähigkeit, den augenblicklich herrschenden Überfluss ausnützen zu können.

Auch andere Forscher machten ähnliche Beobachtungen. Hoffmann [2]) fand dies bei seinen Versuchen über die Wirkung der Selbstbefruchtung bei Mercurialis annua. „Ich will hinzufügen, dass diese Samen ganz ebenso vollkommen ausgebildet waren, wie andere, indem dieselben nach angestellter Probe leicht und sogar sofort — also ohne Ruhezeit — keimten."

Wir hatten bereits früher durch eine theoretische Überlegung erkannt, dass eine Mehrproduction von Weibchen im Überfluss besonders für solche Tiere von Nutzen ist, welche rasch geschlechtsreif werden. Bei parthenogenetisch sich fortpflanzenden Tieren hatten wir alsdann gesehen, dass die Sommergenerationen die nützliche Eigenschaft besassen, sehr rasch geschlechtsreif zu werden und dass infolge dessen eine ausserordentlich starke Ver-

---

[1]) l. c. pag. 344, auch pag. 26, 35, 63 etc.
[2]) Botanische Zeitung 1871, pag. 98. Hoffmann, Zur Geschlechtsbestimmung.

mehrung während des Überflusses eintreten konnte. Es scheint
nun, als ob auch bei den übrigen Tieren die unter günstigen Umständen produzierten Jungen die Eigenschaft hätten, rascher geschlechtsreif zu werden. Teilweise mag dies auf die bessere Ernährung zurückgeführt werden, teilweise aber ist es als eine
Wirkung der Inzucht aufzufassen, da es auch unter gewöhnlichen Ernährungsverhältnissen eintritt, wofür folgende Thatsachen
sprechen.

So macht C r a m p e [1]) auf die rasche Entwickelungsfähigkeit
der durch Inzucht erhaltenen Ratten (M u s d e c u m a n u s) aufmerksam.

Auch die meisten parthenogenetisch produzierten Sommereier
der Insecten entwickeln sich sofort ohne Ruhepause, wie aus dem
bereits früher mitgeteilten hervorgeht.

Die durch Knospung und Teilung entstandenen Individuen
sind am meisten geeignet, einen augenblicklichen Überfluss auszu-
nutzen, in sofern eine Entwickelung umgangen und gleich das
fertige Tier produziert wird. Auch haben die sich sofort ent-
wickelnden Tiere die nützliche Eigentümlichkeit, an dem Ort zu
bleiben, wo der Überfluss herrscht.

Die in der Inzucht erzeugten Individuen sind also so zu sagen
für den Überfluss bestimmt, sie besitzen die Tendenz, rascher geschlechtsreif zu werden. Eben deswegen beanspruchen sie mehr
Nahrung und leiden um so stärker, wenn kein Überfluss, sondern
sogar Nahrungsmangel herrscht.

D a r w i n, welcher diese Beobachtungen machte, gab einige
Erklärungen dafür, die ich hier anführen will, obwohl man sie
kaum wird annehmen können.

„Bei [2]) I p o m o e a, und wie ich glaube, bei einigen von den
andern Species, bestimmte augenscheinlich die relative L e i c h -
t i g k e i t der selbstbefruchteten Samenkörner ihr frühes Keimen,
wahrscheinlich weil die geringere Masse der schnelleren Vollendung der chemischen und morphologischen Veränderungen, die zur
Keimung notwendig sind, günstig war. Anderseits gab mir Mr.
G a l t o n (ohne Zweifel alle selbstbefruchtete) Samenkörner von
L a t h y r i s o d o r a t u s, welche in zwei Sätzen von schweren und
leichteren Körnern geteilt wurden, und mehrere von den ersteren
keimten zuerst. Es ist augenfällig, dass viel mehr Beobachtungen

---

[1]) Landwirtschaftliche Jahrbücher, Band XII, 1883, Heft 3.
[2]) l. c. pag. 344.

notwendig sind, ehe irgend etwas in bezug auf die relative Periode des Keimens gekreuzter und selbstbefruchteter Samenkörner entschieden werden kann.

An einer andern Stelle [1]) erklärt er die rasche Entwickelungsfähigkeit selbstbefruchteter Samen auf folgende Weise:

„Die wahrscheinlichste Erklärung ist die, dass die Samenkörner, aus denen die selbstbefruchteten Pflanzen der dritten Generation gezogen wurden, nicht ordentlich gereift waren; denn ich habe einen analogen Fall bei Iberis beobachtet. Selbstbefruchtete Sämlinge dieser letzteren Pflanze, von denen bekannt war, dass sie aus nicht ordentlich gereiften Samenkörnern produziert waren, wuchsen von Anfang an viel schneller als die gekreuzten Pflanzen, welche aus besser gereiften Samenkörnern gezogen wurden, so dass sie, nachdem sie einmal einen günstigen Anlauf genommen hatten, im stande waren, für spätere Zeit ihren Vorrang zu behaupten." Nachdem er erwähnt hat, dass diese Erscheinung nicht eintritt, wenn die Pflanzen in sehr dürftigem Boden gezogen wurden, fährt er fort: „Wir haben auch in der achten Generation von Ipomoea gesehen, dass selbstbefruchtete, von ungesunden Eltern gezogene Sämlinge anfangs viel schneller wuchsen, als die gekreuzten Sämlinge, so dass sie eine lange Zeit hindurch viel höher waren, obgleich sie schliesslich von jenen übertroffen wurden."

Man wird sich aber wohl kaum vorstellen können, wie Pflanzen aus nicht ordentlich ausgebildeten Samen und wie die Nachkommen ungesunder Eltern ein frühzeitigeres und rascheres Wachstum haben könnten als die Pflanzen aus ordentlich ausgebildeten Samen von gesunden Eltern.

Man wird diese untereinander nicht in Übereinstimmung stehenden, jedenfalls auch nur provisorischen Erklärungsversuche wohl aufgeben und die Erscheinungen als Anpassungen auffassen dürfen, namentlich da sie in Übereinstimmung stehen mit der Theorie und allen zugehörigen Thatsachen. Die durch Inzucht erzeugten Individuen scheinen sich also rascher zu entwickeln, als dies im allgemeinen der Fall ist, was vielleicht eine allgemein auftretende Wirkung der Inzucht ist. Da letztere zur Zeit des Überflusses bei einem Weibchenüberschuss stattfindet, so können wir die schnelle Entwickelungsfähigkeit als eine Anpassung an

[1]) l. c. pag. 268.

den Überfluss auffassen. Die Vermehrung kann mit Hülfe dieser
raschen Entwickelung der Jungen besonders stark stattfinden. —
Es bleibt noch nachzuweisen, dass auch in bezug auf die
Production der Geschlechter die Wirkung der Inzucht compensiert
wird durch die des Überflusses.

Die ungeschlechtliche Fortpflanzung ist das Extrem einer Inzucht. Bei ihr müssen also die Wirkungen derselben am schärfsten
hervortreten. Parthenogenesis unter gewöhnlichen Ernährungsbedingungen ist die Arrenotokie, solche im Überfluss die Thelytokie.
Diese Erscheinungen sind bereits früher genügend erläutert. Die
Arrenotokie kann daher nicht nur als Wirkung einer nicht eingetretenen Befruchtung, sondern auch als die der hiermit zugleich
stattfindenden Inzucht betrachtet werden. Bei der Thelytokie aber
wird die Wirkung derselben durch den Überfluss compensiert,
ebenso da, wo ein Übergang von Arrenotokie zu Thelytokie stattfindet, wie dies früher erörtert wurde.

Hoffmann[1]) stellte Versuche über die Wirkung einer
Selbstbefruchtung bei Mercurialis annua an. Da er seine
Pflanzen unter äusserst günstigen Umständen aufzog, so erhielt
er auch keinen Überschuss an männlichen, sondern an weiblichen Individuen, wie die Tabelle zeigt.

	♂	♀
1864—65	5	27
1866—67	60	64
1866—67	12	42
Summe	77	133

Girou[2]) cultivierte Hanfpflanzen (Cannabis sativa),
welche er „mit grosser Sorgfalt" pflegte. Die weiblichen Individuen wurden sogar isoliert aufgezogen, setzten aber doch Samen
an, die also durch nahe Inzucht entstanden waren. Sie lieferten
relativ mehr weibliche Pflanzen.

Bernhardi[3]) stellte denselben Versuch an; aber er säte
die Pflanzen auf magern Boden. Er fand, dass sich in den spätern Generationen die Zahl der männlichen Pflanzen im Vergleich
zu den weiblichen ziemlich regelmässig vermehrte. Beide Ver-

[1]) Botanische Zeitung 1871. Hoffmann, Zur Geschlechtsbestimmung.
[2]) Gärtner, Beiträge zur Kenntniss der Befruchtung, pag. 466
bis 472.
[3]) l. c. pag. 482.

suche ergänzen sich gegenseitig. Die Wirkung der Inzucht auf die Entstehung des Geschlechtes, die Production von Männchen, wird also wieder aufgehoben durch die des Überflusses. -

Das Ergebniss der über die Wirkung der Inzucht angestellten Untersuchungen ist ungefähr folgendes. Dem Männchen ist infolge eingetretener Arbeitsteilung die Aufgabe zugefallen, die geschlechtliche Mischung möglichst differenter Tiere herbeizuführen. Bei Inzucht fehlt es also an genügender geschlechtlicher Mischung. Es kommt dieser Umstand einem Mangel an Männchen gleich. Die Organismen haben nun die nützliche Eigenschaft, unter diesen Verhältnissen mehr Männchen zu produzieren. Aber nicht nur in dieser, sondern auch in vielen andern Beziehungen stimmt die Wirkung der Inzucht überein mit der eines Nahrungsmangels. Auch wird ihr Einfluss durch den des Überflusses wieder aufgehoben. Endlich zeigen die durch Inzucht erzeugten Tiere und Pflanzen Eigenschaften, welche als Anpassungen an die Verhältnisse, unter denen sie geboren werden, aufzufassen sind.

Wir haben also einen innern Zusammenhang zwischen einer gewiss ausserordentlich grossen Zahl von bisher unvermittelten Erscheinungen gefunden. Und gerade diese Übereinstimmung ist es, worauf besonderes Gewicht zu legen ist.

3. Specielle Anpassungen.

Bei der Auffindung der Factoren, welche die Sexualität entscheiden, war von dem Grundsatz ausgegangen worden, dass die Mehrproduction des einen oder andern Geschlechtes auf durch Anpassung erworbenen Eigenschaften beruht. Die bisher betrachteten geschlechtsbestimmenden Momente ergaben sich nur aus den für alle Tiere und Pflanzen gültigen allgemeinen Reproductionsverhältnissen.

Viele Tiere besitzen aber noch specielle Lebenseigentümlichkeiten, infolge deren sich noch besondere, die Geschlechtsausbildung beeinflussende Eigenschaften entwickelt haben können und zwar ebenfalls infolge der Variabilität der Individuen und der natürlichen Zuchtwahl nützlicher Eigenschaften, wie es für die allgemein gültigen Sätze angegeben wurde, deren Richtigkeit durch solche specielle Eigentümlichkeiten nicht berührt wird.

Die Daphniden[1]) bieten uns, wie die umfassenden und

---

[1]) Zur Naturgeschichte der Daphniden von August Weismann. Leipzig 1876—79, I—VIII.

sorgfältigen Untersuchungen Weismanns gezeigt haben, ein anschauliches Beispiel für derartige Verhältnisse.

Bei ihrer verschiedenen Lebensweise sehen wir, wie die einen Arten solche specielle Eigentümlichkeiten besitzen, während sie bei den andern mehr und mehr zurücktreten und verschwinden, da sie diesen Tieren keinen Nutzen gewähren.

Bei den Daphniden haben wir je nach der Lebensweise zu unterscheiden

1) solche, welche nur in kleinen oft austrocknenden Wasserlachen leben (Moina rectirostris und paradoxa),
2) solche, welche auch in tiefern Gräben und Sümpfen vorkommen (Daphnia pulex Baird. und longispina O. F. Müller, Ceriodaphnia quadrangula O. F. Müller, Polyphemus pediculus de Geer, Daphnella brachyura Liévin),
3) solche, welche in Sümpfen, Teichen und Seen leben, die nicht austrocknen (Sida crystallina O. F. Müller, Daphnia hyalina Leydig, Bythotrephes longimanus Leydig, Leptodora hyalina Lilljeborg),
4) solche, welche den Winter über ausdauern (Bosmina longicornis und longispina, Chydorus sphaericus O. F. Müller).

Wie schon bei Besprechung der Thelytokie erwähnt wurde, besteht bei den Daphniden ein Wechsel von Parthenogenesis und geschlechtlicher Fortpflanzung. Dieser tritt aber nicht bei allen gleichmässig auf, sondern ganz verschieden je nach der Lebensweise. Hierüber haben uns die ausgezeichneten Experimente Weismanns Aufklärung gegeben. Wenn man die Aufeinanderfolge der Generationen von einer Geschlechtsgeneration bis wieder zur folgenden einen Cyclus nennt, so muss man unterscheiden zwischen poly-, di-, mono- und a-cyclischen Arten.

Solche Arten [1]), welche, wie die beiden Moina, in kleinen Wasserlachen leben, die jährlich mehrmals dem Austrocknen ausgesetzt sind oder sein können, sind polycyclisch, d. h. jährlich tritt mehrmals eine Geschlechtsgeneration auf. Aus dem Winterei von Moina z. B. gehen nur Jungferweibchen hervor. Aus den Sommereiern dieser entstehen teils wieder Jungferweibchen, teils aber auch schon Geschlechtstiere, welche in den folgenden Generationen immer stärker auftreten. Mit dem Erscheinen der Geschlechtsgeneration beginnt auch die Ablage der Wintereier, so „dass schon genau vier Wochen nach dem Befeuchten der einge-

---

[1]) pag. 416 u. 343.

trockneten Eier neue Dauereier gebildet sind und damit der Bestand der Art gesichert ist" [1]) gegen Vernichtung durch Eintrocknen.

Trocknet die Lache aber noch nicht ein, so sorgen die neben den Geschlechtstieren noch immer vorhandenen Jungferweibchen für eine möglichst starke Vermehrung, so dass also stets für beide Fälle gesorgt ist.

Trocknet die Lache aber ein, so beginnt beim nächsten Regen der Cyclus wieder von neuem, was in einem Jahre mehrmals vorkommen kann. Bei diesen Tieren treten also bereits in der zweiten Generation (die aus dem Winterei hervorgehende als erste gerechnet) wieder Geschlechtstiere auf, also unabhängig von äussern Einflüssen, wie Ernährung. Es ist dies als eine nützliche Eigenschaft zu betrachten, welche auf keinen der obigen allgemeinen Sätze zurückgeführt werden kann und welche — auch nach der Meinung Weismanns — durch Anpassung an specielle Lebensverhältnisse erworben ist. Es beweist das Vorhandensein dieser speciellen Eigentümlichkeit, dass man mit Recht die das Geschlecht bestimmenden Ursachen auf durch Anpassung erworbene nützliche Eigenschaften zurückführen darf.

Solche Arten [2]), welche nicht nur in Lachen, sondern auch in Gräben etc. vorkommen, die nicht so oft eintrocknen, zeigen alljährlich ein zweimaliges Auftreten von Männchen, also einen zweifachen Cyclus. Bei Polyphemus z. B. gehen aus den Wintereiern wie immer Jungferweibchen hervor. Diese produzieren wieder eben solche, so dass meist erst die dritte Generation Geschlechtsindividuen aufweist. Bei Daphnia pulex können sogar zwei bis vier Jungfer-generationen einander folgen. Ein Cyclus ist hier bedeutend länger und es kommen deren nur zwei auf ein Jahr. Wir sehen also hier diese Eigentümlichkeit nicht mehr so scharf ausgeprägt. Die Fortpflanzung ist eben nicht so sehr durch Austrocknen des Wassers bedroht. Der Einfluss der Nahrung auf das relative Verhältniss der Geschlechter kommt wieder mehr zur Geltung. Daher bemerken wir eine sehr schwankende Zahl von eingeschlechtlichen Generationen, bei Daphnia pulex sogar zwei bis sechs [3]).

Endlich kommen wir zu solchen Formen, welche in grössern

---

[1]) pag. 350.
[2]) pag. 352 u. 418.
[3]) pag. 353.

Gewässern leben, die überhaupt nicht austrocknen können. Diese zeigen von der bei Moina so ausgeprägten nützlichen Eigenschaft nichts mehr. Die geschlechtliche Generation tritt nur ein mal im Jahre und zwar zur Zeit des herbstlichen Mangels auf, wie nebenstehende Tabelle übersichtlich zeigt.

	Auskriechen	Sexualperiode	Monate mit parth. Fortpflanzung	Zahl der parth. Generationen
Sida	Ende April	Mitte October	6	mindestens 20
D. hyalina	Anfang „	„ August	4	„ 12
Bythotrephes	„ „	October	6	vielleicht 10
Leptodora	„ Mai	Ende September	3—4	6 bis 7

Es scheinen auch a cy clisch e Arten vorzukommen. Dies sind solche, welche den Winter über ausdauern und bei denen geschlechtliche und ungeschlechtliche stets nebeneinander vorkommen. In welchem numerischen Verhältniss indessen die beiden Geschlechter in den verschiedenen Jahreszeiten zu einander stehen, ist bisher nicht untersucht worden.

Weismann hingegen geht in der Abschätzung der Tragweite seiner Entdeckung wohl zu weit; denn er sagt, dass es in der Natur des Tieres liegt, in einer ganz bestimmten Generation die Geschlechtstiere hervorzubringen und dass dies durch keine von aussen wirkende Ursache modifiziert werden kann.

Dass dieser Satz wohl zu streng ausgesprochen ist, geht aus einigen Weismann'schen Versuchen selbst hervor, z. B. fand er bei Daphnia pulex, dass die Geschlechtstiere schon in der dritten, aber auch erst in der fünften oder sechsten auftreten konnten. Im Versuch 13 [1]) fand er, dass ein Weibchen der zweiten Generation unter der vierten Brut auch viele Geschlechtsweibchen gebar. Er berechnete nun, dass diese Brut ungefähr in die Zeit der vierten oder fünften Generation fallen müsse, so dass also mehrere Generationen gleichzeitig zur Sexualzeugung schritten, nämlich die spätern Bruten der ersten ältern Generationen und die frühern Bruten der spätern Generationen.

Die eigentliche Theorie, dass die Geschlechtstiere nur an bestimmte Generationen gebunden seien, muss also schon aus diesem

[1]) l. c. pag. 356.

Grunde dahin modifiziert werden, dass die Art der Reproduction auch von andern Ursachen, z. B. vom Alter des Individuums beeinflusst wird.

Weismann fand auch viele Erscheinungen, die sich beim strengen Festhalten seiner ursprünglichen Theorie gar nicht oder nur sehr schwer erklären lassen. Dies ist z. B. die Ungleichheit der Intensität der Geschlechtsperioden [1]), d. h. die Thatsache, dass oft die immense Majorität aller Weibchen gleichzeitig in geschlechtlicher Fortpflanzung sich befindet, in andern Fällen aber nur eine geringe Minorität. Weismann erklärt dies dadurch, dass die Wintereier nicht gleichzeitig befruchtet seien.

Es ist aber doch viel einfacher anzunehmen, dass irgend eine äussere Ursache das gleichzeitige Auftreten von Geschlechtstieren in verschiedenen Generationen bewirkt habe.

Ferner sei erwähnt, dass die Sexualperioden von Daphnia pulex [2]) oft in ganz verschiedene Monate fallen. Weismann erklärt dies dadurch, dass er annimmt, bei verschiedener Temperatur folgten die Generationen mit verschiedener Schnelligkeit auf einander. Es ist dies möglich, obwohl es noch nicht experimentell untersucht wurde. Ebenso leicht lässt es sich aber auch dadurch erklären, dass durch ungünstige Bedingungen in den verschiedenen Monaten die Production von Geschlechtstieren herbeigeführt wird. Sollten nicht z. B. bei Polyphemus [3]), der in den Sümpfen am Nordabhang der Alpen einen sehr kurzen und deshalb häufig doppelten Generationscyclus durchmacht, ungünstige Ernährungsverhältnisse das Auftreten der Geschlechtstiere hervorrufen? Weismann wenigstens kann diese Erscheinung nicht erklären, da in dem feuchten Sommerklima der dortigen Gegend ein Austrocknen der Sümpfe meist nicht eintritt.

Die Auffindung der cyclischen Reproductionsweise, welche sich bis jetzt nur bei den Daphniden gezeigt hat, ist unstreitig eine bedeutende biologische Entdeckung. Indessen ging Weismann wohl zu weit, als er glaubte, die Cyclie sei das einzig Massgebende bei der Vermehrung dieser Tiere und alle äussern Einflüsse seien ohne jede Wirkung. Er stützt sich in dieser Behauptung auf einen einzigen Versuch, auf den ich daher eingehen muss. Es folgt hier seine Beschreibung desselben.

---

[1]) l. c. pag. 422.
[2]) l. c. pag. 419.
[3]) l. c. pag. 421.

„Sechs von einer Mutter stammende Daphniaweibchen wurden
bald nach ihrer Geburt (am 3. März) in sechs Glaströgen isoliert
und unter genau denselben Verhältnissen aufgezogen. Das Wasser
wurde nicht erneuert, dunstete stark ab und überzog sich allmählich mit einer dicken Staubdecke. Vierzehn Tage später hatte
Nr. 1 drei weibliche Junge geboren, Nr. 2 deren acht, Nr. 3 deren
sechs, Nr. 4 deren fünf, Nr. 5 sieben Weibchen und drei Männchen und Nr. 6 fünf Weibchen; keine der Töchter zeigte einen
Ansatz zur Wintereibildung.

Trotzdem also hier ein starkes Eintrocknen des Wassers
stattfand, lieferte doch nur eines von den sechs Tieren geschlechtliche Brut, die andern nicht."

Aber, wie auch Weismann meint, ist nicht einzusehen, auf
welche Weise das Austrocknen auf die in noch genügendem Wasser frei umherschwimmenden Tiere sich bemerklich machen soll.
Ein directer Einfluss ist wohl nicht gut denkbar. Es kommt vielmehr auf eine Verminderung der Ernährung an. Wenn z. B. in
einigen Gläsern Mangel, in andern aber Überfluss geherrscht hätte,
so würde man bei einer genügenden Zahl von Versuchen einen
Schluss aus dem Resultat ziehen können. —

Trotzdem ausser dem obenbesprochenen kein Experiment auf
die Untersuchung des Nahrungseinflusses gerichtet war, so finden
sich unter den sehr objectiv mitgeteilten Versuchen Weismanns
doch einige Thatsachen, welche deutlich zeigen, dass auch bei
den Daphniden trotz ihrer speciellen Eigentümlichkeit die Wirkung der Ernährung noch in derselben Weise fortbesteht wie bei
allen andern Tieren.

Über die Bildung von Wintereiern stellte Weismann Experimente an, worüber er sagt[1]): „Über 200 Versuche blieben
resultatlos, d. h. es wurde zwar eine Brut von Jungen nach der
andern hervorgebracht, aber nicht ein einziges Ephippium. Und
doch wurden Ephippien mit Dauereiern zu derselben Zeit gebildet und mehr wie einmal fand ich Weibchen mit Ephippial-
eiern in solchen Versuchsgläsern vor, die ich längere Zeit
nachzusehen versäumt und in denen sich nun eine
zahlreiche Nachkommenschaft angesammelt hatte.
Immer aber waren dann Männchen vorhanden! — Ich schloss
daraus, dass zur Zeit dieser Versuche wenigstens (Vorfrühling)

---

[1]) l. c. pag. 193.

nur einzelne aus einer grossen Anzahl von Weibchen Dauereier
hervorbrächten." Hieraus können wir direct auf einen Einfluss des Mangels
schliessen, da diese Weibchen mit Wintereiern sich nur in solchen
Gläsern fanden, welche lange vernachlässigt worden waren und in
denen sich eine grosse Zahl von Individuen angesammelt hatten,
die also jedenfalls an Nahrungsmangel litten.

Für die Ansicht, dass Nahrungsmangel die Bildung von
Wintereiern begünstigt, spricht ferner die Thatsache, dass junge
Weibchen, welche noch viel Stoff für den individuellen Haushalt,
für das Wachstum, nötig haben und also noch nicht so viel Material für die Reproduction erübrigen können, die Anlage eines
Wintereies zeigen; denn Weismann sagt: „Zahlreiche Weibchen
von Daphnia pulex enthalten in ihrer ersten Jugend die Anlage
eines Wintereies in jedem Ovarium, welches einige Tage hindurch
wächst, sogar beginnt, den charakteristischen, feinkörnigen Dotter
des Dauereies in sich abzulagern, dann aber (wenigstens in der
Sommerzeit) in der Entwickelung stillsteht, um sich allmählich
aufzulösen und vollständig zu verschwinden" [1]). Es erklärt sich
dies durch die zur Zeit des Wachstums schwächere und erst
später stärker werdende Ernährung des Genitalsystems. Man wird
sich erinnern, dass auch beim Menschen das Genitalsystem und
damit der Foetus von Erstgebärenden eine schwächere Nahrungszufuhr erhält als bei Mehrgebärenden. Auch war die Production
von Knaben bei ersteren grösser.

Auch dann, wenn an das Geschlechtssystem kurz vorher bedeutende Anforderungen gestellt wurden, zeigt sich die Anlage
eines Dauereies. „Beinahe alle Weibchen sollen, sobald sie Brut
abgesetzt haben, die Anlage eines Wintereies im Ovarium erkennen lassen, welches dann aber meistens nicht zur Entwickelung
gelangt" [2]), weil alsdann das Ovarium wieder starke Nahrungszufuhr erhält. In beiden Fällen bewirkt also auch umgekehrt
der Überfluss das Wiederverschwinden dieser Wintereianlage und
den Übergang zur Parthenogenesis.

Auch experimentell hat Weismann gezeigt, dass, wenn man
die Tiere hungern lässt, sich im Ovarium Nährkammern bilden,
genau so wie bei der Wintereibildung. Und zwar hat er dies für

---

[1]) l. c. pag. 202 und 454.
[2]) l. c. pag. 454 von Lubbock beobachtet, Philosoph. Transact. 1857.

sehr viele Daphniden beobachtet, so dass es wohl bei allen sich
so verhalten wird [1]). Er sagt darüber [2]): „Die durch schlechte
Gesamternährung des Tieres veranlasste Atrophie eines Eifollikels
(einer Eikammer) verläuft genau unter denselben Erscheinungen,
wie die bei der Wintereibildung normaler Weise eintretende Resorption einer Keimzellengruppe.“ Weismann aber liess die
Tiere so stark hungern, dass sich überhaupt kein Ei mehr bilden
konnte, sondern dass sie verhungerten.

Je nach der Stärke der Ernährung bilden sich also im Ovarium Winter- oder Sommereier.

Ferner beobachtete Weismann, dass die Reproductionsweise
der Weibchen sich unter Umständen ändern kann.

„Bei Daphnia pulex [3]) können zuweilen diejenigen Weibchen,
welche Männchen hervorbringen, später Dauereier bilden, also zur
geschlechtlichen Fortpflanzung übergehn.“ Da im Alter das Genitalsystem weniger Nahrung erhält, so wird eine solche Umwandlung sich wohl auf eine Änderung der Nahrungszufuhr zurückführen lassen.

Am häufigsten kommt aber die umgekehrte Weibchenumwand-
lung vor. Wenn man Weibchen, welche mit der Bildung eines
Wintereies beschäftigt sind, isolirt, und dadurch vor Befruchtung
sichert, so bildet sich das Ei nur unvollkommen aus und tritt
nicht in das Ephippium über, das alsdann leer abgelegt wird.
Das Ei selber aber bleibt im Ovarium und wird resorbirt. Man
ist daher sehr wohl berechtigt, zu vermuten, dass bei dieser un-
erwarteten Nahrungszufuhr der Eierstock die Erscheinungen des
Überflusses zeigen wird. Und in der That geht das Weibchen zur
Bildung von Sommereiern über. So verhalten sich die meisten
Daphniden [4]).

Dass dieser causale Zusammenhang nun wirklich besteht, zeigt
uns das Verhalten von Moina paradoxa [5]). Hier treten nämlich auch die unbefruchteten Wintereier in die Ephippien über,
die also mit dem Ei abgelegt werden. Das weibliche Genitalsystem erhält also nicht diese unerwartete Nahrungszufuhr wie
bei den übrigen Daphniden. Und daher zeigt es auch nicht die
Erscheinung des Überflusses, welche wir bei diesen wahrnehmen.

[1]) l. c. pag. 43, 87, 115, 126.
[2]) l. c. pag. 43.
[3]) l. c. pag. 358.
[4]) l. c. pag. 22, 359, 350, 196, 454—458.
[5]) l. c. pag. 208.

Das unbefruchtete Weibchen geht nicht zur Bildung von Sommereiern über, sondern bildet nach wie vor Wintereier, die nach einander abgelegt werden, wie wenn sie befruchtet wären. Von Weismann wurde dies sogar viermal hintereinander beobachtet. Bei der nahverwandten Moina rectirostris aber zeigen sich die gewöhnlichen Erscheinungen, dass das unbefruchtete Ei im Ovarium resorbiert wird und letzteres infolge dieses Überflusses zur Bildung von Sommereiern übergeht.

Es ist also ganz unzweifelhaft, dass die Ernährung des Genitalsystems von dem grössten Einfluss ist auf die Art der Reproduction.

Das Resultat der Untersuchung über die Cyclie lässt sich in folgende Sätze zusammenfassen:

Die strenge Cyclustheorie, welche sagt, dass die Geschlechtstiere nur in ganz bestimmten Generationen auftreten und dass äussere Einflüsse ohne jede Einwirkung auf die Reproduction wären, ist in dieser strengen Form nicht haltbar, weil sich viele Erscheinungen nicht hieraus erklären lassen, weil die Beobachtungen an Daphnia pulex direct dagegen sprechen, weil der einzige Versuch, auf Grund dessen Weismann den Einfluss äusserer Momente bezweifelt, nicht zutreffend ist, und weil eine Menge von Weismann selbst beobachteter Thatsachen den grossen Einfluss der Ernährung auf die Reproduction direct beweisen.

Eine Erweiterung der Cyclustheorie dahin, dass die Geschlechtstiere in gewissen gleichzeitig fallenden Bruten auftreten, würde nach den bisherigen Beobachtungen nur für Daphnia pulex statthaft sein. Das gleichzeitige Auftreten von Geschlechtstieren lässt sich aber einfacher auf die Wirkung äusserer Umstände zurückführen.

Wahrscheinlich werden die Verhältnisse folgendermassen liegen: Die Daphniden, namentlich die in kleinern Wasseransammlungen wohnenden, haben durch natürliche Zuchtwahl die nützliche, die Fortpflanzung der Tiere gegen Vernichtung durch Austrocknen des Wassers sichernde Eigenschaft erworben, schon in der zweiten oder dritten Generation Geschlechtstiere hervorbringen zu können. Nichtsdestoweniger äussert die Ernährung ihren Einfluss in genau derselben Weise wie bei allen übrigen Tieren. —

Physiologisch lassen sich diese Erscheinungen als eine Wirkung der Inzucht auffassen. Wie wir gesehen haben, ist Parthenogenesis das Extrem der Inzucht. Sie kann nur eine gewisse für verschiedene Tiere und unter verschiedenen Umständen ver-

18*

schieden lange Zeit fortbestehen. Alsdann haben sich die Wirkungen derselben so gehäuft, dass die Production von Männchen
erfolgen muss. Wir müssen demnach annehmen, dass die einzelnen Daphnidenarten in verschiedenem Grade für die Wirkung der
Inzucht empfänglich sind. Auch Darwin, der auf diesem Gebiete doch gewiss als massgebend betrachtet werden muss, sagt,
dass bei den einzelnen Tier- und Pflanzenarten die Wirkung der
Inzucht eine sehr verschieden starke ist. Und zwar scheint dies,
wie auch schon Darwin anführt, in Beziehung zu den Lebensverhältnissen der Organismen zu stehen. Diese Ansicht stützt er
durch Thatsachen. Es ist daher ganz naturgemäss, wenn auch
die einzelnen Daphnidenarten je nach ihrer Lebensweise in verschieden starkem Grade für die Wirkung der Inzucht empfänglich
sind. Bei den polycyclischen Daphniden, die in kleinen Wasseransammlungen leben, kann dieselbe nur eine kurze Zeit fortgesetzt
werden und bald äussert sich ihre Wirkung durch die Production
von Geschlechtstieren. Die dicyclischen Arten sind weniger empfindlich und die Inzucht kann länger fortgesetzt werden. Am
schwächsten erscheint sie bei den monocyclischen Formen; denn
hier führt erst die vereinigte Wirkung von Inzucht und Nahrungs-
abnahme im Herbst die Entstehung der · Geschlechtstiere herbei.
Es ist also sehr wahrscheinlich, dass die Cyclie auf eine Wirkung
der Inzucht zurückzuführen ist. —

Da nun fast jedes Tier in besondern Lebensverhältnissen sich
befindet, so ist es sehr wahrscheinlich, dass diese die Entstehung
noch besonderer Eigentümlichkeiten in der Reproduction veranlasst
haben können, die in obigen allgemeinen für alle organisierten
Wesen geltenden Sätzen noch nicht berücksichtigt sein können.

Bei einigen Tieren kann auch das eine oder andere allgemeine Moment in Wegfall kommen; so versteht sich von selbst,
dass bei Hermaphroditen niemals von einem Mangel an Individuen des einen Geschlechts die Rede sein kann. Das Geschlechtsverhältniss ist bei ihnen ein constantes und bedarf keiner
Regulierung.

Durch die Existenz specieller Eigentümlichkeiten einzelner
Tiere wird die Richtigkeit der allgemeinen Sätze nicht beeinflusst.

C. Resultat.

Fassen wir die Resultate der Arbeit noch einmal kurz zusammen, so gelangen wir zu folgenden Sätzen:

Alle Eigenschaften der Tiere und Pflanzen, welche Einfluss auf die Geschlechtsbildung besitzen, sind durch natürliche Züchtung entstanden. Sie sind der Fortpflanzung der Individuen nützlich und bewirken, dass unter solchen Verhältnissen das eine Geschlecht reichlicher produziert wird, unter welchen eine solche relative Mehrproduction für die Fortpflanzung der Tiere und Pflanzen vorteilhaft ist.

Im ersten Teil der Arbeit wurde gezeigt, wie das Sexualverhältniss mit Hülfe dieser Eigenschaften sich selbst reguliert und auf diese Weise um einen bestimmten stets wiederkehrenden Zahlenwert schwankt.

Im zweiten Teil wurde dann erläutert, wie unter gewissen Umständen sogar ein anomales Sexualverhältniss für die Fortpflanzung von Nutzen sein kann und in der That auch eintritt. Der erste Teil der hierauf bezüglichen Eigenschaften wurde abgeleitet aus dem Umstande, dass in folge eingetretener Arbeitsteilung das Weibchen bei der Reproduction den Stoff für den Aufbau des Embryo zu liefern hat, dass also die Stärke der Vermehrung besonders von der Zahl der Weibchen abhängig ist. Da im Überfluss eine starke Reproduction von Nutzen ist, so werden alsdann mehr Weibchen produziert und mit Hülfe derselben findet eine besonders starke Vermehrung statt. Das Extrem bildet die ungeschlechtliche Fortpflanzung, wo die Männchen gänzlich fehlen. — Der zweite Teil der hier in betracht kommenden Eigenschaften ergab sich aus dem Umstande, dass dem Männchen die Rolle zugefallen ist, die geschlechtliche Vermischung verschiedener Tiere herbeizuführen, also Inzucht zu verhindern. Findet dennoch solche statt, so werden mehr Männchen geboren, wie überhaupt die Wirkung der Inzucht mit der eines Nahrungsmangels übereinstimmt.

Im dritten Teil wurde gezeigt, dass die Tiere als Anpassungen an specielle Lebenseigentümlichkeiten noch besondere Eigenschaften in bezug auf die Entstehung des Geschlechtes haben können.

Die Entstehung des Geschlechtes.

A. Vorgang der Geschlechtsentstehung.

Es ist oft und viel darüber gestritten worden, ob die geschlechtlichen Unterschiede schon im unbefruchteten Ei ausgeprägt sind, ob es also männliche und weibliche Eier giebt, oder ob das Geschlecht bei der Befruchtung bestimmt wird, wie die Anhänger der Hofacker-Sadler'schen und der Thury'schen Theorie behaupteten, oder ob es eine Folge der nachträglichen Einwirkung der Ernährung ist, eine Ansicht, die besonders von Ploss verteidigt wurde. Alle diese Forscher gingen eben von der Ansicht aus, dass es nur ein einziges Moment sei, welches das Geschlecht bestimme. Wir haben aber gesehen, dass durch das Zusammenwirken vieler Faktoren die Regulierung des Sexualverhältnisses herbeigeführt wird. Diese kommen aber zeitlich nacheinander zur Wirkung, wie in Folgendem näher erläutert werden soll.

Es war gezeigt worden, dass die Individualität der Mutter von Einfluss auf das Geschlecht ist. Diese gelangt aber zum Ausdruck durch die qualitative Beschaffenheit des Eies, dem also schon vor der Befruchtung die Tendenz inne liegen muss, sich zum einen oder andern Geschlecht auszubilden, z. B. tendieren junge Eier zum weiblichen, ältere dagegen zum männlichen Geschlecht.

Die Thatsachen beweisen ferner, dass die Individualität des Vaters, d. h. die qualitative Beschaffenheit des Sperma eine Wirkung auf die Geschlechtsausbildung ausübt. Durch diese kann bei der Befruchtung die eben erwähnte Tendenz der noch unbefruchteten Eier umgeändert werden. Die in der Persönlichkeit des Vaters und der Mutter liegenden Momente, welche vermittelst der Qualität des Sperma und des Eies bei der Befruchtung zum Ausdruck gelangen, können also in verschiedener Stärke nach der einen oder andern Richtung hin wirken. Sie setzen sich alsdann zu einer Resultierenden zusammen, deren Ausfall dem Ei eine vorläufige Tendenz der Geschlechtsausbildung giebt.

Zur besseren Veranschaulichung möge ein Beispiel dienen.
Ein Ei tendiere nach seiner Ablösung in Folge seiner Qualitäten
sich zum weiblichen Geschlecht auszubilden. Wird es jetzt noch
nicht befruchtet, sondern durchläuft es einen langen Weg, so wird
die genannte Tendenz, die sich nach der Jugendlichkeit des Eies
bemisst, immer schwächer und es ändern sich seine Eigenschaften
schliesslich derart, dass es die erstere Tendenz gänzlich aufgiebt
und die entgegengesetzte annimmt, nämlich die, ein männliches
Individuum zu bilden. Wird dieses Ei nun von Sperma befruchtet, das die Qualitäten (z. B. ein hohes Alter) besitzt, welche ein
Ei bei der Befruchtung zum weiblichen Geschlecht bestimmen können, so wird die Tendenz des Eies der des Sperma entgegenwir-
ken und es kommt darauf an, welche die stärkere von beiden ist.
Ist dies z. B. die des Samenfadens, so wird das Ei abermals die
Tendenz der Geschlechtsausbildung wechseln und sich dem weiblichen Geschlecht gemäss zu entwickeln streben.

Hier möge noch bemerkt sein, dass auch der Samen ähnlich
wie das Ei schon vor der Befruchtung seine Tendenz wechseln
kann. Wenn er zuerst zum männlichen Geschlecht neigt, so kann
er infolge des zunehmenden Alters z. B. bei Nichtbeanspruchung
des männlichen Individuums oder bei längerem Aufenthalt in den
weiblichen Ampullen die frühere Tendenz aufgeben und die entgegengesetzte zum weiblichen Geschlecht bestimmende annehmen.

Bei der Befruchtung wird aber das Geschlecht des Embryo
noch nicht definitiv bestimmt. Wir wissen, dass das zeitlich zuletzt eintretende Moment der Ernährung noch seinen Einfluss geltend machen kann. Die Beeinflussung der Geschlechts-ausbildung
durch mütterliche Ernährung dauert beim Menschen drei Monate.
Bis dahin findet bei Zwillingen noch keine Nahrungs-beeinträch-
tigung statt. Bei Drillingen aber stellt sich schon vorher eine
erhebliche Concurrenz um die Nahrung ein und es finden sich
daher bei ihnen mehr Knaben als bei Zwillingen.

Dass nun wirklich schon lange vor dem Beginn der definitiven
Ausbildung der Geschlechtsorgane der scheinbar hermaphroditische
Embryo wenigstens die Tendenz besitzt, sich dem einen oder andern Geschlecht gemäss auszubilden, das ist wenigstens für einige
Plagiostomen von Semper[1]) direct bewiesen worden. Bei diesen
sind nämlich in einer so frühen Zeit, in der die Keimdrüsen noch
gar keine Differenz zeigen, beide Geschlechter an einem scheinbar

---

[1]) Arbeiten d. zool. Inst. in Würzburg II, 1875.

secundären Merkmal zu unterscheiden. Beim Weibchen bildet sich nämlich nur ein Ovarium aus und schon sehr frühzeitig zeigen daher die weiblichen Embryonen eine unsymmetrische Entwickelung der beiden Keimfalten. Hieran sind die Geschlechter viel eher zu erkennen als die histologische Untersuchung der Drüsen einen Unterschied ergeben würde.

Zugleich ersieht man aber auch, ein wie grosser Nutzen es für alle Tiere ist, möglichst lange der äussern Gestalt nach hermaphroditisch zu bleiben. Dadurch ist den Embryonen die Möglichkeit gegeben, noch sehr spät die Tendenz der Geschlechtsausbildung zu wechseln.

Es können also auch noch sehr spät eintretende Umstände ihren Einfluss erfolgreich äussern, was ja sonst unmöglich wäre. Hiermit ist eine Erklärung gegeben für die Thatsache, dass die Embryonen fast aller Tiere zuerst hermaphroditisch angelegt erscheinen.

In bezug auf die Entstehung dieses Jugend-Hermaphroditismus kann man auch daran denken, dass die zwitterhafte Anlage eine ontogenetische Erscheinung ist, welche auf hermaphroditische Stammformen hinweist. Diese Ansicht hat für viele Tiergruppen eine grosse Wahrscheinlichkeit. Sei die Eigenschaft aber die Folge palingenetischer Vererbung oder cenogenetischer Anpassung, jedenfalls gewährt sie jetzt einen Nutzen in bezug auf die Entstehung des Geschlechtes.

B. Zwitterhafte Bildungen.

Das Moment, welches zeitlich zuletzt in Wirksamkeit tritt, ist die Ernährung des Embryo. Anfangs ist dieser hermaphroditisch und die geschlechtsbestimmende Wirkung der Ernährung kann ohne Schwierigkeit vor sich gehen. Aber selbst dann, wenn die Genitalien schon angefangen haben, sich definitiv dem einen Geschlecht gemäss auszubilden, kann dennoch eine in der Ernährung liegende Ursache, wenn sie stark genug ist, die Ausbildung nach der entgegengesetzten Richtung veranlassen, so dass ein vollkommener oder teilweiser Zwitter entsteht, indem das Individuum Merkmale von beiden Geschlechtern in sich vereint. Eine schlechtere Ernährung kann sich z. B. bei einem weiblichen Embryo geltend machen.

Zwar können sich die weiblichen Geschlechtsorgane nicht mehr in die männlichen umwandeln, aber wenigstens ein Stillstand in der Entwickelung derselben wird bewirkt und der Anfang wird gemacht, die männlichen Genitalien auszubilden. Auf diese Weise entsteht ein sog. Zwitter, an dem meistens beide Genitalsysteme unvollständig ausgebildet sind. Jedoch scheint sich das männliche häufiger im funktionsfähigen Zustand zu befinden, da es sich als das bezüglich der Ernährung weniger anspruchsvolle leichter ausbilden kann.

Als Beispiel zur Erläuterung dieser Zwitterbildung können zunächst die Bienenzwitter angeführt werden. „In manchen Stöcken [1]) findet man Hermaphroditen, deren zwei Seiten, oder Vorder - und Hinterteil, oder Segmente verschieden geschlechtlich sind. Diese Eierstöcke enthalten niemals Eier, während man in dem Hoden Samenkörperchen antrifft. Diese Zwitter wachsen wie die Arbeiter in Deckelzellen auf. Sie werden beim Ausschlüpfen aus dem Stock geworfen." Da sie in Arbeiterzellen sich entwickeln, so ist unzweifelhaft, dass die Eier eigentlich zum weiblichen Geschlecht bestimmt wurden; sie waren also befruchtet und die Larven wurden (wenn man auch die Theorie von Landois acceptiert) anfangs gut genährt. Das weibliche Genitalsystem fing an sich auszubilden. Die Larven bekamen später, da aus ihnen ja Arbeiter und nicht Königinnen hervorgehen sollten, verminderte und schlechtere Nahrung, weshalb sich der empfindliche weibliche Geschlechtsapparat nicht ausbilden konnte. Bei einigen aber, welche zu früh oder zu stark Mangel gelitten hatten, reduziert sich nicht nur das weibliche System, sondern das männliche fängt an sich auszubilden, d. h. es entstehen Zwitter. Das Geschlechtsverhältniss der einzelnen Körperteile kann natürlich mit den Ernährungsverhältnissen derselben wechseln. Wegen der geringeren Ernährungsbedürftigkeit des männlichen Genitalsystems gelangt dieses örtlich zur vollständigen Ausbildung, die Hoden enthalten Samenkörperchen, während die Ovarien infolge des Mangels niemals Eier bilden können.

Fast denselben Vorgang finden wir bei den Cladoceren [2]).

---

[1]) Zeitschrift f. wiss. Zool. Bd. XIV, 1864, pag. 73. Siebold, Über Zwitterbienen. Kefersteins Jahresbericht über die Fortschritte in der Generationslehre. Besondere Abteilung von Henles und Pfeufers Zeitschrift für rationelle Medicin 1860—1868.
[2]) W. Kurz, Über androgyne Missbildungen bei Cladoceren. Sitzungsberichte der Akademie d. Wissensch. Wien 1874. Bd. LXIX.

Im sommerlichen Überfluss pflanzen sich dieselben durch thelytokische Parthenogenesis fort, indem ein Weibchen immer wieder
Weibchen produziert, die oft bei der Geburt schon wieder trächtig
sind, und bald wieder eine Menge Weibchen hervorbringen
und so fort in anhaltender Vermehrung. Tritt dann aber der
Herbst mit seinem Nahrungsmangel auf, oder erzeugt man letztern
auf künstliche Weise, so entstehen wieder mehr Männchen.
Vor dem Auftreten dieser männlichen Individuen
bemerkt man aber zuweilen Zwitterformen mit halb
männlicher und halb weiblicher Organisation. Es ist unzweifelhaft, dass diese bei noch herrschendem Überfluss sich zu Weibchen entwickelt hätten. Noch während der Ausbildung der Geschlechtsorgane überraschte sie der Mangel. Das weibliche System
blieb rudimentär und das männliche begann sich auszubilden.
Hierfür spricht deutlich ihr Auftreten vor dem der Männchen.
Für alle folgenden Individuen existirt ja schon der
Mangel vom Anfang der Entwickelung an. Ferner zeigt
sich auch bei ihnen, dass das an Mangel gewöhnte anspruchs-
losere männliche Geschlechtssystem einen höheren Grad der Ausbildung hat erreichen können, indem die Hoden oft Samenfäden
enthalten. Also auch diese Zwitter scheinen anfangs zum weiblichen Geschlecht bestimmt gewesen zu sein und nur ein zu spät
eintretender Mangel bewirkte den Beginn der männlichen Ausbildung.

Zwitter scheinen überhaupt besonders dann aufzutreten, wenn
eine plötzliche Änderung in den Ernährungsverhältnissen eintritt,
namentlich aber, wenn plötzlich Mangel entsteht, der dann besonders auf die Ausbildung des empfindlichen weiblichen Geschlechts
seinen verderblichen Einfluss ausüben kann.

Eine derartige Beobachtung machte Herr Dr. Rehberg[1]).
Ein früherer Torfkanal wurde von einer Seite aus zugeschüttet,
so dass das Wasser nach dieser Seite hin absickerte, während die
Tiere auf ein immer kleiner werdendes Wasservolum zusammengedrängt wurden. Während der Kanal früher stets normale Verhältnisse gezeigt hatte, boten sich jetzt die grössten Abnormitäten
unter den Tieren.

Die meisten Exemplare von Cyclops signatus Koch, C. viri-

---

[1]) Man vgl. auch Dr. Rehberg, Beitrag zur Kenntniss der
freilebenden Süsswasser-Copepoden. Obige Beschreibung beruht auf
persönlicher Mitteilung.

dis Fischer, pulchellus Koch und agilis Koch, hatten nur die
Grösse von Cyclops diaphanus, waren also im Wachstum erheblich
zurückgeblieben. Ferner zeigten die meisten Exemplare Ver-
letzungen und Verkümmerungen an den Antennen, Füssen und
der Furca. Die geringe Wassermenge gab der übergrossen Zahl
von Tieren zu wenig Nahrungsstoff, um eine normale Entwickelung
zu gestatten. — Die Eiersäcke der Weibchen zeigten aussergc-
wöhnlich wenig Eier. Während z. B. Cyclops diaphanus deren
gewöhnlich 10 trägt, zeigten die meisten Exemplare nur 2, 4 bis
6 Eier. Der Mangel hatte seine Wirkung besonders auf die
Leistungsfähigkeit des weiblichen Genitalsystems ausgeübt. — Während bei den Cyclopiden unter normalen Verhältnissen das weibliche Geschlecht bedeutend überwiegt, zeigte sich hier das entgegengesetzte Verhältniss. Die Hauptmasse der Tiere waren
Männchen. Aber nicht nur bei den Cyclopiden (besonders Cyclops
agilis Koch), sondern auch bei Simocephalus vetulus O. Fr. Müller (identisch mit Daphnia sima Leydig) fand er dieses abnorme
Sexualverhältniss. Also auch diese Beobachtung bestätigt den
Satz, dass Mangel an Nahrung die Entstehung des männlichen
Geschlechtes begünstigt. — Endlich macht er noch die wichtige
Beobachtung, das Auftreten von Zwittern. Unter mehreren Hundert untersuchten Cyclopiden fand er ausser den übersehenen und
zweifelhaften vier bestimmt als Zwitter erkannte Individuen. Der
weibliche Charakter herrschte bei ihnen noch vor. Also auch hier
kann angenommen werden, dass der durch so aussergewöhnliche
Verhältnisse plötzlich eingetretene Nahrungsmangel hindernd auf
die weitere Ausbildung des weiblichen Geschlechtes gewesen ist
und die beginnende Entwickelung des männlichen bewirkt hat.

Bei Zwillingskälbern zeigt sich häufig die Erscheinung,
dass, während das eine männlich ist, das andere äusserlich weiblich erscheint. Eine Untersuchung aber lehrt, dass meistens auch
dieses männlich ist, dass aber die äussern Geschlechtsteile sich
nicht weiter ausgebildet haben und anscheinend weiblich sind.
Da dies besonders häufig an Zwillingen beobachtet wird, so liegt
es nahe, an den Einfluss der später eintretenden Nahrungsconcurrenz zu denken [1]).

---

[1]) Sitzungsberichte der Münchener Akademie, 1863, pag. 471.
Bischoff, Ein Fall von Kuhzwillings-zwitterbildung; ferner Reper-
torium für Tierheilkunde 1881, pag. 1. Hering, 18 Fälle von unfruchtbaren Zwillingen.

Bischoff, welcher die Theorie von Ploss kannte, dass gute Ernährung zum weiblichen, schlechte zum männlichen Geschlecht bestimmt, kommt hierüber zu folgenden Schlüssen: „Würde der Ernährungszustand der Mutter das Entscheidende sein und eine besonders gute Ernährung der Mutter das weibliche, eine minder gute das männliche Geschlecht der Frucht bedingen, so müssten bei sehr vorzüglich gut ernährten Kühen zwei völlig ausgebildete Weibchen, bei minder gut genährten ein vollkommenes Weibchen und ein vollkommenes Männchen, bei noch weniger gut genährten zwei vollkommene Männchen und endlich bei den schlecht genährtesten ein vollkommenes und ein zwitterhaft gebildetes Männchen erzeugt werden." Er vergisst, dass die Zwitter doch auch morphologisch zwischen den beiden Geschlechtern stehen, also auch ihre Ursache — selbst angenommen, die Ernährung sei das einzig massgebende Moment — weder eine gute, noch eine schlechte Ernährung sein kann. Nach der Theorie steht die Ursache auch zwischen einer guten und schlechten Ernährung, sie ist zuerst das eine, später das andere. Diese Nahrungsverminderung z. B. infolge der gegenseitigen Nahrungsentziehung der Zwillinge muss zu einer bestimmten Zeit und auch in der nötigen Stärke eingetreten sein, wenn ein Zwitter entsteht.

Da es nun auch bei Menschen häufig beobachtet wird, dass die männlichen Geschlechtsorgane ihr letztes Entwickelungsstadium nicht mehr haben zurücklegen können, so liegt wohl die Vermutung nahe, dass bei diesen die Entstehung des männlichen Geschlechts nur die Folge eines sehr spät eintretenden Nahrungsmangels gewesen ist. Man erinnere sich an die von Nägele [1]) beschriebenen eineiigen Zwillinge, deren männliche Geschlechtsorgane auf einem embryonalen Stadium stehen geblieben waren. Meckel v. Hemsbach [2]) sagt: „Es ist zuweilen angegeben, dass an einer Doppelbildung ein Kind männlich, das andere weiblich sei; die nähere Untersuchung ergiebt stets, dass letzteres ein Knabe mit unvollkommenen äussern Genitalien war." Obwohl noch keine bestimmte Behauptung ausgesprochen werden kann, so drängt sich doch auch hier die Vermutung auf, dass bei dem anfangs zum weiblichen

---

[1]) Meckels Archiv 1819, V., S. 136. Beschreibung eines Falles von Zwitterbildung bei einem Zwillingspaar.

[2]) „Über die Verhältnisse des Geschlechtes etc. bei einfachen und Mehrgeburten.". Joh. Müllers Archiv f. Anat., Phys. u. wiss. Med. 1850, pag. 249.

Geschlecht bestimmten Zwilling später durch den Einfluss schlechterer Ernährung das Geschlecht umgewandelt wurde. Alsdann fanden aber die männlichen Geschlechtsorgane nicht mehr genügend Zeit, um auch äusserlich sich vollkommen auszubilden. Wie wir früher gefunden hatten, reagiert das weibliche Geschlecht viel leichter auf Ernährungsveränderungen als das männliche. Es wird daher viel häufiger vorkommen, dass bei einem weiblichen Embryo, dessen Genitalien schon angefangen hatten, sich auszubilden, ein eintretender Mangel den Stillstand der weiblichen und den Beginn der männlichen Geschlechtsentwickelung bewirkt, als dass ein späterer Überfluss die Zurückbildung der männlichen und die Entwickelung der weiblichen Organe veranlasst. Die grössere Zahl der Zwitter wird daher früher weiblich gewesen und später männlich geworden sein. Bei zwittrigen höheren Tieren mit nur einem Paar Genitaldrüsen finden wir daher innerlich meist männliche Organe, deren Entwickelung infolge der späten Anlage auf einem gewissen Stadium stehen geblieben ist.

Nicht mit Unrecht sagt daher L e u c k a r t, alle Zwitter seien eigentlich männlich. Er stützt sich dabei auf seine Untersuchungen an Ziegenzwittern. Vielleicht ist dies aber nicht unbedingt für alle Zwitter gültig.

Aus dem Umstand, dass die beiden Genitalsysteme sich dem Einfluss der Ernährung gegenüber nicht gleichartig verhalten, folgt aber noch ein nicht unwichtiges Verhältniss. Wir hatten bereits erkannt, dass die Tiere die nützliche Eigenschaft haben, möglichst lange scheinbare Hermaphroditen zu bleiben. D i e U m w a n d l u n g d i e s e r J u g e n d - z w i t t e r i n d i e G e s c h l e c h t s t i e r e k a n n a b e r b e i v e r s c h i e d e n e n I n d i v i d u e n z u v e r s c h i e d e n e n Z e i t e n e i n t r e t e n. Bei F r ö s c h e n hat dies P f l ü - g e r [1]) gefunden. Nach ihm wandelt sich unter normalen Verhältnissen ein Drittel der Tiere in Männchen um. Die übrigen sind Weibchen und Zwitter. Von letzteren finden sich selbst im dritten Lebensjahr noch immer viele vor. Vielleicht ist die Vermutung nicht ganz ungerechtfertigt, dass bei diesen Tieren die im Ei und Sperma vorhanden gewesenen Eigenschaften sich das Gleichgewicht gehalten haben, so dass die Entscheidung über das Geschlecht lediglich der später wirksam werdenden Ernährung an-

---

[1]) Archiv f. Physiologie B. 29, 1882, pag. 33: E. P f l ü g e r, Über die das Geschlecht bestimmenden Ursachen und das Geschlechtsverhältniss der Frösche.

heimfällt. Ob sich hier in der That die geschlechtsbestimmenden Tendenzen von Ei und Sperma gegenseitig aufgehoben haben, wird wohl kaum experimentell geprüft werden können.

Nur das lässt sich zeigen, dass auf diese Jugend-zwitter die Ernährung so einwirkt, wie es der stärkeren Empfindlichkeit des weiblichen Systems gemäss zu erwarten steht. Bei eintretendem Mangel bildet sich eher der weibliche Teil zurück, als dass dies bei Überfluss mit dem männlichen stattfindet. Diese Zwitter entwickeln sich daher der Mehrzahl nach zu Männchen.

Nach der äusserst wahrscheinlichen auf viele Beobachtungen sich gründenden Vermutung Pflügers [1] bilden sich beim Frosch ⅝ der Zwitter später in Männchen um. Es ergiebt sich also hieraus der merkwürdige, aber mit der Theorie vollkommen übereinstimmende Umstand, dass die späteren Männchen durchschnittlich länger hermaphroditisch bleiben als die späteren Weibchen.

C. Schlusswort.

Nach alle dem, was wir gefunden haben, kann von einer Vererbung des Geschlechtes, von der man früher sprach, überhaupt keine Rede sein. Die Art und Weise, wie sich das eine oder andere Geschlecht ausbildet, wird allerdings vererbt, aber die Entscheidung darüber, welches Geschlecht sich ausbildet, beruht nicht auf Vererbung, sondern wird durch das Zusammenwirken von äussern Umständen herbeigeführt. Die hierauf bezüglichen Eigenschaften der Organismen sind durch Anpassung an allgemeine oder specielle Lebensverhältnisse erworben. Diese Umstände können teils zu gleicher Zeit, teils nach einander auftreten und ihre Ursachen werden sich je nach Stärke und Art in ihrem geschlechtsbestimmenden Einfluss unterstützen oder bekämpfen. Je mehr sich die zuerst wirkenden Momente gegenseitig in ihren Wirkungen aufheben, desto leichter werden die folgenden ihren Einfluss zur Geltung bringen können.

Wird z. B. ein Ei zu der Zeit befruchtet, wo die Tendenz desselben sich zum weiblichen Geschlecht auszubilden, infolge des Älter-werdens des Eies in die entgegen-gesetzte übergeht, wo also das Ei in bezug hierauf so zu sagen neutral ist, so wird die Eigenschaft des Sperma desto leichter seine Wirkung ausüben können.

[1] l. c. pag. 35.

19

Endlich, vielleicht nach wiederholter, oft sogar nach zu später Umänderung der Tendenz der geschlechtlichen Ausbildung, ist letztere so weit gediehen, dass keine auch noch so starke Einwirkung dieselbe rückgängig zu machen im stande wäre und damit ist das Geschlecht des Foetus definitiv entschieden.

Obige Erörterungen sind vielleicht an einzelnen Stellen nicht klar genug gewesen. Die theoretischen Auseinandersetzungen waren häufig mit den grössten Schwierigkeiten verknüpft und ich darf daher die Nachsicht des Lesers wohl erwarten. Oft sind die Erörterungen etwas weit ausgedehnt, aber es war dies durchaus nötig, da alle nur denkbaren Einwände widerlegt werden mussten. Indessen darf ich wohl mit Zuversicht glauben, dass die Zahl der bereits bekannten und der neuen Thatsachen gross genug ist, um die Vorurteile zu besiegen, die man der Theorie naturgemäss entgegenbringen wird.

Hier spreche ich noch einmal allen den Herren meinen Dank aus, deren Unterstützung ich bei meinen Untersuchungen in Anspruch nahm. Besonders bin ich Herrn Professor Häckel wegen seines jederzeit freundlichen Entgegenkommens zum grössten Danke verpflichtet.

Vor allem aber ist es meine Pflicht, Herrn Professor Preyer auch hier meinen Dank auszudrücken. Derselbe hat nicht nur die Ergebnisse der mannigfaltigen Untersuchungen mit dem grössten Interesse verfolgt, sondern mich auch bei diesen selbst und bei Anstellung des Experimentes durch Rat und That unterstützt. Auch hat er es übernommen, diesem Buche ein empfehlendes Vorwort beizufügen. Ich benutze diese Gelegenheit, um ihm für alles dieses meinen allergrössten Dank auszusprechen.

Nachtrag.

19 *

Auch nachdem das Manuscript bereits fertig gestellt, abgeschlossen und dem Druck übergeben war, wurden die Forschungen nach weiteren Thatsachen, die auf die Theorie bezug haben, noch immer fortgesetzt. Wie die früheren immer neue Bestätigungen der einmal aufgestellten Theorie lieferten, so werden wir auch in den jetzt wieder aufgefundenen Thatsachen neue Beweise für die Richtigkeit der Theorie erkennen. Daher ist es von Wichtigkeit, dieselben mitzuteilen und es darf damit nicht gezögert werden, auch wenn sie nicht mehr in die systematisch geordnete Zusammenstellung der übrigen Thatsachen eingereiht werden können.

Über die Wirkung stärkerer Beanspruchung bei Pferden.

Eine der umfassendsten Untersuchungen, auf welche sich die Theorie stützt, ist die über den Einfluss stärkerer geschlechtlicher Beanspruchung bei Pferden. Die Landwirtschaftlichen Jahrbücher, herausgegeben von H. Thiel in Berlin, veröffentlichen jährlich von jedem einzelnen Gestüt in Preussen, wie viel männliche und weibliche Fohlen geboren wurden und wie viel Stuten ein Hengst durchschnittlich belegt hatte. Nach der Stärke dieser Inanspruchnahme, welche je nach den Jahren und Gestüten sehr verschieden ist, wurden die Geburten zusammengestellt und addiert. Als Resultat ergab sich, dass desto mehr männliche Fohlen geboren wurden, je stärker im vorhergehenden Jahre die Hengste in Anspruch genommen waren. Die Tragzeit der Pferde dauert nämlich fast genau ein Jahr.

Bei dieser Untersuchung konnten vier Jahrgänge nicht berücksichtigt werden, da sie zufällig nicht zur Verfügung standen. Erst jetzt ist es mir gelungen, diese zu erhalten. Die darin ver-

öffentlichten Geburten wurden auf dieselbe Weise wie die übrigen,
also je nach der Beanspruchung der Vater-tiere, zusammengestellt
und addiert. Das Ergebniss ist so ausgefallen, wie es vorausge-
sehen werden konnte; auch in diesen vier Jahrgängen zeigt es
sich schon, wie mit der Stärke der Beanspruchung der Hengste
die Zahl der geworfenen Hengstfohlen zunimmt. Folgende Tabelle
giebt die Resultate wieder.

Zahl der von einem Hengst in einem Jahre gedeckten Stuten	Zahl der geworfenen Fohlen		Sexualver- hältniss
	männliche	weibliche	
60 oder mehr	28 962	28 636	101,14
55—59	8 942	8 686	102,95
50—54	10 032	10 365	96,79
45—49	12 697	12 857	98,74
40—44	6 606	7 038	93,86
35—39	6 563	6 312	103,98
20—34	2 669	2 865	93,19
Summe	76 471	76 756	99,63

Aus diesen Zahlen erkennt man, wie mit der Beanspruchung
auch das Sexualverhältniss steigt. Indessen sind dieselben viel
kleiner als die früher mitgeteilten. Daher erhält man viel stärkere Schwankungen, so dass das Resultat weniger deutlich hervortritt. Will man grössere Zahlen erhalten, so muss man dieselben gruppenweise zusammenfassen, wie es in folgender Tabelle
geschehen ist.

Zahl der gedeckten Stuten	Zahl der geworfenen Fohlen		Sexualver- hältniss
	männliche	weibliche	
55 oder mehr	37 904	37 322	101,56
45—54	22 729	23 222	97,88
20—44	15 838	16 215	97,68

Man ersieht aus dieser Übersicht, wie die Zahl der geworfenen Hengstfohlen zunimmt mit der Zahl der Stuten, welche die
Hengste durchschnittlich deckten. Die Geburten in diesen vier
Jahrgängen liefern also schon an und für sich wieder einen Beweis für die Richtigkeit der Theorie.

Fassen wir diese neuen Zahlen mit den bereits früher mitgetheilten zusammen, so erhalten wir folgendes Gesammtresultat.

Zahl der gedeckten Stuten	Zahl der geworfenen Fohlen		Sexualver- hältniss
	männliche	weibliche	
60 oder mehr	71 407	70 569	101,19
55—59	75 493	74 912	100,77
50 54	69 972	71 461	97,92
45—49	69 774	72 073	96,81
40—44	66 573	69 045	96,42
35—39	14 911	46 493	96,60
20—34	29 023	29 934	96,94
Summe	427 153	434 487	98,31

Wie aus diesen sehr grossen Zahlen ersichtlich ist, bilden
die Sexualverhältnisse eine mit der Beanspruchung regelmässig
zunehmende Reihe. Die Schwankungen, welche bei den früher
mitgetheilten Zahlen noch deutlicher waren, treten hier schon
mehr zurück und die Regelmässigkeit ist eine weit grössere.
Die Zahl der hier zusammengefassten Geburten (861 640) ist
eine so grosse, dass die Frage nahe liegt, ob nicht die Hälfte
derselben an und für sich schon beweisend sein wird. Um dies
zu untersuchen, wurden die Geburten der Jahrgänge von 1859 bis
1874 und ferner der von 1875 bis 1882 nach der Stärke der Beanspruchung zusammengestellt. Infolge dieser Teilung umfassen
beide Gruppen eine ungefähr gleiche Zahl von Geburten. Das Ergebniss teilen die hier wiedergegebenen Tabellen mit.

1859—1874.

Zahl der gedeckten Stuten	Zahl der geworfenen Fohlen		Sexualver- hältniss
	männliche	weibliche	
60 oder mehr	34 835	34 694	100,41
55—59	27 337	27 060	101,02
50—54	26 874	26 978	99,62
45—49	39 674	40 830	97,14
40—44	47 845	49 429	96,79
35—39	26 478	27 337	96,85
20—34	20 505	21 162	96,90
Summe	223 548	227 490	98,27

1875—1882.

Zahl der gedeckten Stuten	Zahl der geworfenen Fohlen		Sexualver-hältniss
	männliche	weibliche	
60 oder mehr	36 572	35 875	101,95
55—59	48 156	47 852	100,64
50—54	43 098	44 483	96,88
45—49	30 100	31 243	96,34
40—44	18 728	19 616	95,47
35—39	18 433	19 156	96,22
20—34	8 518	8 772	97,10
Summe	203 605	206 997	98,36

Wie aus diesen Tabellen hervorgeht, ist auch schon die Hälfte der Geburten genügend, um die Zunahme der Zeugung von Hengst-fohlen mit der der Beanspruchung von Hengsten definitiv zu be-weisen. Und zwar bilden die Sexualverhältnisse in beiden Ta-bellen, abgesehen von einigen unvermeidlichen Schwankungen, eine ziemlich regelmässig fortlaufende Reihe. Der Beweis kann also als ein doppelter angesehen werden.

Über die Wirkung stärkerer Beanspruchung bei Rindern.

Auch bei andern Tieren ist die Wirkung einer stärkeren ge-schlechtlichen Beanspruchung festgestellt worden. Bereits früher wurden die Experimente von Fiquet erwähnt. Hierzu mag noch folgende kleine Untersuchung mitgeteilt werden.

Prof. Wilhelm [1]) prüfte statistisch, ob die Häufigkeit der Beanspruchung des Vater-tieres einen Einfluss auf das Geschlecht der Jungen habe. Er ermittelte nämlich aus dem Stammregister die Zeit, welche zwischen je zwei Sprüngen von fünf Stieren ver-gangen war. Als Resultat ergab sich, dass bei häufiger Benutzung des Stieres weit mehr Stierkälber geboren wurden, als wenn die Sprünge weniger rasch nach einander folgten. Da hier die Stärke der Beanspruchung genau in Rechnung gebracht werden konnte, so ist dies Ergebniss nicht unwichtig, obgleich es nur wenige,

---

[1]) Allgemeine Land- und Forstwirtschaftliche Zeitung, Wien, 1865, II. Band, pag. 1016. Hat die Häufigkeit der Benutzung des Vater-tieres einen Einfluss auf das Geschlecht des Jungen?

nämlich 136 Geburten umfasst. Es kann als eine neue Bestätigung der Theorie angesehen werden. Wenn eine derartige Untersuchung weiter ausgedehnt würde, so wäre sie für die Theorie jedenfalls von grosser Wichtigkeit. Denn nach der Länge der Zeit, welche zwischen den einzelnen Sprüngen vergeht, lässt sich das durchschnittliche Alter des Sperma bemessen. Natürlich hat das betreffende Spermatozoon, welches zufällig zur Befruchtung gelangt, durchaus nicht immer das mittlere Alter, sondern es werden sich sehr viele ältere und jüngere vorfinden. Auch ist das Alter des Eies und die Ernährung des Embryo eine sehr verschiedene. Immerhin aber wird die Mehrgeburt von männlichen Jungen bei stärkerer Inanspruchnahme der Vater-tiere mindestens so stark sein, als sie die statistische Untersuchung über Pferdegeburten ergab. Das Ergebniss wurde hier herabgedrückt durch den Umstand, dass die Hengste nicht alle gleichmässig stark in Anspruch genommen werden. Eine statistische Untersuchung, in der genau die Pause zwischen den einzelnen Sprüngen berücksichtigt wird, wäre daher von grossem Interesse, auch wenn sie nicht so viele Fälle umfasste, als die von mir angestellte.

--- ----

Über die Geburten von älteren Erstgebärenden.

Von den Geburten älterer Erstgebärenden war früher gezeigt worden, dass sie einen weit grösseren Knabenüberschuss aufweisen, als der normale beträgt. Durch die statistischen Untersuchungen von Hecker, Winckel, Ahlfeld, Schramm, Bidder und endlich von mir war dies als sicher nachgewiesen worden. Auch folgende kleinere Mitteilung mag hierzu noch erwähnt werden. Grenser[1]) fand nämlich bei Erstgebärenden im Alter von 30 bis 45 Jahren 29 Knaben und nur 14 Mädchen. Nur die Hälfte der Gebärenden gehörte dem niedern Stande an. Obgleich die Zahl der Fälle klein ist, so kann dieses Ergebniss doch beachtet werden, da es die Beweiskraft der früheren statistischen Untersuchungen verstärkt. Auch darf nicht unterlassen werden darauf hinzuweisen, dass keine bisjetzt bekannte Thatsache dagegen spricht, dass die Geburten älterer Erstgebärender einen grossen

---

[1]) Beiträge zur Geburtshülfe, Gynäkologie und Pädiatrik (Festschrift) 1881, pag. 32. Dr. Paul Grenser in Dresden: Über Geburten bei älteren Erstgebärenden in der Privatpraxis.

Knabenüberschuss zeigen. Vielmehr bestätigen dies alle Forscher, welche sich hiermit beschäftigt haben.

Über den Einfluss der Jahreszeiten.

Wie wir früher gesehen haben treten die für die meisten Tiere günstigsten Ernährungsverhältnisse im Sommer ein. Dementsprechend finden wir im allgemeinen während des sommerlichen Überflusses nicht nur überhaupt eine stärkere Reproduction, sondern namentlich eine Mehrproduction von Weibchen. Dieselben Erscheinungen haben wir auch beim Menschen gefunden. Wie aber die Schwankungen des Sexualverhältnisses bei höheren Tieren überhaupt nur gering sind, so war auch die Mehrproduction von Mädchen so klein, dass sie nur an ausserordentlich grossen Zahlen nachgewiesen werden konnte. Diese sind von der Zeitschrift des statistischen Bureaus in Berlin mitgeteilt worden und umfassen sämtliche Geburten in Preussen während der zehn Jahre von 1872 bis 1881 (incl.). Aus diesen bereits früher mitgeteilten Zahlen geht hervor, dass die Reproductionsthätigkeit im Juni am stärksten, im September und October am schwächsten ist, und dass dementsprechend der Knabenüberschuss im Juni am geringsten, im September und October am grössten ist. Die übrigen Monate zeigen einen regelmässigen Übergang zwischen diesen beiden Extremen. Nur im Dezember findet eine Steigerung der Conceptionszahl statt, womit, wie gewöhnlich, ein Sinken des Knabenüberschusses verbunden ist. Diese Erscheinung ist zweifellos auf eine Wirkung der Familienfeste zurückzuführen. Im Februar zeigt sich abermals ein abweichendes Sinken des Knabenüberschusses. Dies ist durch eine relative Zunahme der unehelichen Conceptionen zu erklären. Indessen war bei der früheren Erörterung nur die Summe sämtlicher Kinder angeführt. Um daher diesen Einfluss der unehelichen Geburten beurteilen zu können, habe ich nebenstehende Tabelle aus den von der Zeitschrift des statistischen Bureaus mitgeteilten Zahlen berechnet.

Conceptions-monat	April	Mai	Juni	Juli	August	Septbr.
Geburtsmonat	Januar	Februar	März	April	Mai	Juni
Lebend	424 585	395 628	425 378	396 438	393 707	370 830
ehelich	402 861	374 857	404 680	376 534	373 857	349 488
	827 446	770 485	830 058	772 972	767 564	720 318
	105,39	105,54	105,11	105,29	105,31	106,11
Tot	24 112	19 064	20 335	18 413	18 001	16 526
ehelich	15 902	15 077	15 905	14 183	13 493	12 518
	37 014	34 141	36 240	32 596	31 494	29 044
	13 283	126,44	127,84	129,82	133,43	132,01
	4,28	4,24	4,18	4,05	3,94	3,88
Lebend	36 340	34 873	36 706	33 381	32 902	30 423
unehelich	35 079	33 388	35 227	32 251	31 849	29 430
	71 419	68 261	71 933	65 632	64 751	59 853
	103,60	104,45	104,19	103,50	103,30	103,37
Tot	2 416	2 196	2 382	2 057	2 044	1 779
unehelich	2 017	1 771	1 902	1 783	1 683	1 506
	4 433	3 967	4 284	3 840	3 727	3 285
	119,7	123,9	125,2	115,4	121,4	111,4
	5,85	5,49	5,62	5,53	5,44	5,20
Ehelich	445 697	414 692	445 713	414 851	411 708	387 356
	418 763	389 934	420 585	390 717	387 350	362 006
	864 460	804 626	866 298	805 568	799 058	749 362
	106,43	106,35	105,98	106,18	106,29	107,00
Unehelich	38 756	37 069	39 088	35 438	34 946	32 202
	37 096	35 159	37 129	34 034	33 532	30 936
	75 852	72 228	76 217	69 472	68 478	63 138
	104,48	105,44	105,28	104,13	104,22	104,09
	8,07	8,24	8,09	7,94	7,89	7,77
Lebend	460 925	430 501	462 084	429 819	426 609	401 253
	437 940	408 245	439 907	408 785	405 706	378 918
	898 865	838 746	901 991	838 604	832 315	780 171
	105,25	105,45	105,04	105,14	105,15	105,89
Tot	23 528	21 260	22 717	20 470	20 045	18 305
	17 919	16 848	17 807	15 966	15 176	14 024
	41 447	37 108	40 524	36 436	35 221	32 329
	131,30	126,19	127,58	128,22	132,09	130,53
	4,41	4,23	4,30	4,16	4,06	3,98
Summe	484 453	451 761	484 801	450 289	446 654	419 558
	455 859	425 093	457 714	424 751	420 882	392 942
	940 312	876 854	942 515	875 040	867 536	812 500
	106,27	106,27	105,92	106,01	106,12	106,77

Conceptionsmonat	Octbr.	Nov.	Dezbr.	Januar	Febr.	März	Jahr
Geburtsmonat	Juli	August	Septbr.	October	Novbr.	Dezbr.	Jahr
Lebend	391 842	410 712	428 300	418 878	401 850	409 044	4 867 202
ehelich	369 286	389 156	407 136	396 719	381 096	387 066	4 612 736
	761 128	799 868	835 436	815 597	782 946	796 110	9 479 938
	106,11	105,54	105,20	105,59	105,44	105,68	105,517
Tot	16 357	17 086	17 435	18 060	18 478	19 825	220 692
ehelich	12 546	13 357	13 324	13 924	14 100	15 197	169 526
	28 903	30 443	30 759	31 984	32 578	35 022	390 208
	130,39	127,94	130,86	129,72	131,04	130,46	130,15
	3,66	3,67	3,55	3,77	3,99	4,21	3,953
Lebend	29 751	28 931	31 558	29 520	30 712	34 411	389 508
unehelich	28 581	27 290	30 147	28 319	29 544	32 635	373 740
	58 332	56 221	61 705	57 839	60 256	67 046	763 248
	104,10	106,02	104,68	104,24	103,92	105,44	104,22
Tot	1 754	1 682	1 754	1 897	1 889	2 190	24 040
unehelich	1 491	1 398	1 454	1 520	1 634	1 885	20 044
	3 245	3 080	3 208	3 417	3 523	4 075	44 084
	117,7	120,3	120,6	124,8	115,8	116,2	119,9
	5,27	5,19	4,94	5,58	5,52	5,73	5,460
Ehelich	408 199	427 798	445 735	436 938	420 328	428 869	5 087 884
	381 832	402 513	420 460	410 643	395 196	402 263	4 782 262
	790 031	830 311	866 195	847 581	815 524	831 132	9 870 146
	106,91	106,28	106,01	106,40	106,36	106,61	106,391
Unehelich	31 505	30 613	33 312	31 417	32 601	36 601	413 548
	30 072	28 688	31 601	29 839	31 178	34 520	393 784
	61 577	59 301	64 913	61 256	63 779	71 121	807 332
	104,77	106,72	105,41	105,29	104,57	106,03	105,019
	7,23	6,67	6,97	6,74	7,25	7,88	7,561
Lebend	421 593	439 643	459 858	448 398	432 562	443 455	5 256 710
	397 867	416 446	437 283	425 038	410 640	419 701	4 986 476
	819 460	856 089	897 141	873 436	843 102	863 156	10 243 186
	105,96	105,57	105,16	105,49	105,34	105,66	105,42
Tot	18 111	18 768	19 189	19 957	20 367	22 015	244 732
	14 037	14 755	14 778	15 444	15 734	17 082	189 570
	32 148	33 523	33 967	35 401	36 101	39 097	434 292
	129,04	127,21	129,87	129,24	129,44	128,88	129,09
	3,77	3,79	3,65	3,89	4,11	4,33	4,067
Summe	439 704	458 411	479 047	468 355	452 929	465 470	5 501 432
	411 904	431 201	452 061	440 482	426 374	436 783	5 176 046
	851 608	889 612	931 108	908 837	879 303	902 253	10 677 478
	106,75	106,31	105,97	106,33	106,23	106,57	106,286

In dieser Tabelle ist für jeden Monat und ferner für das ganze Jahr die Zahl der Lebendgeborenen und der Totgeborenen unter den ehelichen und ebenso unter den unehelichen Kindern angegeben. Hieraus ist die Gesamtzahl der ehelichen und der unehelichen Geburten und ferner die Summe der Lebend- und Totgeborenen berechnet worden. Diese Angaben finden sich ebenfalls in der Tabelle. Und zwar giebt die erste Zahl einer jeden Rubrik die Knaben-, die zweite die Mädchengeburten, die dritte die Summe beider und die vierte das Sexualverhältniss derselben an. Letztere Zahlengrösse nennt, wie gewöhnlich, die Anzahl der Knaben auf 100 Mädchen berechnet. Ferner findet sich bei den totgeborenen ehelichen Kindern noch angegeben, wie viel Procent sie von der Gesamtzahl der ehelichen Geburten ausmachen. Ebenso ist berechnet worden, wie viel Procent die totgeborenen unehelichen Kinder unter den unehelichen Kindern überhaupt und endlich wie viel Procent die unehelichen Geburten im Vergleich zu allen Geburten des betreffenden Monats betragen. Diese Summe aller Geburten findet sich in der untersten Reihe. Die früher angegebenen Zahlen stimmen nun mit dieser Summe nicht vollständig überein, sondern sind etwas kleiner. Die Geburtsangaben der statistischen Zeitschriften können nämlich nie vollständig richtig sein; denn stets werden noch nachträglich einige Geburten angemeldet. Daher sind die späteren Angaben um ein Minimum grösser als die früheren. Indessen sind diese Nachträge so klein, dass durch sie an dem Sexualverhältniss der Geburten nichts geändert wird, wie man sich durch eine Vergleichung der früher und der jetzt mitgeteilten Zahlen leicht überzeugen kann.

Diese Tabelle enthält so umfassende Zahlen, dass die Schlüsse, welche sich daraus ziehen lassen, nicht nur für die Darlegung der Theorie sondern auch für die Lehre von der Zeugung überhaupt von grosser Wichtigkeit sind.

Vergleichen wir zunächst die Gesamtzahl der ehelichen mit der der unehelichen Geburten, so ergiebt sich, dass das für das ganze Jahr berechnete Sexualverhältniss bei beiden Summen von Geburten ein verschiedenes ist. Der durchschnittliche Knabenüberschuss ist bei den unehelichen geringer als bei den ehelichen; bei ersteren beträgt er 105,019 und bei letzteren 106,391. Bereits früher wurde eine grosse Zahl von Thatsachen angeführt, welche diesen Sachverhalt als richtig bewiesen. Das Ergebniss dieser Forschungen erfährt durch die hier angeführten Zahlen eine neue Bestätigung. Und zwar ist das Resultat dieser neuen Zahlen zuverlässig, da die Anzahl der unehelich Geborenen eine grosse, nämlich 807 332 ist.

Die ehelichen Geburten zeigen dasselbe Verhalten wie die Summe aller Geburten, was sehr natürlich ist, da sie ja den grössten Teil derselben ausmachen. Die unehelichen Geburten dagegen betreffen weit weniger Fälle und das Schwanken des Sexualverhältnisses, welches als eine Wirkung des Zufalls aufgefasst werden muss, ist bei ihnen nicht unbedeutend. Im allgemeinen zeigt sich aber, dass, wie zu erwarten stand, die Zahl der unehelichen Conceptionen im Frühling steigt, während zugleich der Knabenüberschuss ebenso wie in den folgenden Sommermonaten gering ist. Im Winter dagegen zeigt sich eine Abnahme der unehelichen Conceptionen und dieser entsprechend ein Steigen des Knabenüberschusses. Das Extrem fällt in den November. Eine Zunahme der Conceptionen findet sich im December ebenso bei den ehelichen, wie unehelichen Geburten und diese Erscheinung ist beide Male mit einem Sinken des Knabenüberschusses verbunden. Es ist dies ohne Zweifel auf eine Wirkung der Familienfeste und der eingetretenen Winterruhe der ländlichen Bevölkerung zurückzuführen. Im Februar dagegen tritt eine Abnahme der ehelichen und eine Zunahme der unehelichen Geburten ein. Hiermit ist ein Sinken des Knabenüberschusses verbunden, welches besonders stark bei den unehelichen Geburten ist. Der Umstand, welcher verursacht, dass bei den unehelichen Geburten der Knabenüberschuss geringer ist als bei den ehelichen, wird bei den Conceptionen im Februar besonders ins Gewicht fallen. Schon früher hatten wir gesehen, dass dies nicht bei allen unehelichen Geburten gleichmässig der Fall ist. Aus diesem Grunde ist z. B. der Knabenüberschuss bei den unehelichen Geburten auf dem Lande geringer als bei denselben in den Städten; denn in letzteren trägt das illegitime Zusammenleben mehr einen ehelichen Character, während auf dem Lande die unehelichen Kinder mehr als Kinder der Liebe angesehen werden müssen. Letzteres ist jedenfalls auch bei den im Februar concipierten unehelichen Kindern der Fall.

Bei Durchsicht der Zahlen, welche sich auf die Totgeburten beziehen, bemerkt man zunächst, dass dieselben einen ganz bedeutenden Knabenüberschuss aufweisen (129,09). Die Knaben sterben also während des Fötallebens häufiger als die Mädchen, weil viele derselben sich unter ungünstigen Ernährungsverhältnissen ausbilden, während sie, da sie durchschnittlich schwerer sind, sogar mehr Nahrung beanspruchen als die leichteren Mädchen. Die hier gefundene Zahl stimmt sehr wohl mit den bereits früher angegebenen.

Man bemerkt ferner, dass der Knabenüberschuss bei den totgeborenen ehelichen Kindern (130,15) grösser ist als bei den tot-geborenen unehelichen (119,9). Dieses ist auf folgende Weise zu erklären. Unter den ehelichen Geburten finden sich weniger Totgeborene (3,9 %) als unter den unehelichen (5,4 %), wie man aus der Tabelle ersieht. Ist die Zahl der Tot-geburten gering, so tritt die stärkere Sterblichkeit der Knaben umsomehr hervor. Hat dagegen die Mutter unter ihren Umständen viel zu leiden, so werden überhaupt viele Kinder sterben, ganz abgesehen davon welches Geschlecht sie haben. Bei unehelichen Geburten wird daher die stärkere Sterblichkeit des männlichen Geschlechtes mehr zurücktreten.

Diese interessante Erscheinung stimmt sehr schön überein mit dem Ergebniss der statistischen Untersuchungen über die Kindersterblichkeit in Süddeutschland, welche von G. Mayr angestellt wurden. Dieser Forscher sagt [1]): „Aus meinen geographischen Detailstudien für Bayern ergiebt sich nämlich, dass die Sterblichkeit der Knaben jene der Mädchen überall da verhältnissmässig am meisten übertrifft, wo die Kindersterblichkeit an sich gering ist, während da, wo die Kindersterblichkeit überhaupt bedeutend ist, der Überschuss der besonderen Knabensterblichkeit sich kleiner herausstellt." Aus den mitgeteilten Zahlen ergiebt sich nun, dass dieser Satz nicht nur für die Kindersterblichkeit während des ersten Lebensjahres sondern auch für die Sterblichkeit während des Fötallebens gilt. Je grösser die Sterblichkeit überhaupt ist, desto weniger tritt die stärkere Gefährdung des männlichen Geschlechtes hervor, und zwar sowohl während des Fötallebens als auch während der folgenden Jahre.

Vergleicht man nun die Zahl der Totgeburten in den einzelnen Monaten, so findet man, dass dieselbe im allgemeinen gegen den Herbst hin abnimmt, dann aber rasch steigt und im Januar das Maximum erreicht. Bei den Kindern, welche im Anfang des Jahres erzeugt und im Herbst geboren werden, zeigen sich die wenigsten, dagegen bei denen, welche im Frühjahr gezeugt und

---

[1]) München in naturwissenschaftlicher und medicinischer Beziehung, G. Mayr: Über die Kindersterblichkeit in München, pag. 193.

im Winter geboren werden, die meisten Tot-geburten. Beim Beginn der Schwangerschaft ist der Winter dem Leben der Kinder nicht so gefärlich als gegen Vollendung derselben. Hiermit in Übereinstimmung stehen die Änderungen des Sexualverhältnisses. Je grösser die Sterblichkeit der Kinder während des Fötallebens überhaupt ist, desto weniger tritt die stärkere Gefährdung des männlichen Geschlechtes hervor. Die Zahlen, welche die Totgeburten angeben, sind aber so klein, dass die Sexualverhältnisse beträchtlichen Schwankungen ausgesetzt sind. Es ist daher nötig, die Summe der Tot-geburten in mehreren Monaten zu betrachten. Ihre Zahl ist gering in den fünf Monaten Juni bis October, es wurden während der betrachteten zehn Jahre nämlich 94 330 Knaben und 73 038 Mädchen tot-geboren, was einem Sexualverhältniss von 129,15 zu 100 entspricht. In den fünf Monaten December bis April aber wurden 109 990 Knaben und 85 622 Mädchen tot-geboren, woraus sich ein Geschlechtsverhältniss von 128,46 Knaben zu 100 Mädchen ergiebt. In diesen kältern Monaten werden also überhaupt etwas mehr Kinder totgeboren und die stärkere Sterblichkeit der Knaben tritt daher etwas weniger hervor.

Die Erscheinung, dass bei hoher Sterblichkeit der Kinder überhaupt die grössere des männlichen Geschlechtes weniger hervortritt, bietet viel Interesse und ist für die medicinische Statistik nicht unwichtig, sodass es sich verlohnt, dieselbe noch weiter zu verfolgen. Eine solche Untersuchung wurde in folgender Weise vorgenommen. Von der Zeitschrift des statistischen Bureaus in Berlin werden, wie schon früher erwähnt, die Geburten nach dem Stande und der Beschäftigung des Vaters geordnet veröffentlicht. Hierbei ist aber nicht nur die Zahl der Lebendgeborenen sondern auch die der Totgeborenen genau angegeben. Nach dem oben gefundenen Satze muss nun der Knabenüberschuss bei den Totgeburten desto grösser sein, je geringer die Zahl der Totgeburten überhaupt bei diesem Stande ist. Das Resultat der Berechnungen ist in umstehenden Tabellen mitgeteilt.

Stand	Totge- burten in %	Totgeburten männlich	Totgeburten weiblich	Sexual- verhält- niss	Beobach- tungs- jahre
Öffentliche Beamte .	3,371	4 579	3 478		1877—81
Heer, Marine . . .	3,074	743	560		1875—81
Militärzwecke . . .	3,194	6	5		1877—81
Summe	3,0—3,5	5 328	4 043	131,8	
Selbständige. . . .	3,840	41 286	31 607		1877—81
Privatbeamte . . .	3,784	2 814	2 083		1877—81
Gesellen, Lehrlinge, Ar- beiter	3,769	27 500	21 284		1877—81
Ausgedingte Rentner, Pensionäre . . .	3,965	765	597		1875—81
Summe	3,5—4,0	72 365	55 571	130,22	
Tagearbeiter . . .	4,275	44 373	34 087	130,18	1875—81
Dienstboten, Mägde .	4,674	9 076	7 149	127,0	1877—81
Almosenempfänger .	6,561	63	50		1875—81
Insassen v. Anstalten, Unterricht . . .	11,992	327	287		1877—81
Krankenpflege . . .	7,008	712	606		1877—81
Arme, Invalide . .	5,085	19	25		1877—81
Strafe, Besserung . .	13,171	30	21		1877—81
Übrige	9,769	3 505	2 729		1877—81
Summe	über 5,0	4 656	3 718	125,3	
Erwerbszweig					
Fischerei	3,422	330	234		1875—81
Fabrikation v. Maschi- nen	3,429	1 353	984		1877—81
Papier- u. Lederind.	3,477	826	661		1877—81
Polygraph. Gewebe .	3,114	207	157		1877—81
Kunstgewerbe . . .	3,080	69	62		1877—81
Gesundheitspflege,Kran- kendienst. . . .	3,183	125	102		1877—81
Unterricht	2,794	754	575		1877—81
Kirche, Gottesdienst .	3,414	186	144		1877—81
Kaisl. Hof- u. Staats- gemeinden . . .	3,449	1 340	1 021		1877—81
Heer und Flotte . .	3,095	753	568		1875—81
Summe	3,0—3,5	5 943	4 508	131,8	

20

Erwerbszweig	Totgeburten in $^0/_0$	Totgeburten männlich	Totgeburten weiblich	Sexualverhältniss	Beobachtungsjahre
Handel- u. Versicherungswesen . . .	3,649	6 072	4 717		1875—81
Verkehrsgewerbe . .	3,836	5 613	4 218		1877—81
Kunst, Litteratur, Presse	3,657	53	58		1877—81
Bergbau, Hütten-Salinenwesen	3,651	6 908	5 451		1875—81
Ind. d. Steine u. Erden	3,865	2 258	1 670		1875—81
Metallverarbeitung .	3,716	6 032	4 725		1875—81
Chemische Industrie	3,892	84	74		1877—81
Ind. d. Heiz- u. Leuchtstoffe	3,643	81	49		1877—81
Ind. d. Holz- u. Schnitzstoffe	3,634	3 576	2 751		1877—81
Ind. d. Nahrungs- und Genussmittel . .	3,727	3 874	3 171		1877—81
Baugewerbe	3,717	9 646	7 518		1875—81
Summe	3,5—4,0	44 197	34 402	128,5	
Beherbergung und Erquickung	4,287	2 120	1 703		1877—81
Fabrikarbeiter . . .	4,380	2 898	2 190		1877—81
Tagelöhner	4,481	8 470	6 631		1877—81
Dienstboten	5,692				
Landwirtschaft . . .	4,054	61 607	47 039		1875—81
Textilindustrie . . .	4,226	4 326	3 348		1875—81
Bekleidung und Reinigung	4,013	6 954	5 172		1875—81
Übrige	4,054	1 332	1 010		1875—81
Summe	1,0—4,5	87 707	67 093	130,7	
Unbestimmt	8,183	5 928	4 655	127,3	1875—81

In der ersten Tabelle sind die Geburten nach dem Stand des Vaters, in der zweiten nach dem Erwerbszweig desselben geordnet. In der ersten Zahlencolumne ist angegeben, wie viel Procent aller Geburten des Standes die Totgeburten 1877—81 ausmachten. Je grösser diese Zahlen sind, desto kleiner muss der Knabenüberschuss sein, der durch das Sexualverhältniss angegeben ist. Um über möglichst grosse Zahlen zu verfügen, wurden die Angaben zu Partien zusammengefasst. Die erste Partie enthält die niedrigste Zahl von Totgeburten, nämlich 3,0 bis 3,5 $^0/_0$. Dann folgt 3,5 bis 4,0 $^0/_0$, ferner 4,0 bis 4,5 $^0/_0$, endlich 4,5 bis 5,0 $^0/_0$; die erste Tabelle enthält dann noch eine Partie, bei der die Totge-

burten mehr als 5 ½ betragen. Wie man aus der ersten Tabelle
ersieht, nimmt der Knabenüberschuss stetig ab, je mehr die Zahl
der Totgeburten steigt, und zwar wird diese Regelmässigkeit durch
keine zufällige Schwankung gestört. In der zweiten Tabelle zeigt
sich genau dieselbe Erscheinung; nur wird die Regelmässigkeit
durch eine kleine zufällige Schwankung gestört, da der Knabenüberschuss bei der zweiten Partie etwas zu niedrig ist. Jedoch
ist diese Unregelmässigkeit unbedeutend. Aus den Tabellen geht
also als unzweifelhaft sicher hervor, dass mit der Zunahme der
Totgeburten der Knabenüberschuss derselben sinkt.

Diese Erscheinung zeigt sich also, wenn man die Geburten
nach dem Stand, ferner wenn man sie nach dem Erwerbszweig
des Vaters und endlich wenn man sie nach dem Geburtsmonat
ordnet. Da Mayr Ähnliches in bezug auf die Kindersterblichkeit
feststellte, so darf man mit Sicherheit den Satz annehmen, dass
die grössere Sterblichkeit der Knaben sowohl während des Foetal-
lebens wie auch später desto weniger hervortritt, je grösser die
Sterblichkeit überhaupt ist. —

Doch kehren wir zurück zur Betrachtung der Tabelle über
den Einfluss der Jahreszeiten. Die Summe aller Geburten, welche
während der zehn Jahre in den verschiedenen Monaten stattfanden, zeigt, wie bereits früher als unzweifelhaft richtig nachgewiesen wurde, dass in den wärmeren Monaten mehr Mädchen gezeugt
werden als in den kälteren. Es ist unnötig, dies noch einmal zu
erläutern. Jedoch ist es vielleicht von Interesse, zu erfahren, wie
viel Knaben in jedem Winter dem Umstand ihr Geschlecht verdanken, dass sie in den kälteren Monaten gezeugt wurden. Dieses
ist auf folgende Weise berechnet worden. In den fünf wärmeren
Monaten wurden in Preussen während der in Rechnung gezogenen
zehn Jahre 2 317 958 Knaben und 2 184 299 Mädchen erzeugt, was
einem Sexualverhältniss von 106,12 Knaben zu 100 Mädchen entspricht. In den fünf kälteren Monaten aber wurden 2 251 498
Knaben und 2 113 312 Mädchen erzeugt; diese Zahlen geben das
Verhältniss 106,54 zu 100. Die Monate December und Februar
nehmen eine Ausnahme-stellung ein und sind darum bei dieser
Berechnung fortgeblieben. Aus den angeführten Zahlen geht hervor, dass in den fünf kälteren Monaten um 0,42 ½ mehr Knaben
erzeugt werden als in den fünf wärmeren. Daraus geht hervor,
dass in diesen zehn Jahren 8876 Knaben ihr Geschlecht dem Umstande verdanken, dass sie im Winter erzeugt wurden. Für jedes
Jahr beträgt dies 888 Knaben. Diese Mehrproduction ist indessen

so gering, dass sie nicht in jedem Jahre nachweisbar ist. Daher war es auch früheren Forschern nicht möglich gewesen, diese Differenz unzweifelhaft sicher nachzuweisen.

Über die Geburten in der Stadt und auf dem Lande.

Wie wir früher gesehen hatten, bewirken ungünstige Verhältnisse auch beim Menschen eine Verminderung der Reproduction und eine relative Mehrgeburt von Knaben. Die Städter sind nun im allgemeinen nicht nur besser ernährt, sondern auch körperlich weniger angestrengt als die Landbewohner. Daraus geht hervor, dass der Genitalapparat letzterer durchschnittlich weniger Nahrungszufuhr erhalten wird als der ersterer. In Übereinstimmung hiermit hatten wir gefunden, dass die Bewohner der Städte durchschnittlich eher geschlechtsreif werden als die des Landes. Die Untersuchungen mehrerer Forscher führten nämlich in verschiedenen Ländern zu dem übereinstimmenden Resultat, dass die Städterinnen früher menstruieren als die Bäuerinnen. Mit der Zunahme der Ernährung des Genitalsystems nimmt aber auch die relative Production von Mädchen zu. Dies fanden wir bestätigt durch mehrere Untersuchungen, welche zu dem übereinstimmenden Ergebniss führten, dass der Knabenüberschuss auf dem Lande grösser ist als in den Städten.

Eine neue Bestätigung findet dieses Resultat durch folgende aus den Mitteilungen der Zeitschrift des k. preussisch. statist. Bureaus berechneten Zahlen. Die hier gegebene Übersicht zeigt die Sexualverhältnisse der Geburten im Jahre 1881, welche in den Städten und auf dem Lande stattfanden.

	Knaben	Mädchen	Sex.-verh.
Grossstädte	53 715	51 342	104,62
Alle Städte	181 698	173 240	104,88
Plattes Land	337 308	320 318	105,30
Staat	519,006	493,558	105,15

Aus diesen Zahlen geht die Thatsache hervor, dass der Knabenüberschuss bei den Geburten im Jahre 1881 auf dem platten Lande am grössten, in den Städten kleiner und in den Grossstädten am kleinsten war.

Ferner lässt sich aus den von der Zeitschrift mitgeteilten Angaben das durchschnittliche Sexualverhältniss der Geburten in

Preussen während der fünf Jahre von 1875 bis 1879 entnehmen, Es ist für die verschiedenen Städte, sowie für das platte Land in folgender Übersicht mitgeteilt.

Berlin	105,70
Grossstädte	105,72
Mittelstädte	105,44
Kleinstädte	106,14
Plattes Land	106,62
Staat	106,36

Diese Zahlen führen abermals zu demselben Ergebniss. Nur die Grossstädte, d. h. solche Städte, welche über 100 000 Einwohner haben, zeigen eine kleine Steigerung des Knabenüberschusses, was vielleicht darauf zurückzuführen ist, dass diese Angabe weniger Fälle umfasst als die übrigen. Im Jahre 1881 zeigte sich diese Abweichung nicht, wie wir gesehen hatten.

Für das Jahr 1882 war das Sexualverhältniss der Geburten in ganz Preussen 106,42, in den Grossstädten aber nur 105,24, in den Mittelstädten, d. h. solchen von 20 000 bis 100,000 Einwohnern, sogar nur 104,83. Hieraus geht wieder hervor, dass der Knabenüberschuss in den Städten am geringsten ist. Eigentümlicherweise ist derselbe auch in diesem Jahre in den Grossstädten etwas höher als in den Mittelstädten. Indessen ist die Steigerung zu gering, als dass man glauben dürfte, sie sei durch diese Zahlen bereits sicher festgestellt. Vielleicht wird sie nur als zufällige Abweichung zu betrachten sein. — Im allgemeinen gelangen wir also von neuem zu dem unzweifelhaften Resultat, dass in den Städten mehr Mädchen geboren werden als auf dem Lande, und zwar ist dies zurückzuführen auf die Wirkung der verschiedenen Lebensweise. Der durchschnittlich besser genährte und weniger angestrengt arbeitende Städter erübrigt mehr Nahrung für das Genitalsystem. Mit der Zunahme der Ernährung des Genitalsystems nimmt aber auch die Production von Mädchen zu.

Über die Wirkung der Inzucht.

Im Laufe der Entwicklung der Theorie war schon darauf hingewiesen worden, dass die Differenz in den Sexualverhältnissen der Stadt- und Land-geburten wahrscheinlich durch die Wirkung von zwei Momenten herbeigeführt wird. Bei Vergleichung der

Stärke der geschlechtlichen Mischung auf dem Lande und in der
Stadt kommt man zu dem Resultat, dass unter den Landbewoh-
nern mehr Inzucht stattfindet als in den Städten. Am stärksten
ist die Mischung in Fabrikstädten, wo sich die Angehörigen nicht
nur verschiedener Stämme, sondern auch verschiedener Nationalitäten zusammenfinden. In der That findet man in Fabrikstädten
einen relativ geringen Knabenüberschuss. Die Zeitschrift des statistischen Bureaus in Berlin hat die Sexualverhältnisse der Geburten für jede einzelne Mittelstadt während der fünf Jahre 1875
bis 1879 und während des Jahres 1880 mitgeteilt. Aus diesen
Zahlen wurde das durchschnittliche Geschlechtsverhältniss der Geburten in den Fabrikstädten und ferner in allen übrigen Mittelstädten berechnet, wobei natürlich die ungefähre Einwohnerzahl
der Städte eine Berücksichtigung erfuhr [1]). Diese Berechnung ergab folgende Sexualverhältnisse:

1880	1875—1879	
104,67	104,89	Fabrikstädte
104,99	105,79	Die übrigen Mittelstädte
106,36	106,42	Staat

Wir sehen also, dass der Knabenüberschuss in den Fabrikstädten geringer ist als in den übrigen etwa gleich grossen Städten. Es wäre unrichtig, wenn man vermuten wollte, dieser niedrige Ausfall des Knabenüberschusses in den Fabrikstädten werde
vielleicht durch eine grössere Zahl von unehelichen Kindern verursacht. Dem ist nicht so, denn diese Städte liegen zum
grössten Teil in der Rheinprovinz und in Westfalen, wo die Zahl
der unehelichen Kinder eine aussergewöhnlich niedrige ist. Es
muss dies als bekannt vorausgesetzt werden, die Beweise hierfür
finden sich in statistischen Werken. Man gelangt also zu dem
Resultat, dass unter den Städten, in denen ja überhaupt weniger
Knaben produciert werden, der Knabenüberschuss in den Fabrikstädten am geringsten ist. Da die Fabrikarbeiter, welche doch
die Hauptmasse der Bewohner dieser Städte stellen, jedenfalls
nicht besser genährt sind als die Einwohner der übrigen Städte,
so kann diese Erscheinung nicht auf die Wirkung einer besseren
Ernährung zurückgeführt werden. Die Mehrproduction wird daher zweifellos durch die Wirkung der stärkeren geschlechtlichen
Mischung in den Fabrikstädten hervorgerufen.

---

[1]) Um eine Controle der hier angestellten Berechnung zu er-

Unter den schon früher benutzten Zahlen, welche die nach dem Stande des Vaters geordneten Geburten wiedergeben, findet sich auch die Zahl der Neugeborenen, deren Vater Fabrikarbeiter ist. Es wurden nämlich in den fünf Jahren von 1877 bis 1881 59 791 männliche und 56 581 weibliche Fabrikarbeiter-kinder geboren, was einem Sexualverhältniss von 105,67 zu 100 entspricht. Bei diesen Zahlen sind, wie schon früher bemerkt, die Totgeburten mitgerechnet. Solche Arbeiter, bei deren Reproduction wahrscheinlich wenig geschlechtliche Mischung stattfindet, sind jedenfalls die Bergleute. Fabrikarbeiter werden stets von aussen herbeigeholt, bei den Bergleuten ist dies aber gar nicht oder nur wenig der Fall. Es mag dies seinen Grund darin haben, dass der erwachsene Mensch nur dann in die Erde geht und dort arbeitet, wenn er dies von Jugend auf gewohnt ist. Bei Bergleuten wird also nicht wie bei Fabrikarbeitern eine Mischung verschiedener Stämme und Nationalitäten stattfinden. In den obengenannten 5 Jahren wurden 168 862 männliche und 157 202 weibliche Kinder geboren, deren Vater im Bergbau, Hütten- oder Saline-wesen beschäftigt waren. Diese Zahlen ergeben das Sexualverhältniss 107,42:100. Der Knabenüberschuss ist hier also bedeutend grösser als bei den Fabrikarbeitern. Man ist also wohl berechtigt, diesen Unterschied als eine Wirkung der verschieden starken geschlechtlichen Mischung anzusehen.

Das Experiment.

Die meisten der angeführten Thatsachen, namentlich die, auf welche das grösste Gewicht zu legen ist, sind nicht durch Experimente, sondern durch statistische Untersuchungen gewonnen. Es fragt sich, wie sich die Richtigkeit der Theorie etwa durch ein directes Experiment prüfen liesse. Der Grundgedanke derselben besteht darin, dass stets ein bestimmtes Geschlechtsverhältniss sich zu erhalten bestrebt ist. Wenn man also unter einer Anzahl von Tieren ein von diesem abweichendes Sexualverhältniss herstellt, so muss sich in den Geburten die Tendenz zeigen, dasselbe zu regulieren.

möglichen, teile ich die Namen der Städte, welche als Fabrikstädte angesehen wurden, nach der Grösse geordnet mit: Barmen, Elberfeld, Aachen, Krefeld, Dortmund, Essen, Duisburg, München-Gladbach, Bochum, Bielefeld, Remscheid, Königshütte, Hagen in W., Hanau, Viersen, Mülheim (Ruhr), Witten, Hamm, Mülheim (Rhein).

Herr Professor Preyer, mit welchem ich mehrfache Unter-
redungen über diesen Gegenstand hatte, schlug vor, das Experiment auf folgende Weise zu unternehmen. Als Material wurden
Meerschweinchen benutzt, da Herr Professor Preyer die Güte
hatte, mir die Meerschweinchen des physiologischen Institutes zu
diesem Zwecke zur Verfügung zu stellen, wofür ich mir auch hier
erlaube, ihm meinen Dank auszusprechen. Etwa 90 Stück dieser
Tiere wurden in zwei Ställen so verteilt, dass in dem einen ein
ausserordentlicher Mangel an Männchen und ein grosser Überfluss
an Weibchen, in dem andern ein Mangel an Weibchen und ein
Überfluss an Männchen herrschte. In dem einen Stall herrschte
also das entgegengesetzte Sexualverhältniss wie im andern. Alsdann mussten der Theorie nach in dem ersteren mehr Männchen
und in dem zweiten mehr Weibchen geboren werden.

Wöchentlich wurde der Stall ein- oder zweimal revidiert, das
Geschlecht der neugeborenen Jungen bestimmt und dieselben durch
kleine Ausschnitte in den Ohren gekennzeichnet. Eine Woche
später, wenn sich die Tiere schon etwas weiter entwickelt hatten,
wurde noch einmal controliert, ob sich auch kein Fehler einge-
schlichen hatte.

Im Anfang zeigte sich nun ein ganz erheblicher Überschuss
an männlichen Geburten in dem Stall, der meist Weibchen enthielt. Dies war aber nur das Werk des Zufalls; denn bald stellte
sich das umgekehrte Verhältniss ein und es wurden viel mehr
Weibchen als Männchen geboren. Endlich änderte sich das Verhältniss wieder zu gunsten der Männchengeburten. Wenn man
nun sämmtliche Geburten, welche bis jetzt stattfanden, zusammen-
fasst, so ist diese Zahl noch viel zu gering, um irgend etwas daraus schliessen zu können.

Wenn es gelänge, ein Experiment von so umfassender Art
anzustellen, dass es sich, wenn auch nur annähernd, mit der statistischen Untersuchung über die Wirkung der stärkeren Beanspruchung bei Pferden vergleichen liess, so würde die Theorie
auch durch ein directes Experiment bestätigt, resp. widerlegt werden können.

Es scheint mir, als ob die Art und Weise, wie der Versuch
bis jetzt unternommen wurde, eine sehr zweckmässige sei. Dieser
muss aber so lange fortgesetzt werden, bis das Sexualverhältniss
constant geworden ist, also nicht mehr durch zufällige Schwankungen abgeändert werden kann. Angenommen einmal, die Theorie sei falsch, so würde sich folgendes einstellen. In beiden Stäl-

len, sowohl in dem, wo Mangel an Männchen herrscht, als in dem, wo diese sehr in der Mehrzahl sind, würden die Geburten, wenn eine genügende Zahl erhalten ist, ein ganz bestimmtes und zwar dasselbe Sexualverhältniss zeigen. Bei der Richtigkeit der Theorie hingegen wird sich in dem einen Stall ein anderes Geschlechtsverhältniss bei den Geburten herausstellen als in dem andern. Und zwar müssen in dem Stall, in dem Mangel an Männchen herrscht, etwas mehr Männchen, in dem, wo Mangel an Weibchen herrscht, etwas mehr Weibchen geboren werden.

Der Versuch muss also so lange fortgesetzt werden, bis das Sexualverhältniss der Geburten in jedem Stall nicht mehr durch die zufälligen Schwankungen der folgenden Geburten abgeändert wird. Dies wird erst bei einer grossen Zahl von Geburten der Fall sein. Bei 3200 Fällen z. B. ist nach Lexis[1]) die Wahrscheinlichkeit noch immer gleich $\frac{1}{9}$, dass das Verhältniss um 6 männliche Geburten, auf 100 weibliche berechnet, unrichtig ist.

Das Bemühen, eine möglichst grosse Anzahl von Geburten zu erhalten, stösst aber auf einige Schwierigkeiten. In dem einen Stall, in welchem Mangel an Männchen herrschen soll, kann auf eine sehr grosse Zahl von Weibchen nur ein einziges Männchen gehalten werden. Dieses wird die vielen Weibchen dennoch in Reproductionsthätigkeit halten und an Geburten wird es nicht mangeln. In dem Stall jedoch, in welchem Mangel an Weibchen herrschen soll, kann kein so extremes Sexualverhältniss hergestellt werden. Bei einer grossen Zahl von Männchen müssen doch immer mehrere Weibchen gehalten werden. Wollte man noch weniger nehmen, so würde die Zahl der Geburten eine viel zu geringe sein; denn die Stärke der Vermehrung hängt besonders von der Anzahl der Weibchen ab, wie im Laufe der Entwickelung der Theorie oft betont wurde. Es wird daher immerhin eine längere Zeit dauern, bis auch in diesem Stall die Zahl der Geburten eine genügende geworden ist.

Ferner ist es nicht unwichtig, auch das Datum in die Protokolle aufzunehmen, da voraussichtlich im Sommer die Zahl der weiblichen Geburten eine etwas grössere als im Winter sein wird. Alsdann können später die Geburten auch nach den Jahreszeiten zusammengestellt werden und auf solche Weise kann zugleich der Einfluss dieses Momentes geprüft werden.

Einem solchen Experiment gegenüber hat eine statistische

---

[1]) Hildebrands Jahrbücher d. Nat. u. Stat. XXVII, 1876, p. 209.

Untersuchung den grossen Vorteil, dass sie über so ausserordentlich grosse Zahlen verfügt, wie sie ein Experiment wohl niemals erreichen kann. Trotzdem wäre es von grosser Wichtigkeit, dieses Experiment fortzusetzen. Da mir dies unmöglich ist, so muss ich die Hoffnung aussprechen, dass diese Fortsetzung von anderer Seite unternommen wird. Eine grosse Mühe ist nicht mit demselben verbunden, da die Revision jede Woche nur eine halbe oder ganze Stunde in Anspruch nimmt. Auch brauchen keine Tiere hierbei geopfert zu werden, da nur ausnahmsweise in zweifelhaften Fällen eins getötet und innerlich untersucht werden muss. Meist ist das Geschlecht mit Sicherheit äusserlich zu erkennen. Acht Tage später controliert man noch einmal die Jungen, welche in der vorigen Woche geboren und mit bestimmten Ausschnitten an den Ohren versehen wurden. Ein etwaiger Irrtum stellt sich alsdann stets heraus. Da das Experiment keine grosse Mühe verursacht, so kann es sehr leicht nebenbei angestellt und längere Zeit fortgesetzt werden. —

Da im Winter die Geburten der Meerschweinchen spärlicher wurden, so fragte es sich, ob nicht noch fruchtbarere Tiere zu diesem Experiment benutzt werden könnten. Mäuse und Ratten gehören zu solchen. Die gewöhnlichen grauen Tiere halten sich aber nicht gut in der Gefangenschaft und es wurden daher weisse Mäuse zu diesem Experiment gewählt. Ähnlich wie bei den Meerschweinchen, wurden auch hier die Tiere so verteilt, dass in einem Topfe Männchenmangel, in zwei andern aber Weibchenmangel herrschte. Die nackten Jungen müssen sofort nach der Geburt entfernt werden, da sie häufig aufgefressen werden. Einmal wurde selbst eine alte Maus bis auf das Rückgrat aufgefressen, trotzdem die Tiere sicherlich nicht Hunger litten. Die Jungen wurden sofort in Spiritus geworfen und alsdann innerlich untersucht, da bei ihnen das Geschlecht äusserlich nicht zu erkennen ist. Wahrscheinlich wird die Mutter alsdann eher wieder trächtig, als wenn sie das Säugegeschäft erst vollzöge. Auch mit diesem Experiment ist keine grosse Mühe verbunden, es muss aber mit Ausdauer fortgesetzt werden. Die Angabe des Datums ist auch hier erwünscht, damit zugleich der Einfluss der Jahreszeiten berücksichtigt und beobachtet werden kann. Infolge der freundschaftlichen Bereitwilligkeit des Herrn Dr. Walter, Assistenten am zoologischen Institute zu Jena, ist es möglich, dieses Experiment vorläufig noch fortzusetzen. —

Indessen fragt es sich, ob höhere Tiere überhaupt ein günstiges Object zur Anstellung solcher Experimente liefern. Es war früher theoretisch gezeigt worden, dass die Schwankungen des Sexualverhältnisses desto grösser sein werden, je rascher das Tier geschlechtsreif wird. Die Thatsachen standen hiermit in Übereinstimmung; denn beim Menschen und bei höheren Tieren zeigte sich immer nur eine geringe Abweichung vom normalen Zahlenwert des Sexualverhältnisses. Der Einfluss äusserer Umstände auf das Geschlechtsverhältniss bei den Geburten wird daher bei höheren Tieren, deren Geschlechtsreife im allgemeinen spät eintritt, klein und nur an grossen Zahlen sicher nachzuweisen sein. Bei niederen Tieren sind aber die Schwankungen ausserordentlich stark, so dass oft die ausschliessliche Production nur des einen Geschlechtes eintritt. Bei diesen wird die Anstellung eines Experimentes weit leichter sein und zu sehr in die Augen fallenden Resultaten führen. Teilweise sind diese Versuche bereits oben mitgeteilt worden. Als solche sind namentlich die von Siebold und von Adler über die verschiedenen Arten der Parthenogenesis ausgeführten zu erwähnen.

Die Versuche mit niederen Tieren gewähren auch noch einen weiteren Vorteil. Bei den Experimenten mit Meerschweinchen kann nämlich nur geprüft werden, ob eine Regulierung des Geschlechtsverhältnisses stattfindet. Bei niederen Tieren aber, bei denen eine künstliche Befruchtung der Geschlechtsproducte vorgenommen werden kann, ist es zugleich möglich, den Einfluss des Alters der Geschlechtsproducte zu untersuchen. Man wird leicht Sperma und Eier von verschiedenem Alter erhalten und dann später die Schwankungen des Sexualverhältnisses der Nachkommen beobachten können.

Die Tiere, bei denen unter Umständen eine ausschliessliche Production des einen Geschlechtes eintritt, eignen sich vielleicht weniger zu diesen Experimenten. Bei Bienen z. B. ist der Umstand, ob das Ei befruchtet oder nicht befruchtet ist, so entscheidend, dass alle übrigen Momente mehr oder weniger in den Hintergrund treten. So könnte bei diesen der Einfluss des Alters der Samenfäden beobachtet werden. Denn die Königin wird nur einmal befruchtet, die zuerst verbrauchten Samenfäden sind also jung, die später gebrauchten alt. Es ist daher die Möglichkeit nicht ausgeschlossen, dass aus den befruchteten Eiern sich im Anfang auch einige männliche Tiere entwickeln könnten; denn die Befruchtung mit jungen Spermatozoen entspricht einem Mangel an männlichen

Individuen. Der gänzliche Ausfall der Befruchtung entspricht indessen einem weit stärkeren Mangel an Männchen und erst dieser ist genügend, um das Ei zum männlichen Geschlecht zu bestimmen. Solche Tiere aber, bei denen bereits eine Verzögerung der Befruchtung eine Mehrgeburt von Männchen bewirkt, eignen sich vielleicht besser dazu, den Einfluss des Alters der Geschlechtsproducte zu untersuchen. — Ferner gehen bei andern Tieren infolge des Ausfalls der Befruchtung aus den Eiern Männchen und Weibchen hervor. Bei diesem Übergang zwischen Thelytokie und Arrenotokie zeigen sich nach den bisherigen Experimenten im Sommer mehr Weibchen als in den übrigen Jahreszeiten, was dem Einfluss der besseren Ernährung zugeschrieben werden muss. Es liegt daher die Vermutung nahe, dass der Einfluss der Ernährung besonders bei diesen Tieren leicht geprüft werden könnte, wie auch schon früher erwähnt wurde. Da man bei Fröschen leicht eine Befruchtung mit verschieden-altrigen Geschlechtsproducten vornehmen kann, so eignen sich auch diese vielleicht zu einer solchen Untersuchung. Indessen bietet die Bestimmung des Geschlechts erhebliche Schwierigkeiten, wie Pflüger fand.

Die Wichtigkeit eines solchen Experimentes ist jedenfalls nicht unbedeutend und es wird hoffentlich recht bald trotz der Schwierigkeiten, die sich ihm entgegenstellen, unternommen werden. — Indessen darf die Wichtigkeit eines solchen Versuches doch nicht überschätzt werden. Eine statistische Untersuchung hat dieselbe Beweiskraft, wie ein Experiment. Häufig wird ihm dieselbe aber nicht zugeschrieben, da man in den Experimentalwissenschaften nicht gewohnt ist, statistische Ergebnisse in betracht zu ziehen. Man hat zu einem Experiment deshalb so viel Zuversicht, weil man voraussagt, dass unter den hergestellten Umständen eine Erscheinung eintreten wird. Tritt diese alsdann wirklich ein, so ist die Theorie experimentell bestätigt. Bei einer statistischen Untersuchung aber handelt es sich im Grunde genommen um dasselbe. Auch hier wird das Resultat vorausgesagt und es wird dann an einem bereits vorhandenen thatsächlichen Material geprüft, ob es auch wirklich der Fall ist. Der Unterschied, ob das thatsächliche Material durch absichtlich angestellte Versuche gewonnen wird, oder ob es bereits fertig vorliegt, ist für die Beweiskraft vollständig gleichgültig. Bei statistischen Untersuchungen ist aber die Möglichkeit gegeben, eine so grosse Zahl von Fällen in Rechnung zu ziehen, dass auch die kleinsten

Schwankungen einer Zahlengrösse mit Sicherheit nachgewiesen werden können. Bei einem Experiment aber wird dies kaum möglich sein.

Über die Wirkung günstiger und ungünstiger Lebensverhältnisse bei Pflanzen.

Erst nach vollständiger Fertigstellung der vorliegenden Arbeit habe ich von den Versuchen Kenntniss erhalten, welche Heyer ausser den bereits früher mitgeteilten angestellt hat [1]. Dieselben betreffen, wie die in seiner Dissertation beschriebenen, die Wirkung äusserer Umstände auf das Geschlecht bei Pflanzen. Da er aus den Ergebnissen Schlüsse zieht, welche der Theorie teilweise widersprechen, so ist es wichtig, seine Versuche näher zu prüfen.

Heyer hatte, wie schon früher mitgeteilt wurde, die wichtige Entdeckung gemacht, dass das Sexualverhältniss auch bei dioecischen Pflanzen ein bestimmtes, stets wiederkehrendes ist. Durch die Zählung von 21 000 Pflanzen des Bingelkrautes (Mercurialis annua) hatte er dies nachgewiesen. Das Sexualverhältniss fand er bei dieser Art wie 105,86 männliche zu 100 weiblichen Pflanzen.

Er schloss alsdann, dass auch alle übrigen Pflanzen ein solches constantes Verhältniss der Geschlechter zeigen. Die Feststellung desselben gelang ihm ausser bei Mercurialis noch beim Hanf. Er säete nämlich mehrere Samenproben aus, welche aus verschiedenen Handlungen bezogen waren [2]. Das Sexualverhältniss schwankte bei den Pflanzen, welche hieraus hervorgingen, zwischen 85,7 und 89,7 männlichen zu 100 weiblichen Individuen. Versuche, welche Haberlandt mit Hanf angestellt hatte, zog er ebenfalls in Berücksichtigung; das Sexualverhältniss war bei ihnen 83,0 und 85,0. Endlich ergab ein Versuch von Girou de Buzareingues das Verhältniss 85,9 : 100. Aus diesen Zahlen ergiebt sich ein mittleres Sexualverhältniss von 86 männlichen zu

---

[1] Die Abhandlung findet man im 5. Hefte der Berichte aus dem physiologischen Institut der Universität Halle. Herr Geheimrat Professor Dr. Julius Kühn erlaubte mir, die Correctur-abzüge durchzusehen. Auch die Verlagsbuchhandlung von G. Schönfeld in Dresden kam mir hierbei freundlichst entgegen. Ich ergreife diese Gelegenheit, um den Herren, sowie dem Herrn Verfasser für ihre Bereitwilligkeit meinen Dank auszusprechen.

[2] l. c. pag. 53.

100 weiblichen Hanfpflanzen. Beim Hanf scheinen also nach den bisherigen Ermittelungen stets etwas mehr weibliche als männliche Pflanzen vorhanden zu sein. — Das umgekehrte Verhältniss fand Heyer bei etwa hundert Pflanzen von Lychnis dioica[1]). Hier scheinen die Männchen in der Mehrzahl zu sein.

Nach Feststellung dieser Sexualverhältnisse ging er indessen viel zu weit, indem er annahm, dass dieses Sexualverhältniss allein durch ein inneres Gesetz bestimmt würde, dass das Geschlecht bereits im Samenkorn definitiv entschieden sei und die äusseren Lebensverhältnisse nicht den geringsten Einfluss auf die Entstehung desselben hätten.

Heyer hat nun Beobachtungen und Versuche angestellt, aus denen auf das Unzweifelhafteste hervorgeht, dass unter günstigen Verhältnissen mehr Weibchen gebildet werden als unter ungünstigen. So machte er Experimente mit Kürbissen und Gurken. Bei diesen monoecischen Pflanzen gelang es ihm nicht, ein bestimmtes, stets wiederkehrendes Sexualverhältniss zwischen den männlichen und weiblichen Blüten nachzuweisen. Die Schwankungen in dem Zahlen-verhältniss der Geschlechter sind hier zu grosse. Schon allein diese Thatsache ist nicht in Übereinstimmung zu bringen mit der Ansicht Heyers, dass die Entstehung des Geschlechtes nach einem „innern Gesetze" erfolgt und dass das Sexualverhältniss unter allen Umständen stets dasselbe ist. Bei dem in Rede stehenden Versuche aber traten diese Schwankungen nach der Meinung Heyers unabhängig von äussern Verhältnissen auf; denn sie waren sehr stark bei Pflanzen, welche unter scheinbar gleichen äussern Bedingungen wuchsen. Indessen berücksichtigte er, wie bei den früheren Beobachtungen an Mercurialis, so auch bei diesem Versuche nicht, welche Pflanzen gedrängt und welche von ihnen frei wuchsen. Gerade dieser Umstand ist, wie auch Hoffmann hervorgehoben hat, von der grössten Wichtigkeit für die Ernährung der Pflanzen. Denn gleichartige Pflanzen machen sich gegenseitig die schärfste Concurrenz. Dadurch, dass Heyer nicht auf diesen so wichtigen Umstand geachtet hat, wird die Brauchbarkeit seiner Versuche etwas verringert; indessen ist das Resultat doch so in die Augen springend, dass es sich wohl verlohnt, die Versuche einer Besprechung zu unterziehen.

Bei seinen Versuchen mit Gurken und Kürbissen liess Heyer einen Teil der Pflanzen im Warmhaus, einen andern in Garten-

---

[1]) l. c. pag. 79.

und einen dritten in Sand-boden wachsen. Als Resultat des Experimentes ergab sich, dass unter günstigeren Umständen mehr weibliche Blüten gebildet wurden. Die eigenen Worte des Experimentators, sowie die Tabelle seiner Resultate mögen hier angeführt werden:

Pflanzenart	Standort	Zahl der Pflanzen	Zahl der Blüten		Sexualverhältniss
			♀	♂	
Gurke II	Warmhaus	10	184	370	201
	Gartenboden	17	173	739	427
	Sandboden	22	85	557	655
		49	442	1666	377
Gurke IV	Gartenboden	21	143	581	406
	Sandboden	22	112	671	599
		43	255	1252	491
Kürbis III	Warmhaus	6	32	79	247
	Gartenboden	8	251	813	324
	Sandboden	13	358	1484	415
		27	641	2376	371
Kürbis I	Gartenboden	7	142	1194	841
	Sandboden	12	311	1940	624
		19	453	3134	692

„Diese Zusammenstellung zeigt, dass die im Gartenboden gewachsenen Pflanzen von beiden Gurkensorten relativ mehr weibliche Blüten produzierten als die im Sandboden. Dies ist jedenfalls dem Umstande zuzuschreiben, dass die Gurken in einem etwas bindigeren Boden besser gedeihen als im lockeren Sandboden. Dass die im Warmhause cultivierten Gurken sogar relativ die meisten weiblichen Blüten erzeugten, ist einerseits der regnerischen und kalten Witterung zuzuschreiben, welche längere Zeit anhielt und für Gurkenkulturen im freien Lande sehr ungünstig war, so dass auch mehrere Pflanzen eingingen. Anderseits hat auch der Umstand einen Einfluss ausgeübt, dass die Gurken und Kürbisse im Warmhause in Blumentöpfen cultiviert wurden, was insofern von Bedeutung ist, als die Pflanzen weniger üppig wuchsen und infolge dessen ihre Blütenanlagen reichlicher zur Entwickelung gelangten, was bei jugendlichen üppig wachsenden Pflanzen weniger der Fall ist, indem bei diesen zunächst reichlich Stengel und Blätter gebildet werden, wodurch die Blüten-entwickelung verzögert wird. . . . Auch bei den Kürbissen sind aus demselben

Grunde, wie bei den Gurken, im Warmhause relativ die meisten weiblichen Blüten erzeugt worden. Zwischen den beiden Bodenarten treten jedoch derartige Unterschiede weniger hervor. Während bei Kürbis III im Gartenboden ebenfalls mehr weibliche Blüten erzeugt wurden als im Sandboden, ist es bei Kürbis I umgekehrt. Auch der Kürbis gedeiht in einem etwas bindigeren Boden besser als in lockerem Sandboden. Dass das Resultat nicht durchgehends zu gunsten des Gartenbodens ausfiel, ist vielleicht der geringen Zahl von Versuchspflanzen zuzuschreiben, bei welchen dem Zufalle noch ein grosser Einfluss gestattet war" [1]). ·

Diese Resultate stehen in Widerspruch mit der Ansicht Heyers, dass das Sexualverhältniss durch ein immanentes Gesetz bestimmt und durch äussere Einwirkungen nicht beeinflusst wird. Der Experimentator aber sucht dieses Ergebniss auf folgende Weise mit seiner Meinung in Einklang zu bringen. Um diese darzulegen, sollen seine eigenen Worte angeführt werden:

„Die Pflanzen sind allerdings insofern von äussern Einflüssen abhängig, als zur Gesammtentwickelung aller ihrer Anlagen die äussern Bedingungen mitwirken müssen — das Mass der zur Entwickelung gelangenden Anlagen ist von äussern Bedingungen abhängig. — Diejenigen Pflanzen, die schon von Jugend an unter günstigen Bedingungen vegetieren, erzeugen, wenn sie dazu angelegt sind, neben den männlichen auch zahlreiche weibliche Blüten. Bei andern ungünstiger situierten hingegen gehen viele Blüten schon vorzeitig zu Grunde und eine ergiebige Fruchtbildung unterbleibt deshalb, weil dazu die Summe der Vegetationsbedingungen eine günstigere sein muss. Dieses darf aber nicht so aufgefasst werden, als ob zur Weiterentwickelung der Fruchtanlagen ein bestimmtes Mass von günstigen äusseren Bedingungen erforderlich sei, sondern durch ungünstige äussere Wachstumsverhältnisse wird der Gesamtorganismus in seiner Productionsfähigkeit geschwächt, was zur Folge haben muss, dass die Fruchtanlagen in ihrer Entwickelung besonders benachteiligt werden, so dass viele von ihnen gar nicht zur Entwickelung gelangen oder schon frühzeitig absterben."

Heyer scheint also sagen zu wollen, dass sich infolge eines innern Gesetzes eine bestimmte Zahl von männlichen und weiblichen Blüten auszubilden strebt, dass aber unter ungünstigen Verhältnissen die weiblichen Blüten viel stärker leiden als die

---

[1]) l. c. pag. 66.

männlichen und daher weit häufiger in ihrer Entwickelung gehemmt werden als letztere. Auf diese Weise erklärt er also die Thatsache, dass bei den erwähnten Cucurbitaceen unter günstigen Verhältnissen sich mehr weibliche, unter ungünstigen aber mehr männliche Blüten zeigen. Wenn dies richtig wäre, so müsste an allen Pflanzen dieser Art die Zahl der weiblichen Blüten schwankend, die Zahl der männlichen aber stets nahezu dieselbe sein. Letzteres ist bekanntlich nicht der Fall; denn sowohl die männlichen wie die weiblichen Blüten schwanken in ihrer Anzahl. — Angenommen die Ansicht Heyers wäre richtig, so würde dennoch das Sexualverhältniss nicht stets dasselbe sein, sondern es würde den Ernährungsverhältnissen gemäss reguliert werden, so dass unter günstigen Umständen mehr weibliche, unter ungünstigen mehr männliche Blüten vorhanden sind. Diese Regulierung würde indessen erst nachträglich infolge der stärkeren Empfindlichkeit des weiblichen Geschlechtes gegen Verschiedenheiten in der Ernährung eintreten. Wenn Heyer noch einen Schritt weiter gegangen wäre, so würde seine Ansicht vollständig mit der hier wiedergegebenen Theorie übereinstimmen. Die Empfindlichkeit des weiblichen Geschlechtes ist nicht nur später, sondern auch schon in der frühesten Geschlechtsentwickelung vorhanden, und diese Eigenschaft besteht nicht nur darin, dass das weibliche Geschlecht in seiner Entstehung gehemmt wird, sondern auch darin, dass sich dann, wenn es noch nicht zu spät ist, an stelle des weiblichen das männliche Geschlecht ausbildet. Also nicht nur später zeigt sich eine grössere Empfindlichkeit des weiblichen Geschlechtes, sondern diese ist schon in der allerersten Anlage vorhanden und bewirkt je nach den Umständen eine Mehrproduction des einen Geschlechtes. Auf diese Weise wird eine Regulierung des Sexualverhältnisses nicht nur nachträglich, sondern auch schon von vornherein bewirkt. —

Die Thatsache, dass im Überfluss mehr weibliche Blüten produciert werden, sucht Heyer noch auf eine andere Art und Weise in Übereinstimmung mit seiner Theorie von der unbedingten Constanz des Sexualverhältnisses zu bringen. Diese Auslegung lässt sich vielleicht am besten an dem Verhalten der Brennnessel, Urtica urens, erläutern [1]). Die männlichen und weiblichen Blüten finden sich auf derselben Pflanze und zwar ziemlich regelmässig verteilt. Schon früher wurde darauf hingewiesen, dass die Ernäh-

---

[1]) l. c. pag. 58.

rung der Blüten eine desto stärkere sein wird, je näher sie der Nahrungsquelle sitzen. Man wird daher im allgemeinen an den äussersten Spitzen der Zweige die männlichen Blüten häufiger finden als die weiblichen. Bei vielen Pflanzen hatten wir dieses bestätigt gefunden. Ein neues Beispiel liefert uns die Brennnessel. Bei dieser Pflanze stehen die Blüten in Rispen, und zwar die männlichen oben, die weiblichen unten, letztere also der Nahrungsquelle näher. Demnach bilden sich die Blüten da männlich aus, wo sie weniger Nahrungszufuhr erhalten. Ferner sind die weiblichen Blüten stets zahlreicher als die männlichen. In hinsicht auf dieses Sexualverhältniss constatierte H e y e r folgende wichtige Thatsachen: „Das Verhältniss der männlichen und weiblichen Blüten zu einander ist aber an verschieden üppig entwickelten Stengeln etwas schwankend. An den kleinen und schwächlichen Pflanzen oder an Seitenzweigen befinden sich relativ etwas mehr männliche Blüten als an üppig gewachsenen. Je grösser und reichhaltiger die Rispen werden, umsomehr nimmt auch die Zahl der weiblichen Blüten zu, so dass das Verhältniss der männlichen zu den weiblichen Maximum im wie $1:5$ ist, während es bei kleineren Zweigen oder Pflanzen auf $1:3$, und bei den sehr dürftig gewachsenen auf $1:1$ herabsinkt.

Die jugendlichen Pflanzen producieren also anfangs relativ etwas mehr männliche Blüten als im höheren Alter, und die älteren Pflanzen haben an den schwächeren Seitenzweigen relativ mehr männliche Blüten als an den üppiger gewachsenen Hauptzweigen. Die weiblichen Blüten erscheinen also stets da in grösserer Zahl, wo die üppigste Entwickelung und die reichlichste Nahrungszufuhr stattfindet."

Diese Thatsachen erklärt nun H e y e r auf folgende Weise: „Die Pflanzen verhalten sich unter ungünstigen Vegetationsbedingungen ganz so wie jugendliche Pflanzen oder schwächliche Seitenzweige, d. h. es werden in allen Fällen relativ etwas mehr männliche Blüten erzeugt als an normal entwickelten Pflanzen. Es ist also keiner der erwähnten Factoren im stande, die Mehrentwickelung von männlichen oder weiblichen Blüten zu begünstigen. — Die Pflanzen von Urtica urens sind von Jugend an praedisponiert, beiderlei Blüten in einem annähernd sich gleichbleibenden Verhältnisse zu erzeugen und zwar in der Jugend relativ etwas mehr männliche als im höheren Alter. Bleibt nun durch ungünstige Wachstumsverhältnisse der jugendliche Zustand erhalten, indem sich stets nur schwächliche Zweige bilden, so bleibt auch das Verhältniss der Blütenverteilung dasselbe wie bei jugendlichen Pflanzen."

Heyer ist also der Ansicht, dass die Brennnesseln zuerst eine ganz bestimmte Anzahl von männlichen und später eine solche von weiblichen Blüten bilden. Von den Umständen hängt es nun ab, wieviel von letzteren zur Ausbildung gelangen. Infolge dessen ist das Sexualverhältniss je nach den Verhältnissen ein verschiedenes. Wenn dies richtig wäre, so müssten alle Brennnesseln eine nahezu gleiche Anzahl männlicher Blüten zeigen, was wohl ebensowenig wie bei Gurken und Kürbissen der Fall ist.

Ferner scheint Heyer der Meinung zu sein, dass ein schlecht ernährtes Individuum stets jugendlich sein müsse. Allerdings kann infolge schlechter Ernährung die Entwickelung verlangsamt werden. Dieselbe steht aber nicht vollständig still, sondern die Pflanze wächst weiter, wie auch aus den Worten Heyers hervorgeht. Wenn die Entwickelung also auch verzögert wird, so ist es doch unrichtig, dass der jugendliche Zustand erhalten bliebe; vielmehr geht die Entwickelung weiter und die Pflanze wird älter. Aber sie bildet, da sie weniger Nahrung erhält, mehr männliche Blüten. Die Verminderung der Nahrungszufuhr ist also die Ursache der Entstehung des männlichen Geschlechts, was zu beweisen war.

Die Brennnessel giebt in der Jugend wie die meisten Organismen den grössten Teil des Stoffes für das Wachstum aus und erübrigt nur wenig für die Reproduction. Dies ist die Ursache dafür, dass sich anfangs meist männliche Blüten bilden. Schon früher wurde eine grosse Zahl von Thatsachen angeführt, welche zeigen, dass ebendasselbe bei vielen Pflanzen und Tieren der Fall ist. Heyer führt noch einige Beobachtungen an, die dasselbe Ergebniss liefern. Nach Rumpf[1]) producieren die weiblichen Pflanzen von Leontarus domestica, ehe sie Frucht tragen, einmal männliche Blüten. Miller teilt von Morus nigra mit, „dass von den aus Samen gezogenen Exemplaren einige nur männlich seien, oder andere nur an einzelnen Ästen männlich; dass ferner einzelne Bäume nach dem Einsetzen nur Kätzchen brächten, später aber fruchtbar würden, dass eben dieses bei der welschen Nuss vorkomme und Ritter Rathgeb dasselbe beim Mastix- und Terebinthenbaume beobachtet habe." Ähnliches bemerkte

---

[1]) Die Beobachtungen von Rumpf, Miller und Rathgeb sind nach Heyer (l. c. pag. 76) von Schlechtendal (Linnaea XIV B. 1840. pag. 369) angeführt.

Treviranus[1]) an Fagus Castanea, welche, wenn sie zum ersten Male blüht, nur Blüten männlichen Geschlechtes trägt. Nach Treviranus beobachtete Mikan einen Wachholderstrauch, welcher zuerst männliche, später aber immer mehr weibliche Blüten erzeugte. Nach demselben Autor sah Fabricius eine männliche Pistacia Lentiscus, die später Zwitter-blüten und Früchte trug. Indessen ist auch einige Male der umgekehrte Fall beobachtet worden. Nach Clausen[2]) brachte ein Exemplar von Cephalotaxus Fortunei früher weibliche und später nach und nach immer mehr männliche Blüten hervor. Spruce[3]) hat eben dieselbe Umwandlung an Palmen am Rio Negro beobachtet. Welches die Ursachen dieser Umänderungen gewesen sind, kann nicht entschieden werden. Es ist möglich, dass sich die Ernährungsverhältnisse der Pflanzen sehr verändert hatten. Solche Beobachtungen sind indessen seltener. Meist verhält es sich so, dass die Pflanzen in der Jugend mehr männliche, später dagegen, wenn sie mehr Stoff für die Reproduction erübrigen, mehr weibliche Blüten producieren. Hierfür sprechen nicht nur die von Heyer, sondern auch die früher von mir angeführten Thatsachen. Die Production von männlichen Blüten wird also durch schlechte Ernährung herbeigeführt, und zwar in der Jugend deshalb, weil die meiste Nahrung nicht für die Reproduction, sondern für das Wachstum verbraucht wird, im Alter dagegen nur dann, wenn ungünstige Ernährungsbedingungen eintreten.

Die Verteilung der Geschlechter bei den Brennnesseln war eine solche, dass an den Spitzen die männlichen, der Nahrungsquelle näher jedoch die weiblichen sassen. Die weiblichen Blüten verbrauchen mehr Stoff und die Ursache der Entstehung des weiblichen Geschlechtes liegt in der besseren Ernährung der Blütenanlagen. Hierfür sprechen noch folgende Thatsachen. Die von Clausen beobachtete Umwandlung eines weiblichen Cephalotaxus Fortunei in einen männlichen geschah derartig, dass die Blüten an den Spitzen der Zweige männlich, die an der Basis aber weiblich waren. Beim Hanf jedoch kommen als Anomalien beide Stellungsverhältnisse vor. Die weiblichen können über den männlichen, wie auch die männlichen über

---

[1]) Die Lehre vom Geschlechte der Pflanzen, Bremen 1882, pag. 14 und 15. Citiert v. Heyer, l. c. pag. 77.
[2]) Regel's Gartenflora 1882, pag. 204. Citiert v. Heyer.
[3]) Journal of the Linnean Society. London 1871, pag. 95. Citiert v. Heyer, l. c. pag. 85.

den weiblichen vorkommen. Dies wurde von B r a u n [1]) und H o -
l u b y [2]) beobachtet. Beim M a i s bilden sich als Anomalien, und
zwar nach H e y e r regellos, sowohl an männlichen Blütenstän-
den weibliche, als auch an weiblichen Ständen männliche Blüten.
K r a f f t [3]) jedoch, der verschiedene Fälle zusammenstellte, sucht
sie so zu erklären, dass er annimmt, „dass die Blütenanlage anfangs hermaphrodit sei, und bei normaler Entwickelung die termi-
nalen Blütenstände zu männlichen, die axillären hingegen zu weiblichen Blüten differenziert würden, bei normaler Entwickelung aber
die verschiedensten Übergänge vorkommen könnten.“ Auch an
dem Blütenkolben der A r o i d e e n zeigt sich, dass die männlichen
Blüten oben, die weiblichen unten sitzen. Ähnliches ist bei den
T y p h a c e e n der Fall. Bei den verschiedenartigsten Pflanzen
bemerken wir also, wie der Nahrungsquelle näher die weiblichen,
weiter von ihr entfernt die männlichen Blüten entstehen. Wenn
wir nun auch die bereits früher mitgeteilten Thatsachen in betracht ziehen, so dürfen wir wohl schliessen, dass die Spitzen
der Blütenstände sich nicht, wie H e y e r meint, in einem jugendlichen Stadium befinden, sondern dass die schwächere Ernährung
die Ursache der Entstehung des männlichen Geschlechtes an den
von der Nahrungsquelle entfernt gelegenen Stellen ist.

Zu den Erörterungen über die Geschlechtsproduction bei Brennnesseln fügt H e y e r noch folgende Bemerkung hinzu [4]): „Eine
ähnliche Beobachtung wie bei Urtica urens machte ich früher an
A m a r a n t h u s r e t r o f l e x u s in der Umgebung von Wien. Diese
Pflanze kommt dort auf bebauten Kalk- und Dolomit-böden in
grossen Mengen vor. Sind die Standorts-verhältnisse günstig, so
werden die Pflanzen mehr als einen Meter hoch und erzeugen
grosse Mengen von Samen. Auf den dürftigsten, trockenen und
fast ganz humusfreien Standorten, die sich also im Sommer sehr
erwärmen aber schwer wieder abkühlen, so dass oft längere Zeit
gar kein Tau fällt, auf solchen Standorten erreichen die Pflanzen
oft kaum eine Höhe von 2 Centimetern. Aber trotz aller Trockenheit, hoher Temperatur und voller Beleuchtung entwickeln solche
Pflänzchen dennoch weibliche Blüten und bringen auch einzelne
Samen zur Reife. Die Monöcie wird also auch hier durch die

---

[1]) Botan. Zeitung 1873 pag. 268. Citiert v. Heyer l. c. p. 56.
[2]) Österr. botan. Zeitschrift 1878 pag. 367. Citiert v. H e y e r.
[3]) Landwirtsch. Centralbl. 1870, pag. 409. Citiert v. H e y e r,
l. c. pag. 76.
[4]) l. c. pag. 60.

erwähnten Factoren nicht aufgehoben." Hier zeigt sich wieder ein anderer, schon früher erwähnter Irrtum Heyers. Er nahm an, dass, wenn äussere Umstände von Einfluss auf das Geschlecht seien, sich unter verschiedenen Bedingungen entweder ausschliesslich das eine Geschlecht oder wenigstens ein ausserordentliches Überwiegen desselben zeigen müsse. Daher hatte er, wie früher erörtert wurde, auch die geringen, aber mit der Theorie übereinstimmenden Schwankungen des Sexualverhältnisses bei Mercurialis nicht beachtet. Auch bei Amaranthus zeigt sich, wie aus den Worten Heyers hervorgeht, dass unter ungünstigen Umständen die Bildung von weiblichen Blüten nicht vollständig unterblieben war; denn es waren doch noch einzelne entstanden. Waren aber die Verhältnisse günstig, so hatte sich deren eine relativ viel grössere Zahl gebildet. Es findet also auch hier eine Regulierung des Sexualverhältnisses je nach den Umständen statt. Bei andern Pflanzen sind die Schwankungen des Geschlechtsverhältnisses, wie die sorgfältigen, bereits früher erwähnten Beobachtungen von Hermann Müller zeigen, so gross, dass sich bei derselben Pflanze unter verschiedenen Umständen alle Übergänge finden von der Monöcie bis zur vollständigen Diöcie. Die Neigung zur Monöcie ist also bereits im Samenkorn vorhanden, aber sie wird durch äussere Verhältnisse beeinflusst.

Auch aus folgendem Versuche [1]) geht hervor, dass nach Heyer die Schwankungen des Sexualverhältnisses, wenn sie überhaupt vorhanden wären, ausserordentlich stark sein müssten. Er liess Kürbisse und Gurken teilweise beschattet, teilweise unbeschattet wachsen. Die beschatteten Pflanzen blieben in ihrer Entwickelung zurück, gelangten später zur Blüte und bildeten weniger Blüten als die unbeschatteten. Die Blüten wurden jedoch nicht gezählt. Nach einer Taxierung wiederholten sich ähnliche Zahlenverhältnisse der beiden Geschlechter, so dass Heyer das Zählen für überflüssig hielt. Man wird sich aber entsinnen, dass es ihm gar nicht einmal möglich gewesen war, bei Kürbissen und Gurken ein bestimmtes Sexualverhältniss festzustellen. Die Schwankungen desselben sind hier sehr stark, aber dennoch scheinen sie nicht gross genug gewesen zu sein, um Heyer zu überzeugen, dass das Geschlechtsverhältniss unter allen Umständen nicht unbedingt dasselbe sein muss. Heyer erwartete unter verschiedenen Lichtver-

---

[1]) l. c. pag. 65.
[2]) l. c. pag. 70.

hältnissen ein ausserordentliches Überwiegen des einen Geschlechtes und als er ein solches in die Augen fallendes Überwiegen nicht fand, schloss er, dass die Beleuchtungsverhältnisse ohne jeden Einfluss auf die Entstehung des Geschlechtes seien.

In derselben Weise verfuhr er bei den Experimenten, welche er mit S p i n a t (S p i n a c i a o l e r a c e a), der G a r t e n m e l d e (A t r i p l e x h o r t e n s i s) und S p i t z k l e t t e n (X a n t h i u m s p i - n o s u m und X. s t r u m a r i u m) später angestellt hat. Er sagt hierüber, dass „auch diese Pflanzen keinen Einfluss der verschiedenen Wachstums-bedingungen auf die Verteilung der verschieden-geschlechtlichen Blüten erkennen liessen, so dass auch hier das Resultat negativ ausfiel." Wie er aber diesen Versuch anstellte und in welchem Zahlenverhältniss die Blüten sich vorfanden, davon teilt H e y e r nichts mit. Jedenfalls nahm er eine Taxierung vor und als diese nicht auf ein ausserordentlich starkes Überwiegen des einen Geschlechtes hindeutete, glaubte er abermals auf eine unbedingte Constanz des Sexualverhältnisses schliessen zu dürfen und damit eine Bestätigung seiner Ansicht gefunden zu haben. Da bei der Entstehung des Geschlechtes v i e l e Umstände von Einfluss sind, so werden die Schwankungen des Sexualverhältnisses bei Variation e i n e s Umstandes nur geringe sein. Es ist daher ganz natürlich, dass diese bei einer blossen Taxierung nicht bemerkt werden konnten.

Eine bessere Düngung bewirkt, wie zweifellos feststeht, eine Mehrproduction des weiblichen Geschlechtes. H a b e r l a n d t[1]), welcher hierüber Versuche mit H a n f anstellte, fand dieses indessen nicht bestätigt. Auch er erwartete jedenfalls unter verschiedenen Umständen ein ausserordentliches Überwiegen des einen Geschlechtes. In dem Citat von H e y e r finden sich keine speciellen Zahlenangaben. Bemerkenswert jedoch ist, dass H e y e r bei den m ä n n l i c h e n H a n f p f l a n z e n e i n e g r ö s s e r e S t e r b - l i c h k e i t fand als bei weiblichen. Wir hatten früher bei Menschen und Pferden ebendasselbe gefunden. Die Ursache liegt in den ungünstigeren Umständen, unter denen das männliche Geschlecht sich ausbildet. Wie H e y e r[2]) anführt ist auch bei S c h a f e n die Sterblichkeit bei den männlichen Individuen in der Jugend grösser als bei den weiblichen. Es war bei der früheren Erörterung dieser Verhältnisse die Vermutung ausgesprochen wor-

---

[1]) Landw. Wochenbl. des k. k. Ackerbau-ministeriums, Wien 1870, pag. 256. Citiert v. H e y e r, l. c. pag. 51.

[2]) l. c. pag. 93.

den, dass sich eine solche grössere Sterblichkeit des männlichen
Geschlechtes in der Jugend bei den meisten Organismen finden
würde. Diese Vermutung scheint sich also zu bestätigen. Im
Gegensatz zu Haberland — um auf die Wirkung der Düngung
auf die Entstehung des Geschlechtes zurückzukommen — kam
Leidhecker[1]) bei seinen Versuchen mit Hanf zu dem Resultat,
„das der erhöhte Kraftzustand des Bodens wesentlich die Production der weiblichen Pflanzen fördere, während die männlichen
Gebilde auf minder kräftigem Boden mehr zur Geltung kommen."
Immer wieder von Neuem zeigt sich die Mehrproduction von Weibchen unter günstigeren Umständen. Dass indessen diese Unterschiede nicht sehr gross sein werden, geht aus folgenden Thatsachen hervor.

Früher wurde bereits darauf hingewiesen, dass beim Bingelkraut (Mercurialis annua) das Geschlecht sehr frühzeitig entschieden sein muss und dass daher eine verschieden starke Ernährung
der aufwachsenden Pflanzen nur wenig Einfluss auf die Entstehung
des Geschlechtes haben, also nur geringe Schwankungen im Sexualverhältniss hervorrufen können. Schon aus der Thatsache, dass
die secundären Geschlechtscharactere beim Bingelkraut so ausserordentlich tiefgreifende sind, wie früher ausführlich besprochen
wurde, kann man schliessen, dass das Geschlecht frühzeitig entschieden sein muss, da sonst keine Zeit wäre zur Ausbildung dieser Unterschiede.

Genau dieselben Verhältnisse finden wir beim Hanf. Die
Beobachtungen Heyer's[2]) hatten folgende Ergebnisse. „Die Entwickelung der beiden Geschlechter ist auch beim Hanf sehr verschieden. Die männlichen Pflanzen entwickeln sich schneller als
die weiblichen, gelangen etwas früher zur Blüte und sind schlanker gewachsen als diese. Dagegen haben ceteris paribus schon
im Beginne der männlichen Blütezeit, wo also noch keine Samen
angesetzt sind, die weiblichen Pflanzen stets ein grösseres Gewicht
als die männlichen. Die Entwickelung der männlichen Pflanzen
wird in einem kürzeren Zeitraum zurückgelegt als die der weiblichen, aber die weiblichen producieren schon frühzeitig eine grössere Masse organischer Substanz. Die männlichen Pflanzen haben
einen schlankeren Habitus und längere Internodien als die weib-

¹) Landw. Wochenbl. d. k. k. Ackerbau-ministeriums, 1870,
pag. 209. Citiert v. Heyer.
²) l. c. pag. 55.

lichen; die Blätter der männlichen Pflanzen sind im Beginne der
Blütezeit dunkler gefärbt als die der Weibchen; gegen das Ende
der männlichen Blütezeit aber ist es umgekehrt und während der
vollen Blütezeit haben die Blätter der beiden Geschlechter annähernd eine gleiche Färbung."

Gerade wie beim Bingelkraut so sind also auch beim Hanf
die Unterschiede der secundären Geschlechtscharactere sehr tiefgreifende. Solche grosse Unterschiede werden aber einer langen
Zeit bedürfen, um sich auszubilden. Daher wird also auch beim
Hanf das Geschlecht schon frühzeitig entschieden sein und die
Ernährung der jungen Pflanzen nur wenig Einfluss auf die Entstehung desselben haben. Die Schwankungen des Sexualverhältnisses sind beim Hanf also nur geringe. Hieraus erklärt sich,
warum H a b e r l a n d bei seinen Versuchen eine solche Verschiedenheit des Verhältnisses unter verschiedenen Umständen nicht
bemerkte. Auch Herr Professor H o f f m a n n ist, wie er mir
freundlichst mitteilt, bei seinen noch nicht veröffentlichten Experimenten zu dem Resultat gekommen, dass beim Hanf das Geschlecht bereits sehr frühzeitig entschieden sein muss. Lässt man
aber bei diesen Pflanzen die Ernährung der Mutter variiren, so
wird diese Verschiedenheit der Lebensbedingungen von dem grössten Einfluss auf das Geschlecht der Nachkommen sein, ebenso
wie die Ernährung der Mutter von Einfluss auf die Entstehung
des Geschlechtes beim Embryo ist. Die spätere Ernährung des
Kindes ist jedoch nicht mehr im stande, das Geschlecht zu ver-
ändern. Ähnlich so hat auch die Ernährung der selbständig gewordenen Pflänzchen nur wenig Einfluss auf das Geschlecht derselben. Das Schwanken des Sexualverhältnisses kann also bei
diesen diöcischen Pflanzen im Gegensatze zu der Meinung Heyers
nur ein geringes sein.

Ein anderer Irrtum Heyers besteht darin, dass er, wie bereits
früher erwähnt wurde, nicht richtig aufgefasst hat, in welcher
Weise die äussern Faktoren auf die Entstehung des Geschlechtes
einwirken. Die verschiedenen Bodenarten sind nur deshalb von
Einfluss auf das Sexualverhältniss, weil sie den Pflanzen verschieden günstige Lebensbedingungen bieten. Die Bodenart hat also
nicht, wie Heyer meint, an und für sich eine Wirkung auf die
Entstehung des Geschlechtes, sondern sie wirkt indirect, indem
die Pflanzen mehr oder weniger gut darin gedeihen. Auch die
Forscher, welche sich vor Heyer mit dem Gegenstand beschäf-
tigten, hatten dies nicht vollständig richtig erkannt. Meist glaub-

ten sie, dass die Wärme, das Licht oder die Ernährung als solche directen Einfluss auf die Entstehung des Gechchlechtes habe, und sie fassten dies meist als eine rein mechanische Wirkung auf. Daher glaubte Heyer beweisen zu müssen, dass die Bodenart oder irgend ein anderer äusserer Umstand an und für sich keinen Einfluss auf die Geschlechtsentstehung habe. Auch bei seinen Beobachtungen an Brennnesseln fand er dies bestätigt, wie aus folgenden Worten hervorgeht [1]): „Wenn die Vegetationsbedingungen ungünstig werden, so ist es für die Blütenverteilung ganz gleichgültig, ob diese ungünstigen Vegetationsbedingungen durch mangelhafte Bodenbeschaffenheit, wie durch nassen Lehm- oder trockenen Heideboden, oder durch zu hohe Temperatur oder durch zu tiefen Schatten herbeigeführt werden. Die Pflanzen verhalten sich dann ganz so wie jugendliche Pflanzen oder schwächliche Seitenzweige, d. h. es werden in allen Fällen relativ etwas mehr männliche Blüten erzeugt als an normal entwickelten Pflanzen. Es ist also keiner der erwähnten Factoren im stande, die Mehrentwickelung von männlichen oder weiblichen Blüten zu begünstigen."

Heyer erkannte also ganz richtig, dass keiner der erwähnten Umstände an und für sich eine Mehrproduction des einen Geschlechtes bewirkt; denn zu grosse Trockenheit hat ebenso wie zu grosse Feuchtigkeit eine Mehrentwickelung von männlichen Blüten zur Folge. Die Feuchtigkeit wirkt also nicht rein mechanisch auf die Entstehung des Geschlechtes. Ein Mangel an derselben hat bei der Brennnessel vielmehr dieselbe Wirkung wie ein Überfluss daran. Es kommt vielmehr nur darauf an, ob der äussere Faktor günstig oder ungünstig für die betreffende Pflanze ist. Alsdann findet eine Einwirkung auf die Entstehung des Geschlechtes statt infolge nützlicher durch natürliche Zuchtwahl erworbener Eigenschaften.

Hier sind auch Beobachtungen zu erwähnen, welche Hampe [2]) an Salicinen anstellte. Er bemerkte, wie bei diesen ein ungewöhnlich hoher Wasserstand eine Mehrproduction von männlichen Blüten bewirkte, während die Feuchtigkeit doch meist der Bildung von weiblichen Blüten günstig ist. Dieselbe Wirkung hatte ein hoher Wasserstand bei verschiedenen Carices. Die Feuchtigkeit wirkt also nicht rein mechanisch auf die Entstehung des Geschlech-

---

[1]) l. c. pag. 59.
[2]) Linnaea XIV. Band, 1840, pag. 367. Citiert von Heyer, l. c. pag. 72.

tes, sondern dieselbe Quantität Wasser kann für die eine Pflanze ein günstiger, für die andere ein ungünstiger Umstand sein und bei der einen eine Mehrproduction von weiblichen, bei der andern eine solche von männlichen Blüten herbeiführen.

Dasselbe gilt von der Mitteilung Meehan's [1]), dass an Coniferen ältere Äste, welche von jüngern überwuchert und beschattet werden, nur männliche Blüten tragen. Meehan schliesst hieraus richtig, dass das weibliche Geschlecht mehr Nahrung bedarf, als das männliche.

Folgende Beobachtungen von Schrank [2]) zeigen ebenfalls, wie ungünstige Umstände eine Mehrproduction von männlichen Blüten herbeiführen können: „Zuweilen wird das eine Geschlecht durch Kärglichkeit der Nahrung oder durch Schwäche des Alters unterdrückt. Ich hatte im hiesigen botanischen Garten (München) mehrere Samen von Guilandina Bonducella gesteckt, welche viel über 30 Jahre alt waren. Ich erhielt schöne Bäume von ihnen, aber alle waren männlich; auch Rumpf erzählt, auf Amboina bringe der Baum, wenn er auf dürrem Grunde steht, nur männliche Blüten. Hier ist im ersten Falle angestammte Schwäche, die vom hohen Alter des Samens herrührt, im zweiten wirklicher Mangel an Nahrung die Ursache von der Unterdrückung des einen Geschlechtes; aber auch jugendliche Schwäche bewirkt mehr oder weniger dieselbe Erscheinung; so tragen alle mir bekannten Arten von Aesculus in der Jugend bloss männliche Blüten, und viele andere Bäume werfen, ohne das eine Geschlecht zu unterdrücken, gleichwohl ihre Blüten ab, ohne Frucht anzusetzen; es giebt auch Bäume, welche in der Jugend scheinbar sogar Früchte bringen, aber ihre Samen taugen nichts." Ferner führt Schrank noch folgendes an: „Prof. Hermann liess für den botanischen Garten in Strasburg einen weiblichen Acer Negundo kommen. Einer der Ableger an diesem Baum trug männliche Blüten. Der Hopfenhändler und Bürgermeister Brauder zu Altorf düngte einstens seinen Hopfengarten mit unabgelegenem Teichschlamme, und seine sämtlichen Hopfenranken trugen nun statt der Zapfen männliche Blüten; derartiger Hopfen kommt in manchen Gegenden vor." Bei alle diesen Beobachtungen zeigt sich, wie ungewöhnliche Verhältnisse infolge ihrer ungünstigen Einwirkung eine Verminderung

---

[1]) Proceed. Acad. Nat. Sc. Phil. 1878, pag. 267. Citiert von Just, Bot. Jahresber. f. 1879, pag. 177, und von Heyer, l. c. pag. 76.
[2]) Flora 1882, Nr. 4. Citiert von Heyer, l. c. pag. 72.

der Reproduction und besonders eine Verminderung der Production von Weibchen bewirken.

Ob indessen ein höheres Alter des Samens wirklich ein solcher Umstand ist, der eine Mehrproduction des einen Geschlechtes herbeiführt, ist nach den bis jetzt vorliegenden Beobachtungen noch nicht zu entscheiden. Nach Heyer [1]) behaupten Gärtner häufig, dass die aus zwei oder drei Jahre alten Samen gezogenen Gurkenpflanzen mehr weibliche Blüten trugen als solche aus einjährigem. Ein sehr tüchtiger Züchter von Gurken in Halle hat indessen diese Behauptung nicht bestätigt gefunden. Ebenso unentschieden ist es, ob die Schwere des Samens, ferner die Zeit des Anbaues von Einfluss auf die Entstehung des Geschlechtes ist. Leidhecker [2]) stellte hierüber Versuche mit Hanf an, die jedoch resultatlos verliefen. Dasselbe fanden Haberland [3]) und Saccardo [4]) bei den Experimenten, welche sie hierüber mit Hanf anstellten. Späteren Untersuchungen bleibt es also vorbehalten zu entscheiden, ob die erwähnten Umstände von Einfluss auf die Entstehung des Geschlechtes sind.

Ebenso unaufgeklärt ist die Wirkung der Unterschwefelsäure auf die Entstehung des Geschlechtes. Knop [5]) verwandelte den männlichen Blütenstand der Maispflanzen dadurch in einen gemischtblütigen, dass er in den Nährstofflösungen statt Schwefelsäure Unterschwefelsäure anwendete. Das Experiment wurde öfters wiederholt. Knop fügt noch hinzu: „Ich glaube, dass, namentlich in humosem Boden, an Stellen, wo derselbe nicht hinreichend locker ist, um den Zutritt der atmosphärischen Luft in die Tiefe hinreichend zu gestatten, Reductionen der schwefelsauren, vielleicht auch der phosphorsauren Salze eintreten können, so dass solche Degenerationen in der Inflorescenz des Mais auf dem Felde dieselben Ursachen haben, wie sie bei meinen Versuchsobjecten sich geltend machten." Nach Knop tritt also bei Maispflanzen, die an humosen also jedenfalls viel Nahrung bietenden Stellen wachsen, häufig eine anomale Mehrproduction des weiblichen Geschlech-

[1]) l. c. pag. 69.
[2]) Landw. Wochenbl. d. k. k. Ackerbau-ministeriums, Wien 1870, pag. 209. Citiert von Heyer, l. c. pag. 50.
[3]) Frühlings landw. Zeitung 1877, pag. 881. Citiert v. Heyer.
[4]) Citiert von Just, Bot. Jahresber. f. 1879, pag. 177. Citiert von Heyer.
[5]) Bericht des landw. Institutes der Universität Leipzig, Leipzig 1881. Citiert von Heyer, l. c. pag. 75.

tes ein. Es ist möglich, dass diese Erscheinung infolge der Reduction gewisser Salze eintritt. Es wäre nötig, noch weitere Versuche mit andern Pflanzen über diesen interessanten Zusammenhang anzustellen. —

Es sei auch noch erwähnt, dass die verschiedensten Forscher
Anomalien bei der Production von männlichen und weiblichen
Blüten beobachtet haben. Da indessen nicht auf die äusseren
Lebensverhältnisse geachtet wurde, so haben sie keinen biologi-
schen, sondern nur morphologischen Wert. Eine Aufzählung der-
selben würde hier gar keinen Zweck haben. —

Oben wurde bereits erwähnt, dass ein Ableger eines weiblichen Baumes von Acer Negundo männliche Blüten trug. Jedenfalls befinden sich Ableger zuerst unter ungünstigen Ernährungsverhältnissen, was das Erscheinen von männlichen Blüten zur Folge
hat. Auch andere Beobachtungen scheinen für einen solchen Sachverhalt zu sprechen. So wird im „Naturforscher" [1] mitgeteilt:
„Unsere Trauerweiden stammen nach Loudon Arboretum alle von
einem weiblichen Exemplare ab, welches 1730 durch Herrn Verrin
nach England gebracht war, daher sind fast alle weiblich. Es
wurden aber Bäume bekannt, bei denen das Geschlecht abgeändert war, was also nur auf dem Wege der vegetativen Vermehrung geschehen konnte. So tragen die Stecklingspflanzen der von
St. Helena nach England gebrachten Trauerweiden vom Grabe
Napoleons männliche Kätzchen."

Wir haben also gesehen, dass die verschieden-artigsten Umstände von Einfluss auf das Geschlecht der Pflanzen sind. Dieser Einfluss ist jedoch stets derartig, dass bei ungünstiger Einwirkung das männliche, bei günstiger das weibliche entsteht. Derselbe Faktor kann sogar je nach der Stärke der Einwirkung und
je nach der eigentümlichen Lebensweise der Pflanze verschiedene
Wirkung haben. Es kommt also stets darauf an, ob der Umstand
als ein günstiger oder als ein ungünstiger zu betrachten ist.

Sehr wichtig für die Theorie sind die Sätze, dass das männliche Geschlecht im allgemeinen weniger Nahrung bedarf und
daher auch weniger empfindlich gegen Schwankungen in
der Ernährung ist als das sensiblere weibliche Geschlecht. Auch
hierüber stellte Heyer [2] bei Brennnesseln Beobachtungen an,
deren Resultate hier angeführt werden mögen: „Bemerkenswert

[1] 1876, pag. 34. Citiert von Heyer, pag. 78.
[2] l. c. pag. 59.

ist noch, dass die männlichen Blüten schnell verstäuben und dann bald abfallen. Zu ihrer Ausbildung und Erhaltung ist also von seiten der Pflanze kein bedeutender Ernährungsaufwand erforderlich, so dass sie auch unter ungünstigen Verhältnissen noch zur Entwicklung gelangen. Die weiblichen Blüten hingegen haben nach der Bestäubung auch noch die Samen auszubilden; sie sind daher vielmehr dem Zufalle der ungünstigen Verhältnisse ausgesetzt. Dieser Umstand veranlasste auch, dass bei meinen Versuchen unter den verschiedenen ungünstigen Wachstums-verhältnissen viele weibliche Blüten vorzeitig abfielen und die angesetzten Samen nicht zur Reife brachten."

Auch beim Hanf stellte Heyer fest, dass die Ernährung bei weiblichen Pflanzen eine weit grössere Rolle spielt als bei männlichen. Daher haben die Weibchen ein grösseres Gewicht als die Männchen, wie aus folgenden von Heyer gegebenen Zahlen hervorgeht:

Entwickelungsstadium	Das durchschnittliche Gewicht eines Weibchens, wenn das eines Männchens gleich 100 gesetzt wird
Beginn der Blüte der männlichen Pflanzen	131,8
Volle Blüte der männlichen Pflanzen	152,2
Nach der vollen Blüte der männlichen Pflanzen	221,4

Die weiblichen Pflanzen wiegen also durchschnittlich weit mehr als die männlichen. Die weiteren Unterschiede der beiden Geschlechter mögen durch einen Teil der bereits früher citierten Sätze Heyers wiedergegeben werden. „Die Entwickelung der beiden Geschlechter ist also auch beim Hanf sehr verschieden. Die männlichen Pflanzen entwickeln sich schneller als die weiblichen, gelangen etwas früher zur Blüte und sind schlanker gewachsen als diese. Dagegen haben ceteris paribus schon im Beginne der männlichen Blütezeit, wo also noch keine Samen angesetzt sind, die weiblichen Pflanzen stets ein grösseres Gewicht als die männlichen. Die Entwickelung der männlichen Pflanzen wird in einem kürzeren Zeitraum zurückgelegt als die der weiblichen, aber die weiblichen producieren schon frühzeitig eine grössere Menge organischer Substanz." Alle diese Unterschiede sind nützliche Eigenschaften, welche in Beziehung stehen zu der Reproductionsthätigkeit des betreffenden Geschlechtes. Auch beim Hanf fällt die Geschlechtsthätigkeit der Männchen vor die der Weibchen. Diese

Proterandrie ist nützlich; denn der Pollen bedarf stets einer gewissen Zeit, um auf die weibliche Blüte zu gelangen. Zur Entwickelung der männlichen Blüte ist daher weniger Nahrung nötig und die männlichen Pflanzen sind dem-entsprechend schlanker und leichter. Auch bei der Brennnessel fällt die Geschlechtsthätigkeit der männlichen Blüten vor die der weiblichen und erstere vergehen sehr bald. Die weiblichen aber bilden den Samen, bedürfen hierzu mehr Nahrung und sind daher weit empfindlicher gegen Schwankungen in der Ernährung. Endlich sei noch erwähnt, dass nach den Beobachtungen von Heyer[1]) auch bei Lychnis dioica die Männchen früher blühen als die Weibchen. Bei polygamischen Thymus-arten sind die eingeschlechtlichen Blüten weiblich und zwar steht dies nach der Ansicht Hildebrands[2]) damit im Zusammenhang, dass bei den zwittrigen derselben Arten die Antheren sich etwas vor der Narbe entwickeln. Nach Heyer[3]) kommt es bei Gurken und namentlich Wassermelonen häufig vor, dass sich zuerst nur männliche Blüten entwickeln und erst später auch weibliche erscheinen. Die Hauptthätigkeit des weiblichen Geschlechtes, die Bildung des Samens, beginnt erst nach der Befruchtung, also zu einer Zeit, wo die des männlichen bereits ihr Ende erreicht hat. Daher gehen die männlichen Pflanzen eher zu Grunde als die weiblichen. Beim Hanf z. B. vergilben schon nach der vollen Blüte der männlichen Pflanzen die Blätter dieser Männchen und fallen bald ab, während bei den weiblichen Pflanzen die Lebensthätigkeit noch ungeschwächt ist, wie Heyer[4]) feststellte.

Alle diese Thatsachen, welche von neuem die in dieser Arbeit vorgeführte Theorie bestätigen und teilweise sogar als nicht unwichtige Stützen derselben angesehen werden können, waren Heyer bekannt und sind von ihm angeführt worden. Den innern Zusammenhang indessen erkannte er nicht, vielmehr hielt er an der einmal gefassten Meinung fest.

Auch sei noch darauf aufmerksam gemacht, dass Heyer seine eigentümlichen Ansichten nur deshalb beibehalten konnte, weil er die meisten Thatsachen, die ich früher aufgezählt habe, gar nicht gekannt hat. Einige hat er indessen erwähnt, ohne sie

---

[1]) l. c. pag. 79.
[2]) Die Geschlechtsverteilung etc., Leipzig 1867, pag. 26. Citiert v. Heyer, pag. 81.
[3]) l. c. pag. 64.
[4]) l. c. pag. 56.

aber genauer zu erörtern. Geht man jedoch näher hierauf ein, so erkennt man sofort, wie unhaltbar die Heyer'sche Theorie von der unbedingten Constanz des Sexualverhältnisses ist. So erwähnt Heyer ganz kurz die Versuche von Prantl[1]), welche beweisen, dass sich auf Prothallien bei Mangel an Nahrung männliche, bei Überfluss aber weibliche Geschlechtsorgane bilden, indem er eine eingehende Beurteilung dieser Thatsachen aber vermeidet. Er geht mit den Worten darüber hinweg, dass die Zahl dieser Untersuchungen noch zu gering sei, um Schlüsse zu erlauben, auch dürfe man von Farnen nicht auf die Verhältnisse bei höheren Pflanzen schliessen, weil bei den Farnen der ganze Entwickelungscyclus auf zwei getrennte Organismen verteilt ist, was bei den höheren Pflanzen nicht der Fall ist. Beide Einwände sind unzulässig. Die Versuche von Prantl sind zahlreich und sorgfältig und werden bestätigt durch die anderer Forscher. Auch sind allgemeine Schlüsse sehr wohl zulässig; denn es handelt sich hier um allgemeine Eigenschaften aller Pflanzen, ja sogar aller Organismen. Ferner erwähnt Heyer auch noch andere Beobachtungen, welche dasselbe Resultat hatten. Wie Borodin[2]) beobachtete, wurde bei Prothallien von Allosorus sagittatus „im Dunkeln die weitere Bildung vegetativer Zellen sistiert und an Stelle derselben trat Antheridienbildung. Wurden derartige Prothallien nachträglich dem Lichte ausgesetzt, so konnte die Bildung vegetativer Zellen wieder veranlasst werden. Nach demselben Autor wurden ähnliche Vorgänge beobachtet von Nägeli[3]) bei Aspidium angescens, von Schacht[4]) bei Pteris serrulata, von Wiegand[5]) bei Blechnum Spicant." Auch nach Göbel[6]) bildeten die von Göppert[7]) im Dunkeln gezogenen Prothallien von Osmunda regalis nur Antheridien. Aus allen diesen Thatsachen geht aufs neue unzweifelhaft hervor, dass das Geschlecht nicht durch ein inneres Gesetz schon von vornherein un-

---

[1]) l. c. pag. 74 und 88.

[2]) Bulletin de l'Acad. imp. d. St. Pétersb. 1867. Nov. pag. 438. Citiert v. Heyer.

[3]) Zeitschrift f. wiss. Bot., Heft I, Taf. IV, Fig. II. Citiert v. Heyer.

[4]) Linnaea 1849, Taf. V, Fig. 1 u. 2. Citiert v. Heyer.

[5]) Bot. Untersuchungen 1854, pag. 42. Citiert v. Heyer.

[6]) Grundzüge der Systematik, Leipzig 1882, pag. 219. Citiert v. Heyer.

[7]) Sitzungsber. d. intern. bot. Congr. zu Petersb. 1869. Citiert v. Heyer.

abänderlich bestimmt ist, sondern dass das Geschlechtsverhältniss den äussern Umständen gemäss reguliert wird.

Noch einige andere Thatsachen, die sich mit seiner Theorie nicht vereinigen lassen, hat Heyer in ähnlicher Weise kurz erledigt. Er sagt[1]): „Es möge hier darauf hingewiesen werden, dass es unstatthaft ist, bei der Diskussion über die Frage nach der Entstehung des Geschlechtes beim Menschen und den Wirbeltieren das Geschlechtsleben der Bienen mit herbeizuziehen, weil man schon aus den vorgeführten Fällen aus dem Geschlechtsleben der Hymenopteren für die sich widersprechendsten Hypothesen Beweismittel finden könnte, was offenbar ad absurdum führt. Die normale geschlechtliche Zeugung ist auch bei den Hymenopteren nicht zu verkennen, sie ist aber durch verschiedene Regenerationsvorgänge verschleiert oder sie ist ganz verloren gegangen.“ An einer späteren Stelle[2]) sagt er dies ergänzend: „Ich habe im Vorhergehenden bereits darauf hingewiesen, dass es bei exacten Untersuchungen unstatthaft ist, aus dem Geschlechtsleben niederer Tiere und Pflanzen zur Beweisführung irgend einer Ansicht über die Entstehung der Geschlechter beim Menschen, höheren Tieren und Pflanzen einige passende Fälle herauszugreifen, da man durchaus nicht in Verlegenheit geraten würde, für die andere entgegengesetzte Ansicht ebenfalls Beweismaterial zu finden.“ Bei der Darlegung der in dieser Arbeit vertretenen Theorie wurden nicht etwa einige passende Fälle ausgesucht, sondern alle bekannten Thatsachen wurden vorgeführt und in Übereinstimmung mit der Theorie gefunden. Man muss auch von einer richtigen Theorie verlangen, dass sie sämtliche in betracht kommende Thatsachen erklärt. Heyer aber kann dies von seinem Standpunkt aus nicht. Bei den niedern Tieren sind aus früher erleuterten Gründen die Schwankungen des Sexualverhältnisses viel grösser als bei den höheren Tieren und Pflanzen. Als Beispiel mag die Thelytokie bei den Aphiden und die Arrenotokie bei den Bienen dienen. Bei diesen niedern Tieren sah Heyer am deutlichsten, dass das Sexualverhältniss keine unbedingt constante Grösse ist. Die Schwankungen desselben sind hier ausserordentlich stark. Um also seine Theorie von der unbedingten Constanz des Geschlechtsverhältnisses aufrecht zu erhalten, musste Heyer die Thatsachen aus dem Geschlechtsleben der niedern Tiere und Pflanzen unterdrücken. Dies

---

[1]) l. c. pag. 101.
[2]) l. c. pag. 103.

ist aber unstatthaft, wenn es sich um die Erforschung allgemeiner
Gesetze handelt. — In der Annahme von innern Gesetzen und in der Verläug-
nung des Einflusses äusserer Umstände ist H e y e r indessen noch
weiter gegangen. Er stellte nämlich einen Versuch an, um zu
prüfen, ob die Tendenz zur Bildung von g e f ü l l t e n B l ü ten durch
äussere Einwirkungen herbeigeführt oder bereits im Samenkorn
entschieden sei. Es war früher darauf aufmerksam gemacht
worden, dass unter ungünstigen Bedingungen nicht nur die Reproduction vermindert wird, sondern auch häufig andere Organe,
welche zu der Geschlechtsthätigkeit in Beziehung stehen, afficiert
werden. Zu diesen Erscheinungen muss auch das Gefülltsein der
Blumen gerechnet werden. Bereits D a r w i n hatte hierfür die
richtige Erklärung gegeben. Zuerst bewirken nämlich irgend
welche ungünstige Verhältnisse eine Verminderung der Reproduction und damit eine Verminderung der Ernährung der Reproductionsorgane. Ungünstige Umstände sind aber durchaus nicht
immer mit einem Nahrungsmangel verbunden. Wenn es der Blume
nun nicht an Nahrung fehlt, so wird diese zu einer andern
Leistung verbraucht werden. Eine solche Leistung ist die Bildung
von Blumenblättern. Diese Theorie Darwins hat ausserordentlich
viel Wahrscheinlichkeit für sich. H e y e r indessen ist hierüber
anderer Meinung. Wie das Geschlecht einem innern Gesetze fol-
gend bereits im Samenkorn definitiv entschieden sein und durch
äussere Umstände niemals eine Änderung erleiden soll, so ist
nach ihm auch die Tendenz zur Bildung von gefüllten Blüten bereits im Samenkorn definitiv entschieden und wird niemals durch
die Verschiedenheit äusserer Verhältnisse beeinflusst.

Bei der Erörterung der Entstehung des Geschlechtes hatten
wir gesehen, dass die Verhältnisse, unter denen die Eltern leben,
von dem grössten Einfluss auf das Geschlecht der Nachkommen
sind. Die Geschlechtsproducte neigen also schon von vornherein
mehr zum einen oder andern Geschlecht, aber dennoch ist die
spätere Ernährung des Embryo vom grössten Einfluss auf die
Entstehung des Geschlechts. Ebenso wird es sich wahrscheinlich
mit der Tendenz zur Bildung von gefüllten Blüten handeln. Auch
hier werden die Lebensverhältnisse der Eltern-pflanzen von der
grössten Bedeutung sein. Also bereits im Samenkorn wird eine
mehr oder weniger grosse Tendenz zur Bildung von gefüllten
Blüten vorhanden sein. Aber auch die Lebensverhältnisse der
jungen aufwachsenden Pflanzen sind noch von Einfluss auf diese

Tendenz; und zwar wird dies nicht nur durch die bereits früher angeführten Thatsachen, sondern auch durch die von Heyer angestellten Versuche bewiesen. Die Experimente wurden mit Levkojen angestellt und ergaben die in der Tabelle wiedergegebenen Resultate.

Boden und Beleuchtung	I. Probe		II. Probe		Summe	
	gefüllt	einfach	gefüllt	einfach	gefüllt	einfach
Gartenboden unbeschattet	48	40	16	18	64	58
„ beschattet	34	31	11	10	45	41
Sandboden unbeschattet	36	28	25	14	61	42
„ beschattet	23	21	16	6	39	27
Summe	141	120	68	48	209	168

Diese Tabelle giebt an, wieviel Pflanzen unter den betreffenden Verhältnissen einfache oder gefüllte Blüten trugen. Aus den Zahlen geht hervor, dass auf Sandboden 100 gefüllte und 69 einfache Pflanzen wuchsen, was einem Verhältniss von 145 zu 100 entspricht. Auf Gartenboden dagegen erhielt Heyer 109 gefüllte und 99 einfache Pflanzen, demnach ein Verhältniss von 110 zu 100. Auf dem Sandboden wuchsen also relativ mehr gefüllte Pflanzen als auf dem Gartenboden. Der Umstand, ob die Pflanzen beschattet oder unbeschattet wuchsen, scheint dagegen ohne merklichen Einfluss zu sein auf die Tendenz, gefüllte Blüten zu bilden. Bei den in Sandboden wachsenden Exemplaren zeigte sich also das Gefülltsein der Blüte häufiger als bei den in Gartenboden wachsenden. Dieses hat seine Ursache jedenfalls darin, dass Gartenboden dieser Gartenpflanze jedenfalls günstigere Bedingungen als Sandboden bietet. Hiermit ist unzweifelhaft nachgewiesen, dass die äusseren Lebensverhältnisse von dem grössten Einfluss sind auf die Tendenz, gefüllte Blüten zu bilden. Allerdings wird diese Tendenz schon im Samenkorn vorhanden und mehr oder weniger stark sein. Dies erkannte Heyer, aber er ging zu weit, als er annahm, dass das Gefülltsein bereits im Samenkorn definitiv entschieden sei und die äusseren Verhältnisse ohne jeden Einfluss seien. Dass letzteres doch der Fall ist, geht nicht nur aus den bereits früher mitgeteilten Thatsachen, sondern auch aus den Versuchen von Heyer selbst hervor. Man sieht also, wie weit

22*

Heyer gegangen ist, indem er überall innere Gesetze annahm und den äussern Umständen auch nicht die geringste Bedeutung beilegte.

Bei der Erörterung der Concurrenz, welche sich alle Organe gegenseitig machen, war schon darauf hingewiesen worden, dass die Nahrung, welche einem Organe nicht mehr zu teil wird, den benachbarten zu gute kommt. Ein solches Verhältniss haben wir bei den gefüllten Blüten. Irgend welche ungünstige Umstände rufen eine Unfruchtbarkeit hervor und alsdann wird die Nahrung nicht zur Reproduction, sondern zur Bildung von Blumenblättern verbraucht. Heyer hat noch andere Beobachtungen angestellt, welche sich auf einen ebensolchen Zusammenhang zurückführen lassen. Bei seinen Beobachtungen an Lychnis[1]) bemerkte er, dass mehrere männliche Pflanzen von Ustilago antherarum befallen waren, ein Pilz, der nur die männlichen Geschlechtsorgane heimsucht. Heyer bemerkte nun, dass fast alle befallenen Blüten einen Fruchtknoten gebildet hatten. Auch von Miss Becker und Lorum ist dies beobachtet worden, wie Heyer[2]) anführt. Es wäre durch Untersuchungen festzustellen, ob nicht die angegriffenen Antheren absterben und dann die für sie bestimmte Nahrung den übrigen Teilen der Blüte zu gute kommt. Bei dieser günstigeren Nahrungszufuhr werden die Anlagen der weiblichen Geschlechtsorgane veranlasst, sich auszubilden. Besonders bemerkenswert bei dieser Beobachtung ist aber folgender Umstand. Es hatten sich nämlich nicht bei allen befallenen Blüten die Fruchtknoten ausgebildet, sondern dies war bei den kleineren, auf schwächlichen Seitenzweigen stehenden nicht der Fall gewesen. Bei diesen Blüten war also die Zunahme der Ernährung der übrigen Blütenteile nicht sehr stark gewesen und dies hat ohne Zweifel seinen Grund darin, dass diese Blüten überhaupt schwächer ernährt werden. Dieser Umstand spricht von neuem für den allgemeinen Satz, dass die Ernährung eines Teiles desto stärker ist, je näher dieser der Nahrungsquelle gelegen ist.

Auch folgende Beobachtungen von Heyer[3]) zeigen, dass die Nahrung, die dem einen Teil bestimmt ist, aber ihm nicht mehr zu Teil wird, besonders den Organen zu gute kommt, welche in

---

[1]) l. c. pag. 79.

[2]) Entnommen aus Sorauer, Pflanzenkrankheiten, Berlin 1874, pag. 276, Anmerkung.

[3]) l. c. pag. 84.

der Nähe desselben gelegen sind. Wird durch irgend welche Mittel eine starke Zweigbildung verhindert, so bilden sich mehr Blüten. Dies war schon früher von Kürbissen und Gurken mitgeteilt worden, welche in Blumentöpfen wuchsen. Auch in der Technik des Gartenbaues wird dies benutzt. „Die Obstbäumchen stehen gewöhnlich auf fruchtbarem Boden, so dass sie hinreichend Nahrung finden. Es ist aber dafür gesorgt, dass eine üppige Zweigbildung verhindert wird, indem als Wildlinge, auf welche die edlen Sorten veredelt sind, schwachwüchsige Sorten verwendet werden. Es findet also eine hinreichende Nahrungszufuhr, aber eine minder lebhafte Sprossbildung statt, womit dann auch ein früherer und reichlicherer Blütenansatz und eine vollendetere Ausbildung der Früchte im Zusammenhange stehen." Ferner bemerkte Heyer bei Weiden, dass die Zweige, deren Spitzen von vorübergehenden Personen abgeschlagen waren, Blüten gebildet hatten, was bei den übrigen nicht der Fall war. Diese Blüten hatten sich infolge des Saftandranges schon am Ende des Sommers entwickelt, während sie sonst erst im nächsten Frühjahr erscheinen. Nach Heyer wird dasselbe Verfahren, das sogenannte Pincieren auch bei der Zwergobstbaumzucht in Anwendung gebracht, um einerseits eine zu üppige Entwickelung der Zweige zu verhindern und anderseits, um die Knospen zu veranlassen, sich zu Blütenknospen zu entwickeln." Es zeigt sich also, dass die Nahrung, die eigentlich für die Spitze bestimmt war, den zunächst gelegenen Knospen zukommt. Es fragt sich aber noch, warum die benachbarten Zweige nicht einfach stärker wachsen, sondern warum die Knospen-anlagen sich zu Blütenknospen entwickeln. Dies ist jedenfalls darauf zurückzuführen, dass die Pflanzen die Eigenschaft haben, die Reproductionsthätigkeit bei vermehrter Nahrungszufuhr zu verstärken. —

Das Verdienst Heyers besteht, wie schon mehrmals hervorgehoben wurde, darin nachgewiesen zu haben, dass auch bei diöcischen Pflanzen das Sexualverhältniss ein bestimmtes, unter denselben Verhältnissen stets wiederkehrendes ist. Daraus schloss er irrtümlicher Weise, dass das Sexualverhältniss ein unbedingt constantes, unter allen Umständen stets wiederkehrendes sei. Alsdann dehnte er diesen Schluss auf alle Organismen aus. Lange vor ihm war es indessen schon bekannt, dass das Sexualverhältniss bei Tieren ein bestimmtes ist. Spencer hatte sogar schon angedeutet, dass dieses Geschlechtsverhältniss als eine Anpassung an die Lebensverhältnisse der betreffenden Tiere zu betrachten sei.

Bei der Verallgemeinerung seiner Ansichten über die unbedingte Constanz des Geschlechtsverhältnisses hat H e y e r sich der Mühe unterzogen, eine Zusammenstellung der ihm bekannten Sexualverhältnisse von Pflanzen und Tieren zu geben. Da dieselbe einige neue Zahlen enthält, so mag sie hier wiedergegeben werden.

Arten	Summe	♀	♂	Sexualverhältniss
Bingelkraut, Mercurialis annua	21 000	10 201	10 799	105,86
Hund [1])	6 878	3 273	3 605	110,14
Schaf in Deutschland [2])	1 121	545	577	105,87
„ „ England, Leicesterrasse [3])	8 965	4 558	4 407	96,68
Schaf in England, Cheviotrasse [4])	50 685	25 614	25 071	97,88
Pferd in Ungarn [5])	42 555	21 741	20 814	95,73
„ „ Preussen [6])	18 832	9 622	9 211	95,72
„ „ „ [7])	1 321	676	645	95,41
„ „ Würtemberg [8])	16 285	8 443	7 842	92,64
„ „ „ [9])	2 340	1 181	1 159	98,13
„ „ England [10])	2 925	1 465	1 460	99,65
„ „ „ [11])	25 560	12 797	12 763	99,73
Rind in Österreich [12])	8 179	4 129	4 050	98,08
„ „ England [13])	982	505	477	94,05
Huhn, Cochinchinarasse [14])	1 001	514	487	94,74
Frosch, Rana fusca [15])	440	280	160	57,14
Hanf in Deutschland	1 353	713	640	89,76
„ „ „	1 339	718	621	86,49
„ „ „	3 321	1 788	1 533	85,73
„ „ Ungarn [16])	—	—	—	85,08
„ „ Österreich [17])	6 282	3 432	2 850	83,04
„ „ Frankreich [18])	2 276	1 224	1 052	85,94

Diese Tabelle enthält mehrere Zahlen, welche bereits im Anfang der Arbeit bei Erörterung der Zahlengrösse des Sexualver-

---

[1]), [3]), [4]), [11]), [13]) und [14]) D a r w i n, Abstammung des Menschen 1875, II, pag. 318.

[2]) und [6])—[10]) Nach Nathusius aus F r a n k, Tierärztl. Geburtsh. Berlin 1876, pag. 145.

[5]) Revue für Tierheilkunde 1882, No. 6—9.

[12]) l. c. 1882 pag. 42 nach Dr. N a g l.

[15]) Archiv f. d. ges. Phys. 1881, pag. 237. Irrtümlicherweise nennt H e y e r dieses Tier eine Kröte.

[16]) Wiener landw. Zeitung 1869 No. 3.

[17]) Frühlings landw. Zeitung 1877, pag. 881.

[18]) Annales des Sciences nat. Paris 1830.

hältnisses angeführt wurden. Es sind die über das Verhältniss beim Windhund und beim Pferde, welche von Darwin festgestellt wurden, ferner über dasselbe beim Frosch, das von Pflüger und andern festgestellt wurde. Indessen ist die letztere Angabe Heyers nicht vollständig richtig. Hätte er die Arbeiten Pflügers weiter verfolgt, so würde er gefunden haben, dass ein derartiges Überwiegen der Weibchen nur in der Jugend stattfindet, dass dagegen später die Zahl der Männchen und Weibchen bei den Fröschen ungefähr die gleiche ist.

Abgesehen von den Zahlen, welche den Hanf betreffen und welche bereits oben mitgeteilt wurden, enthält die Tabelle viele neue Zahlen, die abermals aufs deutlichste zeigen, dass das Sexualverhältuiss bei jedem Organismus ein bestimmtes, unter denselben Umständen stets wiederkehrendes ist.

Heyer ging indessen viel zu weit in der Abschätzung der Tragweite seiner Entdeckung. Er glaubte, dass das Sexualverhältniss nicht nur unter denselben, sondern auch unter verschiedenen äussern Umständen unbedingt immer dasselbe sein müsse. Dem ist aber nicht so, vielmehr rufen die äussern Umstände Schwankungen dieses Verhältnisses hervor, welche bei niedern Organismen gross, bei höheren aber gering sind.

Der zwingenden Gewalt der Thatsachen gegenüber muss auch Heyer zugestehen, dass unter verschiedenen äussern Umständen kleine Schwankungen des Sexualverhältnisses vorkommen können. Er sagt am Schlusse seiner Arbeit: „Da bei diöcischen Pflanzen das constante Geschlechtsverhältniss auf verschiedenen Standorten und in verschiedenen Jahren stets zu stande kommt, so muss angenommen werden, dass die äusseren Lebensbedingungen keinen, oder doch nur insofern einen Einfluss auf die Entstehung der Geschlechter auszuüben vermögen, dass bei constant bleibenden günstigen oder weniger günstigen Lebensbedingungen während mehrerer Generationen, innerhalb des gesetzlichen Verhältnisses kleine Schwankungen zu gunsten des weiblichen oder des männlichen Geschlechtes vorkommen können. Da nun der Mensch und die hier in betracht kommenden Tiere nicht wie die Pflanze an einen bestimmten Ort und an bestimmte äussere Lebensbedingungen gebunden sind, so muss gefolgert werden, dass bei diesen die äussern Lebensbedingungen noch weniger einen Einfluss auf die Entstehung des Geschlechtes haben, oder doch nur insofern, dass unter verschiedenen Lebensbedingungen während grösserer Zeiträume kleine Schwankungen innerhalb des gesetzlichen Verhältnisses vorkommen können." Also selbst Heyer gesteht zu, dass unter verschiedenen äussern Umständen Schwankungen des Sexualverhältnisses stattfinden. Da er aber doch seine Theorie von der unbedingten Constanz des Geschlechtsverhältnisses nicht fallen lassen will, so nimmt er an, dass diese Schwankungen nur innerhalb des gesetzlichen Verhältnisses stattfinden könnten, welches jeder Art immanent sei.

Warum die Schwankungen des Sexualverhältnisses bei verschiedenen Pflanzen, wie beim Bingelkraut und beim Hanf, welche Heyer in betracht zog, nur geringe sein können, wurde bereits genügend erörtert. Ihr Vorhandensein giebt Heyer selbst zu. Dass sie aber innerhalb des gesetzlichen Verhältnisses blieben, ist eine willkürliche Annahme. Bei fast allen Versuchen und Beobachtungen variierte stets nur ein Moment. Da die Zahl der Momente, welche von Einfluss auf die Entstehung des Geschlechtes sind, eine grosse ist, so bewirkt das Variieren eines Momentes auch nur eine kleine Schwankung des Sexualverhältnisses. Lässt man indessen viele Momente nach derselben Richtung hin wirken, so werden die Schwankungen des Geschlechtsverhältnisses immer grösser. Sie bleiben also nicht innerhalb eines gesetzlichen Verhältnisses. Man erinnere sich nur daran, dass bei Gurken und Kürbissen die Schwankungen so starke waren, dass es Heyer überhaupt gar nicht gelang, dieses immanente, gesetzliche Verhältniss auch nur annähernd festzustellen. Auch bei der Wirkung eines einzigen Umstandes sind diese Schwankungen durchaus nicht immer klein. Bei niedern Organismen können sie vielmehr sehr stark sein, wie wir bei Erörterung der Thelytokie und Arrenotokie gesehen haben. Die Annahme, dass die Schwankungen des Sexualverhältnisses nur klein seien und nur innerhalb des gesetzlichen Verhältnisses stattfänden, kann also nicht länger aufrecht erhalten werden.

Auch an einer andern Stelle fügt sich Heyer[1]) der Macht der Thatsachen, indem er sagt: „Es weist demnach Alles darauf hin, dass unter dem günstigen Zustande der äussern Lebensbedingungen innerhalb des gesetzlichen Verhältnisses in der Verteilung der Geschlechter das Maximum von Weibchen erzeugt wird." Indessen fährt er so fort: „Dabei wird je-

---

[1]) l. c. pag. 91.

doch die Frage nach der Entstehung der Geschlechter noch gar
nicht berührt. Es wird nur angedeutet, dass unter anhalten-
den günstigen oder ungünstigen Lebensbedingungen relativ mehr
Weibchen resp. Männchen innerhalb des gesetzlichen Verhältnisses
erzeugt werden. Diese äussern Einflüsse gelangen aber nicht
momentan, sondern erst nach mehreren Generationen zum Ausdruck; die ganze physiologische Organisation der betreffenden Art
oder Rasse wird schliesslich den äussern Lebensverhältnissen entsprechend praedisponiert, eines von beiden Geschlechtern zu begünstigen, ohne aber dabei die gesetzliche Verteilung der Geschlechter aufzuheben."

Hier hat Heyer also wieder eine neue Auslegung, um die
Annahme einer Regulierung des Geschlechtsverhältnisses, für welche
die Thatsachen so deutlich sprechen, nicht machen zu müssen.

Heyer glaubt, dass äussere Umstände, z. B. eine bessere
Ernährung, nicht sogleich, sondern erst nach mehreren Generationen eine Mehrproduction von Weibchen herbeiführen. Wenn
man indessen die in dieser Arbeit zusammengestellten Thatsachen
der Reihe nach durchgeht, so wird sich bei fast jeder derselben
zeigen, wie falsch diese Auslegung ist. Bei seinen eigenen Beobachtungen an der Brennnessel hätte Heyer sich überzeugen können,
dass eine bessere Ernährung sofort, noch an derselben Pflanze,
eine Mehrproduction von weiblichen Blüten bewirkt. Ferner wirkt
der Sommer, um aus den von mir angeführten Thatsachen irgend
ein Beispiel herauszugreifen, so auf das menschliche Genitalsystem ein, dass eine Mehrproduction von Mädchen stattfindet.
Und zwar findet diese Wirkung bei allen Menschen sofort und in
jedem Sommer von neuem statt. Man sieht hieraus, wie falsch
die Annahme ist, dass diese Wirkung erst nach mehreren Generationen zum Ausdruck käme. Heyer wurde sicherlich nur dadurch zu dieser Annahme verleitet, dass er seine Theorie von der
unbedingten Constanz des Sexualverhältnisses durch die vielen
widersprechenden Thatsachen gefährdet sah.

Bei Gelegenheit dieser Erörterungen macht Heyer[1]) auf
eine Thatsache aufmerksam, welche von neuem beweist, dass
unter günstigen Bedingungen eine Mehrproduction von Weibchen eintritt. Es mögen seine Worte hier angeführt werden:
„Bei der Pferdezucht ergab sich aus langjährigen Aufzeich-

---

[1]) **Revue** für Tierheilkunde 1882, No. 6, 7, 8, 9. Citiert v.
Heyer l. c. pag. 90.

nungen, dass mit der Verfeinerung des Gestütsbetriebes, mit dem rationelleren Betriebe der Pferdezucht, die Zahl der weiblichen Geburten relativ zunahm. Es' nahmen ferner die männlichen Totgeburten in grösserem Masse zu als die weiblichen, so dass aus dem verfeinerten Betriebe eine Zunahme der weiblichen Individuen resultierte. Diese Verhältnisse wurden von Schlechter aus den Gestütsbüchern in Mezöhegyes in Ungarn ermittelt und erstreckten sich auf den Zeitraum von 1791—1879. Diese Angaben können daher als zuverlässig betrachtet werden. Während dieses Zeitraumes ist der Gestütsbetrieb allmählich vervollkommnet worden."

Schlechter verfügt ohne Zweifel über umfassende Zahlen, in bezug auf die Tot-geburten sind sie vielleicht doch noch nicht gross genug gewesen. Denn der Umstand, dass die Tot-geburten unter besserem Betriebe, also unter günstigeren Verhältnissen zugenommen haben sollen, ist kaum denkbar. Vielleicht handelt es sich nur um eine absolute nicht aber um eine relative Zunahme.

Zu den Beobachtungen Schlechters ist noch folgendes hinzuzufügen. „Die Untersuchung ergab, dass mit der fortschreitenden Verfeinerung des Gestütsbetriebes die Zunahme der weiblichen Geburten nicht gleichen Schritt hielt, sondern je mehr sich die Verfeinerung ihrem Höhepunkte näherte, um so geringer wurde auch die Zunahme der weiblichen Geburten. Es wurde also eine Grenze erreicht, welche als das mögliche Maximum der weiblichen Geburten innerhalb des gesetzlichen Verhältnisses bezeichnet werden kann."

Schlechter fand also die Thatsache, dass die Zunahme der weiblichen Geburten später nicht mehr so stark war als im Anfang. Dies stimmt vollständig überein mit den theoretischen Erörterungen, welche bei Beginn der Besprechung der Regulierung des Sexualverhältnisses gegeben wurden. Dort wurden folgende Schlüsse gezogen. Treten günstigere Existenzbedingungen ein, so nimmt die Production von Weibchen zu. Mit Hülfe dieser kann alsdann eine stärkere Reproduction stattfinden. Wenn aber die Zahl der Weibchen eine grosse ist, so wird infolge der stärkeren Beanspruchung der Männchen nach und nach die Zahl der Männchen-geburten doch wieder steigen. Nur bei der Thelytokie wird dies vermieden, da die Weibchen ihre Befruchtungsfähigkeit verloren haben. Bei den übrigen Tieren dagegen wird im Laufe der Zeit eine Anpassung an den neuen Zustand eintreten. Bei einem andauernden Überfluss tritt keine Regulierung des Geschlechtsverhältnisses ein. Die meisten Tiere aber leben unter wechselnden Lebensverhältnissen. Den Änderungen dieser Existenzbedingungen gemäss findet die Regulierung des Sexualverhältnisses statt.

Wenn man alle die vorgeführten Thatsachen und Erörterungen vorurteilsfrei betrachtet, so darf man wohl schliessen, dass die Heyer'schen Auslegungen der Thatsachen unzulässig sind, dass das Sexualverhältniss also nicht etwa ein der Art immanentes, unbedingt constantes ist, auf welches die äusseren Umstände auch nicht den geringsten Einfluss haben, sondern dass es infolge nützlicher Eigenschaften den Existenzbedingungen gemäss reguliert wird.

Über den Einfluss des relativen Alters.

In der vorliegenden Arbeit glaube ich alle bisher aufgestellten wissenschaftlichen Theorien über die Entstehung des Geschlechtes einer Besprechung unterzogen zu haben. Es bliebe vielleicht noch zu erwähnen, dass nach der Meinung von Guislain[1] der Stand des Mondes einen Einfluss darauf haben soll, ob ein Knabe oder ein Mädchen geboren wird. Während diese Ansicht sofort als absurd erscheint, lässt sich die von dem Statistiker G. Mayr[2] aufgestellte Theorie schon eher rechtfertigen. Er sagt, dass der Wunsch der Mutter von Einfluss auf das Geschlecht des Kindes sei, und er erklärt dadurch den grösseren Knabenüberschuss bei ehelich Geborenen. „Während die eheliche Mutter, sobald sie weiss, dass sie empfangen hat, in der Regel einen Knaben und nur selten ein Mädchen erhofft, machen sich bei der unehelichen Mutter vorwaltend die Empfindungen der Reue über den Fehltritt verbunden mit Apathie gegen die Geschlechtszugehörigkeit des zu erwartenden Kindes geltend." Auch Öttingen[3] hat sich dieser Wunsch-theorie angeschlossen und er erklärt den hohen Knabenüberschuss auf dem Lande als eine Folge des „allbekannten, fast krankhaften Wunsches nach Söhnen" bei der Landbevölkerung. Die Forscher gingen bei Aufstellung dieser Theorie von dem rich-

---

[1] Schmidts Jahrbücher d. ges. Med. 12, 1836, pag. 272.
[2] Die Theorie findet sich in seiner populären Schrift: Die Gesetzmässigkeit im Gesellschaftsleben, pag. 252.
[3] Die Moralstatistik in ihrer Bedeutung für die Social-ethik, Erlangen 1882, pag. 78. Citiert von Schumann.

tigen Gedanken aus, dass psychologische Vorgänge von Einfluss auf die Nerventhätigkeit und diese von Einfluss auf die Geschlechtsthätigkeit sind. Im ersten Teil der Arbeit wurde ausführlich die Abhängigkeit der Ovulation von einigen nervösen Vorgängen erörtert. Wenn aber das Ei sich bereits festgesetzt hat, kann ein Einfluss auf die Entstehung des Geschlechtes nur durch eine schwache oder starke Ernährung des Embryo ausgeübt werden, psychologische Vorgänge werden dagegen ohne Wirkung auf das Kind sein. Es ist aber physiologisch ebenso unwahrscheinlich, dass ein Versehen der Mutter die Ausbildung des Embryo beeinflussen, als dass ein Wunsch derselben eine Wirkung auf die Entstehung des Geschlechtes haben könnte.

In der neuesten Zeit ist noch eine Theorie über die Entstehung des Geschlechtes aufgestellt worden, die mir jetzt erst bekannt geworden ist. M. Schumann [1]) behauptet, „dass je grösser die sexuelle Befähigung der Erzeuger, desto grösser der Einfluss letzterer ist, dass es ferner in erster Linie auf des Mannes Befähigung ankomme und dass endlich mit dem Grade derselben auch der Knabenüberschuss wechselt." Schumann prüfte nämlich die Hofacker-Sadler'sche Theorie in ihrer ursprünglichen Fassung an Zahlen von Geburten, welche durch die Statistik Norwegens gegeben waren. Bereits früher wurde erwähnt, dass Francke [2]) aus einer Zusammenstellung der norwegischen Geburten in den vier Jahrgängen 1870 bis 1874 auf die Unhaltbarkeit der Hofacker'schen Theorie geschlossen hatte. Wie man sich entsinnen wird, litten diese Zahlen aber sehr an Mangelhaftigkeit. Die Geburten aus dem Jahre 1870, deren Angaben am mangelhaftesten waren, sind nun bei der Berechnung von Schumann fortgeblieben, dagegen hat er den folgenden Jahrgang 1875 hinzugerechnet. Die Zahlen Schumann's sind also jedenfalls zuverlässiger als die Francke's. Bei der Untersuchung seiner Zahlen fand Schumann aber ebenso wie Francke das Gesetz Hofacker's nicht bestätigt.

Zu demselben Resultat kam Stieda [3]) bei der Untersuchung der Angaben über die ehelichen Geburten in Elsass-Lothringen aus den Jahren 1872 und 1873. Aus den norwegischen Geburts-

[1]) Dr. M. Schumann, Die Sexualproportion der Geborenen, eine statistische Studie. Oldenburg 1883.
[2]) Hildebrands Jahrbücher f. Nat.-Ök. u. Stat. 1877 u. 1878.
[3]) Statistische Mitteilungen über Elsass-Lothringen, 1875. Citiert v. Schumann.

zahlen schliesst S c h u m a n n, dass der Knabenüberschuss bei Männern von 25 bis 29 Jahren am grössten, bei jüngern und ältern dagegen kleiner ist, was allerdings mit den norwegischen Zahlen in Übereinstimmung steht. Die Angaben über die Geburten in Elsass-Lothringen aber zeigen in dieser Beziehung starke Schwankungen, die nicht mit dieser Theorie harmonieren. Indessen sind diese Zahlen weniger umfassend als die aus Norwegen. Endlich ist auch in Berlin[1]) das Alter der Eltern von Neugeborenen ermittelt worden. Die betreffenden Zahlen hat S c h u m a n n ebenfalls mitgeteilt. Seine Theorie hat er jedoch an denselben nicht geprüft und zwar aus folgendem Grunde nicht. Bei einer solchen Prüfung müssen die Geburten nach dem absoluten Alter des Vaters geordnet sein. In der Tabelle ist aber nur das absolute Alter der Mutter und das relative des Vaters angegeben. S c h u m a n n glaubte daher, dass diese Zahlen bei seiner Untersuchung nicht hätten verwandt werden können. Er bedachte nicht, dass mit dem absoluten Alter der Mutter und dem relativen des Vaters, d. h. der Differenz zwischen dem des Vaters und dem der Mutter, auch das absolute des Vaters gegeben ist. Sollen die von S c h u m a n n mitgeteilten Zahlen nach dem absoluten Alter des Vaters geordnet werden, so bedarf es hierzu nur einer kleinen Umordnung.

Nimmt man eine solche Umstellung vor, so erhält man für die verschiedenen Altersstufen des Vaters die Sexualverhältnisse, welche die Tabelle wiedergiebt.

Alter des Vaters	Norwegen			Elsass-Lothringen			Berlin		
	Kn.	Md.	Sex-verh.	Kn.	Md.	Sex-verh.	Kn.	Md.	Sex-verh
15 - 24	4 742	4 582	103,49	2 289	2 109	108,53	4 416	4 157	106,2
25 — 29	18 484	17 204	107,44	10 294	9 535	107,96	21 111	20 163	104,7
30 — 34	23 935	22 620	105,81	14 546	13 740	105,86	25 212	24 029	104,9
35 — 39	21 653	20 742	104,39	11 820	11 298	104,62	16 644	16 127	103,2
40 — 44	17 111	16 368	104,54	7 205	6 785	106,19	8 336	7 975	104,5
45 — 49	9 686	9 264	104,55	3 471	3 217	107,89	2 936	2 845	103,2
über 50 {	4 237	4 124	102,74						
	1 316	1 306	100,77	2 201	2 080	105,82	1 334	1 292	103,2
	708	682	103,81						

Die Zahlen für Elsass-Lothringen und für Berlin können nicht als eine Bestätigung der S c h u m a n n'schen Theorie angesehen

---

[1]) Statistisches Jahrbuch der Stadt Berlin, 6., 7., 8. u. 9. Jahrgang. Herausgegeben von R i c h a r d B ö c k h. Berlin 1880, 1881 und 1883. Citiert v. S c h u m a n n.

werden. Die Sexualverhältnisse schwanken regellos, trotzdem sie eine ziemlich grosse Zahl von Fällen betreffen. — Wenn man die Zahlen der Geburten in Norwegen, Elsass-Lothringen und Berlin zusammen addiert, so erhält man sehr umfassende Zahlen. Diese sind daher sehr gut zur Prüfung einer Theorie über den Einfluss des Alters der Erzeuger geeignet. Viele Thatsachen sprechen dafür, wie wir früher gesehen haben, dass der Ernährungszustand der Mutter resp. des Genitalsystems derselben vor der Befruchtung einen andern Einfluss auf die Entstehung des Geschlechtes hat als der nach der Befruchtung. Der Ernährungszustand des Genitalsystems nimmt zuerst zu und dann wieder ab. Der Einfluss des Alters der Mutter auf das Geschlecht des Kindes ist also ein sehr complicierter. Beim Vater dagegen liegen die Verhältnisse einfacher; denn bei ihm kommt nur der Ernährungszustand vor der Befruchtung in betracht. Je besser die Ernährung, desto grösser ist die Leistungsfähigkeit des Genitalsystems, desto geringer ist verhältnissmässig die Beanspruchung, desto mehr weibliche Individuen werden erzeugt. Jüngere und ältere Väter werden also etwas mehr Knaben zeugen als solche im mittleren Alter. Wenn dies geprüft und zugleich der Einfluss des Alters der Mutter vermieden werden soll, so dürfen nur solche Geburten verglichen werden, bei denen das Alter der Mutter dasselbe ist. Die Resultate einer solchen Berechnung teilt nebenstehende Tabelle mit.

Alter der Mutter	30—34 Jahre			25—29 Jahre			20—24 Jahre		
Alter des Vaters	Kn.	Md.	Sexverh.	Kn.	Md.	Sexverh.	Kn.	Md.	Sexverh.
15—29	8 525	7 887	108,1	27 389	25 843	106,0	21 560	20 330	106,0
30—34	23 283	21 823	106,9	24 394	23 486	103,9	7 954	7 469	106,5
35—39	17 885	17 070	104,7	10 272	9 838	104,4	2 426	2 416	100,4
40—44	7 972	7 681	103,8	3 165	3 058	103,5	1 154	1 100	105,0
über 45	4 220	3 997	105,6	1 734	1 525	113,8			

Diese Tabelle giebt die Geburten nach verschiedenem Alter des Vaters bei demselben Alter der Mutter geordnet wieder. In den drei Zusammenstellungen wurde ein solches Alter der Mutter gewählt, welches überhaupt reich an Geburten ist. In der Tabelle zeigt sich deutlich, dass der Knabenüberschuss am Anfang und Ende der Zahlenreihe zunimmt. Bei demselben Alter der Mutter zeugen also jüngere und ältere Männer mehr Knaben als solche im mittleren Alter. Zur Zeit ihrer grössten geschlechtlichen Leistungsfähigkeit zeugen sie also mehr Mädchen. Diese Thatsache liefert mithin einen Beweis für die Richtigkeit der modificierten Hofacker-Sadler'schen Theorie.

Das Resultat dieser Untersuchung darf als zuverlässig bezeichnet werden. Denn einmal sind die Zahlen umfassender als die aller früheren Untersuchungen über den Einfluss des Alters, die Summe aller Geburten ist nämlich 314 456. Ferner sind bei der Ermittelung des Einflusses, den das Alter des Vaters ausübt, nur solche Geburten in betracht gezogen, bei denen das Alter der Mutter dasselbe war. Der Einfluss des letzteren trübt also das Resultat nicht. Bei allen früheren Untersuchungen ist dies nicht geschehen und konnte auch nicht geschehen, da sie zu wenig Fälle umfassten. Nur die Untersuchung von S c h u m a n n, welche von allen früheren die umfassendste ist, zeigt eine solche Zusammenstellung. Indessen hat S c h u m a n n die Geburten aus einem zu verschiedenen Alter der Mutter zusammengestellt. Schumann hat einen zehnjährigen Abschnitt des Alters der Mutter genommen, während er in obiger Tabelle nur fünfjährig ist. Ein solcher muss möglichst klein sein, da die Mütter bei verschiedenem Alter des Vaters ungefähr gleichalterig sein sollen. Ältere Männer nehmen aber durchschnittlich auch ältere Frauen. Wenn also das Alter der Mutter in zu weite Grenzen eingeschlossen wird, so ist es bei verschiedenem Alter des Vaters nicht dasselbe, sondern ebenfalls ein verschiedenes. Wählt man aber das Alter der Mutter innerhalb enger Grenzen, wie es in obiger Untersuchung geschehen ist, so wird diese Fehlerquelle vermieden. —

In seiner Broschüre hat S c h u m a n n noch verschiedene andere Thatsachen mitgeteilt, die sich auf die Entstehung des Geschlechtes beziehen. Früher war bewiesen worden, dass der K n a b e n ü b e r s c h u s s a u f d e m L a n d e g r ö s s e r i s t a l s i n d e r S t a d t. Auch in Norwegen zeigt sich dieselbe Erscheinung, wie S c h u m a n n[1]) mitteilt. Denn in den vier Jahren von 1871—75 war das Sexualverhältniss in den Städten 104,10, auf dem Lande aber 105,31. Auch die Geburts-angaben aus Berlin von 1878—81 bestätigen diesen Satz; denn trotzdem es sich um eheliche Kinder handelt, ist das Sexualverhältniss daselbst nur 104,72[2]).

S c h u m a n n erklärt diese Thatsache dadurch, dass die Männer in den Städten im allgemeinen sexuell schwächer seien als die auf

---

1) l. c. pag. 45.
2) l. c. pag. 17.

dem Lande[1]). In Wirklichkeit ist aber gerade das Umgekehrte
der Fall, wie wir früher gesehen haben, die geschlechtliche Leistungsfähigkeit ist in den Städten infolge der bessern Ernährung
und geringeren körperlichen Anstrengung grösser als auf dem Lande.
Infolge dessen und vielleicht auch infolge der stärkeren Anregung
tritt die Geschlechtsreife in den Städten früher ein als durchschnittlich der Fall ist, wie früher an dem Eintritt der Menstruation statistisch nachgewiesen wurde. Daher finden auch die Heiraten frühzeitiger statt als auf dem Lande und das Maximum der
Geburten fällt in den Städten in ein früheres Lebensalter als auf
dem Lande. Dieses lässt sich mit Hilfe der von Schumann
mitgeteilten Zahlen nachweisen. Das Maximum von Geburten
findet sowohl in Norwegen wie in Elsass-Lothringen im 30sten
bis 34sten Lebensjahre statt. In Berlin tritt dieses Maximum schon
im 25—30sten Jahre der Mutter ein[2]). Der Eintritt der Geschlechtsreife wie das Maximum der Reproductionsthätigkeit findet
also in den Städten früher statt als auf dem Lande. Die Haupt-
ursache hierfür liegt in der bessern Ernährung des Genitalsystems.
Diese liefert zugleich den Hauptgrund für die stärkere Production
von Mädchen in den Städten. Man sieht also, dass die einzelnen
Teile der Theorie wieder neue Bestätigungen erhalten. Und gerade hierin scheint mir der grosse Wert dieses Nachtrages zu liegen,
dass man erkennt, wie auch die Thatsachen, welche ich erst später, nach Fertigstellung des Manuscriptes, kennen lernte, immer
von neuem die bereits fertige Theorie bestätigen. —

Schuhmann führt indessen auch eine Thatsache an, welche
scheinbar im Widerspruche mit früher angeführten Erscheinungen
steht. Wir hatten gesehen, dass der Knabenüberschuss bei
unehelichen Geburten kleiner ist als bei ehelichen.
In Norwegen und Serbien jedoch verhält sich dies umgekehrt;
denn das Sexualverhältniss der Geborenen von 1865—1880 war
bei den[3])

	ehelichen Kindern	unehelichen Kindern
in Norwegen	105	106
in Serbien	106	110

---

[1]) l. c. pag. 47.   [2]) l. c. pag. 18 u. 24.

[3]) Movimento dello stato civile. Anno XIX — 1880. Con-
fronti internazionali per gli anni 1865—1880. Roma 1882, pag.
CCXXVII und CCXXXIII. Citiert von Schumann, l. c. pag. 50.

In bezug auf die unehelichen Geburten in Norwegen ist jedoch zu bemerken, dass nach Schumann „besonders unter der ländlichen Bevölkerung vielfach der Brauch herrscht, erst nach der Geburt eines oder einiger Kinder zu heirathen", wie ein norwegischer Autor noch weiter ausführt [1]). In Norwegen sind die unehelichen Geburten also mehr als Erstgeburten zu betrachten. Da nun Erstgeburten, wie wir früher gesehen haben, relativ viel Knaben aufweisen, so muss auch der Knabenüberschuss der unehelichen Geburten in Norwegen ein grosser sein, was in Übereinstimmung mit den Thatsachen steht. Ob in Serbien ähnliche Verhältnisse in betracht kommen, darüber ist mir nichts bekannt. Vielleicht umfasst die Angabe zu wenig Fälle, was sehr wahrscheinlich sein wird, da das Sexualverhältniss ein ganz abnormes ist. Schumann erklärt nun diese Erscheinungen dadurch, dass „in Norwegen die jüngeren Männer, welche in unehelicher Verbindung zeugen, sexuell kräftiger sind als die in ehelicher Gemeinschaft lebenden, dass es gerade umgekehrt sich verhält bezüglich der im mittleren und höheren Alter stehenden Männer [2])". Diese Erklärung ist der Ausdruck für die Thatsache, dass die jüngeren Männer unehelich mehr Knaben zeugen. Letzteres ist deswegen der Fall, weil es sich gerade bei jüngeren Männern meist um Erstgeburten vor der Ehe handeln wird. Bei Vätern von mehr als 30 Jahren ist dagegen das Sexualverhältniss der Kinder sehr niedrig, nämlich nur 103,33. Hier handelt es sich eben nicht um Erstgeburten, sondern um uneheliche Kinder im eigentlichen Sinne des Wortes. Daher ist bei diesen der Knabenüberschuss gering, was in Übereinstimmung mit den bereits früher mitgeteilten Thatsachen steht. —

Der Einfluss des Klimas auf das Genitalsystem der Menschen ist, wie in den früheren Erörterungen gezeigt wurde, ein bedeutender. Namentlich beim weiblichen Geschlecht bemerkt man daher in wärmeren Gegenden eine frühzeitigere Reife. Diese Erscheinung steht noch mit folgenden Thatsachen in Übereinstimmung. In heisseren Klimaten beginnt die Geschlechtsthätigkeit des Weibes nicht nur früher, sondern hört auch früher wieder auf. In Italien verblühen die Frauen rascher als in nördlicheren Ländern. Daher werden in Italien Wittwen seltener geheiratet als

---

[1]) Dr. O. J. Broch, Le royaume de Norvège et le peuple norvégien. Christiania 1876, p. 80. Citiert von Schumann, l. c. p. 54.
[2]) l. c. pag. 52.

in Deutschland, England und Frankreich[1]). Auch folgende von
Mayr[2]) mitgeteilte Tabelle erläutert dies.

Länder	Beobachtungsjahre	Procentanteil der 30 u. mehr Jahre alten Personen unter den	
		Bräutigamen	Bräuten
England und Wales	1872—1874	23	17
Italien	1872—1875	36	17
Preussen	1871—1874	33	20
Cisleithanien	1870—1874	39	26
Niederlande	1871—1873	39	27
Schweiz	1873—1875	42	28
Bayern	1871—1875	48	32

Aus dieser Tabelle geht hervor, dass die wenigsten alten
Bräute in England und in Italien sich finden. In England aber
nur deshalb, weil dort überhaupt frühzeitig geheiratet wird; denn,
wie die Tabelle zeigt, sind auch die alten Bräutigame selten. In
Italien finden sich aber ziemlich viel ältere Bräutigame, die Bräute
nur sind relativ jung. Dies hat seinen Grund in dem rascheren
Verblühen der Frauen im Süden Europas im Vergleich zu denen
im Norden. Jedoch ist wohl zu berücksichtigen, dass auch Gesetze und Sitten hierauf von Einfluss sein können. Auch die Thatsache, dass die über 40 Jahre alten Männer in Italien Bräute
nehmen, die durchschnittlich 10 Jahre jünger sind, steht hiermit
in Übereinstimmung; denn keines der übrigen Länder erreicht
diese grosse Altersdifferenz[3]). —

Ob sich ein Volk unter günstigen oder ungünstigen Verhältnissen befindet, wird einmal nach der Stärke der Reproduction
überhaupt und zweitens nach der Grösse des Knabenüberschusses
sich beurteilen lassen. Folgende von Schumann[4]) gegebene
Tabelle liefert hierfür eine neue Bestätigung.

	Lebendgeborene auf 100 Einwohner	Knabengeburten auf 100 Mädchengeburten
Russisch Polen	4,23	101
England	3,54	104
Rumänien	3,05	110
Griechenland	2,85	111

---

[1]) Mayr, Gesetzmässigkeit im Gesellschaftsleben, pag. 270.
[2]) l. c. pag. 272.   [3]) l. c. pag. 276.
[4]) Die Sexualproportion unter den Geborenen, pag. 56.

Wir sehen aus diesen Zahlen wieder, dass eine stärkere Reproduction mit einer Mehrproduction von Mädchen verbunden ist. Griechenland zeigt einen ganz kolossalen Knabenüberschuss. Daher ergeben die Volkszählungen stets einen Überschuss an Männern, während bekanntlich in allen übrigen europäischen Ländern die Weiber überwiegen. In Griechenland ergab die Volkszählung im Jahre 1870 ein Verhältniss von 100 männlichen zu 93,3 weiblichen Personen [1]. Nach Keleti's Untersuchungen [2] ist das Geschlechtsverhältniss selbst in den einzelnen Teilen von Ungarn ein verschiedenes. Im Norden und Westen des Landes, wo Deutsche und Slovaken wohnen, zeigt sich ein Überschuss des weiblichen Geschlechtes. In den von Magyaren bewohnten Teilen herrscht ein ziemliches Gleichgewicht. Im Nordosten, Osten und Süden, also in den von Ruthenen, Rumänen, Serben und Kroaten bewohnten Landesteilen nimmt das weibliche Geschlecht bedeutend ab. Letztere Völker werden also einen grösseren Knabenüberschuss zeigen als erstere. Damit in Übereinstimmung steht, dass auch die Magyaren eine schwache Vermehrung zeigen. Bei diesen Völkern ist der Überschuss des männlichen Geschlechts allerdings nicht so gross wie bei den aussterbenden Rassen Australiens. Dennoch ist man berechtigt, einen hohen Knabenüberschuss unter den Geborenen als ein ungünstiges Zeichen für die Fortexistenz des Volkes anzusehen, wie überhaupt die Consequenzen der Theorie sehr weitgehende sind.

---

[1] Die Gesetzmässigkeit im Gesellschaftsleben, pag. 134.
[2] Schwicker, Statistik des Königreichs Ungarn, Stuttgart 1877, pag. 128. Citiert von Mayr, l. c. pag. 134.

Alphabetisches Register.

Die kleineren Zahlen beziehen sich auf die Paginierung der Abhandlung in der Jen. Zeitschrift für Naturwissenschaft, die grösseren Zahlen bedeuten die Seitenzahlen des Buches.

Frommann'sche Buchdruckerei (Hermann Pohle) in Jena.